U0921739

2018年主题出版重点出版物
“十三五”国家重点出版物出版规划项目

国际视野下的中国对外开放丛书
张燕生 主编

# 中国对外开放与全球价值链升级

赵忠秀 等著

图书在版编目（CIP）数据

中国对外开放与全球价值链升级/ 赵忠秀等著. —广州：广东经济出版社，2019.4

（国际视野下的中国对外开放）

ISBN 978-7-5454-6703-1

Ⅰ. ①构… Ⅱ. ①隆… Ⅲ. ①对外开放-研究-中国②世界经济-研究 Ⅳ. ①F125②F11

中国版本图书馆 CIP 数据核字（2019）第 073560 号

出 版 人：李　鹏
责任编辑：陈　潜
责任技编：许伟斌

中国对外开放与全球价值链升级
**Zhongguo Duiwai Kaifang Yu Quanqiu Jiazhilian Shengji**

| | |
|---|---|
| 出版发行 | 广东经济出版社（广州市环市东路水荫路 11 号 11～12 楼） |
| 经销 | 全国新华书店 |
| 印刷 | 广东鹏腾宇文化创新有限公司<br>（广东省珠海市高新区科技九路 88 号七号厂房） |
| 开本 | 787 毫米×1092 毫米　1/16 |
| 印张 | 20 |
| 字数 | 330 000 字 |
| 版次 | 2019 年 4 月第 1 版 |
| 印次 | 2019 年 4 月第 1 次 |
| 书号 | ISBN 978-7-5454-6703-1 |
| 定价 | 68.00 元 |

如发现印装质量问题，影响阅读，请与承印厂联系调换。
发行部地址：广州市环市东路水荫路 11 号 11 楼
电话：（020）37601950　邮政编码：510075
邮购地址：广州市环市东路水荫路 11 号 11 楼
电话：（020）37601980　营销网址：**http://www.gebook.com**
广东经济出版社新浪官方微博：**http://e.weibo.com/gebook**
广东经济出版社常年法律顾问：胡志海律师

# 前　言

改革开放 40 年来，随着贸易投资的自由化、便利化水平不断提高，国际分工由传统的产业间分工转变为产业内分工，生产工序不断细化，生产链条逐渐拉长，产品生产跨越多个国界的现象愈来愈普遍。另一方面，信息通信技术的革新，信息沟通成本的减少，在微观上使得生产过程的组织也发生了非常深刻的变化，使得信息在跨境的协调生产过程中成本更低、更加便捷，原先必须在近距离协调的生产各阶段能够分散到不同的地理空间进行（Baldwin 2006，2011，2013），大大地推动了全球价值链（Global Value Chains，GVCs）的形成。我国实行改革开放以来，主动融入经济全球化的一个重要路径是嵌入全球价值链。充分利用成本优势和政策优惠，通过积极融入全球价值链集聚大量国外高级生产要素，形成了巨大的生产和出口能力，是中国经济快速发展的重要经验（黎峰，2016）。

自 2008 年爆发国际金融危机以来，全球经济出现“逆全球化”的趋势。世界贸易总量大幅减少，贸易增速已低于经济增速。2015 年世界贸易总量出现自金融危机以来的首次大幅下滑，降幅达 14%，远低于世界经济增速（3.1%）。从世界贸易总量的构成来看，作为全球价值链重要指标的中间品贸易大幅缩水，在很大程度上导致了 2015 年贸易总量的下降。根据我们的测算（Wang et al.，2017），2011—2015 年期间，全球价值链对全球经济增长的推动作用在普遍下降。全球价值链的发展放缓，正在发生结构性变化。一方面，发达国家推行“工业 4.0”和“制造业回流”等一系列措施，通过掌控关键技术环节和贸易投资新规则的话语权，力争在全球价值链的高端布局，促进全球价值链中高端节点的回流。另一方面，新兴经济体在全球价值链的跨境次数减少，生产链国内部分占比提升，本国生产分工的深化在一定程度上替代了进口中间品。

在全球价值链发生结构性变化的同时，我国经济发展进入新常态。近年来，我国劳动力和土地成本大幅度上升，资源环境约束趋紧。这意味着劳动力和资源环境不再具有比较优势，原有的参与全球价值链分工模式难以持续，我国原有全球价值链中低端节点的加工产业正在向其他发展中国家分流。中国制造业所面临的中高端节点向发达国家回流和中低端节点向其他发展中国家分流的双重压力将我国产业沿全球价值链升级问题提到了至关重要的位置。2014 年政府工作报告中，李克强总理提出，“要推动中国产业向全球价值链高端跃升”。2016 年，在二十国集团（G20）工商峰会上，习近平主席提出，“推动构建和优化全球价值链，扩大各方参与，打造全球增长共赢链”。2016 年 12 月，商务部等 7 部委联合下发《关于加强国际合作提高我国产业全球价值链地位的指导意见》，其中明确提出“加快提升我国产业在全球价值链中的地位”。这给我国企业和政府带来了巨大的机遇和挑战，也为我国学术界研究全球价值链重塑和产业升级提供了丰富的课题。

全球价值链重塑的现实背景和我国产业升级的迫切需求，在全球价值链发展与就业、经济增长、经济发展的关系，产业与贸易政策的制定和评估、效率与公平及全球化治理等诸多与国计民生密切相关的重大领域提出了一批关键性科学问题。最突出的问题包括：全球价值链的组织模式演化和理论重构（全球价值链重塑形势下全球价值链运行机制和组织模式，以及测度方法和演化规律的归纳）；中国参与全球价值链分工位置的系统测度和内在驱动因素研究（全球价值链与经济增长、生产率提升等国家发展指标的关系研究，中国在全球价值链分工位置变迁及其内在因素）；技术创新和制度创新对全球价值链重塑的促进机制（企业层面、产业层面以及制度层面创新对价值链升级的促进机制）；全球价值链下服务业发展与制造业升级的互联机制；从由此建立的系统的全球价值链角度研究中国产业升级的理论内涵、升级路径和政策设计。必须指出的是：这些理论问题是全球价值链领域的前沿问题，在国际学界尚没有满意的研究成果。对这一系列科学问题的系统深入研究，从中国经验中提炼和升华出具有普适意义的全球价值链理论与方法，不仅对我国企业“走出去”，进行全球价值链战略布局，以及政府“一带一路”倡议下的国家产业政策设计有着特别重大的现实意义，而且将促使全球价值链研究融合供应链及物流管理、价值链的统计测度、价值链中的技术和商业模式创新，价值链治理、价值链与经济发展等多个领域，成为既有微观个案基础，又有宏观理论模型及完备定量分析工具和数据库支撑的完整的跨学科的综合研究体系，有着极为重要的学术价值。

## 一、全球价值链概述

全球价值链研究是国际经济和贸易领域研究的重要方向和热点领域。自1980年代中后期，一方面由于信息通信技术发展大幅度降低通信成本，原先必须在近距离协调的生产各阶段能够分散到不同的地理空间进行 。另一方面，鉴于垂直一体化管理（Vertical Integration）有助于降低市场交易成本，并克服不完全契约有关的交易风险，跨国公司在离岸外包和外商直接投资两种方式上做选择来组织国际生产网络。信息技术革新和垂直一体化管理的涌现为全球价值链研究提供现实基础。

价值链的概念最初是在管理学和社会学领域提出，最早 Porter（1985）指出价值链是单个企业统一组织和协调自身的各项生产和经营活动以提高该企业整体竞争力。他的价值链概念主要涉及单个企业如何实现自身竞争优势，区别于全球价值链概念上的、为优化整个跨国生产网络而产生的多个企业协调活动。其后，Gereffi 和 Korzeniewicz（1994）提出了“全球商品链”（GCC）的概念，链上的参与者从国内扩展至全球范围，并从“购买者驱动”和“生产者驱动”的角度，分析了领导企业如全球采购商或大型跨国公司在全球商品链形成过程中的关键性作用。为了摆脱“商品”一词的局限，并突出价值在生产网络中的创造和传递，Gereffi 等（2005）采用了“全球价值链”（GVC）的术语，考察国际生产网络的治理结构与网络内企业之间价值分布，并根据客户企业和供应商之间议价能力从对等到不对等，以及客户企业介入供应商生产经营活动的程度由浅入深，将治理结构分为5类：市场型、模块型、关系型、俘获型、科层型（见图1）。治理结构之间的动态转化，可从价值链的复杂度、可编码度和供应方能力三个方面进行考察（3 C's Model）。

随着全球化生产和研究中间品贸易的兴起，全球价值链研究也逐渐被国

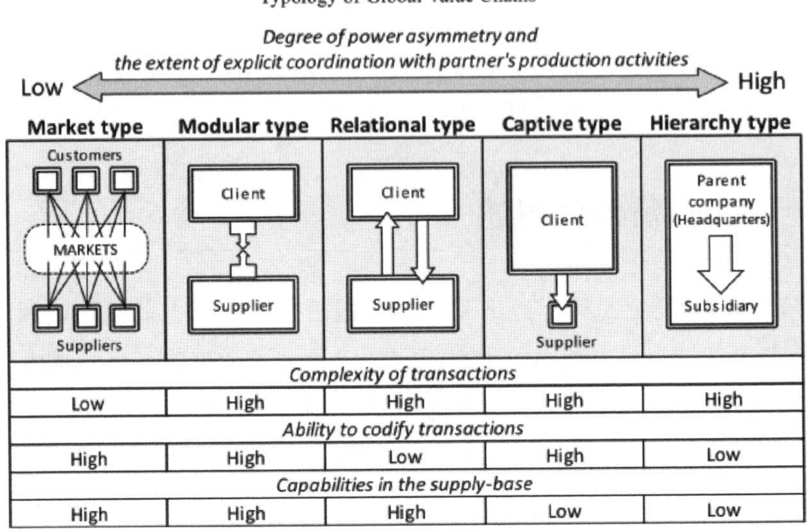


**图1　全球价值链的5类治理结构**

际贸易领域的经济学者所重视。国际贸易理论的新进展，例如规模报酬递增（Helpman and Krugman，1985）、公司异质性（Melitz，2003）和任务贸易（Grossman and Rossi-Hansberg，2008），为从经济学角度研究全球价值链奠定了理论基础。

国际贸易理论对全球价值链的研究，主要包括3方面：生产过程分散化机制，离岸生产对国内要素和福利的影响，以及企业对全球价值链组织形式的选择。①在生产过程分散化机制的研究方面，Jones 和 Kierzkowski（1990）建立外包模型，指出外包伴随着分工带来的生产效率改进和协调成本增加，国际外包尤为明显，每个产出水平都有其对应的最优国际外包生产安排。只有目标市场规模足够大，协调不同国家生产活动成本足够低，并且生产网络中各国家要素成本差异大时，生产过程的国际分散才有可能。②在离岸生产方面，Grossman 和 Rossi-Hansberg（2008）提出了"任务贸易"（Trade in Tasks）的概念，指出不同类型任务具有不同的离岸生产可行性，并且指出离岸生产通过劳动供给效应、相对价格效应、生产率效应3个渠道来影响国内要素收入和福利。③在全球价值链组织形式方面，Antràs（2003）基于不完全契约和不完全竞争理论，考察企业在生产的地理空间和组织形式两个维度上如何作决策来组织全球生产。Antràs 和 Helpman（2004）进一步引入并分析企业生产率的异质性对企业全球生产决策的影响。Inomata（2014）绘制了企业组织价值链的 4 种模式（见图 2）。Antràs 和 Chor（2013）构造序贯生产过程中企业行为模型，分析企业根据每个生产阶段处于价值链的位置来做出生产或对外购买的决策：当某生产阶段的投入品是序贯互补时，领导企业选择外包相对上游的生产阶段并垂直集成相对下游的生产阶段；当某生产阶段的投入品是序贯替代时，领导企业选择集成相对上游的生产阶段并外包相对下游的生产阶段（见图 3）。此外，Yi（2003）和 Yi（2010）等研究也在传统贸易模型中引入了序贯生产机制，证明中间投入品在国家间的往返，既会放大关税降低的效果，也会带来贸易成本沿价值链叠加的“放大效应”。

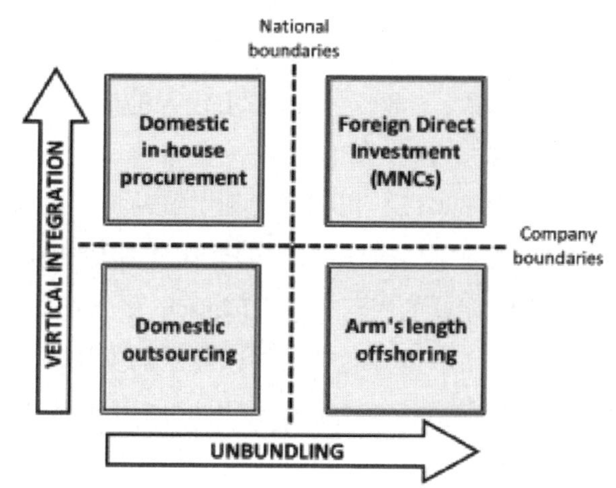


图 2　企业组织价值链的 4 种模式

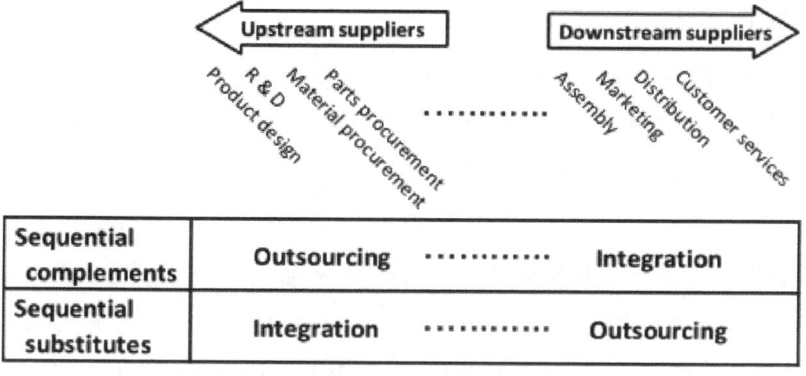


图 3　价值链上企业的生产和外包决策

全新贸易统计方法的出现，为全球价值链前沿理论的定量检验创造了必要条件。对于一国垂直分工参与度的度量，Hummels 等（2001）提出了 VS 指数和 VS1 指数，来确定出口品中包含的进口中间品的价值。Chen 等（2004）指出，忽视加工贸易的存在，会带来双边贸易平衡统计上的严重误差。Koopman 等（2012）根据考虑加工贸易扩展的投入产出表估算出中国入世前后（2002 年）制造业出口中的外国增加值比例是 50%，远大于使用标准投入产出表所计算的 VS 比例。Johnson 和 Noguera（2012）提出了 VAX 指数，来确定出口品中包含的满足外国需求的本国增加值占总出口的比重，并发现相对于传统贸易核算方法，使用增加值贸易核算时，中美贸易赤字下降了 30%～40%。

Koopman 等（2014）进一步提出了一种可对各国贸易总出口进行全面分解的框架（简称 KWW 分解方法），在国际贸易核算与国民收入核算的标准间实现了统一，而且 VS、VS1 和 VAX 等指数作为该方法的特例，均可表达为 KWW 分解公式的某种线性组合。Wang 等（2013）进一步将 KWW 分解方法由国家层面扩展至部门、双边贸易、双边贸易—部门层面（简称 WWZ 分解方法），对全球价值链上的附加值生产结构和流动路径进行完整考察。而 Antràs 等（2012）和 Antràs 和 Chor（2013）则提出了价值链上的行业“上游度”和“下游度”等测算指标。Wang 等（2017a，2017b）在 KWW 和 WWZ 的贸易流分解的基础上，构建了增加值和最终品分解框架，并据此提出了全球价值链参与度、长度、跨境次数等量化指标的测度方法（简称 WWYZ 方法），为价值链结构的定量分析奠定了基础。

生产从一个国家扩大到多个国家时，原来的一国生产包含的分工阶段数量很可能随着可选择的生产技术变化和使用不同国家的生产要素而改变。而传统投入产出方法主要分析产业分工之间的联系，忽视了分工的长度。对此，Dietzenbacher 等（2005，2007）构建了平均传送长度（APL），来确定生产网络中平均每个分支上包含的生产阶段的数量。Fally（2011）和 Antràs 等（2012）使用美国投入产出表，根据生产链上某产品/行业与最终消费品的距离衡量其对应的生产阶段的数量。De Backer 和 Miroudot（2012）将该方法运用在 OECD（经济合作与发展组织）投入产出表上。Inomata（2008）和 Escaith、Inomata（2013）使用亚洲跨国投入产出表确定亚洲区域供应链上每个国家的相对位置，并发现中国处于区域价值链的最下游，与中国作为区域产品的最终装配者的角色相吻合（见图4）。

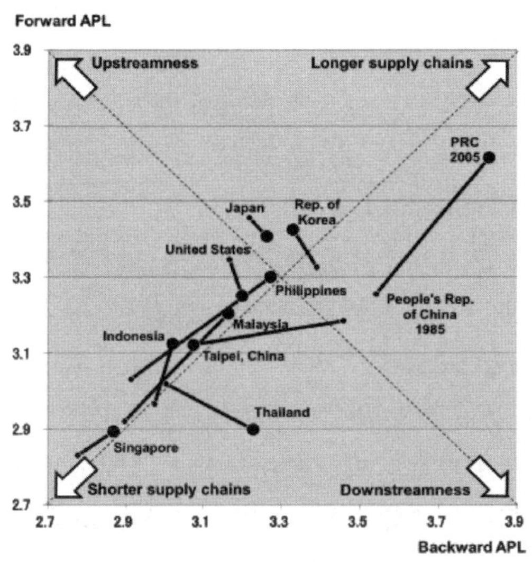


来源：Escaith and Inomata（2013）。

**图4　东亚区域价值链上各国的相对位置**

与大多数研究使用行业层面投入产出数据不同，Kee 和 Tang（2016）使用企业层面的微观数据，即中国企业数据和海关的交易数据估计中国出口中国内增加值的比重，发现中国的贸易投资自由化改革使中国融入全球价值链的程度提高，降低了多种国内原材料的价格，使加工贸易企业在一定程度上用国内原材料替代了进口原材料，进而导致2000—2007年期间中国国内增加值占出口的比例从65%升至70%。

## 二、全球价值链与产业升级

在全球价值链的概念提出之前，产业升级的研究主要是在产业经济学、发展经济学、经济增长理论和结构经济学等领域进行的，研究关注的产业升级方式主要是从第一产业到第二产业再到第三产业，或者是从劳动密集型产业升级到资本密集型和技术密集型产业。对于发达国家，需要依靠“创造性破坏”（新技术和新发明等）来实现产业升级（Aghion and Howitt，1992）；

对于发展中国家，产业升级的前提是要素禀赋的变化，即资本和劳动的比率从较低水平提升到较高水平（Lin，2002；Ju et al.，2009）。在传统贸易领域，发展中国家一般通过进口替代和出口导向的贸易政策，来推动本国工业化发展和产业升级（Low，2013）。

在全球价值链框架下，产业升级的内容更为复杂，从传统意义上的不同产业和部门之间的升级转变为在产业和部门内部的工艺、产品、功能或价值链等方面的升级（Gereffi and Lee，2016）。

Gereffi（1994）最早从全球价值链的视角，对东亚纺织链的产业升级进行了讨论，认为产业升级是指提高一个企业或国家进入获利更多，或者技术上更先进的资本及技能密集型活动的能力，全球价值链上的主导企业通过对价值链的治理，可以帮助发展中国家的地方产业集群实现阶梯式的升级。Gereffi（1999）分析了香港纺织业利用全球生产网络实现升级的路径“OEM（代工制造）—ODM（代工设计）—OBM（自有品牌设计）”。

Humphrey and Schmitz（2002）首次对全球价值链框架下的产业升级内涵进行了划分和阐述：①工艺升级（process upgrading），通过改造生产流程或采用新技术来提高投入产出转化效率；②产品升级（product upgrading），提高产品的质量，增加产品的种类；③功能升级（functional upgrading），改变自身在价值链上的位置，提高技术和知识含量；④价值链升级（inter-sector upgrading），从现在所处的价值链跨越到新的相关的价值链，如台湾的电子产品制造商，利用最初获得的电视生产技术，跨越到利润更高的价值链，为跨国公司生产笔记本电脑和视频仪器等。

Gereffi 等（2005）认为，全球价值链的治理模式影响产业升级的可能性。例如，全球价值链上，领导企业把策略性创新活动保留在企业内部，而把非策略性创新活动扩散出去（Pietrobelli and Rabellotti，2011；Schmitz，2007；Schmitz and Strambach，2009）。Brancati 等（2016）发现，在 2008—2013 年期间，在意大利的中小企业中，只有关系型价值链上的供应商会参与创新，增加研发投入，并能抵御住金融危机对企业生产率和销售的冲击。但是，治理模式的影响并不是独立的，质量公约和标准、当地的制度和当地的生产网络会和全球价值链的治理模式产生交互作用，最终影响当地产业升级的机会（Ponte and Gibbon，2005；Palpacuer，2008）。

传统的研究外商直接投资（FDI）的文献，分析了跨国公司对其离岸子公司的技术扩散效应，而且随着投资不断深化，其认知和观点经历了如下转变过程：跨国公司只向离岸子公司转移创新成果，不转移创新活动本身（Lall，1993）；在离岸子公司当地进行轻微的产品和过程改良，虽有创新活动但投入很少（Amsden et al.，2001；Coe and Bunnell，2003；Narula and Zanfei，2003）；大幅增加了在离岸子公司当地的研发活动，扩展研发范围，进行全球研发活动的重新布局（Wang et al.，2012；Reddy，2011；Doz and Wilson，2012）。这些文献只讨论了跨国公司与其子公司之间的创新活动联系。而在全球价值链的框架下，价值链上的所有企业（包括跨国公司、子公司、当地供应商）之间都可能会发生技术转移。

Piermartini 和 Rubinova（2014）发现，通过全球价值链而联系在一起的国家间技术转移程度更高。WTO（2008）也指出，参与全球价值链促进了技术和知识转移。全球价值链衍生出了全球创新网络（Global Innovation Network），不仅企业在网络上布局，也涉及与参与创新知识生产的非企业组织之间的复杂交互（Barnard and Chaminade，2011）。Parrilli 等（2012）提供了一个非线性的方法来分析全球创新网络的再组织对当地企业和生产系统的影响。Lema 等（2015）提出“对创新过程的筹划做拆解（ODIP）”这个概念框架，分析跨国公司、子公司、当地供应商之间的创新活动分布。

Deng（2016）通过对专利数据、贸易数据和投入产出数据的整合，分析了全球价值链上的管理和技术知识的流动和传播对行业生产率及专业分工模式的影响，他发现，企业可以通过 4 个渠道的知识流动进行技术升级：与同行业的国内生产者和国外卖家接触，与跨行业的国内生产者和国外卖家接触。通过对全球知识传播的渠道进行分解，他发现，跨国和跨行业渠道对知识传播起主要作用。1990—2010 年，跨国知识传播贡献了全球生产率增长的三分之二，远大于国内知识传播的贡献。同样地，全部知识传播的 60% 是通过跨行业，而非行业内知识传播进行的。特别是在非 OECD 国家（主要为发展中国家），从知识的自给自足到对知识传播的开放，获得的动态贸易收益达到实质 GDP 的 12%，是 OECD 国家的 2 倍。

全球价值链为各国特别是发展中国家融入全球经济、实现技术进步并最终实现价值链地位的提升提供了契机。Humphrey 和 Schmitz（2000，2002，

2003）分析了发展中国家的产业融入全球价值链的目的，其中，生产能力的提升是一项主要考虑。来自发达国家的进口中间品包含了更多的技术含量（Keller，2000；Amiti and Konings，2007）。价值链中的技术溢出效应，有利于提高发展中国家的出口产品质量，并且这种溢出效应在外商直接投资和产品进口中表现更为显著（Blalock and Gertler，2008；Acharya and Keller，2009；Harding and Javorcik，2012）。通过融入全球价值链，发展中国家的企业通过学习，可以提高技术水平，进而实现产业升级（Pietrobelli and Rabellotti，2010；Kawakami and Sturgeon，2012）。学习的环节，不仅在制造过程，而且可以延伸至品牌设计（Navas-Aleman，2011）。不过，最终效果与当地的制度、政策和环境有关。例如，Wei 等（2017）利用中国企业的专利数据，发现中国创新资源配置（政府补贴）存在明显错配和扭曲，在创新领域，国有企业与民营企业及外资企业的竞争地位不平等。另外，知识产权保护和教育体制也需要进一步改革。此外，他们还指出，在当前的国内外形势下，中国必须向依靠创新和生产率增长的经济增长模式转型。Zhang 和 Gallagher（2016）分析了中国光伏产业的升级过程，认为中国能够从全球光伏产业链（创新链）中吸收更清洁的能源利用技术，与全球化市场培育政策、人才的国际流动、国内制造业的灵活反应以及政府政策干预密切相关。

全球价值链的发展也改变了发展中国家的贸易结构。从这一点来看，全球价值链推动了发展中国家的产业升级。Hanson 等（2013）指出，许多发展中国家在过去二十年改变了其贸易结构。例如，中国在二十年前，前两大出口产品是服装和纺织产品，而现在则是附加值更高的办公设备和电子仪器。Bambe 和 Gereffi（2013）发现，在过去十年中，哥斯达黎加出口的医疗器械产品从简单产品转变为复杂产品，实现了产品种类多元化和复杂化。

另外，全球价值链也在推进发展中国家的能力建设。这种能力建设既提升了企业生产率（Blalock and Gertler，2008），也获得了正向口碑效应，有利于企业成为全球供应链体系中的重要一环（Sutton，2012）。

全球金融危机之后价值链的发展趋势对发展中国家的产业升级有重要影响。具体表现在 3 方面：第一，全球价值链的组织形式更为合理，价值链上领先企业的控制力减弱，不仅大型企业参与价值链分工，中小企业也逐步融入进来（Gereffi，2014）。第二，全球价值链的地理分布逐渐固化，主要集中在大型新兴市场经济体，如中国、巴西和印度尼西亚等，其背后原因是这些国家不仅有充足的劳动力和大量制造业企业，也有广阔的本土消费市场（Gereffi and Sturgeon，2013）。这促使这些国家的产业政策复兴，推动产业升级。第三，在2008—2009年全球金融危机之后，“南北贸易”规模缩小，“南南贸易”增长较快。这有助于推动越来越多的发展中国家企业参与全球价值链，但是链条的很大一部分处于发展中国家会使企业的利润空间较小、引发激烈竞争（Kaplinsky et al.，2011）。

## 三、中国产业在全球价值链的地位

一些研究测算了中国出口品的技术含量，借以反映中国在全球价值链上的地位。例如，谢锐、赖明勇和李董辉等（2013）利用投入产出方法，测算了东亚国家的出口品的国内技术含量，发现20世纪90年代中期以来，中国出口品的国内技术含量不断上升。姚洋和张晔（2008）对全国、广东和江西进行了分析，发现全国和江西的出口产品技术含量迅速下降，而广东出口产品的技术含量则呈V字形变化，并由此推断中国出口品技术含量下降是暂时的现象。姚洋和章林峰（2008）认为，在跨国分工加剧和国际产业转移的背景下，中国本土企业并没有在全球价值链上成为受害者，其竞争优势在逐渐上升，保持了出口技术水平的增长和对在华外商投资企业的追赶。唐宜红和林发勤（2009a）发现出口不仅仅依赖于丰裕的劳动禀赋，出口结构也在不断升级。

一些研究分析了全球价值链的“锁定效应”。例如，刘志彪（2007）指出：中国对外贸易量的持续增长，并不必然会促进中国本土产业的升级；中国产业升级的机遇，一方面由其在全球价值链中的关系决定，另一方面由其自身的战略和创新能力决定，在俘获型全球价值链关系中，中国企业的产品升级和工艺升级能力增强，但是功能升级受到阻碍，特别是设计、品牌和营销等功能扩展受阻。张杰和刘志彪（2007）从需求控制能力的视角，分析了发达国家对发展中国家俘获型“结构封锁”关系。陈爱贞和刘志彪（2011）使用投入产出分析方法，分析了中国装备制造业在全球价值链上的分工地位，发现确实存在低端锁定效应，而且以外资为主力的“为出口而进口”的贸易模式增强了这种锁定效应。

一些研究分析了贸易自由化、FDI 与企业生产率提高的关系。例如，赖明勇和包群（2003）发现，一国技术变化一般不是来自本国的自主研发，而是国外技术转移和扩散的结果，FDI 是国际技术转移的重要渠道。赖明勇等（2005）构建了一个中间产品种类扩张型的内生技术进步模型，发现本国技术吸收能力的提高、人力资本积累有利于长期经济增长，但贸易开放度、本国与外国的技术水平差距对稳态增长率的影响具有不确定性。他们认为，在引进技术时，并非总是需要引进处于生产前沿的高端技术，对于发展中国家，应该引进最能发挥本国生产潜力、与本国当前生产能力及技术吸收能力相匹配的技术。王华、祝树金和赖明勇（2012）证实，FDI 技术外溢是非线性的，存在技术差距的门槛值，FDI 对落在不同技术差距范围内的内资企业，具有不同的技术溢出效应。徐毅和张二震（2008）运用投入产出表分别对中国 35 个工业行业 1997 年和 2002 年的国际外包率水平进行了测算，并实证分析了国际外包对中国工业行业劳动生产率的影响，发现企业外包会有效促进企业生产率的提高、扩大企业的生产可能性边界，但对劳动力市场没有显著影响。余淼杰（2010）利用 1998—2002 年中国制造业企业数据，发现贸易自由化显著提高了企业生产率。余淼杰（2011）利用 2000—2006 年中国外贸产品的海关数据和规模以上制造业企业的数据发现，企业参加加工贸易，可以促进企业生产率的增长。余淼杰和李晋（2015）发现，中间品进口和最终品进口都对企业生产率有促进作用，这种作用主要体现在同质性行业，由进口竞争效应引发。余淼杰和李乐融（2016）发现，相对于加工贸易，贸易自由化显著提升了一般贸易中的进口中间品质量。

目录
Contents

# 第一章　世界经济的新特征：全球价值链

## 第一节　全球价值链的理论基础

自从两个世纪前 David Ricardo 奠定了国际贸易理论的基石以来，从 Heckscher-Ohlin 到 Samuelson 的主流贸易理论，一直取决于 3 个经典假设：

其一，市场是完全竞争的，生产技术规模报酬不变。

其二，同一个行业的生产者是同质的。

其三，各国仅从事最终品贸易——传统上称为“用葡萄牙生产的葡萄酒交换英国生产的布”，即每一种贸易品都是完全使用出口国的生产要素制成的。

第一个假设被 20 世纪 70 至 80 年代出现的新思潮——“新贸易理论”所动摇。这一新学派以 Krugman（1975，1980）为先驱，由 Helpman 和 Krugman（1985）进一步扩展，主要特征是考虑了规模报酬递增的生产技术（同时考虑用户偏好的多样性），从而奠定了在不完全竞争背景下国际贸易理论分析框架的基础。这一理论为技术和资源相似的国家之间普遍存在的行业内贸易提供了合理解释，而这种现象是不能用经典的比较优势概念来解释的①。

① 这个理论突破为今后研究开辟了道路。借助于产业组织理论中的寡头分析模型，通过博弈论方法，我们可以对战略性贸易政策进行分析。此外，收益递增的因素在诸如内生增长模型、新经济地理（空间经济学）等其他经济学分支领域也有进一步应用和发展。

理论分析框架的演进通常是由经验研究中新发现的事实与传统模型的预测结果之间的差距所推动的。正如“新贸易理论”是紧随以 Grubel 和 Lloyd（1975）为代表的对产业内贸易的实证研究出现的那样，20 世纪 90 年代末出现的新经验证据推动了对生产者同质性（第二个经典假设）的重新考量。Bernard 和 Jensen（1995，1999）对企业微观数据细致的实证研究表明，任一给定行业内出口商和非出口商之间的生产效率存在极其明显的异质性。Melitz（2003）率先提出了对这些实证研究中所发现企业异质性新经验证据的理论解释，推动了后来被称为“新—新贸易理论”的研究。该模型通过假设参与出口活动需要的固定成本，考虑了企业自主选择市场进入或退出的内生机制，从而为行业内的异质性企业共存提供了强有力的解释①。

对古典贸易理论的第三波重构正在进行当中，全球价值链领域的文献基本都是与这一重构相关。随着运输模式和信息通信技术的迅速进步，生产过程现在可以被“分割”成不同的生产环节，每个环节对应某个特定的任务，如设计，零件采购，装配或分销。这些环节一般被跨境外包到能够最有效完成该任务的地点进行。所以当前国际贸易文献关注的重点已不再像古典贸易理论那样（其依赖的第三个假设），仅考虑最终产品的跨国流动，而是关注各种生产活动的“任务”以及完成这些任务所创造的附加值的跨国转移和流动。

全球价值链研究范式的主要特征是其思想起源的多样性。生产过程分节化的初始理论（Jones and Kierzkowski，1990）是建立在对中间品贸易越来越多的实证研究（Feenstra and Hanson，1996b；Campa and Goldberg，1997；Yeats，1998）基础上的，并由此更精确地定义了全球价值链研究的关键概念，如生产活动的“分解”（Baldwin，2006）和“任务贸易”（Grossman and Rossi-Hansberg，2008a）。

与上述贸易理论的发展平行，全球价值链分析的方法论框架在社会学中也得到了发展。根据企业管理到产业组织理论等不同学术领域的交叉，社会学家们在对国家间价值分配结构和机制的综合研究中，提出了“全球价值

① 因此，“行业”实际上是一个不适合国际贸易研究的分析单位。参见下文关于企业异质性的研究中为了解决这一问题进行的有关实证挑战。

链”（Gereffi，Humphrey and Sturgeon，2005）的概念。

相比之下，全球价值链的实证研究开展得较晚。早期基于企业经营数据进行的单个产品附加值分析（Dedrick，Kraemer and Linden，2008；Xing and Detert，2010）随后被以投入产出分析为基础的产业层面价值链分析所补充。利用多国投入产出数据库，可以构建各种全球价值链指标，例如“增加值贸易”（Johnson and Noguera，2012）和“供应链长度”（Dietzenbacher，Romero and Bosma，2005；Fally，2011）等。

整合不同全球价值链研究领域的关键性文献之一是 Antràs 和 Helpman（2004）所著，它在契约理论的分析框架中把“新贸易理论（规模递增）”和“新—新贸易理论（企业异质性）”相结合，而契约理论又可以和社会学家分析“全球价值链”的方法相联系。这一分析框架在 Antràs 和 Chor（2013）的模型中被进一步扩展，并将投入产出经济学在全球价值链研究上的新进展也包括在内。

正如2017年《全球价值链发展报告》（见图1-1）所展示的，全球价值链研究的这种跨学科特征开辟了不同学科之间大规模合作研究的前景。全球价值链文献涵盖了多个学科领域，其中有些与政治和政策高度相关，包括①：

——工业化战略（全方位工业化与全球价值链驱动型工业化）；

——就业问题（全球化对就业和收入分配的影响）；

——区域发展（通过国内生产关联的利益均沾效应）；

——创新和技术溢出（通过参与全球价值链学习）；

——经济危机（生产与贸易外部冲击的传播机制）；

——供应链弹性（自然及人为灾害对供应链的影响）；

——环境保护（碳足迹和全球治理）；

——消费者保护（食品安全和认证）；

——消除贫困（公平贸易和企业的社会责任）；

——贸易制度（世界贸易组织和区域贸易协定）；

——国民经济核算（总贸易数据的统计偏差）。

① 对这些话题更为全面的讨论可以在许多其他与全球价值链有关的材料中看到。特别参见 OECD（2013）的全面综述。

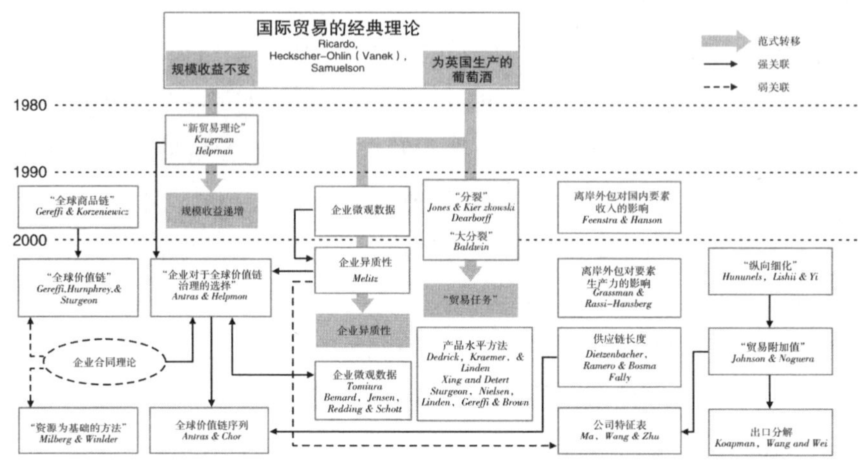


图 1-1 全球价值链分析框架的谱系

来源:《全球价值链发展报告》第一章。

## 第二节 全球价值链的概念演化

全球价值链概念的发展并未遵循线性发展的路径。这一概念的基本含义在不同时期不同科学领域以不同方式被构思与发展。直到近期,全球价值链才开始跨越学术边界,并通过不同领域的理论及实证相互作用来继续发展。

### 一、全球价值链的历史视角

当货物、人和思想的流动还没有像今天这样畅通时,大多数经济活动是在小型社区内进行的(见图 1-2)①。农民收割小麦磨制成面粉后,卖给在距离几个街区远的面包店,面包师烘烤面包,卖给每天早上走进商店的邻居。在生产点和消费点之间非常接近的区域内实现了经济自给自足。除了帆船或丝绸之路上大篷车中的商人以外,跨境贸易十分罕见,仅涉及少量如香料和

① 本节所介绍的观点详见 Baldwin(2006)的全面阐述。

丝绸制品之类的奢侈品，这些商品以高昂的价格出售，以补偿路途中发生的风险和花费的时间。

随着蒸汽机的出现推动了陆路运输（汽车）和水上运输（轮船）的快速发展，国际贸易在19世纪初进入发展时代，引发了跨地区贸易活动前所未有的扩张。大宗物流的规模经济进一步降低了运输成本。生产点与消费点得以分离，货物开始在世界各地流通以寻找最有利可图的市场。

经济体系中生产和消费之间的地理“分离”与工业区内大型工厂形成的生产活动集聚，这看起来是相互矛盾的。由于潜在客户通过国际贸易不断增加，大规模生产系统在那时成为合适的制造方式。制造业生产效率提高的关键在于分工，正如亚当·斯密所提到的“扣针制造”这一经典例子一样①，工人可以通过密集的学习具体流程来提高他们从事特定任务的工作能力。然而，这需要在生产过程的不同阶段之间进行协调安排，因为不同的任务必须

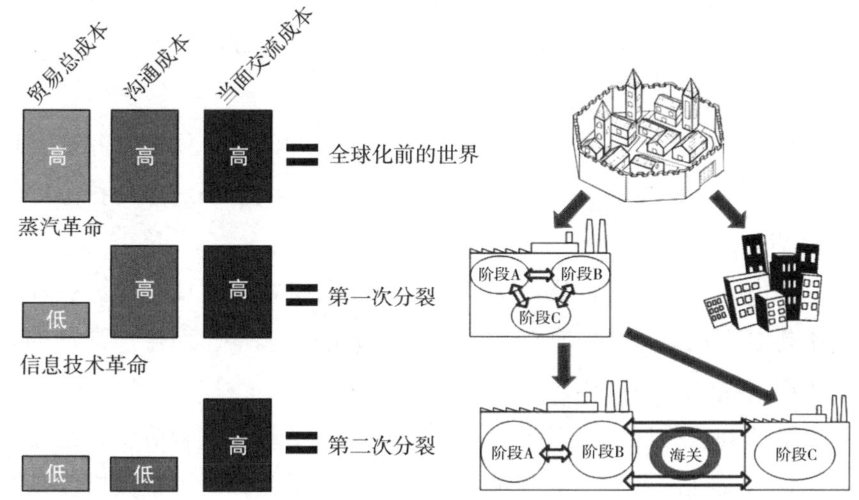


**图1-2　全球化的三个发展阶段**

来源：Baldwin（2013）。

① 亚当·斯密，《国富论》，第1卷，第1章。“一个人抽铁丝，第二个人将它弄直，第三个人切割，第四个人打点，第五个人在顶部打磨以便装圆头，做一个扣针最重要的部分就是以这种方式分为大约十八种不同的操作，在一些工厂中，这些操作都是由不同的人执行的。”

分工协作生产出同质产品。因此，不同的生产功能在同一区域内（即工厂）汇集在一起，以便促进顺畅沟通，在各种任务之间达成高效协调。

20 世纪 80 年代的信息技术革命彻底改变了这一现象。电报、传真和互联网——随着这些高速国际通信网络的发展，管理不同地点生产单位之间的协调工作变得越来越便利和简单。关于预测销售订单或采购计划的信息可以瞬间发送到生产线上，每个生产基地可以交互共享和调整关于产品设计和规格细节的电子文件。生产功能不必再限制于邻近的空间内。生产活动的技术“分离”加快，生产过程的某些部分被移交到国外，以充分利用各国生产要素成本的优势。

Baldwin 教授的“分离”概念研究了世界经济演进的一个重要方面。但全球价值链发展的分析视角中还有另一个关键方面。

20 世纪初，Henry Ford 设计并实施了一个商业模式，通过收购一系列公司，旨在整合生产过程的各个部分（功能），将其置于统一的资本和管理体系下。该模型后来被称为“纵向整合”战略，成为大规模生产时代的一种运作模式①。

早期的纵向整合研究主要集中在市场不完善方面。公司整合其他实体来纠正现有市场力量的扭曲，例如双重加价，搭便车或市场进入的排除等问题（Tirole，1989）。

另一种研究思路认为，避免交易成本是纵向整合的主要动机，在独立市场关系中建立正式业务关系时存在一定的相关潜在成本，而生产活动的内部化被视为避免这一潜在成本的有效措施。

整合既然有这些好处，那么为什么有些企业不选择整合呢？这是因为生产活动的内部安排涉及不小的管理与行政成本。因此，为了最大限度地减少

---

① Ronald Coase 被认为为纵向整合机制的理论开辟了道路。在此之前，一家公司被概念化为一个生产集，即通过与市场的多重互动来定义和实施最有效的生产安排，将投入转化为产出。也就是说，从功能方面来讲，市场和企业被认为是互补的。Coase 对企业性质的认识改变了这一观点。市场和公司更像是替代品，因为它们只是资源配置中不同类型的协调安排：一个通过价格机制，另一个通过企业经营。因此，对于纵向整合的问题，“一个必须要解释的事情是，为什么一个整合力量（企业家）应该被另一个整合力量（价格机制）所替代”（Coase，1937）。

特定贸易关系中各种生产效率低下的问题，通过权衡商品市场的交易成本与统一层级组织（即企业）的行政成本，人们选择了不同的治理方案①。

从交易成本经济学的角度来看，被关注的交易成本不仅包括起草、监督和执行合同的直接成本，还包括契约风险引起的事后履行低效。交易成本经济学的基本原则之一是契约是不完全的，也就是说，由于存在信息不对称，交易条件事先无法确保执行②。当交易双方被“锁定”在交易活动内时，契约不完全会引发各种履约风险，而纵向整合可以通过将事后的准租内部化到一体化企业统一的目标中来预防这些风险。因此，当减少交易各方的机会主义行为的好处超过行政管理资源配置效率低下的成本时，纵向整合就成为组织价值链的一种优选方式（Joskow，2003）。

今天，当纵向整合在多国别维度发生时，被称为跨国公司的商业实体随之出现。跨国公司的外商直接投资是全球生产网络发展的主要动力，因此对国家间附加值的分配有着决定性的影响③。因此，价值链的组织有四种方式，从坐标轴看任务是在企业内完成还是外包，以及是在国内进行还是跨国进行（见图 1－3）。

---

① Milberg 和 Winkler（2013）指出，交易成本经济学基本上限制在静态优化框架内进行分析，企业在面对特定的交易和行政成本结构时选择最有效的价值链治理形式（制造或购买）。相比之下，“以资源配置为基础的方法”侧重于各方之间的动态互动关系，先行企业积极从事战略策划，将成本结构向有利于自身利益的方向转变，如引发供应商之间相互竞争或提高供应方的能力。另外，考虑政府在市场可能失灵的情况下影响价值链组织选择的作用也很重要。交通运输和基础设施等公共物品的供给就是一个直观的例子。占用（hold-up）问题造成的投资不足是由于信息不对称导致市场失灵的另一种情况，这就要求政府进行干预，例如加强监督合同履行。这些问题在 Blyde（2014）第一章关于拉丁美洲和加勒比经济体中有讨论。

② 例如，即使在一项争议案中，仲裁员也不能判断交付的货物是否符合产品规格，供应商是否在生产活动中投入了足够精力。因此，合同也不能依据销售收入而拟定。

③ 企业可以以寻求市场为目的进行外国直接投资（横向外国直接投资），而非为了利用要素成本差异（纵向外国直接投资）。在前一种情况下，外国直接投资可能与纵向整合无关。

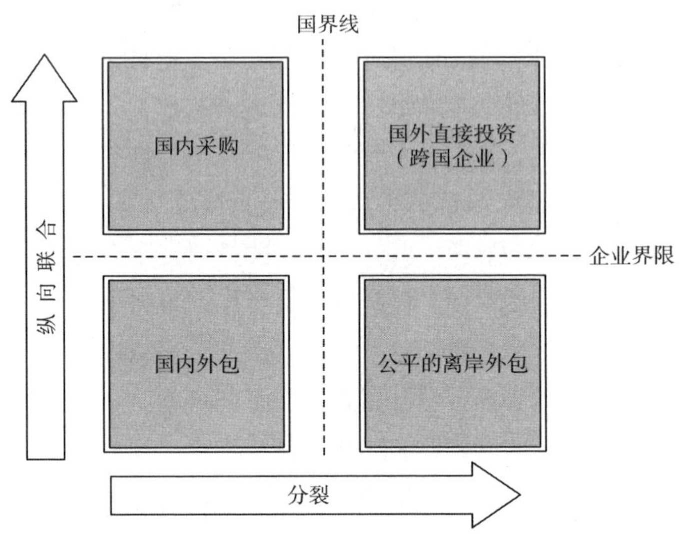


**图1－3　价值链组织的各种模式**

来源：根据 Kimura 和 Ando（2005）绘制。

## 二、全球价值链的核心内涵

“价值链”一词是在商业管理研究领域提出的。通过聚焦于涉及产品生产和消费一系列活动的整个系统分析，Porter（1985）将这一概念塑造为制定公司战略以提升公司竞争力的基本框架。公司实体首先分解为具有不同职能的一组业务活动，这些活动构成了判断企业竞争优势的分析单位。当一家公司的组织结构相对分裂时，每个单位（业务活动）的任务如产品设计、材料采购、营销和分销等往往被定义为达成该任务目标的特定单元，这可能与其他单位冲突，也可能不冲突。然而，从价值链的角度来看，所有的活动都应该集体组织，以确保企业作为一个整体能够达到最佳运作的效果。为此，不同活动之间链接（即价值链）的性质需要仔细分析，就像绘制企业的“解剖图”一样，以通过跨职能协调来内部化潜在的外部性，这是公司重要的竞争优势来源①。

相比之下，“全球价值链”的研究起源于社会学领域。全球价值链概念与 Porter 的价值链概念有所不同，后者起初主要关注的是公司如何通过将重点转移到业务活动配置来重整企业战略。全球价值链研究考虑的是公司如何努力优化生产网络以影响系统内部的价值产生和转移，以及反过来，价值分配结构如何影响企业选择国际生产网络组织形式的机制。因此，值得强调的是，正如下面描述的，全球价值链分析不是 Porter 价值链方法的全球性延伸，因为双方的研究范围和动机有所不同②。

## 第三节　全球价值链的基本类型

全球价值链研究的主要目的是探讨价值分配机制与涉及跨境生产和消费的组织结构之间的相互作用关系。全球价值链概念首先是在洛克菲勒基金会赞助的“全球价值链计划”（2000—2005）的讨论中被集体勾勒出来的③，并且随后在 Gereffi，Humphrey 和 Sturgeon（2005）中被进一步具体化，其分析重点在于组织国际生产网络的治理结构。博弈中参与者是谁？存在什么样的规则？是竞争还是合作？怎样取得获胜机会？在回答这些问题时，全球价值链研究重点关注的是利益相关者之间交易形式，无论是程式化的还是其他。这是因为交易的方式反映了交易各方之间权力关系的结构，这最终决定了博

① 例如，以准时交付制著称的“丰田生产系统”可以被视为价值链管理的最优模式，其不同部门之间的信息共享和任务协调可以以最高程度的同步化得以实施和实现。

② 在该领域还有类似的术语，如“全球供应链”，是跨国增值活动中实体投入产出序列的通用名词，主要用于侧重物流管理和贸易便利化（如何降低成本和前置时间）的商业研究。此外，Gereffi 等（1994）提出了“全球商品链”，通过展示“生产、分配和消费是如何被社会关系（包括组织）所打造的”来研究财富分配的问题。在这个意义上，它可以被认为从理念上是全球价值链概念的前身，尽管它们之间的分析框架有所不同（如图 1－4 所示，全球价值链有 5 种类型，而全球商品链只区分“生产者驱动”和“买方驱动”2 种）。

③ 详见 Gereffi 和 Kaplinsky（2001）的文章。

弈中价值分配的范围和规模。

全球价值链的“纵向整合”类型是基于母公司对其子公司进行绝对和单向控制的层次结构的。子公司的活动和业绩严格按照总部的管理策略进行监督和评估。与此相反，外包往往是在客户（买方）和分包商（服务提供商）之间形成平等关系，而且权力的行使或多或少是相互的，这与纵向整合类型不同。

基于纵向整合和外包的二分法，Gereffi、Humphery 和 Sturgeon（2005）根据缔约各方之间的权力关系进一步列出了具有更细致的全球价值链类型。图 1 -4 展示了全球价值链治理的 5 种类型：市场型、模块型、关系型、俘获型、科层型。长方形的双线边框代表公司的边界，其大小表示与另一方相比的议价能力。箭头显示了合作伙伴活动中业务干预的方向和程度，可以是支持性的，例如活动目标是从长远角度出发达到“双赢”，或者是掠夺性的，重点在短期之内快速获利。箭头越是往右，客户（在“等级”类型下的总部）具有越大的议价能力，因此这些被认为是能够对附加值的分配产生强大的影响力。

（1）市场型全球价值链：生产通用性质的商品，不需要为特定交易对生产设施进行专用投资，因此客户和供应商之间对另一方均可以有无数种选择。他们主要通过开放的现货市场交易以肩并肩的关系联系在一起。而且，通用商品的采购也不需要在合同各方之间交换详细的产品规格信息，因为关键信息大多简化为预设价格，可以从目录中找到。改变商业伙伴的交易成本几乎可以忽略不计，由于价格弹性高，价值链处于一个恒定的流动状态。

（2）模块型全球价值链：在商业管理或工业工程领域，“模块”一词通常是指由多个组件组合构成的综合体，按照所生产最终产品的功能类型分组①。通过组合差异化模块，生产者能够设计出具有多种形态的产品。同样地，通过调整多用途设备的组合，一个供应基地能够允许某个复杂交易的实现，供应商将不必产生交易专用投资（即没有敲竹杠问题），因此

① 例如，模块化的汽车可以由电源管理模块（压缩机和充电控制器的组合）、驱动辅助模块（传感器，照相机，LED 等的组合）等模块构成。

可以让广泛的潜在客户使用该设备。尽管交易各方相互提供的信息量是可观的（例如，是为了生产一种复杂产品），在这种类型的全球价值链治理中，交易契约的相对可编码性减少了需要进行干预的必要性，供应商能全面掌控自身的生产过程。这意味着，改变合作伙伴的交易成本仍然相对较低。

（3）关系型全球价值链：当生产工序涉及专门设备（例如特定形状的产品模具），交易变得资产专用化，缔约方之间开始变得相互依赖。特定产品专门设备的其他用途范围有限，在其他情况下使用该设备，生产率将显著下降。因此，服务供应商（专门设备的持有者）没有动力寻找其他潜在客户。同样地，该客户也较难，或至少必须以较高成本才能从不拥有这些专用设施的其他第三方供应商那里获得相同质量水准的产品供给。因此，双方都没有动力去寻求其他商务关系。此外，为提高生产率而进行的专门设备再投资，会深化交易的资产专用性，交易各方将被锁定于更加互相依赖的关系。

（4）俘获型全球价值链：这种类型的交易各方在行使权力上具有压倒性的差异，比如在一个具有全球品牌的主导企业与地方小型分包企业之间的业

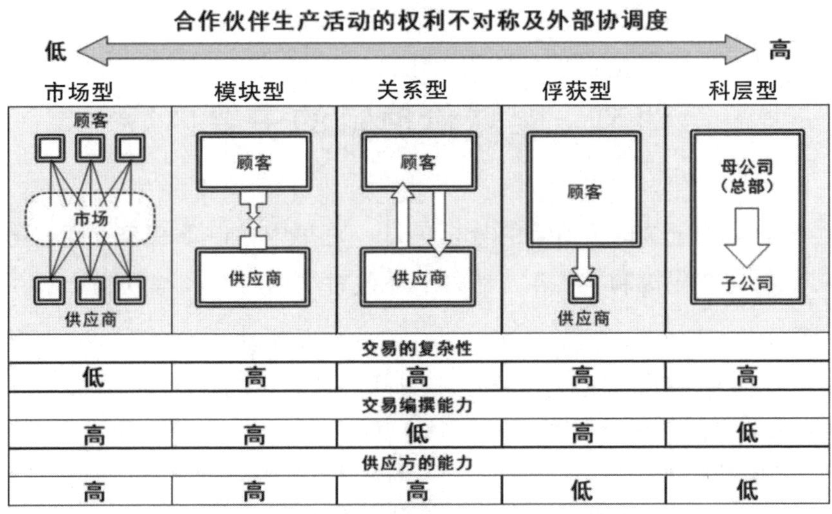


| 交易的复杂性 | | | | |
|---|---|---|---|---|
| 低 | 高 | 高 | 高 | 高 |
| **交易编撰能力** | | | | |
| 高 | 高 | 低 | 高 | 低 |
| **供应方的能力** | | | | |
| 高 | 高 | 高 | 低 | 低 |

图 1－4　全球价值链的 5 类治理结构

来源：Gereffi 等（2005）。

务关系中所能看到的那样。服务供应商需遵守客户的要求，并受到严格监督以保证产品质量和交货时间。不同于市场型全球价值链，俘获型中的服务供应商既没有足够的生产能力来实现大规模生产的规模优势，也没有专门的生产设施（如关系型全球价值链）来保证其在生产中的唯一性。由于生产能力水平有限，寻找替代业务关系的机会也大大减少，企业被客户控制在“俘虏”的地位。

（5）科层型全球价值链：如前文所述，这种类型的全球价值链通常是指，垂直一体化企业内部的关系，如跨国公司。

Gereffi、Humphery 和 Sturgeon（2005）还通过三个参数来考虑全球价值链结构的动态变化：①交易的复杂性；②交易契约可编码性；③供应方的能力（被称为“3 C 模型”——复杂性、契约可编码性和能力）。例如，价值链类型从市场型向关系型的转变与交易的复杂性相关联，而从关系型向模块型的转变则是假设交易契约的可编码性提高了；如果其他条件不变，提升供应方的能力则推动价值链从俘获型向市场型转变等①。

通过探索全球价值链配置机制，特别考虑到发展中国家的产业升级和全球价值链驱动型增长，这一分类模式有助于识别促进价值链从一种类型向另一种类型转变的政策工具②。

## 第四节　全球价值链的主要内容

经济学家关于全球价值链的分析焦点一直集中在以下三个方面：第一是生产过程的分节化机制③；第二是离岸外包对国内收入和福利的影响；第三

① 一些全球价值链类型转移的例子：自行车（从科层型到市场型），服装（从俘获型到关系型），新鲜蔬菜（从市场型到关系型）和电子产品（从科层型到模块型）。

② 价值链的治理结构对于导致创新和产业升级知识为基础的资本产生和传播特别重要。参见 Kawakami 和 Sturgeon（2011）研究的东亚经济体案例和 Blyde（2014）研究的拉丁美洲和加勒比经济体案例，涉及了产业通过参与全球价值链进行学习和升级的例子。

③ Deardorff（1998）将“分裂”定义为“将生产过程分为两个或更多的步骤，可以在不同的地点进行，最终生产出一样的产品”。

是公司选择全球价值链的组织形式。

## 一、生产过程的分节化机制

Jones 和 Kierzkowski（1990）提出一个外包模型，并研究影响生产活动分节化程度和形式的因素。图 1 –5（a）说明了拥有规模收益递增生产技术的企业产出水平（市场规模）与总生产成本之间的关系。$F_d^1$表示“传统方法”的成本线，即所有生产阶段都集中在一个地方。当生产过程的一部分外包给国内合作伙伴时，如成本曲线从 $F_d^1$移动到 $F_d^2$所示，会发生两个变化：首先，成本曲线变得更平缓，表明分工带来了生产率的提高；其次，曲线与纵轴截距向上移动，表明由于不同地点的生产单位之间需要协调配置，固定成本从 $C_1$增加到 $C_2$①。在产出水平 $q_1$情况下，最便宜的生产形式将从“传统方法”转向外包。

当外包方案选择扩大到包含国际环境时，另外两个方面进一步得到考虑。

（1）生产要素成本在国家之间被认为比在一个国家内更具有差异性；因此，根据比较优势，跨国界进行外包时，生产率将会上升得更多。

（2）连接位于不同国家的生产单位比位于同一国家的生产单位的成本更高。国际物流一般较贵，而且还有进口关税和其他用于清关的各种费用。另外，协调具有不同语言、法律制度和商业伦理的不同国家的生产单位也会产生不容忽视的沟通成本。

这些特征由 $F_w^1$表示，其代表着生产率提高的较平坦的斜率和额外固定成本上升的（从 $C_2$到 $C_3$）更高截距。那么在产出水平为 $q_2$时生产的最优形式将从国内外包转为跨境外包（即离岸外包）。

更进一步，可以考虑多个国家参与生产过程（$F_w^2$，$F_w^3$…）的情况。我们可以为各种外包选项绘制不同的成本线，如图 1 –5（b）所示，阴影边界定义了每个产出水平的最优生产组织形式。

该模型对全球生产安排的意义有三方面。假定其他条件不变，在以下情

---

① 该研究的原始模型设定假定，该公司为分化出去的任务投资了一个新的生产设施，而不是将任务外包出去，因此，图中成本曲线向上移动有一个额外的跨度。

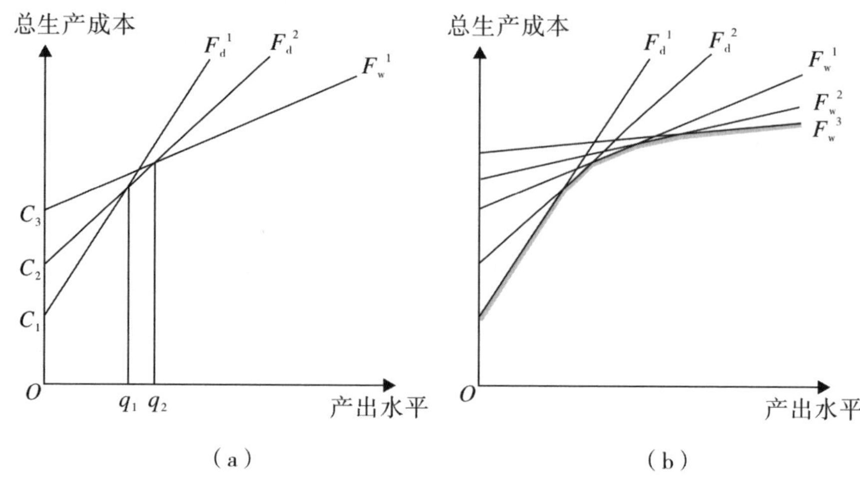


**图 1－5 外包的最优形式**

来源：根据 Jones 和 Kierzkowski（1990）绘制。

况中生产过程将更容易出现国际层面的分节化：

（1）目标市场规模较大，因此有更大空间来吸纳由于更有效率的跨境劳动分工所带来的商品供给的增加；

（2）连接位于不同国家生产活动的费用较低；

（3）参与生产网络的国家在要素成本方面更有差异，因此离岸外包企业有更好的机会利用比较优势。

## 二、离岸外包对国内收入和福利的影响

离岸外包模型被进一步发展以解释收入分配和福利问题。主要是离岸外包活动对国内劳动力市场可能造成不利影响，以及由此自然引发的日益增长的政治担忧，即产业“空心化”问题①。

传统上，国际贸易对劳动力市场的影响已经从进口竞争引起的产业部门之间资源转移的角度进行研究，人们很少关注部门内不同劳动力类型构成的变化。新的全球化研究文献抓住了这一点，认识到离岸外包是一种生

① 详见刊登于《经济学人》2004 年 2 月 19 日的文章：《空心化之谜》，http：//www. economist. com/node/2454530。

产活动的跨境移动，而这种生产活动是与特定类型和技能的劳动者任务相对应的①。

Feenstra 和 Hanson（1996a，1996b）考虑到了发展中国家对外资所有权限制放开后对离岸外包的影响。该研究发现，大量资本从发达国家（北方）转移到发展中国家，伴随着生产过程某些环节的转移（离岸外包），这些环节从发展中国家标准看是技能密集度相对较高的，但从发达国家标准来看则是技能密集度相对较低的。因此，根据各经济体的技能水平，对劳动力的需求都偏向高技能劳动力，发达国家和发展中国家的低技能劳动力的相对工资都降低②。

Grossman 和 Rossi-Hansberg（2008a）随后引入“任务贸易”的概念，研究离岸外包可行性增加，是如何影响离岸外包国家的生产率和要素收入。该研究强调需要将分析焦点从传统贸易理论讨论的“商品”（葡萄牙的酒换英国的布），转移到在生产过程中排列的“任务”，从而反映离岸外包活动在企业商务战略中日益普遍这一现实。

在（任务贸易）模型中，离岸外包可行性被参数化为公司总部与外国供应商之间协调能力的改善，这种改善是基于交通运输与通信技术的发展。模型假设不同类型任务对离岸外包可行性变化的敏感度存在差异，一些任务（如哪些易于编码和程式化的）很容易离岸外包，而其他（例如依赖个人隐性知识的任务）则不容易外包③。

（任务贸易）模型通过以下三个渠道来研究离岸外包规模提高产生的

---

① 在美国，这个问题在更广的背景下被讨论：工作岗位是因外国竞争而消失还是因技术进步而消失。美国工人正在与国外的廉价劳动力以及国内的机器人在竞争，其中哪一个是“更可怕的敌人”，这已经成为一个激烈争论的话题。参见 Spence（2011），作者从可贸易品部门对非可贸易品部门，以及高技能劳动力对中低技能劳动力的角度讨论了全球化对美国劳动力市场的影响。

② 然而相对工资的下降并非必然会使低技能工人的状况变得更糟。因为从一般均衡的角度看，由于更精细的分工带来的市场货物供应量的增加可能会通过贸易的渠道降低两国的货物价格，这可能足以抵消名义工资的下降。

③ 参见 Blinder（2009）。在 Grossman 和 Rossi-Hansberg（2008a）的基准模型中，只有低技能劳动被认为在离岸外包中是可行的。

影响：

首先是劳动力供给效应。企业把一些生产任务转移到国外，可以释放国内本来从事这些生产的劳动力，因此它有类似于在市场上增加劳动力供给的效果。这一影响在大众媒体和政界被广泛讨论，一般会引起对企业外包活动的反对意见，主要是担心离岸外包会降低劳动力实际工资水平，或者在工资具有黏性的情况下丧失国内就业岗位。

其次是相对价格效应。当一国低技能劳动生产任务的比较优势弱于高技能生产任务，则该国会对低技能劳动进行离岸外包。如传统贸易理论解释的，该国将专门从事高技能劳动力密集型商品的出口。因此，如果出口增加会导致该国的贸易条件的恶化，那么通过 Stolper-Samuelson 机制，对高技能劳动力的福利将产生负面影响（但是只有当国家足够大，能够影响国际市场相对价格时，这种效应才会发挥作用）。

最后是生产率效应。这种效应是（任务贸易）模型的一个独特的特性，在其他研究中没有充分考虑。当离岸外包条件不断改善，例如通信能力的提高，离岸外包企业的盈利能力将得以提高，并与其依赖离岸外包业务的程度成正比。这种生产率效应等同于要素扩大型技术进步的结果，能够对其任务水平与离岸外包劳动类似的国内工人（包括所有行业）就业带来积极影响。

离岸外包对要素收入的净效应是这三种效应的总和。在大多数情况下，实证研究主要考量生产率效应是否大过其他两个效应。如果是这样的话，实证研究的结论是支持进行离岸外包活动①。

## 三、企业对全球价值链组织形式的选择

一项交易是通过市场为媒介的企业间交易或是在企业内进行，其决定因素是产业组织理论长期以来的研究主题。自从 Ronald Coase 从提出他关于企业的性质②的思考，这一问题已经从多方面得到研究，而且已经被引入国际

① Grossman 和 Rossi-Hansberg（2008b）讨论了相似国家之间离岸外包的影响。

② Legros 和 Newman（2014）综述了近期关于公司界限问题的争论。

层面来研究企业内贸易以及跨国公司。

Antràs（2003）是最早沿着这一方向进行探索的研究者之一，通过综合不完全契约下的企业理论（Grossman and Hart，1986）和不完全竞争下的国际贸易理论（Helpman and Krugman，1985），他解释了在资本密集度不同的行业中或资本充裕度不同的国家之间企业内贸易比重的非对称性（译者注：Antràs 在其论文中指出，越是资本密集度高的行业，美国在其进口中的企业内贸易的比重越大；与此同时，出口国的资本/劳动比率越高，美国在进口其产品时企业内贸易的比重越大）。企业的双重动机，即最小化交易成本（通过分配产权）和最小化要素成本（通过利用比较优势），被置于统一的理论框架加以分析。该模型扩展了图 1 -3 中的分析范围边界，以涵盖价值链在空间和组织两个维度上的变化范围。

Antràs 和 Helpman（2004）引入了另一个维度的分析：企业的异质性。利用 Melitz（2003）模型，该研究考查了部门内企业生产率异质性对企业全球化决策的影响。该模型预测，全球化活动的不同进入成本，会影响具有不同生产率的企业对全球化模式的选择：生产率最高的企业选择进行外商直接投资，生产率次之的企业选择进行独立企业间的离岸外包，如此类推直到生产率最低的企业选择仅参与国内采购。

除了这些方法外，Antràs 和 Chor（2013）通过考虑生产阶段的技术排序—这一价值链的关键属性—提出了此类研究的新思路，可以针对价值链生产过程中的每一个环节来回答传统的“制造还是购买”问题。如前面所定义的，契约的不完全会导致主导企业（最终品的生产者）在选择价值链治理形式时进行战略考量。Antràs 和 Chor（2013）模型的关键结论是，为了从一系列交易中优化其收益，主导企业应根据其供应商位于上游还是下游来选择其治理形式。

根据最终品的性质，该模型识别了两种类型的价值链：序贯互补和序贯替代。生产过程特有的序贯类型决定了主导企业选择价值链治理的安排（见图 1 -6）。对于序贯互补类型，主导企业整合下游供应商，与此同时，外包其上游生产工序。对于序贯替代类型，上游供应商被纵向整合，而与下游供应商的交易采用独立企业间交易的方式①。

经济学关于企业选择组织形式的产权理论，是与社会学家对价值链治理的分析见解高度共鸣的。大致来说，这两方面研究都将交易的可订约性作为模型的核心考量因素。因此，这一主题是在全球价值链分析协同发展方面最有可能进行广泛的跨学科对话的领域之一。

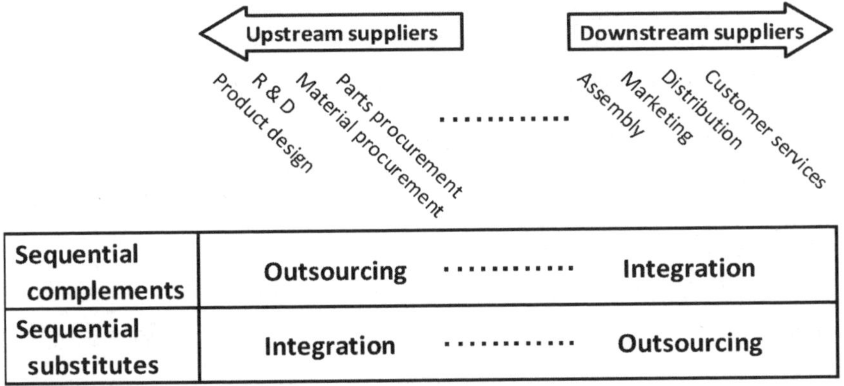


图 1－6　价值链组织的序贯选择

此外，在 Antràs 和 Chor（2013）的模型设定中，由于契约的不完全，一个主导企业（最终产品生产者）和供应商（中间投入品生产商）需要在契约开始执行后再次商议，以确定生产程序中相应阶段产生的增量利润（准租）的各自分享比例。根据 Grossman 和 Hart（1986），如果其供应商被整合，那么与供应商之间完全独立的情况相比，主导企业将拥有更强的议价能力并获

① 在实证研究模型设定方面，该研究运用 Antràs 等（2012）基于投入产出模型的测算方法，参考了量化行业上游/下游位置的最新成果。此外，Alfaro、Antras、Chor 和 Conconi（2015）提出的模型较 Antras 和 Chor（2013）基准模型有三个方面的扩展：第一，该模型考虑了投入品可订约性的非对称差异；第二，该模型结合了最终品生产者生产率的异质性（Antràs and Helpman，2004）；第三，该模型包括了由于外部因素生产过程的某些部分整合不可行的情形。

得更高的利润份额①。

由于供应商对生产设备的投资（例如投资于为特定形状产品的模具）对主导企业的最终产品具有关系专用性，在此生产序列之外，该投资毫无价值，这就产生了我们熟悉的敲竹杠问题，也就是说，被纵向整合的供应商在预估到主导企业可能剥削供应商的情况下，会减少相应投资，从而造成供应商生产能力投资不足。

因此，主导企业面临权衡取舍。如果整合供应商，可以从特定生产工序获取更多的利润份额，但此举可能导致供应商投资不足，影响最终产品的产出和质量。

在这里，主导企业的战略空间大小在很大程度上取决于其生产的最终产品的性质。假设产品市场需求弹性相当大，主导企业可以通过生产更多产品获得更多利润。由于每个中间投入供应商的投资决策，取决于最终产品的销售情况，而最终产品的销售额又取决于上游供应商在该生产环节前向其生产能力投资了多少，因此，上游供应商投资水平越高，将会促使下游供应商的更多投资。

相反地，如果主导企业具有实质支配市场的力量，因此沿着缺乏弹性、向下倾斜的需求曲线生产，该企业的收入曲线相对于（质量调整）产出凹向，边际收入沿着生产序列迅速下降。那么，大规模上游投资将抑制下游供应商从事未来投资的价值，从而减少降低下游供应商的收入期望。前一种供应商的投资选择称为“序贯互补”，后者称为“序贯替代”②。生产过程的序

① Grossman 和 Hart（1986）将整合定义为，一家企业购买另一家企业资产的“剩余控制权”。虽然交易成本经济学涉及各方就准租的时候讨价还价以及由此造成的事前投资不足（及其对事后绩效的负面影响）引起的效率低下，但是产权文献重点关注产权分配（即组织形式的选择）对事后议价的影响，这种产权分配被假设可以有效进行，这反过来会影响各方对事前投资的决定。

② 更具体地说，序贯互补或者替代取决于①最终产品的市场需求弹性和②中间投入的替代弹性的相对大小。如果①大于②，投资选择是序贯互补品；否则，它们是序贯替代品。通常来说，供应商的投资总是互补的。只有当由于最终产品的低需求弹性导致收入前景迅速减损的效应大过中间投入品通常的互补性时，二者关系才会从互补变为替代。

列类型影响主导企业对价值链组织形式的决策。

回顾一下主导企业面临的权衡取舍：一方面是通过供应商整合进行抽租的机会，另一方面，整合会降低投资效率。在此基础上，龙头企业需要衡量整合供应商的成本和收益。

在序贯互补的情况下，整合的投资抑制成本在上游生产阶段更高，因为它抑制了对下游供应商的投资激励正面外溢。因此，主导企业应该整合下游的生产企业而非上游企业，从而充分利用自身的议价优势寻求更高利润。在序贯替代的情况下，下游供应商可以补偿上游供应商的潜在投资不足情况，主导企业因此能够更多考量在上游环节的抽租动机，而不用担心整体投资不足。

通过主导企业关于价值链组织的几种决策，以上论点的推论被总结于图 1-6。

## 第五节　全球价值链的核算方法

### 一、核算前向分解

核算前向分解是将一国/行业的总增加值分解为三部分：一是增加值直接用于满足国内最终需求生产的部分，跨境次数是 0；二是增加值直接用于最终出口品生产的部分，跨境 1 次，但没有跨境的生产活动；三是增加值完全用于中间出口品生产的部分，跨境至少 1 次。其中，第三部分是全球价值链的部分，涉及跨境生产活动。

进一步地，全球价值链的部分，可以细化成三类增加值：一是被直接用于进口国满足其国内最终需求生产的增加值，跨境 1 次；二是最终返回本国被吸收的增加值，至少跨境 2 次；三是被进口国用于再次出口被其他国家吸收的增加值，至少跨境 2 次。其中，被进口国吸收增加值、跨境 1 次的生产和贸易活动，被定义为简单的全球价值链活动；返回本国或被其他国家吸收增加值、跨境至少 2 次的生产和贸易活动，被定义为复杂的全球价值链活动。

上述分解是从产业部门的前向联系上识别出哪些生产和贸易活动属于全球价值链的活动，并根据跨境次数界定简单和复杂的全球价值链（见图1－7）。

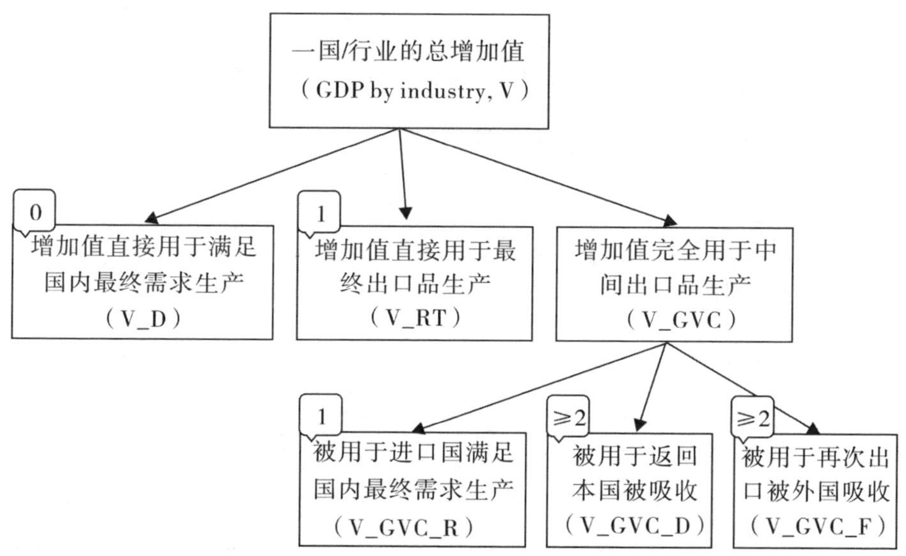


图1－7　基于前向联系的增加值分解方法

## 二、核算后向分解

核算后向分解是将一国/行业生产的最终品（货物与服务）分解成三部分：一是为了满足国内需求而生产的最终品中的国内增加值部分，没有跨境活动发生；二是最终品出口中隐含的国内增加值部分，跨境1次，但不涉及跨境生产；三是全球价值链的部分，涉及跨境生产活动，是中间进口品中隐含的国内增加值和国外增加值。

进一步地，全球价值链的部分，可细化成三类：一是被本国直接吸收的国外增加值（进口国增加值），跨境1次；二是返回并被本国吸收的中间进口品中的国内增加值，跨境至少2次；三是被本国转出口的中间进口品中所包含的其他国家（外国）增加值，跨境至少2次。其中，与核算前向分解相似，跨境1次的全球价值链活动，被定义为简单全球价值链活动；跨境至少2次，被定义为复杂的全球价值链活动。

上述分解是从产业部门的后向联系上识别出哪些最终品生产和贸易活动属于全球价值链活动，并根据跨境次数界定简单和复杂的全球价值链（见图1－8）。

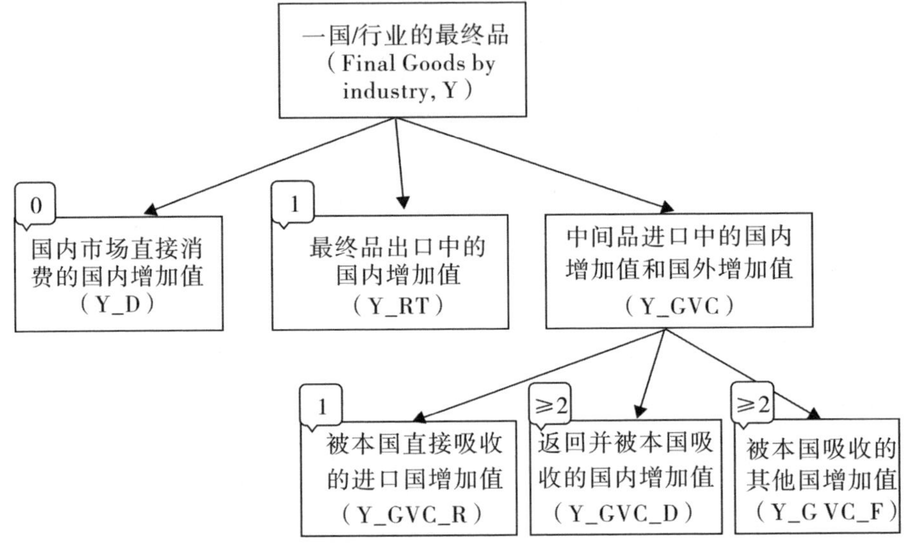


**图1－8　核算后向分解方法**

## 三、双边贸易流分解

双边贸易流分解是将一国与贸易伙伴的行业层面双边贸易流（货物与服务）分解为增加值出口、返回的国内增加值、国外增加值和纯重复计算的中间品贸易等四部分，并根据贸易品的价值来源、最终吸收地和吸收渠道的不同，区分为8种或16种不同路径，从而在传统国际贸易统计与国民经济核算体系之间建立了系统性的对应，从而奠定了用全球价值链解读官方贸易统计数据研究方法论的基础。

第一部分为最终出口的国内增加值。第二部分为直接被进口国生产国内最终需求吸收的中间出口的国内增加值。第三部分为被进口国出口至第三国并被外国吸收的国内增加值。这三部分之和为最终被国外吸收的国内增加值（简称DVA）。

第四部分为被进口国生产出口返回国内，并被吸收的中间出口的国内增加值。这部分被称为返回的国内增加值：国内增加值先被出口至国外，但隐含在本国的进口中返回国内，并最终在国内被消费（简称 RDV）①。

第五部分为中间品出口中的国内增加值隐含于进口中返回国内，又被用于生产出口品，被称为源于国内的重复计算部分（简称 DDC）。

第六部分为隐含于本国出口的进口国增加值（MVA）。第七部分为隐含于本国出口中的第三国增加值（OVA）。MVA 与 OVA 之和为用于生产本国出口的国外增加值（FVA）。

第八部分为本国中间出口的进口国价值重复计算部分（FDC）。总出口具体各分解部分的关系可见图 1－9。

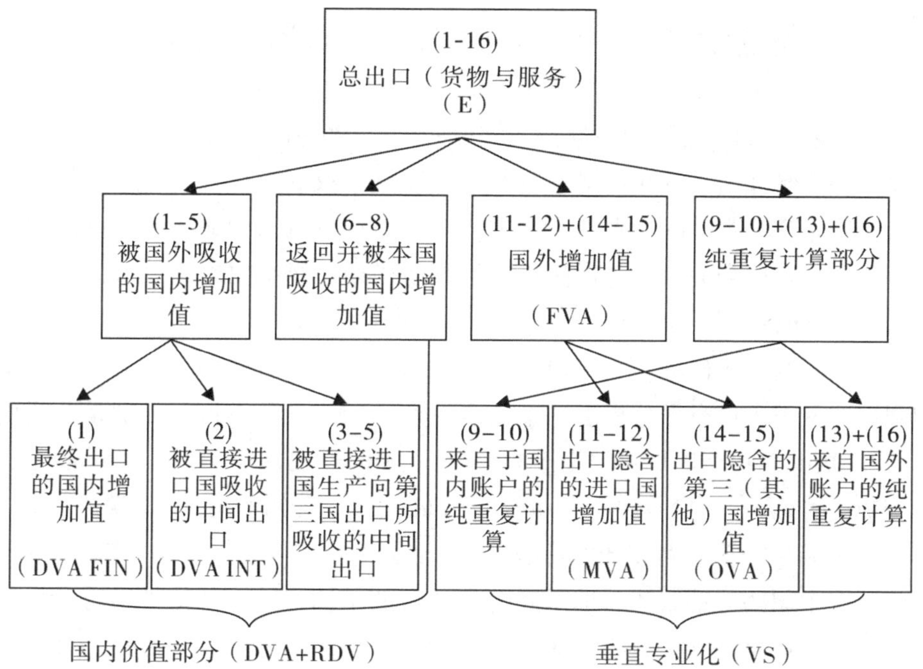


**图 1－9　总贸易核算法的基本概念框架**

资料来源：根据 Zhi Wang，Shang-Jin Wei 和 Kunfu Zhu，“*Quantifying International Production Sharing at the Bilateral and Sector Level*” 一文图 1a－1c 简化。

① 虽然这部分增加值（RDV）不构成一国的增加值出口，但却是出口国 GDP 隐含于出口中的一部分。

## 第六节　全球价值链的实证挑战

全球价值链实证分析的快速发展基于研究环境的两大显著变化。一个是相关统计数据的可获得性越来越高，特别是多国投入产出表和企业层面的微观数据。另一个是个人计算机处理这些海量数据集的数据处理能力的进步，以及允许有效共享数据库的信息和通信基础设施的进步。那些20年前不可能实现的事在如今非常普遍，而全球价值链分析的实证研究挑战正在进入一个新的发展阶段。

### 一、通过企业业务统计数据描绘全球价值链

最初的定量描述全球价值链的工作主要是一些利用企业业务数据进行的研究。这些研究通常旨在根据制造商本身提供的数据或私人咨询公司的分析报告来确定某些产品的投入品采购构成和产品销售网络构成；或者可以使用来自相关行业协会的信息分析该行业细分通用产品类型的平均投入品构成信息（Sturgeon，Nielsen，Linden，Gereffi and Brown ，2013）。

早期的这一类研究包括 Dedrick、Kraemer 和 Linden（2008）的论文，他们利用业务报表信息，分析了四个代表性产品的增加值结构，分别是苹果的 iPod 和 iPad，惠普和联想的笔记本电脑①。他们发现，2005 年一个 iPad 零售价为 299 美元，其中产品的出厂成本为 144 美元，分销费用是 75 美元，主导企业（即苹果公司）可得 80 美元利润，而在工厂成本中，大约只有 3. 86 美元归属在中国的装配服务。该研究的初始目的是调查企业如何借助跨境生产的分享，从技术创新中受益，但是它却展示了另一个更加引人深思的问题，即基于产品总价的传统贸易统计是否有效。

在这一背景下，Xing 和 Detert（2010）讨论了中美贸易不平衡问题。因为2009 年 iPhone 还没在中国市场销售，这意味着中国对美国的 iPhone 出口相当于该产品的美国对中国的贸易赤字。研究显示，如果从增值角度看，美

---

① 如果把非学术文献包括在内，Tempest（1996）对芭比娃娃的叙事是最早的文献。

国的这一贸易赤字可以分解为包括对日本和德国等其他国家的赤字，因为日本和德国是 iPhone 零件产品的核心供应商，而美国和中国在 iPhone 上的贸易赤字则从 19 亿美元减少到 7300 万美元。

因为不借助于任何形式的统计推断，而是直接利用每个企业提供的数据，这些“产品层面”的研究方法在描述生产链的实际结构时是十分有用的。然而，这种方法也有明显的不足之处①。

首先，在考虑贸易政策等宏观经济问题时，这种方法应用范围有限，因为其分析对象局限于特定产品或少数企业的活动，远远不能反映全国范围内整个价值的流动趋势。

其次，如同 Dedrick、Kraemer 和 Linden（2008）指出的，大多数企业业务报表数据没有明确列出员工薪酬，这在国民经济核算框架中是增加值的重要组成部分，而在这类分析中只将其与其他类型的生产成本混在一起。

最后，由于价值是在生产过程的每一个阶段产生的，因此增加值分析应能够跟踪整个供应链的所有生产阶段。然而，产品层面分析方法仅考虑直接投入品供应商（第一层）的增加值结构，而将增加值的其他部分忽略了。例如，iPhone 中的硬盘驱动器，也包含不同国家生产的零件，因此需要进一步分解其增加值的来源。

## 二、通过投入产出表描绘全球价值链

鉴于常规方法的局限性，多国投入产出表日益受到关注。多国投入产出表通过连接某一时点各国的投入产出表形成的海量数据集提供了国际商品和服务交易的系统且详细的图谱。这些表格包含行业间和全球各国之间供应与使用关系的信息，而对外贸易统计中是没有这些信息的，根据这些信息，可以识别国际生产分享的垂直结构。此外，与产品层面方法不同，投入产出分析涵盖了构成经济体系的一系列行业，从而可以衡量国家或地区的跨境价值流动。理论上，这种方法可以跟踪每个生产阶段，每个国家、每个产品的增加值生成过程。

① 这里引入的产品层面研究方法，与使用行业范围的企业微观数据（例如工业普查中）的研究应该严格区分（就分析范围而言）。

投入产出方法也有其局限性。Sturgeon 等（2013）指出，源于投入产出表自身的特性，（国际）投入产出分析也有局限性。首先，投入产出表的部门分类以工业类别为基础，因此无法确定某项具体任务如研发或装配等创造的增加值。其次，交易以属地标准记录，换句话说，生产活动被领土边界界定，与所生产货物相关联的国籍无关，这可能导致国家间增加值的归属不准确①。最后，投入产出表中完全没有关于具体交易性质的信息，价值链的定性分析即使不是毫无可能，至少也是相当困难的［译者注：作者这里所说的具体交易性质应该可以理解为诸如该交易是纵向整合企业内的交易还是独立企业间的交易之类的性质。投入产出数据与贸易统计数据可能都难以揭示这一性质，但其他数据来源可能有助于揭示该性质，例如 Antras（2003）所使用的美国经济分析局的跨国公司财务与运营数据］。

简而言之，定性分析个别价值链，例如分析全球价值链治理安排的形式或各方之间的技术转让方式，可采用产品层面方法。而多国投入产出分析方法，可以在系统层面上捕捉更广阔背景下价值链配置的全貌。这些方法不是排他性的相互替代，而必须根据研究问题的类型，相互补充使用。

过去十年中，使用投入产出表研究全球价值链越来越普遍。这可以追溯到 Hummels、Ishii 和 Yi（2001），他们引入了垂直专业化的概念即“用于生产出口商品的进口中间品投入量”，或者换句话说，出口的进口含量，这成为国际生产分享的度量标准。

Chen 等（2004）将这一思想纳入增加值领域，并把它与忽略加工贸易和用总出口值衡量国际贸易而所导致统计数据的扭曲相联系。该研究以增加值视角全面考察了长期争论的中美贸易不平衡问题。Koopman、Wang 和 Wei（2012）则进一步正式将用增加值衡量贸易发展为方法论。他们将中国投入产出矩阵分为两部分，一个是加工出口，另一个是其他生产②。他们的研究显示，2002 年中国制造业出口的国外增加值含量约为 50%，是直接应用纵向专业化指标的近两倍。这种方法从量化角度直观地展示了使用增加值衡量贸易的重要性，以及忽视加工贸易因素对分析造成的影响。

虽然这些实证研究依赖于各国的单国投入产出表，但 Daudin、Rifflart 和

① 下面关于企业异质性的章节将介绍如何减少这些可能缺陷。

② De La Cruz 等（2011）针对墨西哥进行了类似研究，墨西哥加工贸易也很盛行。

Schweisguth（2006）利用全球贸易分析项目（GTAP）的数据库，构建了70个国家及世界其他地区的多国投入产出表，计算了出口中的国内增加值含量，以及垂直专业化和区域化指标。Johnson和Noguera（2012）同样利用了GTAP数据库计算了增加值出口与总出口的比例，作为衡量国际生产分享的指标①。他们就生产分享对美国与多个国家间双边贸易差额规模的影响进行了广泛讨论，自然包括美国与中国的贸易逆差问题，并且显示，以增加值计算与传统的贸易统计数据相比，这一逆差下降了30%～40%（见图1－10）②。

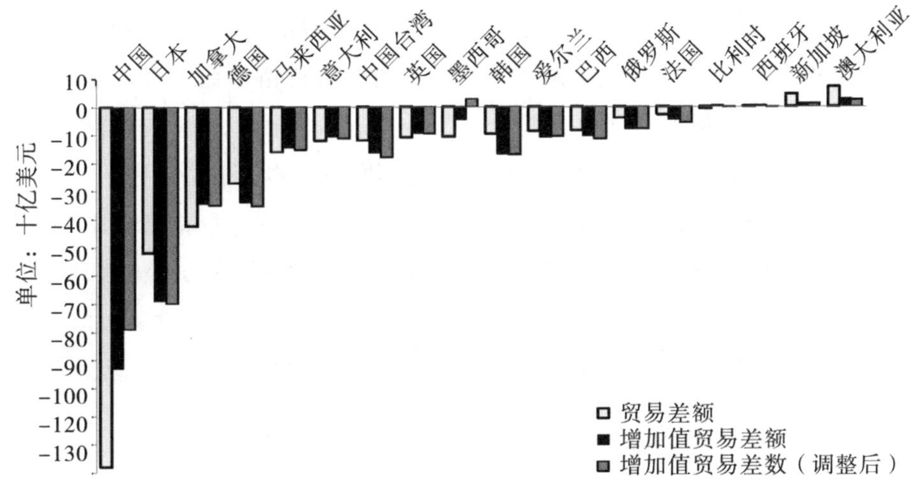


**图1－10　美国与贸易伙伴的双边贸易差额和增加值贸易差额（2004）**

图片来源：基于Johnson与Noguera的研究，作者设计。

---

① Los、Timmer和De Vries（2015）出于不同的研究目的也进行类似研究。他们就国际生产网络组织中区域化力量与全球化力量之间的对比关系进行了一个纵贯数据分析。结论认为，在全球化进程中，日益全球化（即较少分割成区域模块）已成为主要趋势。

② 确切地说，20世纪80年代，亚洲经济发展研究所（IDE－JETRO）首次开发与公布了此类度量，包括七个亚洲国家和美国，以1975年为基准年。然而，这些度量定义为“最终需求对增加值的影响”，而不是“增加值贸易”。今天，主要的增值贸易数据库是经合组织－世贸组织的增加值贸易（TiVA）数据库。最新版本（2015年基准）涵盖了64个国家（包括世界其他地区）的34个行业。相关数据说明请参阅以下网站。http：//www.oecd.org/sti/ind/tiva/tivasourcesandmethods.htm 。增加值贸易概念请参见Inomata（2014）或WTO和IDE-JETRO（2011）。

Bems 和 Johnson（2012）通过提出增加值实际有效汇率的概念，给国际宏观经济学领域展示了一个增加值贸易方法的有趣延伸。通过评估为消除外部不平衡所必要的价格调整幅度，或者说名义汇率失调的程度，实际有效汇率通常用于衡量国家出口竞争力。

传统的实际有效汇率通常通过加权一篮子消费者物价指数计算，其中权重是以双边贸易总额为基础的。然而，随着经济全球化的快速发展，传统的实际有效汇率不再是合适的度量标准，这主要体现在两个方面：第一，因为实际有效汇率是评估世界市场中各国出口竞争力指标，而利用消费者价格指数估计价格走势将无法获得理想结果，因为消费者价格指数综合的是产品价格，而这些产品价格的增加值来源分散在不同国家。第二，基于同样的逻辑，由于国家间生产分享的日益增长，贸易总值不能再用作无偏的权重。

通过运用国内生产总值（增值）平减指数而非消费者价格指数来衡量价格变动，采用双边增加值贸易流量，而非总贸易流量为权重，增加值实际有效汇率旨在克服上述问题。如图 1－11 所示，从 2000 年起，中国增加值实际有效汇率和传统实际有效汇率的差别显著增加①。在此方向上的最新研究成

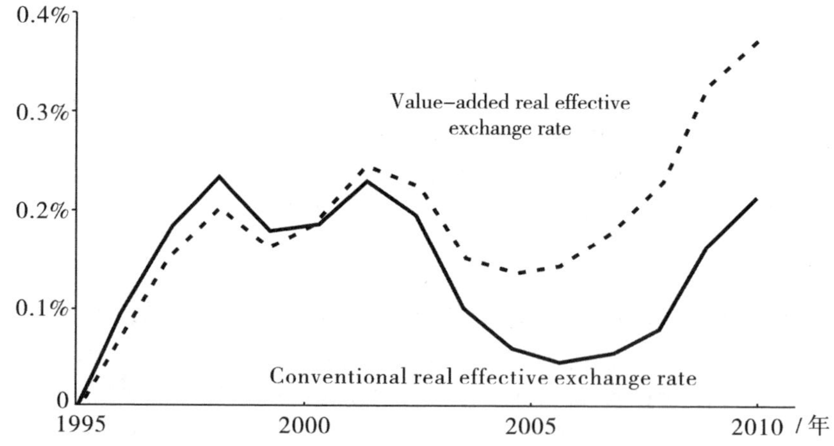


**图 1－11　中国两种实际有效汇率的变化（相对 1995 年值）**

图片来源：Bems，Johnson（2012）。

① 两个指标值日益扩大的差距主要是因为计算基础从消费者物价指数向国内生产总值平减指数的变化，而非因为权重从贸易总值向贸易增加值的变化。

果之一来自 Koopman、Wang 和 Wei（2014），他们设计了能够将总出口分解成不同增加值来源的完整方法。总出口首先被分解为“被国外吸收的国内增加值”“先出口后返回国内的国内增加值”“国外增加值”和“纯重复计算”四个部分，每个部分再根据交易模式进一步分解。其结果是对增加值生成过程的全面描绘，系统地将衡量增加值贸易的上述各种公式整合到了一个统一的核算框架中。尤其是，该方法能够分离总出口中的重复计算因素，而重复计算是一直困扰着从事实证分析的贸易经济学家的一个问题。

对贸易政策而言，国内增加值先行出口再返回国内的渠道具有重要意义。例如，2006 年，欧盟委员会对中国和越南进口鞋类实施反倾销，但结果是这一政策对欧盟服务业产生了不利影响，因为这些进口鞋类商品中包含了源于欧洲的设计和分销行业的大量增加值。详细了解贸易产品的增加值来源，就可以避免类似的负面影响①。

## 三、异质性的考量

在 Melitz（2003）的理论基础上，全球价值链定量分析的另一个重要进展是构建考虑部门内企业异质性的投入产出表。传统的投入产出表并不区分同一行业内不同类型生产者的投入结构（译者注：企业异质性文献在使用部门 sector、行业 industry 之类的概念时一般未加区分，可以视为同一概念）。然而，出口导向型企业，特别是从事加工贸易的企业，与国内导向的生产者相比，采购中间投入品时的进口密集度一般来说更高。这意味着，传统投入产出表仅提供所有类型生产者的平均投入结构信息，可能会导致对加工贸易盛行国家（特别是中国和墨西哥）的分析结果出现偏差。

如前所述，Koopman、Wang 和 Wei（2012）率先尝试解决这一问题，将中国投入产出表分为若干子账户，将出口加工活动和该部门其他活动区分开。Tang、Wang 和 Wang（2014）进一步细化了这一方法，他们考虑了企业规模

---

① 增加值贸易核算框架的关键特性之一是一个国家的总体贸易差额，无论是以总值标准衡量还是以增加值标准衡量，总是恒等的。Kuboniwa（2014a，2014b）提供了有关定理的严谨论证。

(大型或中小型)和所有制结构(外资或内资,私有或国有)等企业特征的变化。该研究还将中国投入产出表按企业类型与中国工业普查数据和贸易统计数据结合起来。更重要的是,利用所有权结构的信息使得研究中国私有化进程对国内价值链升级的影响成为可能。

这两种方法被融入了 Ma、Wang 和 Zhu(2015)的研究中,他们在双重维度上考虑到企业的异质性,即贸易模式(加工贸易出口商或者一般贸易出口商以及非出口商)和企业所有权特征(国内所有或外资所有)。利用所有权结构信息,该研究按照要素所有权计算出国内增加值分配,有助于通过考虑企业的异质性,将衡量指标从国内生产总值(GDP)转为国民总收入(GNI)①。

异质性问题也可以从地理角度进行考虑。目前多国投入产出表的设定将国家看作是全球生产网络中的一个交易点。然而,国家经济具有空间层面。对于中国或巴西这样的国家不能在投入产出矩阵中如同新加坡或哥斯达黎加那样来处理。Inomata 和 Meng(2013)引入了中国、日本和韩国的跨国区域间投入产出表,该表由亚洲发展经济研究所编制,将各国的区域间投入产出表连接在同一矩阵中,以便用多国投入产出框架考虑一国内区域的异质性。通过该表,人们能够以区域为单位研究跨国界的经济联系:比如中国的华南地区和日本的九州地区之间的经济联系②。

国内区域间的联系对于(国家内)区域发展问题尤为重要。例如,在 1978 年改革开放之后,中国成功地与邻国建立了强有力的经济联系。然而,经济全球化的成果并未在国内被平等分享。沿海地区和内陆地区的收入差距在当时迅速扩大,而通过国内的联动效应,使对外开放的积极影响惠及内陆

① 为该领域做出贡献的还有 Ahmad 等(2013)对土耳其的研究,Fetzer 和 Strassner(2015)对美国的研究,Piacentini 和 Fortanier(2015)对经合组织成员国的研究。Liu 等(2016)将该方法应用到环境分析中。如果我们将生产活动中的碳排放视为"负增值",那么运用多国投入产出表进行的碳足迹分析也可以算作全球价值链研究的一种形式(尤其是各国之间就碳排放的"基于生产的计量"与"基于消费的计量"的政治互动问题)。

② 类似研究包括意大利的 Cherubini 和 Los(2013),巴西的 Dietzenbacher、Guilhoto 和 Imori(2013),以及中国的 Meng、Wang 和 Koopman(2013)。在这些研究中,各个国家的区域间投入产出表嵌入了欧盟委员会所资助的世界投入产出表(WIOD)。

还需一段时间。在这个意义上，区域经济对于经济发展进程至关重要，对于相对地域广阔而一体化程度较低的经济体尤其如此①。

最后，我们考虑劳动力市场的异质性。全球价值链对就业的影响一直是一个热门的话题，特别是围绕“产业空心化”问题的争论。早期关于全球化的争论主要是从将国内经济开放给全球竞争所带来的产业结构改变（导致衰退产业、停滞产业和扩张产业的区分）的角度出发。而当前全球价值链角度的讨论则通过探查产业链任务层面的财富分配来进行更加微观的分析，这通常由所谓的“微笑曲线”来体现。

沿着这些脉络，Timmer 等（2014）对不同类型技能的异质性劳动力市场增加值分配进行了实证研究（基于生产过程中的每个任务都能对应到某一特定水平的劳动技能这一认识）。该研究采用欧盟委员会资助的世界投入产出数据库，并补充以欧盟 KLEMS 数据库以得到要素投入信息，其中包含基于受教育程度区分的三种劳动力（低技能的，中等技能的和高技能的）。数据库中的大多数国家，从 1995 年到 2008 年，高技能劳动力的增加值份额显著增加，而较低技能劳动力的份额则下降。这一发现与 Feenstra 和 Hanson（1996a，1996b）的研究结果一致，对理解欧洲和美国近期发生的政治事件有重要意义②。

## 四、价值链的“长度”分析

生产分节化理论预测，如果由于生产技术进步或消费市场的变化，某个商品的生产过程有进一步细分的可能，那么就存在进行更精细的劳动分工的机会，这会导致更高效的资源配置和更低的边际生产成本。在可以进入国际市场时更是如此，因为要素禀赋（及其导致的比较优势）的差异在国家间更加突出③。

---

① 参见 Meng、Wang 和 Koopman（2013）。

② 单单离岸外包活动本身不能解释全球化是会创造就业机会还是破坏就业机会，因为技术创新和消费者需求转变也会引发劳动力市场的结构性变化。

③ 参见 Jones 和 Kierzkowski（1990）的模型。

因此，关于生产分节化的研究关心生产过程中的生产阶段的数量，比较生产相同产品的替代技术，其中一个的生产阶段很少，而另一个很多。实证研究需要了解整个生产序列的全貌。重要的不仅是生产联系的强度（量级），还有生产联系的长度，而这取决于整个链条生产阶段的数量。

传统的投入产出方法分析生产网络时，一般只衡量产业间的关联性或联系的“强度”。Dietzenbacher、Romero 和 Bosma（2005）提出了平均扩展长度（APL）的投入产出模型，首次回答了生产联系的“长度”问题。平均扩展长度模型表现了生产网络中每个分支的平均生产工序数量，因此有效衡量了行业的细分水平①。Dietzenbacher 和 Romero 进一步在国际研究中应用了该模型，他们运用 1985 年欧洲多国投入产出表，分析了欧洲主要经济体的跨国联系。

Fally（2011）提出了一个与平均扩展长度模型理念相似的模型，用于测量生产的分节化程度。与平均扩展长度相比，主要区别在于，Fally 的模型以及其在 Antràs、Chor、Fally 和 Hillberry（2012）中的变形，通过把最终消费点确定序列终点，明确平均生产阶段数量，从而得以衡量沿着生产链到产品最终需求的距离。这些研究的数据基础是美国及其他一些国家的单国投入产出表，但是 De Backer 和 Miroudot（2012）后来将 Fally（2011）模型应用于经合组织 1995 年、2000 年和 2005 年国际投入产出表，涵盖 56 个国家②。

在全球价值链领域对“长度”模型的另一应用是识别全球生产系统中国家（或行业）的相对位置。如果一个国家的代表性生产链，相对最终产品要比初级产品更远，那么该国就处于相对上游的位置（相反地，如果一个国家的代表性生产链，相对最终产品要比初级产品更近，那么该国就处于相对下游的位置）。因为平均扩展长度可以沿着生产线分别按前向（成本推动）和后向（需求拉动）进行测量，因此，可以通过比较前向和后向长度值，识别

① 不过，Dietzenbacher、Romero 和 Bosma（2005）没有明确地使用“细分”一词。

② 最近的一些研究旨在将长度模型分解为国内部分和国际部分，从而描述“真正”的国际生产过程的分节化。这包括 Hagiwara（2016）对国际扩展长度模型的进一步研究，Wang 等（2016）基于 Antràs 等（2012）模型的研究的研究。

在全球生产网络中的特定国家的相对位置。

Inomata（2008）及 Escaith 和 Inomata（2013）的报告是最早提出衡量国家的相对生产位置的研究。运用东亚数据，他们展现了区域生产体系在两个维度上的结构变化（见图 1－12）。横轴为后向平均扩展长度而纵轴为前向平均扩展长度，右上/左下对角线方向代表各国参与其中的供应链的长度变化，而沿着左上/右下对角线，可以描述区域生产网络中每个国家的相对位置（由前向和后向 APL 的比率确定）。例如，中国是沿着一条离左下到右上的对角线最远的路径移动，表明整个阶段内，中国停留在区域供应链的最下游部分，这反映了其作为区域产品最终组装者的绝对地位①。

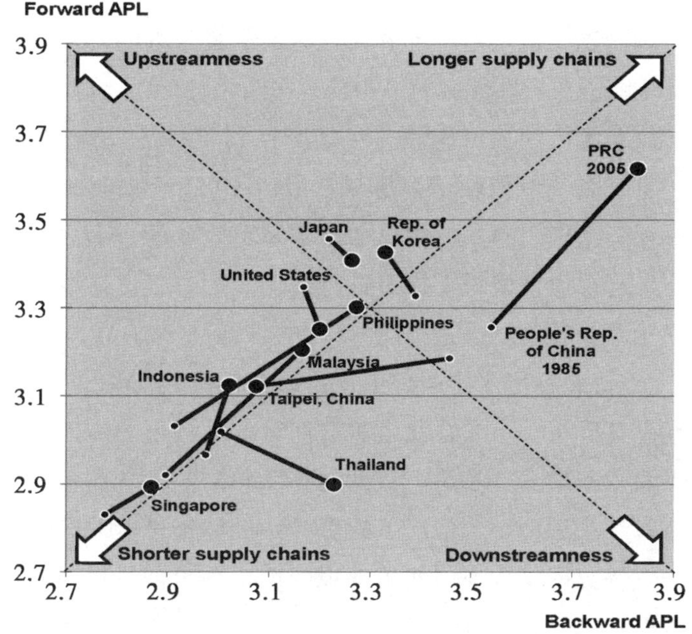


**图 1－12　东亚地区区域生产网络中各国的相对位置（1985，2005）**

图片来源：基于 Escaith 和 Inomata（2013）的研究，作者设计。

① Miller 和 Temurshoev（2015）及 Wang 等（2016）的研究更正式地体现了这一思想，虽然他们的模型形式不同，但比 Inomata（2008）及 Escaith 和 Inomata（2013）的表述更为严谨。

一个生产体系中行业和国家的线性位置，对于考虑沿价值链部门特征的变化特别重要，例如，“微笑曲线”体现了增加值率的重要性，（Baldwin，Forslid and Ito，2016；Ye，Meng and Wei，2015）或者对价值链治理模式的重要性（Antràs and Chor，2013）。

## 五、数据的“瓶颈”

恐怕当前全球价值链研究领域最紧迫的问题是开发相关的数据。到目前为止，很大部分验证企业理论中的全球价值链治理模型的实证研究工作依赖于官方货物贸易统计数据①。一些国家的贸易数据库（例如美国普查局的关联方贸易数据库）涵盖货运是涉及关联方还是非关联方的交易信息，这些数据能够用来反映跨国公司在国际贸易中的地位②。

尽管贸易数据优势明显（特别是可访问性和可得性），但如何恰当地使用这些数据，研究者仍然面临诸多挑战。Antràs（2011）对此提出了四个方面问题。第一，产品层面的数据信息加总了多个企业的采购决策，因此，在测试企业层面采购行为模型时不得不进行估计。第二，贸易数据无法提供购买产品的用户信息，因此，无法确定进口的产品流入了进口国的哪个部门（甚至无法确定产品是被用于中间环节还是最终消费）。第三，对于关联交易方的交易数据没有反映哪一方企业是被谁拥有的，母公司的控制程度与所有权份额也不得而知。第二点和第三点问题在 Antràs（2003）将企业内贸易观察数据与进口者（在后向整合情况下的总部）的特征进行关联时构成了实际问题。第四，贸易数据仅从本国的角度报告进口和出口货运的信息，而跨国公司则通常从事全球采购，涉及其他国家相互之间的货运（例如，美国苹果总部可能会采购韩国三星的中间投入品并运到中国的富士康工厂进行加工组装）。

近年来，企业微观数据可获得性日益提高，未来将能够提供信息用于发

---

① 参见 Antràs（2003）和 Bernard 等（2010）的研究。

② 在美国数据中，如果任何一方拥有至少 10% 的对方的股权，双方就是“关联的”。

展计量工具来克服以上问题①。企业微观数据库的优点在于它们在企业经营的各个方面具有代表性。例如，日本经济产业省“日本企业结构与活动基础调查（日本企业基础调查报告书）”的年度调查数据（根据日本统计法是强制性的），涵盖了企业销售、成本、就业、资本支出、出口、进口以及外国直接投资等多种信息②。

即使如此，与日本数据不同，许多企业的微观数据都是通过一次性的工业企业调查得到的，因此这些数据库仅包含某个特定国家、某个特定年份的数据。这些数据库在其代表性方面也都有差异。因此，若将这些数据库的数据应用于诸如投入产出系统的一般均衡分析中，在使用时需要注意提供合并的结构信息，使用恰当的约束条件和平衡算法估计有关的系数等问题。

另一个值得思考的重要方面是相关数据库的整合，特别是多国投入产出表。目前，许多机构编制了类似的多国投入产出表，各有不同的研究目的，因此，这些表格在表现格式、部门分类和辅助信息的种类（例如，环境账户）等方面各有不同③。

最近，悉尼大学的一个科研团队发起了名为“全球多区域投入产出实验室”的项目，目标是建成一个协作的云计算平台，能够允许参与者相互使用各自开发的统计资源。上述提到的几个多国投入产出数据库的资料、各国的国民经济核算数据以及对外贸易统计数据预计都将成为该平台的投入。然后，

① Tomiura（2007）的研究是最早使用企业层面微观数据进行的研究之一。该研究运用数据来分析企业生产率与全球化决策之间的关系，其结论与 Antràs 和 Helpman（2004）关于不同全球化模式的生产率排序的结果一致。

② 该数据仅涵盖中型/大型企业（员工数达 50 人以上的）并且实收资本超过 3000 万日元的情况。然而，考虑到全球采购对较大型企业才比较重要，所以这一门槛不太可能会限制相关分析。

③ 欧洲委员会资助的世界投入产出数据库（WIOD）和 EXIOBASE，经济合作与发展组织的国际投入产出表（OECD-ICIO），普渡大学全球贸易分析项目多区域投入产出数据库（GTAP-MRIO），以及悉尼大学的 Eora 数据库等。Dietzenbacher 和 Tukker（2013）介绍了主要的多国投入产出表项目，Inomata 和 Owen（2014）讨论了使用不同数据库的分析意义。

以与上述数据集合相关的详细区域/部门分类（“根分类”）为基础资料，研究人员可以根据其研究兴趣从中随意选择区域/部门的组合来组织多国投入产出表。通过开发类似维基百科的共同电子基础设施，该实验室的构建将优化所有可用信息，增强数据构建的灵活性，同时能够避免不同机构之间的重复工作，从而节省资源（Lenzen et al.，2017）。

## 第七节 全球价值链研究发展与展望

改革开放40年来，随着贸易投资的自由化、便利化水平不断提高，信息通信技术的革新，使得信息在跨境的协调生产过程中成本愈来愈低，国际分工由传统的产业间分工转变为产业内分工，产品生产跨越多个国界的现象愈来愈普遍，大大地推动了全球价值链的形成。作为全球价值链生产主要体现之一的中间品贸易规模迅速扩张，在全球贸易中的占比已经超过60%（见图1-13）。全球价值链生产成为全球生产的重要方式，引领了全球技术创新，拉动了全球贸易和经济的持续增长。中国通过引进外资和加工贸易的形式

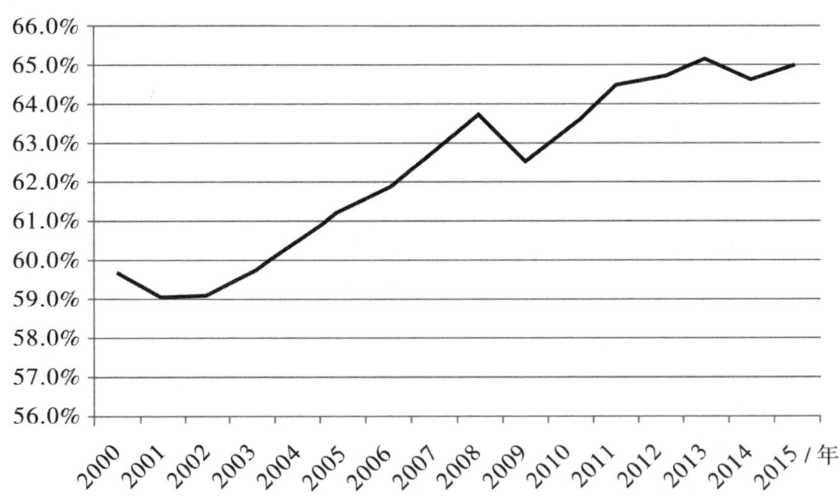


**图1-13 2000—2015年全球贸易中中间品贸易占比变化**

数据来源：根据OECD数据库汇总。

主动融入经济全球化，嵌入全球价值链，形成了巨大的生产和出口能力，是改革开放以来中国经济快速发展的重要经验。

全球价值链下生产和贸易格局的转变促使政策制定者和研究者开始寻求新的进行贸易政策分析的经济及统计框架。基于总值统计的传统贸易模型已不再适用于当前以生产过程分节化和中间品贸易为主导的世界经济现状。全球价值链上中间投入品在不同国家间的多次往返，造成了官方贸易统计中的重复计算，导致对国家间实际经济关系和竞争能力误判，从而使政策制定者和研究者对贸易的认知及进行贸易分析的方式不得不发生改变，促使全球价值链成为目前国际上经济学的热点研究领域之一。

近年来，全球价值链研究成果陆续刊载于 *American Economic Review*（AER）、*Journal of Political Economy*（JPE）、*Quarterly Journal of Economics*（QJE）、*Review of Economic Studies*（RES）、*Econometrica* 等经济学国际顶尖学术期刊（已有数十篇论文），在经济理论和统计测算方法上相继取得重大突破，促使全球价值链研究迅速从以微观个案为基础的传统研究，向基于经济学和统计学的定量及宏观分析层面拓展，并在价值链测度，价值链与就业、经济增长、经济发展的关系，产业与贸易政策的制定和评估、效率与公平及全球化治理等众多领域提出了一系列有关国计民生的重大问题，为经济学和统计学领域的全球价值链研究带来了快速发展的空间。这一研究领域正成为主流国际经济学和贸易统计研究的重要分支。

2008 年国际金融危机以来，全球经济出现“逆全球化”的趋势。世界贸易总量增速一直低于经济增速。2015 年世界贸易总量更出现自金融危机以来的首次大幅下滑，降幅达 14%，远低于世界经济增速（3.1%）。从世界贸易总量的构成来看，作为全球价值链重要指标的中间品贸易大幅缩水，在很大程度上导致了 2015 年贸易总量的下降。全球价值链的发展放缓，全球贸易格局正在发生结构性变化。一方面，发达国家推行“工业 4.0”和“制造业回流”等一系列措施，通过掌控关键技术环节和贸易投资新规则的话语权，力争在全球价值链的高端布局，促进全球价值链中高端节点的回流。另一方面，新兴经济体在全球价值链的跨境次数减少，生产链国内部分占比提升，本国生产分工的深化在一定程度上替代了进口中间品。

全球价值链重塑理论和升级研究是全球价值链领域的前沿问题，在国际学界尚没有满意的和公认的研究成果。对这一系列科学问题的系统深入研究，从中国经验中提炼和升华出具有普世意义的全球价值链理论与方法，不仅对我国企业“走出去”，进行全球价值链战略布局，以及政府“一带一路”倡议下的国家产业政策设计有着特别重大的现实意义，而且将促使全球价值链研究融合供应链及物流管理、价值链的统计测度、价值链中的技术和商业模式创新，价值链治理、价值链与经济发展等多个领域，成为既有微观个案基础，又有宏观理论模型及完备定量分析工具和数据库支撑的完整的跨学科的综合研究体系，有着极为重要的学术价值。这些问题的研究必将对构建新的全球价值链，打造以中国为全球生产网络中心的贸易强国战略，设计促进我国贸易和经济持续增长的政策体系，提供科学理论依据。

## 第八节　全球价值链在世界经济发展中的引擎作用

### 一、全球价值链参与和经济绩效

研究国家和行业特征时，一个常见的实证结果是，无论是发达国家还是发展中国家，全球价值链的参与度都与国内部门的增加值增长正相关。发达国家的相关性更强，但发展中国家的相关性在统计上也是显著的。无论是发达国家还是发展中国家，复杂的全球价值链与制造业增加值增长之间的相关性都更强。由于存在潜在的内生性问题，这些结果可能并不表明存在强烈的因果关系，但它们确实表明了全球价值链参与和经济增长之间的相关性，以及发达国家和发展中国家所受影响的差异。Kummritz（2016）估计，全球价值链参与度每增加 1%，会使国内增加值增长 0.1%～0.6%，使劳动生产率增长 0.3%。

最近的一些研究调查了融入全球价值链和升级是如何相关的。Lopez Gonzalez（2016）根据出口的国内增加值，评估了全球价值链升级的决定因素，重点研究对象是东南亚经济体。他发现，外国增加值的使用补充了出口的国内增加值（而非替代），而且与外国制造业增加值相比，外国服务业增加值对出口的国内增加值产生了更大的影响。这对制造业尤其有利，因为与国内服务业增加值相比，外国增加值对出口的国内制造业增加值的影响更大。

Kummritz 等（2016）以国内增加值为经济升级的衡量指标，探讨政策因素与全球价值链参与在促进经济升级时的相互作用。不出所料，他们发现，连通性、教育和技能以及标准等因素，与前向关联中的国内增加值存在更强的相关性，强于后向关联。

随着一个国家劳动力技能水平的提高，通过为制造业出口贡献更多的国内增加值（包括服务业增加值），以牺牲后向关联为代价，加强前向关联，在价值链上升级。以人均 GDP 指标衡量时，发展水平更高的国家往往具有更少的后向关联的研究结论，也反映了这一点。

## 二、全球价值链参与与结构变化

随着各国在不同程度上进行工业化，亚洲地区在过去 50 年中实现了重大的结构性转型。总体来看，这些结构性发展遵循一种常见模式：制造业的增加值占比和人均收入之间存在倒 U 型关系。在东亚和东南亚，向制成品生产的转型，在发展过程中出现得相对较早。例如，在中国，制造业的增加值份额在 1980 年左右达到最大值，此后一直保持不变或略有下降。在发展过程的后期，随着服务业重要性的增加，制造业份额减少，但是与 1995—2011 年期间的全球平均水平相比，亚洲制造业份额的下降相对温和。

在评估低收入或中等收入国家的结构变化时，制造业的增加值份额是一个有用的绩效指标。它依据的假设是：由于制造业生产率增长更快，制造业成为增长的主要动力。图 1 - 14 支持了这一假设：与中等收入的东南亚国家和较贫穷的南亚国家相比，高收入和增长最快的亚洲经济体（日本、韩国和中国）的制造业份额更高。

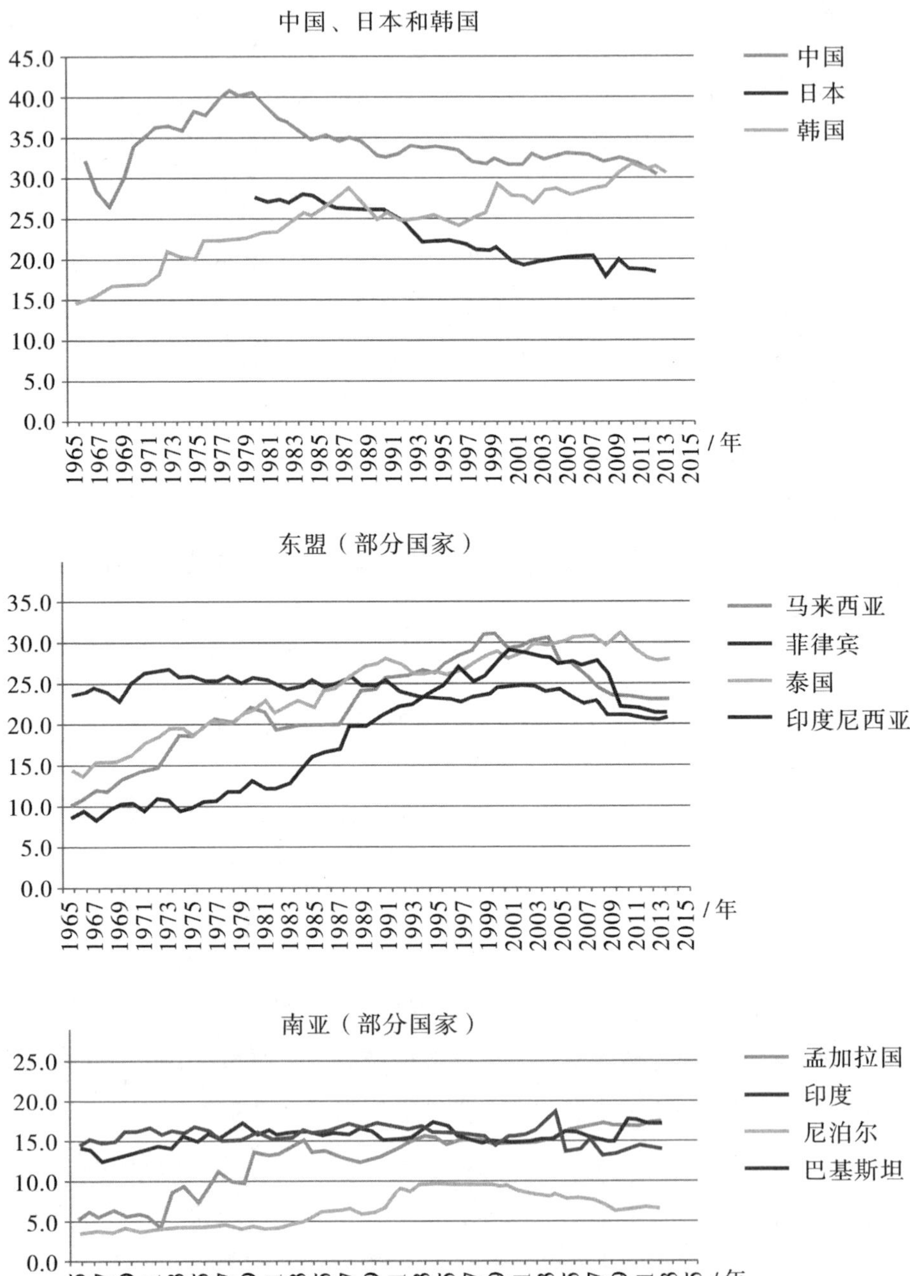


**图1－14　部分亚洲国家的制造业份额（1965—2015）**

资料来源：Stölinger（2018）。

1995—2011 年间，从制造业在 GDP 中占比的变化来看，经合组织投入产出表包括的 14 个亚洲经济体中，有 10 个经济体的变化大于世界平均变化（见图 1－15 竖线右侧的经济体）。横线表示 1995 年全球平均制造业份额；10 个亚洲经济体（与之前的 10 个经济体不同）位于这一全球参考线之上，这表明大多数南亚和东南亚经济体在 1995 年的制造业份额已相对较高。包括中国在内的 7 个经济体兼具两个特点：1995 年制造业份额较高，而且 1995—2011 年间，该份额的增长高于全球平均水平。在亚洲，制造业份额的下降大于全球平均下降幅度的经济体，只有东亚的高收入经济体（日本、新加坡和中国香港）和印度。在此期间，柬埔寨（从极低的水平开始）、越南和韩国经历了有利于制造业的最大结构变化。

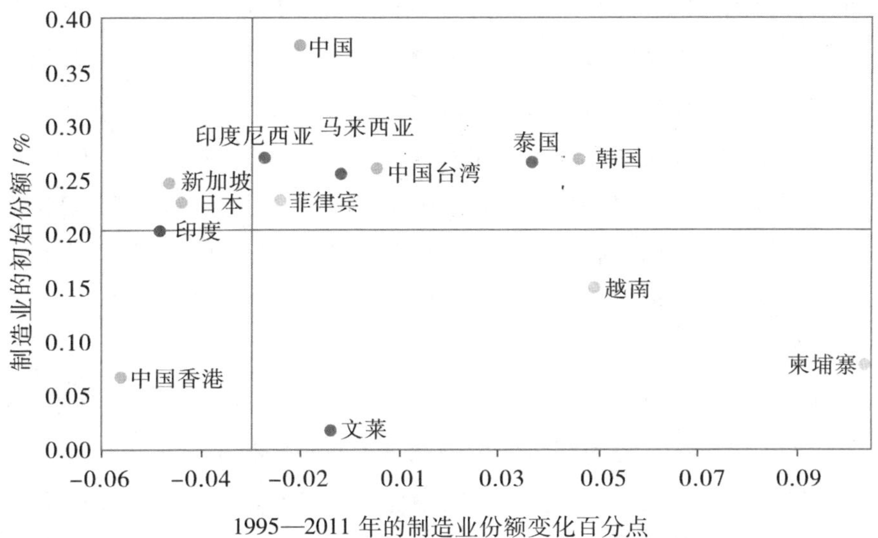


**图 1－15　1995 年部分亚洲经济体的制造业份额以及 1995—2011 年的制造业份额变化**

资料来源：Stöllinger（2018）。

为分析全球价值链与结构变化之间的关系，Stöllinger 推导出全球价值链参与的一种综合测量指标，大致相当于对经合组织国家间投入产出表中的后向和前向参与指标求和。亚洲在加强全球价值链参与方面，可以分为两大类经济体。第一类包括日本、韩国、中国台湾、中国和泰国等经济体，它们的全球价值链综合参与度指标在 1995—2011 年间持续增加。第二类包括马来西亚、印度尼西亚、菲律宾和越南等许多东盟国家，它们的全球价值链的参与在

2000—2005 年间似乎已达到顶峰。

制造业的结构变化与全球价值链参与之间的关系，从全球来看，是正相关的。Stöllinger 的估计系数表明，全球价值链参与度每提升 1 个百分点，制造业份额就会增加 0. 1%。虽然这个影响不大，但考虑到有许多其他因素影响制造业份额，全球价值链参与的全球影响相对较小是合理的。决定制造业份额变化的其他变量包括初始制造业份额和实际汇率；初始制造业份额越大，当人均 GDP 增加时，制造业份额的下降就会越显著，而高估的货币一般会阻碍可贸易商品的发展①。

为了说明全球价值链参与与制造业份额变化之间关系的潜在异质性，Stöllinger 引入了全球价值链参与指标与亚洲经济体的交叉项。结果表明，在制造业结构变化方面，有 4 个东亚经济体从全球价值链参与中更多地获得收益：韩国、泰国，以及新加坡和中国台湾（在较小程度上）。还有两个令人惊讶的发现：第一，马来西亚的全球价值链综合参与度指标和制造业结构变化之间存在负相关关系，其制造业份额在 1995—2010 年间从 25. 3% 略降至 24. 9%，而其全球价值链参与度相对较高（2010 年为 44%），但自 2000 年起稳步下降。第二，中国的制造业结构变化并未从全球价值链参与度的提高中获益；如果有影响，那就是全球价值链综合参与度对结构的影响为负。

不同经济体受到的影响因全球价值链参与指标而异。中国通过前向生产参与加强了制造业，而后向生产参与则削弱了制造业份额。泰国、马来西亚、越南和印度的前向参与也为制造业份额提供了积极的推动力。由于日本制造商从日益增加的国外投入中获益，后向参与有助于弱化日本在 1995—2010 年间经历的与制造业相关的负面结构变化。对于中国台湾、菲律宾，尤其是中国而言，更高的后向参与度与制造业份额的下降有关。只有韩国和泰国，在使用所有 3 种全球价值链参与的度量指标时，生产一体化都对制造业结构变化产生持续积极的影响。

考虑由单位价值比率代表的价值链内的产品质量维度，并不影响全球价

---

① 初始的人均 GDP 在统计上也是显著的，这可能是因为日益开放的经济体的国内需求条件的重要性降低，或者随着收入的增长，经济越来越多地转向服务业，这意味着人均 GDP 与制造业的增加值份额之间存在负相关关系。

值链参与对制造业结构变化的主要作用。然而，从制造业活动占 GDP 的份额增加的角度看，专注于高质量环节的经济体从后向生产参与中获益更多，而在全球价值链低质量环节运营的经济体，从前向生产参与中获益相对较多。从事高质量的生产意味着经济实力更强。在此情况下，离岸外包可释放国内资源，使其转移到制造业的其他增加值更高的活动中，同时从低收入经济体提供的廉价投入中获益。相反，在低质量环节运营的国家缺乏这种灵活性，因此向国外转移增加值活动也可能减少国内制造业份额。这些经济体从前向参与中更多地获得收益，因为这能使它们在国际市场上出售国内增加值。

从区域价值链和全球价值链的角度，可以对全球价值链参与进行另一种区分。Stöllinger 发现，对制造业份额的积极结构性影响是通过全球价值链参与的区域外要素实现的。结果显示，影响制造业结构变化的是全球价值链而非区域价值链，这在一定程度上可能因为：一个经济体中只有生产率最高的企业才能参与区域外贸易。同时，这与"全球价值链主要是区域性的"经验事实不符。这一结果不如其他结果稳健，可能是研究期间的一种假象，在研究期间内，区域价值链已经很好地建立起来，而区域外价值链刚出现增长势头。一种实质性的解释是，与区域内贸易相比，样本经济体的区域外全球价值链贸易是与更多高收入经济体之间的贸易，并且在区域外价值链中，技术溢出效应可能更高，从而对制造业结构变化产生积极影响。

从异质结果中得出的主要政策结论是，全球价值链为提高制造能力提供了更多的机会。同时，决策者不能理所当然地认为参与全球价值链会自动带来这种变化，因为结果取决于各经济体在全球价值链中的地位，以及产品的质量。

## 三、全球价值链与环境

了解一个国家参与全球价值链如何影响环境，以及环境法规和政策如何影响国家参与和企业在全球价值链中的活动，对经济和气候变化相关的政策制定和商业实践都很重要。随着越来越多的国家加入全球价值链，与全球价值链活动有关的温室气体排放和污染迅速增加。通过国际贸易实现的二氧化碳排放转移从 1990 年的 4 亿吨增加到 2008 年的 16 亿吨，超过了《京都议定书》规定的减排总量（Peters et al.，2011）。

Meng 和 Tang（2018）采用了基于全球价值链的核算框架来分析中国的二氧化碳排放与国际贸易之间的演化关系。他们的主要发现和政策启示是，为成功实现全球减排目标，必须采取措施遏制通过全球价值链不断增加的碳泄漏。

帮助发展中国家就自我责任的排放，设定适当的排放峰值目标，是抑制全球碳排放快速增长的建设性途径。国际社会就气候变化的“共同但有区别的责任原则”（CBDR）达成了共识。然而，如何确保该原则的有效实施仍面临挑战，特别是在处理气候变化的历史责任方面（与西方国家工业化时代产生的二氧化碳排放累积有关）。先就控制自我责任的排放（即在一国内部产生的、满足国内最终需求、不涉及全球价值链框架下的任何国际贸易的排放），达成共识可能更容易。在过去 20 年中，发展中国家的此类排放迅速增加。

Meng 和 Tang（2018）采用了扩展的中国投入产出表（报告企业所有制和规模），确定了减少中国碳排放的目标企业和目标行业。他们的分析表明，2010 年中国出口隐含的排放中，有 54% 是由外资企业在其全球价值链中产生的，但这些排放最大的上游来源是大型发电厂和生产非金属矿产品的中小企业。

最近，尤其是自 2013 年以来，中国已通过采取更加市场化的价格，引入将环境破坏（由经济活动引起）内部化的税收来解决这个问题。Meng 和 Tang 的结论，对于参与全球价值链的发展中国家仍然十分重要。

## 四、全球价值链对中国企业绩效的影响

在 20 世纪末和 21 世纪初，中国贸易和工业发展政策的核心是对进口的中间投入品进行加工，然后再出口。通过对进口的中间投入品实行免税，鼓励了加工出口，而且有利于外国附属企业的发展。这是因为当时外商直接投资被视为贸易引擎和技术转让渠道，在 1978—1979 年改革开放后的 2 年中尤为如此。Girma（2018）量化分析了不同程度的全球价值链参与对企业绩效的影响，包括就业、工资、销售和全要素生产率增长。

Girma 所用的数据，是匹配了 2002—2005 年期间中国企业和海关交易层面的数据。Girma 将企业分为三种程度的全球价值链参与者、“一般出口商”和没有出口活动的企业对照组。在样本期间，20%～24% 的被调查企业参与了某种形式的全球价值链活动，大多是对进口投入品进行加工，然后出口。

区位是重要的：从比例上看，在没有出口加工区的省份，非全球价值链企业更常见。这表明，在分析全球价值链参与的决定因素时，必须考虑特区这一指标，但是需要注意不要将特区的存在与其他有利的位置特征（如位于沿海省份）相混淆。

企业所有制也扮演着重要角色。私营企业占非全球价值链企业的 71% 以上，而从事 100% 出口加工的企业中，有 90% 以上是外资企业或外国附属企业。对于全球价值链的参与，外资所有制在经济上和统计上都是重要的决定因素。

全球价值链参与和生产率之间的关系很复杂。在全球价值链企业中，出口加工密集型企业往往属于中低技术产业，而在 2002 年，从事 100% 出口加工的企业的生产率水平最低①。总体而言，全球价值链参与度与全要素生产率之间的关系并不显著。当考虑行业条件时，与全球价值链企业相比，非全球价值链企业的平均规模更小、生产率更低、杠杆率更高。

从不同程度参与全球价值链的企业的结果变量的简单描述性统计来看，全球价值链企业在就业、工资和销售增长方面的表现，明显优于非全球价值链企业。就全要素生产率增长而言，只有从事“一般出口”的企业的平均增长为正，但是分位数分析显示，中等和高等程度的出口加工企业的全要素生产率受到的影响是有利的，特别是在全要素生产率增长分布的较低端。

① 该结果再现了 Dai 等（2016）的研究结论。Dai 等（2016）使用了 2000—2006 年的企业调查数据，发现从事出口加工的企业的生产率极低。他们的结论是，对投入品免征关税，享受所得税减免，促进了出口加工。他们还发现一种动态效应，即简单加工可能是企业往往要经历的入门级出口，但是很难用他们的短期数据和 Girma 的数据来检验这一假设。

# 第二章　中国融入全球价值链的产业特征

## 第一节　全球价值链参与的决定因素

### 一、贸易相关决定因素

贸易壁垒的减少和国际贸易成本的降低是全球价值链出现以及各国参与全球价值链的必要条件。运输成本也可能鼓励相邻国家在全球价值链中加强合作。本项目的宏观研究表明，关税对前向关联产生了显著的负面影响，特别是对区域内关联，但是关税对后向关联的影响不显著。

无论从前向关联还是后向关联来看，贸易协定涵盖的贸易在总贸易中占比较高的经济体，融入区域价值链的程度更高。由于贸易协定往往是区域性的，因此这一结果可能反映出区域价值链内的贸易创造以及区域外国家的贸易转移。区域贸易协定与融入区域价值链相关，而且可能将全球价值链贸易从区域外合作伙伴那里转移走，转移到区域内。双边或区域协定有助于加强非正式联系，并促进区域价值链的发展。

亚洲的一个显著特征是，区域贸易协定是在全球价值链创建后出现的，而不是像欧盟或北美那样在全球价值链创建前出现的。20 世纪下半叶的关税同盟和自由贸易区的浪潮在东亚显然是不存在的（Pomfret，2011）。一个例外是东南亚国家联盟（ASEAN），它最初是一个安全组织，在 21 世纪之前的影响力很小。在南亚，区域贸易协定也很弱。相比之下，欧盟在 20 世纪 80

年代的南扩，以及在21世纪初的东扩，是建立欧洲区域价值链的主要刺激因素，就像1965年的《美加汽车贸易协定》、1987年的《美加自由贸易协定》，以及1993年的《北美自由贸易协定》促进北美区域价值链的创建一样。

## 二、基础设施和制度

从事贸易或参与价值链的企业开展的经济活动受交易成本的影响。法律制度是交易成本的决定性因素，因其影响监督与合同执行的成本。更完善的法律制度能促进企业之间的交易，因其减少了不安全感和风险。制度是比较优势的决定性因素（Nunn，2007；Levchenko，2007），法律制度更完善的国家往往专门从事需要"关系专用性投资"的产品或行业①。

就其对"套牢问题"（hold-up problem）的影响而言，制度对于全球价值链的参与尤为重要。如果投入品需要"关系专用性投资"，且合同无法完全履行，当投资完毕，投入品开始生产后，投入品的买方就有与供应商重新就合同进行谈判的动机，因为投入品用于关系之外的价值更低。同样地，如果投入品供应商对全球价值链至关重要，而且没有现成的竞争供应商，该供应商可能会以延迟整个生产链相要挟，要求更优惠的合同条款。这有助于更好地履行合同的制度能缓解套牢问题，而制度更完善的国家往往会在全球价值链密集型制造业中出口更多（Lanz and Piermartini，2016）。

产权作为衡量法律制度质量的指标，对于区域外价值链的前向参与至关重要，但并不是区域内前向和后向关联的重要决定因素。这些结果与非正式制度（如信任或人际网络）可以取代正式制度的证据一致，区域内部国家之间的非正式制度往往更强大。因此，正式制度不够强大的发展中经济体（如越南）可以依靠非正式制度实现区域一体化，但可能需要完善自身的法律制度，以便更好地融入区域外价值链。

交易成本不仅受到与法治和合同履行相关的正式制度的影响，还可能由非正式制度决定。具体来说，非正式制度（如通过频繁互动、人际网络和信任所建立的声誉）可以取代正式制度并促进贸易（Nunn and Trefler，2014）。

---

① Nunn和Trefler（2014）综述了国内制度作为比较优势来源的文献。

Yu 等（2015）发现，双边信任对双边贸易有积极影响，而且与出口国的法治相比，进口国的法治水平越高，这种影响就越小。

非正式制度的重要性（如信任对经济交易而言）对全球价值链有两方面的影响。第一，如果邻国的居民比相距较远国家的居民更加信任彼此，那么在区域层面的全球价值链参与就会更容易。第二，正式制度和信任很可能相互替代；如果一个国家拥有完善的法律制度，那么信任的作用就会降低，因为合同可以通过法律制度强制执行。如果在区域内部经营的企业之间的信任度更强，那么良好的法律制度对融入区域外价值链将更为重要。这意味着法律制度不太先进的发展中经济体可利用与邻国的联系来开始参与全球价值链。

金融发展对价值链的后向参与，特别是对区域一体化，有显著的积极影响。然而，投资自由度的结果却出人意料地惨淡。这可能反映了数据问题。或者是，在全球价值链参与决定因素中，外商投资可能不如其他因素重要，或者外商直接投资对某些国家可能很重要，但对其他国家并不重要。

## 三、技能与工业能力

通过将联合国工业发展组织的工业竞争力（CIP）指数纳入计量经济分析的范围，检验了工业能力对全球价值链参与的重要决定作用。① CIP 指数的结果表明，无论从后向还是前向关联来看，工业竞争力较强的国家往往能更好地融入区域价值链。相比之下，CIP 指数对区域外价值链参与的影响并不显著，但是这一结果对区域分类很敏感。因此，虽然我们可以在工业竞争力和价值链参与之间建立一个一般化的正向联系，但结果并没有显示区域内和区域外参与受到的影响明显不同。

多年学校教育所体现的丰富技能对区域外全球价值链参与有显著正向的影响。而对于区域内价值链参与，教育年限的系数显著为负，但是区域内和区域外参与结果之间的差异对于区域的地理定义并不稳健。关于技能与后向

① 在联合国工业发展组织的《工业竞争力年度报告》中公布的 CIP 指数，可衡量各国竞争性生产和出口制成品的能力。该指数的依据是 8 个标准化量化指标，如人均制造业增加值，制造业增加值在 GDP 中的占比，以及一国在全球制成品出口中的占比。

和前向参与之间关系的结果更有趣。技能对整体前向关联有显著正向的影响。而对整体后向关联，技能的系数是负值，但在统计上不显著。这种模式支持了这样的假设：后向关联与低技能任务（如组装）有关，而发达国家（如美国、日本或芬兰）的前向关联更高。

工业竞争力的关键要素，包括达到质量标准和获得资本的能力。某些经济体已经走过了其他经济体正在努力达到的阶段，开始对外直接投资，这可能成为促进竞争力提升的重要因素。20 世纪 80 年代，在东亚，来自中国香港的投资者，还有中国台湾和韩国（在较小程度上）的投资者，在中国发挥了这种作用。最近，泰国企业通过边境经济区（区域价值链的一部分）建立生产设施，提高了柬埔寨、老挝和缅甸工人的竞争力（亚洲开发银行，2016）。

## 四、哪些因素解释了价值链的区域性？

许多因素可以解释区域价值链的主导性。地理邻近性意味着更低的运输成本，因为国家间的距离缩短。Baldwin（2017）强调了面对面接触的重要性；在全球价值链中，供应商和客户之间经过几小时旅行就能到达对方的地点很重要，这样检修人员就能在当天解决所有问题。此外，区域贸易自由化的进展速度超过了多边贸易自由化，导致区域层面的贸易政策壁垒更低。

信息成本为区域价值链的重要性提供了另一种解释。随距离扩大而增加的“信息摩擦”限制了企业建立国际出口商网络的能力（Chaney，2014）。这种摩擦也会导致不确定性，它可能妨碍准时交货，影响成功融入全球价值链所需的最低库存量。Defever 等（2015）的研究结果表明，投入品供应商或监管方面的不确定性和信息成本，与空间距离有着明显的关系，这种不确定性和信息成本在邻近国家之间较低。这些结果可以很容易被应用到全球价值链的背景中①。

① Defever 等（2015）采用中国出口商的海关数据发现，如果中国与该国接壤，向该国出口的概率会增加两个百分点。

作为贸易成本的另一个要素，时间不仅在全球价值链的形成中起着关键作用，还解释了某些生产阶段的接近程度。与时间相关的贸易成本有两个方面：交付所需的时间（速度）和按时交付的能力（可预测性）。在以需求波动、产品易腐性或快速技术变革为特征的全球价值链中，快速交付非常重要。可预测性在以高库存成本或即时生产为特征的全球价值链中至关重要，其中进一步加工或装配取决于中间投入品的准时送达。

时间影响全球价值链中生产阶段的位置和生产分割的可行性。Evans 和 Harrigan（2005）指出，时间敏感的美国进口服装的生产已转移到邻国。Djankov 等（2010）估计，运输时间每增加一天就会使出口减少至少 1%，而且对时间敏感的制造业商品和易腐农产品来说，时间更重要。Hummels 和 Schaur（2013）估计，运输途中的每一天相当于 0.6% ~ 2.1% 的从价关税，而且零配件的时间敏感度比其他商品高 60%。

## 五、区域贸易协定的作用

2000 年以前，东亚和南亚明显缺少有效的区域贸易协定，但这种情况在 21 世纪发生了变化。许多双边贸易协定签署，东盟经济共同体的融合加深，各国也在参与大区域贸易协定的谈判，如《跨太平洋伙伴关系协定》（2017 年 1 月美国退出后更名为《全面与进步跨太平洋伙伴关系协定》，即 CPTPP）和《区域全面经济伙伴关系协定》（RCEP）。在 2018 年 3 月签署时，CPTPP 的成员包括澳大利亚、文莱、加拿大、智利、日本、马来西亚、墨西哥、新西兰、秘鲁、新加坡和越南。10 个东盟成员国（文莱、柬埔寨、印尼、老挝、马来西亚、缅甸、菲律宾、新加坡、泰国和越南）及其 6 个自由贸易协定伙伴（澳大利亚、中国、印度、日本、新西兰和韩国）仍在就 RCEP 进行谈判。

签署贸易协定最多的亚洲国家是新加坡，在这些协定中，已签署和生效的有 20 个，已签署但未生效的有 2 个，在 2017 年底仍在谈判的有 9 个（见表 2 - 1）。贸易协定数量紧随其后的是中国（17 个）、韩国（16 个）、日本（16 个）、马来西亚（16 个）、泰国（13 个）和印度（13 个）。当然，并非所有贸易协定都同样重要，但这份名单与全球价值链主要参与者的名单大体一致（越南已签署了11个贸易协定）。令人惊讶的是，关税制度接近于无任何双边协定的自由贸易模式的新加坡，签署了最多的“自由贸易”协定。原因是这些协定超越了20世纪时以取消合作伙伴的贸易关税为基础的自由贸易区的定义。

21世纪的贸易协定通常涉及贸易便利化以及更广泛的边境后措施，包括服务贸易、投资、知识产权和国内监管有关的措施（Mattoo et al.，2017）。一部分世贸组织成员已将一些协定作为诸边承诺进行谈判。例如，1997年《信息技术协议》（ITA）的82个签署方已承诺将指定的电子商品清单中的所有关税和相应税费取消①。世贸组织2017年的《贸易便利化协定》旨在通过制定对所有成员具有约束力的贸易便利化原则，来促进全球价值链中商品和服务的流动，但该协定缺乏具体细节，这反映了164个经济体之间达成共识的难度。

表2-1　涉及东盟+6国的贸易协定（2017）

| 国家 | 框架协议 | 谈判中 | 已签署但未生效 | 已签署并生效 |
|---|---|---|---|---|
| 新加坡 | 0 | 9 | 2 | 20 |
| 中国 | 0 | 7 | 1 | 16 |
| 韩国 | 0 | 10 | 0 | 16 |
| 日本 | 0 | 8 | 1 | 15 |
| 马来西亚 | 1 | 5 | 2 | 14 |
| 泰国 | 1 | 9 | 0 | 13 |
| 印度 | 1 | 14 | 0 | 13 |
| 澳大利亚 | 0 | 7 | 2 | 12 |
| 新西兰 | 0 | 6 | 2 | 11 |

① 东亚和南亚的签署方包括中国、中国香港、中国澳门、中国台湾、印度、印度尼西亚、日本、菲律宾、韩国、新加坡、泰国和越南。签署《信息技术协议》实际上是参与电子业全球价值链的必要条件。

（续表）

| 国家 | 框架协议 | 谈判中 | 已签署但未生效 | 已签署并生效 |
|---|---|---|---|---|
| 越南 | 0 | 5 | 1 | 10 |
| 印度尼西亚 | 0 | 7 | 1 | 9 |
| 文莱 | 0 | 2 | 1 | 8 |
| 老挝 | 0 | 2 | 0 | 8 |
| 菲律宾 | 0 | 3 | 1 | 7 |
| 柬埔寨 | 0 | 2 | 0 | 6 |
| 缅甸 | 1 | 3 | 0 | 6 |

资料来源：联合国工业发展组织根据亚洲区域整合中心网站（https://aric.adb.org/fta）（2018年1月1日访问）编制。

双边协定往往更有局限性，而且更容易谈判和实施。虽然协定中的条款主要反映签署方的利益兴趣，但减少边境文书工作或消除监管壁垒之类的措施通常是非歧视性的，因此不太可能导致像20世纪贸易协定那样的贸易转移。双边协定的缺点是，它们可能导致规则和标准的激增，这不仅令贸易商感到困惑，还给全球价值链的合作带来不便。大区域贸易协定，如《跨太平洋伙伴关系协定》（TPP/CPTPP）或《区域全面经济伙伴关系协定》（RCEP），都有许多参与者历经长时间谈判，它们的一个重要特点是创造了共同的做法和规则。多个国家达成协定存在难度，而共同标准存在网络效益（因为覆盖了更多的合作伙伴，这些标准变得更有用），两者之间存在权衡。

21世纪，亚洲的双边、区域和更广泛的贸易协定的涌现与全球价值链相关，既是原因，也是结果。关税和非关税壁垒显然不利于跨境生产的分割。尽管行业竞争力、技能和研发强度等因素也影响全球价值链参与，但深层贸易协定进一步促进了全球价值链中的商品和服务的流动。如果一个国家想成为全球价值链的参与者，那么政府将会想要促进贸易，一旦进入全球价值链，政府将被游说进一步采取具体措施，促进贸易或改善营商环境。

# 第二节　中国融入全球价值链的产业特征

从简单全球价值链生产活动（跨境一次）的比例来看，50%以上的全球价值链活动都是简单价值链（见图2－1）。中国的发展趋势，与世界平均水平相似：在金融危机之前，简单全球价值链活动在全球价值链中的比例呈下

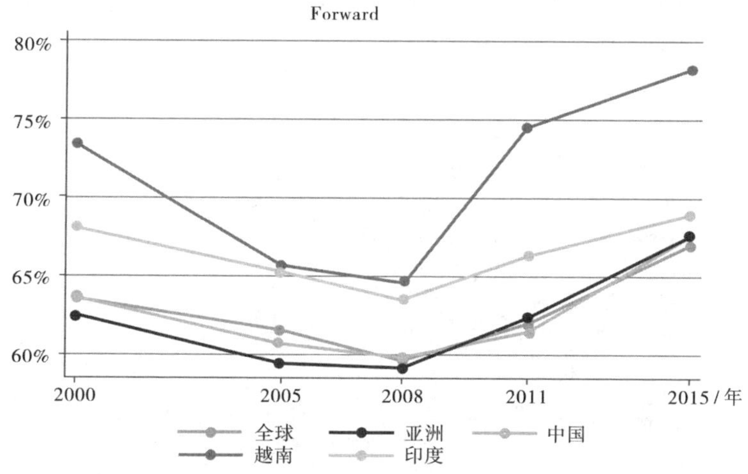


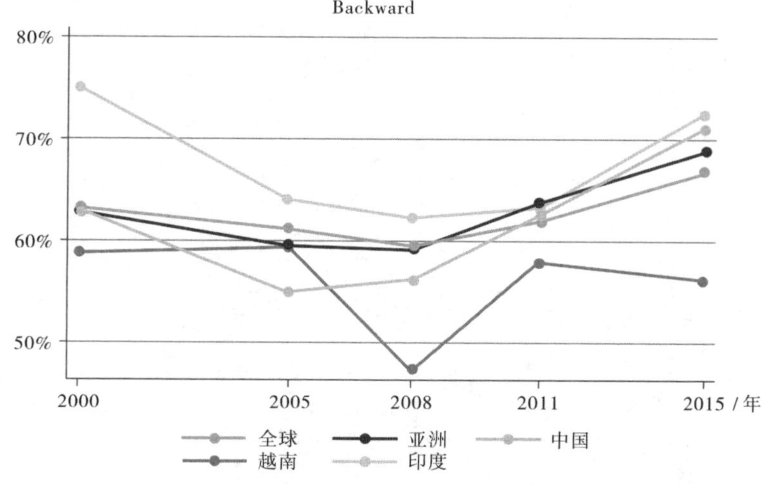


**图2－1　简单全球价值链活动占总全球价值链活动的比例（2000—2015）**

资料来源：ADB 数据库和 UIBE GVC Index 数据库。

降趋势，复杂价值链活动（跨境多次）越来越多；然而，在金融危机之后，简单价值链活动的比例不断上升。从全球价值链的前向关联来看，2015 年，在中国参与全球价值链的活动中，68% 都是简单价值链；从后向关联来看，中国超过 70% 的全球价值链活动属于简单价值链的范畴。

从亚洲整体来看，制造业参与全球价值链的程度更高，高于农业、采矿业和服务业；而且，很多制造业行业分布在 45 度线以下，说明其后向参与度高于前向参与度，位于全球价值链的下游，与“亚洲工厂”的现象相符（见图 2－2）。中国的全球价值链行业分布情况，与亚洲整体相似：制造业参

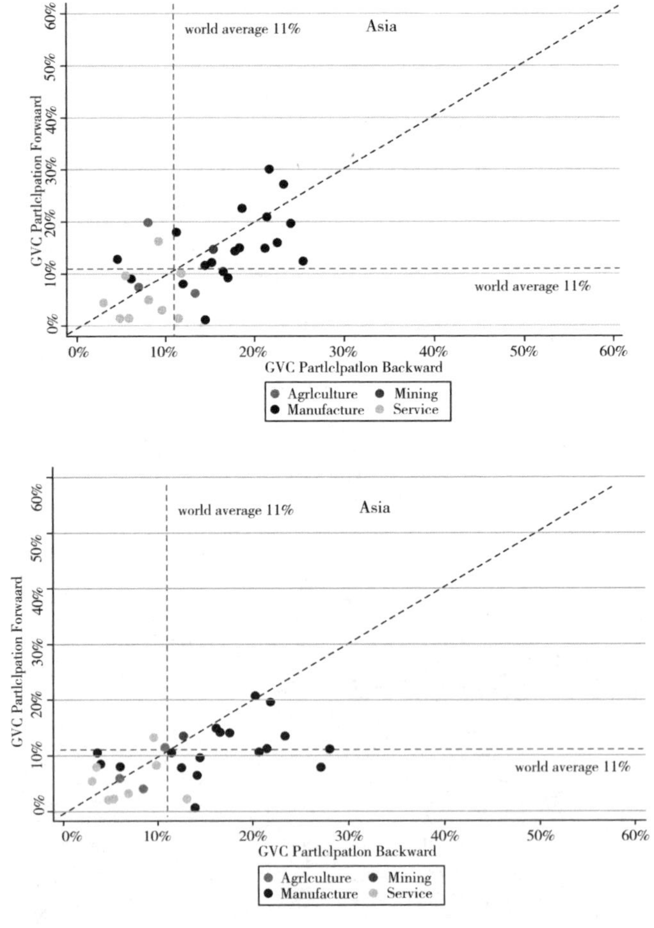


图 2－2　亚洲和中国分行业的全球价值链参与度（2015）

资料来源：ADB 数据库和 UIBE GVC Index 数据库。

与全球价值链的水平更高，而且，制造业分布的下游度更为明显，这与中国在制造业中的加工组装角色是一致的。

按照 OECD（经合组织）双边贸易数据库（BTDIxE）的行业 R&D 密集度信息，将制造业进一步划分为高技术密集度行业和低技术密集度行业。其中，高技术密集度制造业行业包括计算机、电子和光学产品、基本医药产品和药品制剂、化学品、电气设备、机械设备、机动车辆和其他运输设备。低技术密集度制造业包括纺织品、服装和皮革制品、橡胶和塑料制品、基本金属、金属制品（机械和设备除外）、食品、饮料和烟草制品、木材和木制品、纸和纸制品、印刷和复制记录介质、焦炭和精炼石油、其他非金属矿制品和家具等。观察不同技术密集度行业的全球价值链参与和分布，可以发现：对于亚洲整体和中国而言，大部分的低技术密集度制造业的全球价值链参与度相对较高，高于高技术密集度制造业；也就是说，中国参与全球价值链程度较高的行业，主要还是那些技术水平不高的行业；另外，无论是低技术密集度还是高技术密集度制造业，大多位于45 度线以下，其后向参与度明显高于前向参与度，这进一步表明了中国主要参与全球价值链生产的下游环节（见图 2 - 3）。如果观察纺织业（低技术密集度）和计算机、电子和光学产品（高技术密集度），上述特征更加突出。

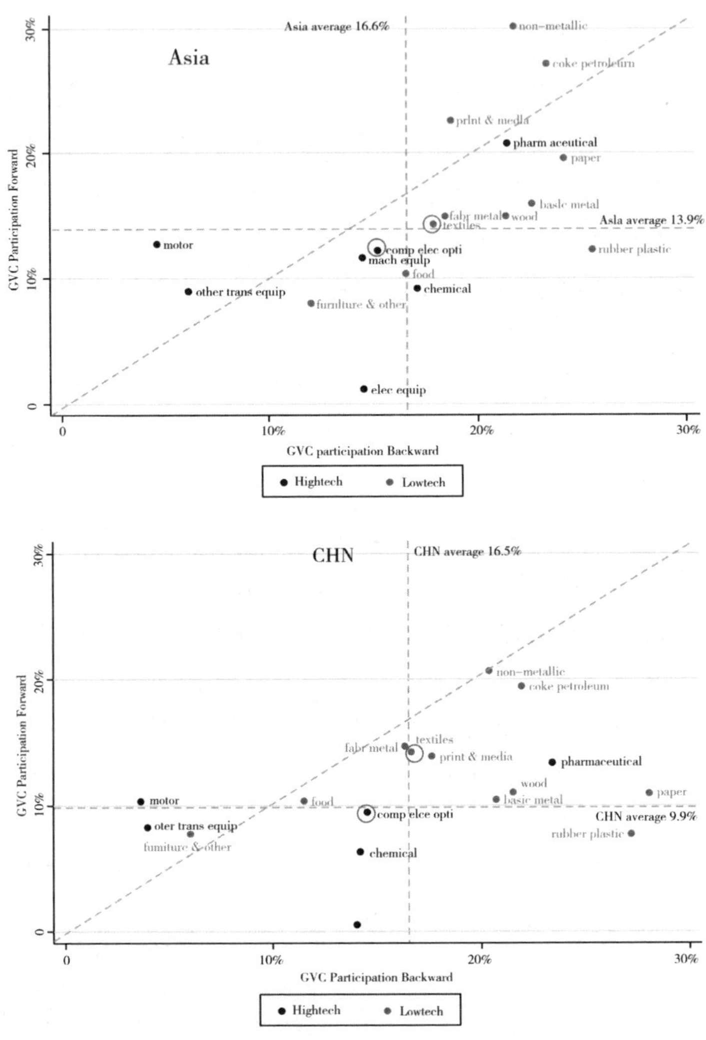


**图2-3　亚洲和中国的全球价值链参与度，按制造业行业的技术密集度划分（2015）**

资料来源：ADB 数据库和 UIBE GVC Index 数据库。

# 第三节　中国与世界主要经济体间的生产关联

目前，世界已形成三个全球价值链中心，即美国、德国和中国，围绕着这些中心，形成了北美价值链、欧洲价值链和亚洲价值链（见图2－4）。

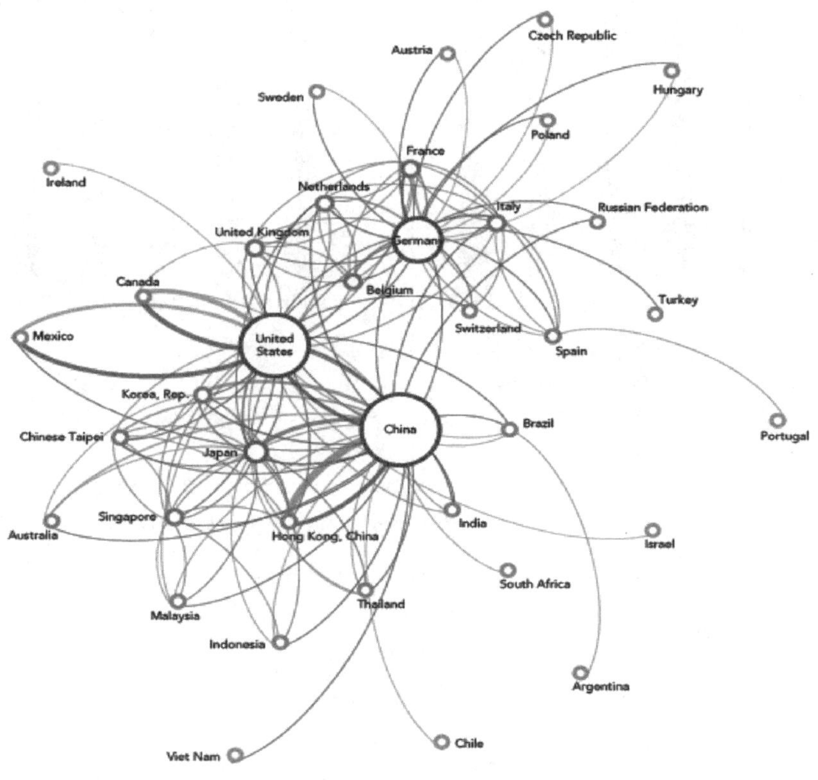


图2－4　全球价值链的三个中心

将中国参与全球价值链的前向参与度和后向参与度按国家和地区进行分解，可以追溯中国在全球价值链上的上游合作伙伴经济体和下游合作伙伴经济体（见图2－5）。从前向关联来看，中国最为主要的价值链合作伙伴为美国、日本、德国、韩国、印度、英国和墨西哥。从后向关联来看，中国的主要价值链伙伴为美国、韩国、中国台湾、日本、澳大利亚、德国和俄罗斯。因此，在全球价值链的上游和下游，美国都是中国最大的合作伙伴。另外，中国与韩国和日本之间的全球价值链关联度越来越高，从后向关联来看，这一点更为明显。

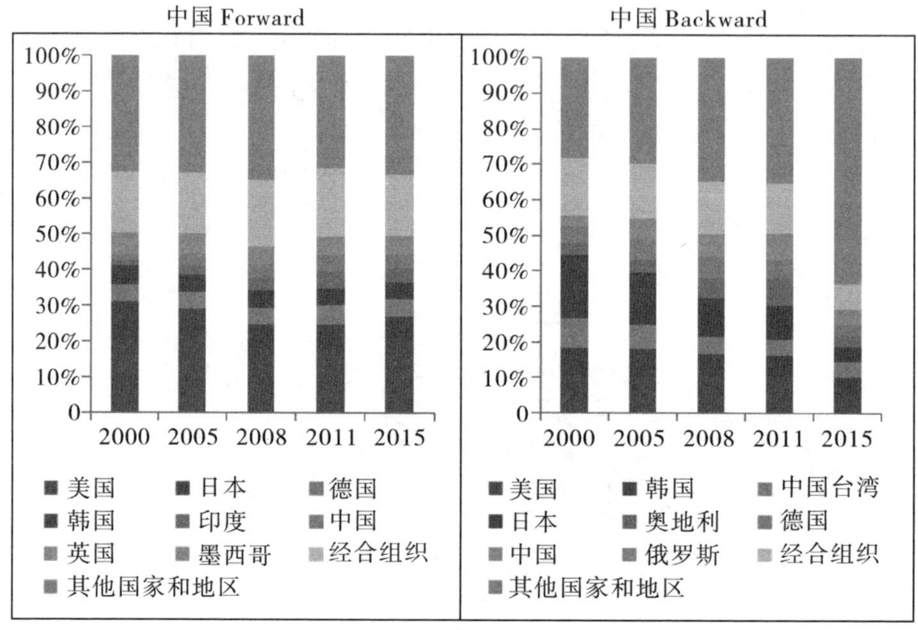


**图 2－5　中国的主要全球价值链关系伙伴（2000—2015 年）**

资料来源：ADB 数据库和 UIBE GVC Index 数据库。

# 第三章　中国在全球价值链中的角色升级

## 第一节　中国在全球价值链生产中的位置提升

21 世纪，中国贸易的一个显著特征是，出口的国内增加值占比提高。Kee 和 Tang（2016）在所有制造业中，都找到了这方面的证据。服装和电子行业的全球价值链说明了这种现象（见图 3 - 1）。2000—2007 年间，中国每一美元纺织品和服装出口的国内含量从 0.73 美元增至 0.81 美元，机械和机电设备出口的国内含量从 0.50 美元增至 0.63 美元。

这可能与升级有关。在电子行业，中国企业在很多国内价值链和全球价值链中处于领先地位。庞大而且蓬勃发展的国内市场作用显著；2015 年，在

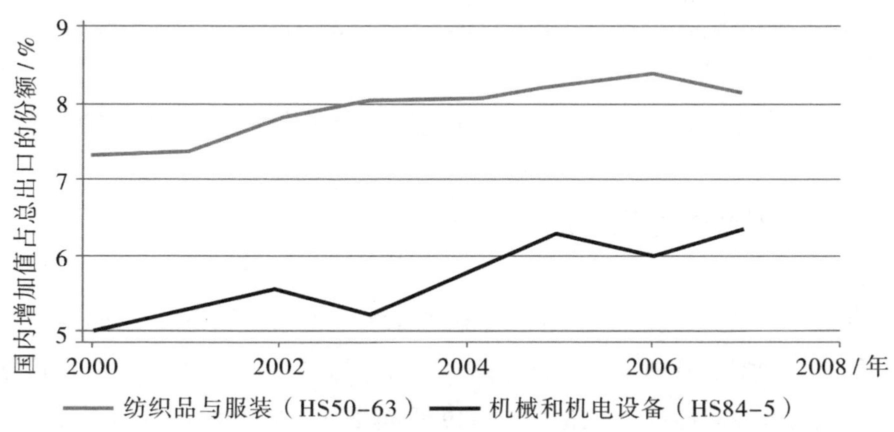


**图 3 - 1　中国服装和电子产品出口的国内增加值占比（2000—2007）**

资料来源：Frederick、Tang 和 Qi（2018），基于 Kee 和 Tang（2016）的数据绘制。

中国销售的3C电子产品，至少有三分之二是国产品牌。以此为跳板，中国品牌已打入全球市场；2015年全球销售的手机中，有21%是中国品牌（2007年为1%），中国品牌电视机的销售占比也达21%（2007年为11%）。然而，并不是所有行业都是如此。在这段时期，服装的出口构成似乎没有太大变化。

越来越多的投入，来自国内的供应商。1995—2011年，虽然服务业在服装和电子行业总出口中的占比保持在35%左右，但国内服务业占比却有所增加（见表3-1）。在电子行业，国内服务业在总出口额中的占比从1995年的1%增至2011年的11%，而外国服务业的增加值占比从34%降至25%。在服装行业，国内服务业的占比从10%增至25%，而外国服务业的占比从18%降至13%。Frederick和Tang认为，中国的服装和电子企业承担了更大的投入品采购责任，而不是依靠外国服务供应商来协调它们参与的价值链。创捷科技有限公司（SJET Technology）是中国电子企业的一个例子，其供应链协调业务部门到2007年已经非常成功，以至于分离出来成为一家新公司——创捷供应链有限公司。

**表3-1　中国服装和电子产品出口的服务含量，增加值占比（1995，2011）**

| 项目 | 1995年 | | 2011年 | |
|---|---|---|---|---|
| | 国内服务供应商 | 外国服务供应商 | 国内服务供应商 | 外国服务供应商 |
| 电子产品 | 1% | 34% | 11% | 25% |
| 服装 | 10% | 18% | 25% | 13% |

资料来源：Frederick、Tang和Qi（2018）。

下面以服装业和电子业为例，说明中国在全球价值链中的位置提升。

## 一、以服装业为例

自中华人民共和国成立以来，中国的服装业经历了以下几个阶段。在改革开放前的计划经济时代（1949—1978年），服装业受到政府的严格控制，而且被视为非战略性行业。继1978—1979年土地改革和农村劳动力释放后，许多乡镇企业纷纷成立，以满足国内对纺织品和服装的需求。服装生产迅速增长，1978—2000年的年均增长率为14%。在同一时期，对外开放政策和允许外国投资，推动了贸易自由化。20 世纪 80 年代中期，随着劳动密集型产业的国际转移，中国缝制行业的产出急剧增加①。

中国的沿海开放城市不仅成为主要的外国投资目的地，同时也是国内乡镇企业生产服装、销售给外国买家（这些买家以其自有品牌再次进行销售）的热点地区。有了政府的支持和丰富的劳动力，中国企业成功进入低端的服装贴牌生产（OEM）领域②。20 世纪 90 年代，对贴牌生产需求的快速增长，使沿海地区的国内企业，如红领集团（见专栏 1），有机会从小型乡镇企业转变为大规模生产者，这要归因于这些企业在服装制造中积累的资本和专业技术。

### 专栏 1　沿服装业全球价值链升级：红领集团（Red Collar）

1979 年以后，受中国经济开放的影响，许多乡镇企业为国内批发市场生产服装。作为其中一员的红领集团于 1995 年在青岛成立。除了在国内经营自有品牌外，它还以贴牌模式为外国品牌生产服装。为确保优异的品质，红领集团在世界一流的加工设备、进口面料和辅料上投入巨资，并邀请意大利设计师以紧跟全球时尚潮流。在 21 世纪初，红领集团向美国、意大利、德国和其他欧盟国家的知名品牌销售服装，而贴牌生产的收入远远超过国内市场的销售额。

红领集团的第二个转折点出现在 2003 年，当时信息技术开始在中国蓬勃发展。通过一个直接与最终客户互动的平台，红领集团探索制造过程的数字化，成为大规模定制商。例如，在百货商店购买西装的顾客可以使用销售人员提供的便携式系统完成设计过程，系统随后将客户数据发送到红领集团的制造工厂。最初，定制服务的规模很小，仅针对纽约市场，而贴牌生产仍然是红领集团的主要业务。但是到了 2015 年，红领集团的总销售额为 11 亿元

---

① 早期新兴工业化经济体（中国香港、中国台湾和韩国）的企业家的制造能力转移尤为重要，他们不断提供管理和出口营销专业知识。由于珠三角地区有共同语言且交通便利，香港与广东省之间的联系格外密切。

② 在贴牌生产（OEM）模式下，生产者按自己的规格设计和制造产品，然后将产品销售给买家，买家再以自有品牌去销售这些产品。

人民币（约 1.8 亿美元），其中服装定制收入占 96%，净利润率为 25%。红领集团的大部分销售额来自大型零售连锁店或裁缝店，2015 年 70% 的定制订单来自美国、加拿大、意大利和其他欧盟国家。量身定制的西装可在七个工作日内送达。

红领集团最初是依靠丰富的农村劳动力发展起来的。在 21 世纪，具有科学技术背景的大学毕业生已成为红领集团向大规模定制转型的重要力量。中国熟练劳动力的增加为红领集团提供了人力资本，使企业能够从全球价值链的低端转向高增加值的生产环节。

资料来源：UNIDO and UIBE report：Global Value Chains and Industrial Development：Lessons from China，South-East and South Asia，June 2018.

虽然农村剩余劳动力为发展奠定了基础，但政府鼓励人力资本形成的政策使红领集团等企业实现了业务升级。自 20 世纪 90 年代末以来，中国政府实施了大学扩招政策，以满足对高素质人才不断增长的需求。高校毕业生为红领集团等企业的可持续发展提供了人才库；在红领集团向大规模定制转型期间，具有科学技术背景的毕业生成为相关数据算法和信息系统发展的中坚力量。越来越多的熟练劳动力使服装企业的商业模式得以转变，并帮助像红领集团这样的企业积累了人力和智力资本，使企业能够从全球价值链的低端向高端移动。

20 世纪 90 年代，政府强调高科技在服装制造业中的应用。除了培训机会和鼓励进口高科技设备外，政府和相关协会还启动了一系列项目，以提高行业标准，满足服装生产的国际要求。产能的快速增长和亚洲金融危机（1997—1998 年）带来了商品过剩，导致贴牌生产企业之间的竞争激烈，以及纺织品和服装的出口减少。对此，中国政府立即提高了纺织品和服装的出口退税率。一些中国服装企业开始从贴牌生产转变为按其他企业的规格设计和生产。2000 年，出口恢复了增长。到 2000 年，中国已占全球服装市场的五分之一，主要依靠的是民营企业家和集成生产系统。

在 2001 年中国加入世界贸易组织，以及全球纺织品和服装市场自由化后，中国出口继续增长。中国是《多种纤维协定》终止的主要受益者，在全球服装出口中的份额从 2004 年的 28% 增加到 2014 年的 38%。中国企业通过原创设计和材料研究来努力增加价值，2008—2009 年的世界贸易低迷促使中国服装企业重视品牌运营、设计和其他盈利活动。在 2010 年左右，买方寻求供货来源的多元化，包括在工资大幅增长的中国沿海省份以外，寻找成本更低的生产地点。尽管外部环境有些恶化以及出现了产业转移，但数据（至少到 2015 年）未显示单位价值增加或全球市场份额有下降的迹象。

中国的服装业集中在沿海省份。2011 年，广东、浙江、江苏、山东和福建的服装产出占总产出的 69%。这种集中有历史原因。在改革开放初期，建立了地方集群和专业化生产区（如浙江的袜子和广东的内衣）①。尽管工资和其他成本上涨，而且政府实行鼓励服装业向非沿海省份迁移的计划，但这些省份的集中度在 21 世纪几乎没有变化。这表明了集聚效应的强度（即企业外部的规模经济），以及产品特定联系和物流基础设施的深远影响。对区位稳定性的定性解释还包括，在高收入沿海地区出现更注重时尚的群体。还有证据表明，生产者更多地使用计件工资来规避正式工资的上涨。

纺织业也集中在沿海省份，特别是江苏和浙江。中国对纱线和面料征收平均 9.6% 的进口关税，高于柬埔寨和斯里兰卡，与印度尼西亚和越南相似，但仍低于孟加拉国、印度和巴基斯坦。2000—2013 年间，与服装产量相比，纱线和面料产量增长更快，这在一定程度上反映了纺织品的出口增长，以及对国内服装制造商的供应增加。

自 2000 年以来，由于中国的制造成本上升，服装业的对外直接投资大幅增加。主要目的地是成本更低，并能以优惠条件进入主要市场的最不发达国家，如孟加拉国、缅甸，特别是柬埔寨。这种对外直接投资得到了中国政府的支持；它利用了中国服装企业开发的管理和营销技能（包括理解哪些因素会影响服装业全球价值链中的买家，如质量、可靠性、交货时间和合规性），并为中国纺织品和纺织机械生产商提供了出口市场。

---

① 到 2010 年初，有“袜乡”之称的浙江诸暨大唐镇的袜子产量足以为地球上的每个人每年提供两双袜子。位于广东汕头的谷饶镇（号称“内衣之乡”，拥有 1000 多家工厂，每年生产 3.5 亿个文胸）和陈店镇生产的内衣占全中国内衣产量的 1/8。

## 二、以电子行业为例

20 世纪 90 年代，中国电子行业吸引的外商直接投资显著增长，当时主要集中在广东和江苏两省，特别是来件组装和贴牌生产领域。电子行业的重要性在2000 年后增加，例如，3C 出口从2000 年的280 亿美元增加到2014 年的4050 亿美元。3C 商品的出口以加工贸易为主（2007 年为 83%）。大多数出口商是国内私营企业，但如果按价值加权，出口主要由外资企业主导。国有企业在 2000 年占 46%，但到了 2007 年占比已降至 10% 以下，这反映出这些国有企业转变成了私营企业。

手机在国内市场消费中占比最大，而电脑在出口中占比最大。其他消费电子产品（主要是电视机）在出口和国内销售的占比都大约是 17%。从数量上看，2015 年在中国销售的 3C 商品（不包括电子游戏）中至少有三分之二是国产品牌。在全球范围内，2015 年中国品牌手机占全球手机销售数量的 21%（2007 年为 1%），中国品牌电视机的销售数量占比也达 21%（2007 年为 11%）。这说明，中国企业在短时间内就跃升至龙头企业的地位。但是，如果按照有价值的数据计算，上述比例可能会小一些。在其他产品中，中国品牌的知名度有限。升级的另一个指标，是国内商业服务提供者在 21 世纪的贡献增加。

从 20 世纪 80 年代末到 21 世纪初，已建立自有品牌知名度的中国企业，通常先担当港资或台资企业的供应商，或与它们合资经营，以获得资本、技术和市场准入。其他企业通过收购建立了品牌知名度。例如，2003 年，京东方（一家由北京政府支持的国有企业）收购了韩国老牌液晶屏制造商 Hydis。另一种选择是与知名品牌所有者密切合作。例如，2004 年，TCL 与阿尔卡特成立合资公司，使其能以知名品牌的许可生产手机，并于 2008 年成为三星电视机的第一家海外合同制造商。最近的趋势是，志在升级的企业招募了来自知名外资企业的高级管理人员或工程技术人员。

中国的半导体行业被视为是成功的，但由于缺乏技术升级，结果是喜忧参半①。虽然半导体企业从2000年的172家增加到2011年的492家，从业人数从74004人增加到293023人，但生产主要是低增加值的出口加工；由于快速发展的3C生产商对先进芯片的需求增加，国内企业的供应量不到国内市场需求的1/5，同时集成电路的贸易逆差增加（Kong et al.，2015）②。Ernst（2015）发现，2013年，中国国内半导体消费额为1450亿美元，而中国企业的供货额只占其中的8%；2012年中国的半导体进口额为2320亿美元，超过了中国石油的进口额（2210亿美元）。但近年来，一些中国电子行业企业进行转型，打造供应链生态系统，成功实现在全球价值链上的升级（见专栏2）。

### 专栏2　沿电子业全球价值链升级：创捷供应链有限公司（SJET Supply Chain Co.）

创捷供应链有限公司是一家供应链平台供应商，通过智能供应链系统来匹配供给和需求。它将信息、物流和资金流整合到B2B跨国平台，为出口型企业提供全面的贸易服务。该平台包括大约5000家供应商、100多家出口型企业和数十家银行。客户主要来自信息技术、消费电子产品、通信产品、快速消费品、医疗设备、新材料和新能源等行业。目标客户的资产在40万美元至4亿美元之间。除了供应链信贷融资外，创捷供应链有限公司还提供其他服务，如进口材料、物流、分销、信贷审查、报关、最终产品出口，以及整个价值链中的其他活动。

从20世纪80年代开始，创捷科技有限公司的创始人作为个体商人，通过销售技术产品积累了初始资产。1992年，香港的投资在深圳大幅增加，他看到了将电子产品从香港引入深圳、再从深圳引入内陆地区的机会。1995

---

① 世界银行认为，中国需要转变，从利用外国技术进行追赶，转变为主动创新。这一观点收录在为中国国务院发展研究中心编写的报告中。这份报告由世界银行以《2030年的中国：建设现代、和谐和有创造力的社会》为标题在2013年发布。类似的观点，也是Ernst（2015）对中国半导体行业研究的主题。

② 在2010年的492家企业中，只有224家是国内企业，有164家是外资企业，还有104家企业是港澳台资企业。Kong等（2015）发现，集成电路的贸易逆差从2003年的86亿美元增至2010年的1000多亿美元。

年，创捷科技有限公司作为一家电脑配件贸易公司成立。1997 年，它与技嘉科技有限公司（台湾）合作，成为电脑组件（包括主板、VCG 卡和软驱）的代理商。

中国加入世界贸易组织进一步打开了国内市场，引发了激烈的竞争。电脑组件的代理市场很快饱和，因此该公司开发了自己的产品，于 2003 年进入安全集成系统领域。创捷科技有限公司通过与西门子和其他国际公司的合作获得技术支持，并负责进口和出口这些公司的消费电子产品。当时政府鼓励企业通过与国际高科技企业合作，获得经验，进行技术研发。创捷科技有限公司对国际制造商（如 Jizhan 电子科技有限公司）进行投资。虽然创捷科技公司在研发方面取得了进展，但代理业务仍是主要的利润来源。

2007 年，创捷供应链有限公司与创捷科技有限公司分离。新公司在通关、产品采购等方面逐步加强了物流服务，但最初两年发展缓慢。现任 CEO 在 2009 年作为小股东加入公司，他解决增长缓慢的方案是从为单独企业提供业务流程外包转变为促进整个价值链的发展。在国内中小企业开发自己的出口型电子产品时，创捷供应链有限公司优先考虑电子产品的供应链整合。

2009 年，公司开始转型，参与整个价值链，并在全球范围内建立了利益相关者生态系统。在该生态系统中，供应链管理者（即相关行业的中小企业）和供应链协调员（创捷）从事核心工作。供应链管理者负责管理产品的订单和价值创造。供应链协调员通过控制三个平台（虚拟生产管理、供应链物流和香港的营销业务），专注于整合材料、资本和信息流。项目设计、生产等，可在该生态系统中共享。创捷供应链有限公司的生态系统使中小企业能够进入全球价值链，并增加从全球市场获得的利润。

借助互联网和信息技术，创捷供应链有限公司在 2012 年进一步开发了 SAP 系统和 B2B 平台，促进了整个价值链的信息协作。通过与凯捷咨询公司（Capgemini）、IBM 和领先的国际软件供应商合作，这一过程得以加速，同时公司培养和聘用的人才也为持续增长做出了贡献。对整个价值链中的买方和供应商的需求和能力的相关数据进行维护，可确保快速准确地匹配供需。

为配合新的业务模式，该公司在 2013 年将其组织结构扁平化为三个主要业务部分：前端、中端和后端。后端由信息、财务、培训、清算和风险控制系统组成，是严密精确的。前端是灵活的业务中心，由五个彼此交互的业务组构成，每个业务组都有明确的业务方向：商业和销售、产业链、生态系统，创新和智能终端。中端通过与客户和技术团队的互动，将前端和后端联系在一起。所有订单都通过数据库进行管理，该数据库能促进业务流程的标准化和集成。供应链管理服务涵盖从材料采购到出口的一系列流程，它能使客户专注于自身的竞争优势。

例如，创捷供应链有限公司为小规模手机公司提供了帮助。这些公司能识别海外客户并开发适当的产品，但由于缺乏资金、议价能力较弱、生产能力较小或者其他问题，它们往往无法履行所有海外订单。在它们与国外买家达成协议后，创捷为它们提供服务平台。例如，A 公司是深圳的一家手机设计公司，经过与创捷供应链有限公司五年的合作，已在海外成功地打出了自己的品牌。当创捷供应链有限公司在香港的运营平台（创联）收到 A 公司的客户支付的定金后，内地虚拟制造平台（五洲通）负责按照 A 公司的规范进行全球材料采购。由 A 公司确定的关键组件的供应商，必须在风险评估后，获得创捷供应链有限公司的批准。如果 A 公司无法识别可用的供应商，创捷供应链有限公司会推荐适当的供应商。所有物料都运至创捷供应链有限公司的仓库进行分类，然后送到服务平台上的工厂，这些工厂是根据 A 公司的要求自动匹配的。在此阶段，创捷供应链有限公司将提前支付材料费用。在生产过程中，成品的质量控制和检验由 A 公司负责。货物由创捷供应链有限公司指定的物流公司交付给创联，然后交给海外买家。在 A 公司与银行协商付款后，创捷供应链有限公司负责货币兑换结算、退税等事项。创捷供应链有限公司和 A 公司之间的结算是最后一步。由于创捷供应链有限公司监控与进出口相关的活动，其他活动由其平台上的公司接管，A 公司可以专注于研发和关键业务决策，积累资金和经验，为开发自有品牌铺平道路。这有利于 A 公司的产品升级，并增强其在全球市场的竞争力。

资料来源：UNIDO and UIBE report：Global Value Chains and Industrial Development：Lessons from China，South-East and South Asia，June 2018.

# 第二节 中国出口增加值核算及变化分析

## 一、中国出口增加值的总体状况分析

自2001年底加入WTO以来，中国对外贸易增长迅速。出口总额与国内生产总值（GDP）的比率一度超过30%，2006年的比率高达38.8%。进出口总额与GDP的比率在2005—2007年间超过了60%，甚至一度引起了中国外贸依存度是否过高的争论。受2008年国际金融危机的影响，中国出口总额与GDP比率近年来经历了一个逐年降低的过程，2009年下降至26.3%，随后又有小幅上升，2013年已降至25.5%（见图3-2）。

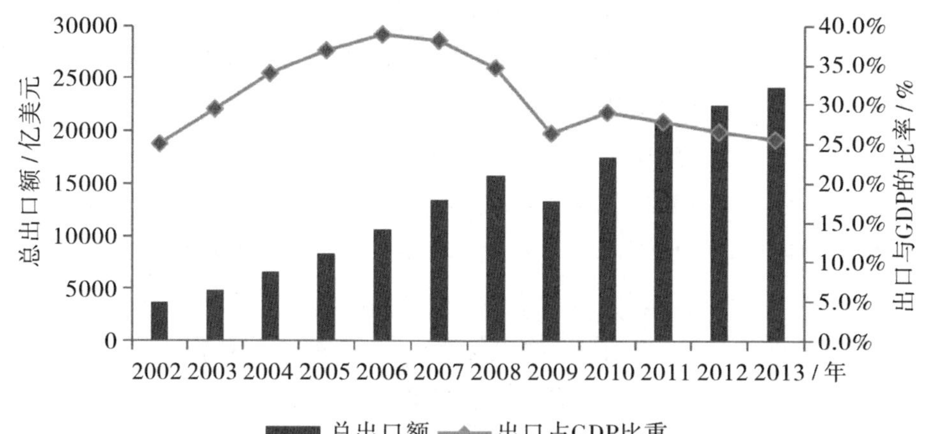


**图3-2 2002—2013年中国总出口额及出口与GDP的比率**

数据来源：中国国家统计局网站，http://data.stats.gov.cn/workspace/index?m=hgnd。

事实上，出口商品在生产过程中使用了从其他国家进口的原材料和零部件作为中间投入品，出口额中包含的并不完全是中国的增加值。尤其是加工贸易，需要进口大量的中间投入品，在中国进行组装、加工然后再出口制成品。改革开放以来的很长一段时期，中国贸易结构较为特殊，加工贸易在出口中占比较高。因此如果以贸易增加值核算，出口对中国经济增长的贡献率远不如传统贸易统计体现的那么大。

中国的出口增加值呈现以下特征。

### （一）出口对拉动中国经济增长起了重要作用，但在传统的贸易总值统计体系下其对经济增长的贡献被一定程度高估

2010—2013 年，中国出口总值（包括货物出口和服务出口）分别为 17480. 0 亿美元、20804. 7 亿美元、22392. 2 亿美元和 24195. 9 亿美元，与中国当年 GDP 的比率分别约为（按当年平均汇率计）28. 9%、27. 8%、26. 5% 和 25. 5%①。若以增加值来核算②，则 2010—2013 年中国出口增加值分别为 10984. 4 亿美元、13244. 6 亿美元、14937. 7 亿美元和 16399. 1 亿美元，仅相当于当年 GDP 的 18. 2%、17. 7%、17. 7% 和 17. 3% 左右，与以出口总值统计的结果相比，所与 GDP 的比率分别减少了 10. 7%、10. 1%、8. 8% 和 8. 2%（见表 3 -2）。

表 3 -2　2010—2013 年中国货物和服务贸易出口总值及相应的出口增加值

| 年份 | 项目 | 货物出口/亿美元 | | | 服务贸易出口/亿美元 | 总出口/亿美元 | 与 GDP 比率/% |
|---|---|---|---|---|---|---|---|
| | | 加工贸易出口 | 一般贸易出口 | 货物出口合计 | | | |
| 2010 | 出口总值 | 7402. 8 | 8374. 7 | 15777. 5 | 1702. 5 | 17480. 0 | 28. 9 |
| | 出口增加值 | 2867. 8 | 6683. 5 | 9551. 3 | 1433. 1 | 10984. 4 | 18. 2 |
| 2011 | 出口总值 | 8345. 3 | 10638. 5 | 18983. 8 | 1820. 9 | 20804. 7 | 27. 8 |
| | 出口增加值 | 3239. 7 | 8467. 2 | 11706. 9 | 1537. 7 | 13244. 6 | 17. 7 |

① 2014 年 12 月，按照中国国内生产总值（GDP）数据修订制度和国际通行做法，国家统计局根据修订后的 2013 年 GDP 数据和有关历史资料，对 2012 年及以前年度的 GDP 历史数据进行了系统修订。本书中相关指标占 GDP 的比重是根据最新修订的 GDP 数据计算，因此和之前发布的报告中的比重数据会有差异。

② 出口增加值和就业的核算方法请参见附录 1. 3

（续表）

| 年份 | 项目 | 货物出口/亿美元 | | | 服务贸易出口/亿美元 | 总出口/亿美元 | 与GDP比率/% |
|---|---|---|---|---|---|---|---|
| | | 加工贸易出口 | 一般贸易出口 | 货物出口合计 | | | |
| 2012 | 出口总值 | 8626.9 | 11860.9 | 20487.8 | 1904.4 | 22392.2 | 26.5 |
| | 出口增加值 | 3448.5 | 9850.3 | 13298.8 | 1638.9 | 14937.7 | 17.7 |
| 2013 | 出口总值 | 8600.4 | 13489.6 | 22090.0 | 2105.9 | 24195.9 | 25.5 |
| | 出口增加值 | 3391.7 | 11190.4 | 14582.1 | 1817.0 | 16399.1 | 17.3 |

### （二）和以出口总值计算的结构相比，加工贸易出口的增加值所占比重在明显降低，而一般贸易和服务贸易比重有所增加

2012 年、2013 年中国加工贸易出口总值分别为 8626.9 亿美元和 8600.4 亿美元，在货物和服务贸易出口总值的比重分别为 38.5% 和 35.5%（占货物出口总值的 42.1% 和 38.9%）；若以出口增加值计，加工贸易的出口增加值分别为 3448.5 亿美元和 3391.7 亿美元，在总出口增加值中比重降至 23.1% 和 20.7%（见表 3－3、表 3－4）。这主要与单位加工贸易出口的国内增加值较低直接相关。

表 3－3　2012 年中国货物和服务贸易出口拉动国内增加值

| 项目 | 总出口 | 货物出口 | | | 服务贸易出口 |
|---|---|---|---|---|---|
| | | 货物总出口 | 加工贸易出口 | 一般贸易出口 | |
| 总出口/亿美元 | 22392.2 | 20487.8 | 8626.9 | 11860.9 | 1904.4 |
| 占出口总值比重/% | | 91.5 | 38.5 | 53.0 | 8.5 |
| 国内增加值/亿美元 | 14937.7 | 13298.8 | 3448.5 | 9850.3 | 1638.9 |
| 占总出口增加值比重/% | | 89.0 | 23.1 | 65.9 | 11.0 |

表3－4　2013年中国货物和服务贸易出口拉动国内增加值

| 项目 | 总出口 | 货物出口 | | | 服务贸易出口 |
|---|---|---|---|---|---|
| | | 货物总出口 | 加工贸易出口 | 一般贸易出口 | |
| 总出口/亿美元 | 24195.9 | 22090.0 | 8600.4 | 13489.6 | 2105.9 |
| 占出口总值比重/% | | 91.3 | 35.5 | 55.8 | 8.7 |
| 国内增加值/亿美元 | 16399.1 | 14582.1 | 3391.7 | 11190.4 | 1817.0 |
| 占总出口增加值比重/% | | 88.9 | 20.7 | 68.2 | 11.1 |

从表3－3和表3－4可以看出，2012年，一般贸易出口和服务贸易出口在总出口（包括服务）中比重分别为53.0%和8.5%；若以出口增加值计，则分别提高至65.9%和11.0%。2013年，一般贸易出口和服务贸易出口在总出口（包括服务）中比重均有小幅上升，分别升至为55.8%和8.7%；若以出口增加值计，则分别提高至68.2%和11.1%。这从另一方面说明，一般贸易出口和服务贸易出口对增加值的拉动作用比加工贸易出口要强，因此在总

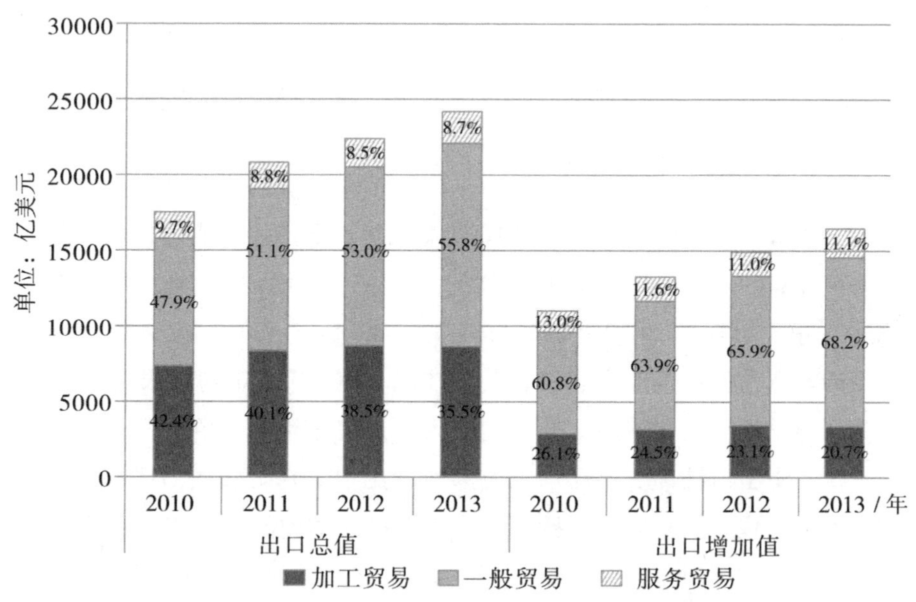


图3－3　2010—2013年中国分贸易类型出口总值和出口增加值

出口增加值中所占比重较在总出口值中占比有所提高。

2010 年、2011 年的结果和 2012 年、2013 年比较类似，详细数据见图 3 –3。

从两种贸易类型所占比重来看，如前所述，一般贸易出口占比提高较快，2010—2013 年，一般贸易出口在总出口中的比重从 47.9% 增长至 55.8%，提高了 7.9 个百分点，在总出口增加值中的比重从 60.8% 增长至 68.2%，提高了 7.4 个百分点。而加工贸易出口总额占比和出口增加值占比均有所降低，服务贸易出口的比重变动稍有不同，2010—2012 年服务业出口总额占比和出口增加值占比均经历了一个下降过程，分别下降了 1.2 和 2.0 个百分点，降幅较大，但在 2013 年出口总额占比却上升了 0.2 个百分点，出口增加值占比也提高了 0.1 个百分点。

### （三）中国单位出口的增加值含量较低，但随着时间的推移，单位出口的增加值逐渐提高

中国单位出口的增加值相对较低，通常不足出口总值的 70%。比如，2010 年、2011 年、2012 年和 2013 年，中国每 1000 美元出口（包括货物和服务）拉动的国内增加值分别为 628 美元、637 美元、667 美元和 678 美元（见表 3 –5）。单位出口的增加值相对较低和很多因素相关，比如出口产品结构、产品的直接增加值率等。另外，中国特殊的贸易结构也是影响单位出口增加值高低的重要因素。

从货物出口的增加值来看，中国单位货物出口的增加值在逐渐提高。2011 年、2012 年和 2013 年，中国 1000 美元货物出口带来的国内增加值分别为 617 美元、649 美元和 660 美元，分别比 2010 年增加 12 美元、44 美元和 55 美元。由于本报告 2010 年和 2011 年的结果是基于 2010 年 65 部门反映加工贸易的非竞争型投入产出表核算的，2012 年和 2013 年的结果是基于 2012 年 139 部门反映加工贸易的非竞争型投入产出表核算的，单位出口增加值的不同不仅是由出口结构变化和加工贸易所占比重下降引起的，还有一部分是由于反映加工贸易的非竞争型投入产出表中投入结构的变化（特别是进口品

的投入所占比重的逐步下降①）引起的。

表 3－5　2010—2013 年中国分贸易类型每 1000 美元出口增加值②

| 年份 | 总出口/美元 | 货物出口/美元 | | | 服务贸易出口/美元 |
|---|---|---|---|---|---|
| | | 货物总出口 | 加工贸易出口 | 一般贸易出口 | |
| 2010 | 628 | 605 | 387 | 798 | 842 |
| 2011 | 637 | 617 | 388 | 796 | 845 |
| 2012 | 667 | 649 | 400 | 830 | 861 |
| 2013 | 678 | 660 | 394 | 830 | 863 |

## （四）分货物出口和服务贸易出口来看，单位服务贸易出口拉动的国内增加值较高，远高于货物出口

如表 3－5 所示，中国 2013 年每 1000 美元服务贸易出口的增加值为 863 美元，而每 1000 美元货物出口的国内增加值为 660 美元。相对而言，服务贸易出口中进口品的投入要少于货物出口，更多的是国内产品和劳动力的投入，因此单位服务贸易出口中所含的国内增加值高于货物出口。虽然目前服务贸易出口在总出口中的比重不足 10%，2010—2013 年平均年增长速度仅为 7.4%，较货物出口年平均 12.0% 的增速为低，但其对中国经济的拉动作用不可小视。若能促进服务贸易出口增长，提高服务贸易出口占比，将能有效提高中国出口增加值。

从出口增加值的增长潜力来看，货物出口高于服务贸易出口，这主要得益于中国制造业逐渐发展和产业升级转型，每 1000 美元货物出口增加值从 2010 年的 605 美元增长至 2013 年的 660 美元，提高了 55 美元。

① 进口品投入系数（进口品投入占总投入的比重）平均下降了 0.8%，从 65 部门来看，有 36 个部门进口品投入系数下降，29 个部门的进口品投入系数略有提高。

② 从具体数值上来看，2012—2013 年单位出口增加值（基于 2012 年反映加工贸易的投入产出表计算）和 2010—2011 年单位出口增加值（基于 2010 年反映加工贸易的投入产出表计算）相比出现了比较大的变化，如文中所提到的，这主要是因为除了出口结构的变化以外，生产的国内品投入和进口品投入的结构均发生了变化。

### （五）从货物出口类型来看，加工贸易出口对增加值的拉动作用较一般贸易出口为弱

总体上，在货物出口中，加工贸易出口对增加值的拉动作用较一般贸易出口为弱。2013 年每 1000 美元一般贸易出口的增加值为 830 美元，而每 1000 美元加工贸易出口的增加值为 394 美元，不足一般贸易出口的一半（见表 3 -5）。目前，中国的加工贸易出口生产所需的大量原料、材料和零部件都来自海外，一些加工贸易出口品仅在中国进行简单的组装或焊接等加工程序，产品生产所需的国内工序和原材料均较少，进而产生的国内增加值也较少。

随着近几年来加工贸易出口在总出口中所占比重的下降，单位货物出口的增加值在逐年上升（见表 3 -5）。2010—2013 年，中国货物出口结构变动较大，加工贸易出口占货物出口的比重逐年降低，从 2010 年的 46.9% 下降到 2013 年 38.9%，三年期间降低了 8.0 个百分点（见图 3 -4）。由于单位加工贸易出口的增加值较低，尽管 2013 年加工贸易出口在中国货物出口总额中的占比为 38.9%，但其拉动的增加值只占货物出口的增加值的 23.3%（见图 3 -5）。

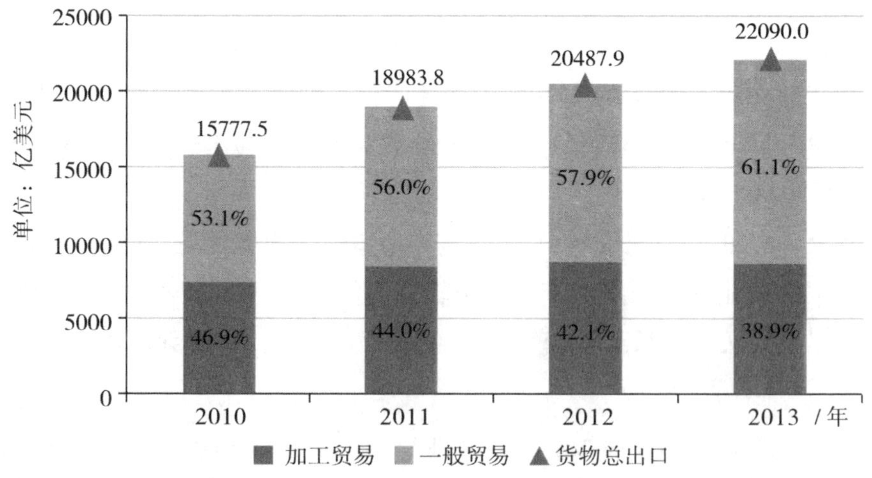


图 3 -4　2010—2013 年中国货物出口总值及结构

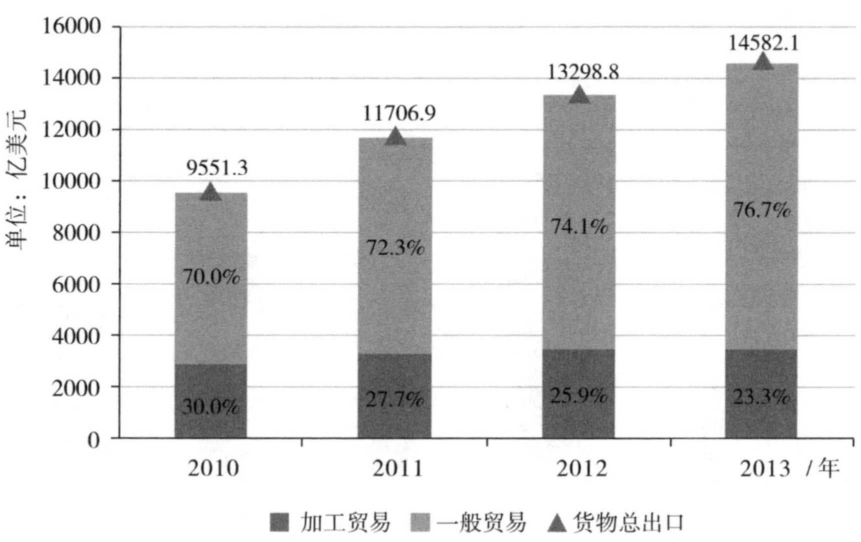


图3-5　2010—2013年中国货物出口增加值及结构

## （六）从出口增加值的构成看，从业人员报酬在增加值中所占比重最高，占增加值的比重约为42.8%

增加值可细分为从业人员报酬、生产税净额、固定资产折旧和营业盈余。2012年中国总的出口增加值中，占比重最高的为从业人员报酬，占42.8%。其次为营业盈余，占27.6%。生产税净额和固定资产折旧分别占16.8%和12.8%。

由于生产模式的差异，加工贸易出口和一般贸易出口的增加值构成有所不同。以2013年的数据为例，中国加工贸易进出口总值中，外商投资企业加工贸易进出口值占到80%以上①。加工贸易出口生产享受更多的税收优惠，且对国内品消耗较少，有不少加工贸易活动主要支付企业的加工费。因此，加工贸易出口的增加值中，从业人员报酬比一般贸易出口为高（见图3-6），2012年占比为45.5%。中国国内的外商投资企业在税率上有相应的优惠，因此增加值中生产税净额占比较低。2012年加工贸易出口的增加值中生产税净额占比为14.9%，而在一般贸易出口的增加值中占比为18.0%。服务贸易涉

① 商务部外资司，2013年1—12月外商投资企业进出口简况 http://www.fdi.gov.cn/1800000121_33_3919_0_7.html，2014年1月20日。

及更多的劳动力投入，在服务贸易出口增加值中，从业人员报酬占比也相对较高，为42.5%。

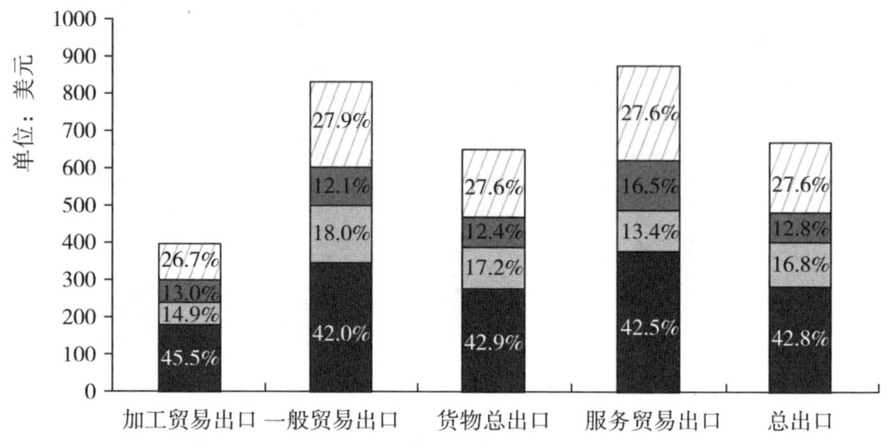


图3-6 2012年中国每1000美元出口拉动的增加值及组成

## 二、中国分部门产品单位出口增加值分析

### （一）分部门产品单位出口增加值分析

分部门来看，中国传统劳动密集型产业单位出口具有相对较高的增加值，而技术密集型产业单位出口的增加值含量较低。

2012年反映加工贸易的中国非竞争型投入产出表共有139部门，为方便与前些年份数据的纵向比较，将2012年139部门的核算结果，根据139部门向65部门对应表合成65部门数据，其中1-48部门可归为货物生产部门。表3-6给出了2012年中国各货物生产部门1000美元出口的增加值含量。分部门来看，中国传统的劳动密集型产业单位出口具有相对较高的增加值，而技术密集型产业单位出口的增加值含量则较低。

一般贸易出口中，农林牧渔业每1000美元一般贸易出口的国内增加值含量高达892美元，而采矿业（包括煤炭、石油和天然气、黑色金属矿、有色金属矿、非金属矿及其他矿5个部门），每1000美元出口的增加值均高于

800 美元，如煤炭开采和洗选业 909 美元，非金属矿及其他矿采选业 869 美元，石油和天然气开采业 862 美元。食品及酒精饮料、烟草制品业每 1000 美元出口分别能拉动 923 美元和 937 美元的增加值。纺织、针织制成品制造业，纺织服装、鞋、帽制造业等传统的劳动密集型产业出口的增加值也较高，1000 美元出口所带来的增加值均在 850 美元以上。作为技术密集型产业和高技术产业的部门如其他交通运输设备制造业、电气设备制造业、电子计算机制造业、电子元器件制造业等，由于在其生产过程中进口品中间投入所占比重相对较高，其 1000 美元出口所带来的增加值均不足 850 美元。如电子计算机制造业每 1000 美元出口的增加值仅 630 美元，是制造业一般贸易单位出口的增加值最低的部门。

加工贸易出口中，和一般贸易出口类似，传统的劳动密集型产业单位出口拉动国内增加值相对较高。如纺织、针织制成品制造业每 1000 美元出口中国内增加值为 561 美元，纺织服装、鞋、帽制造业为 472 美元。对于技术密集型的电子类产品生产部门，加工贸易的主要生产模式为进口国外零部件和原材料，在国内进行加工和组装为成品后再出口，其中的主要国内投入为廉价的劳动力、生产过程中的电力、水资源等公共资源，还有一部分原材料投入。因此，在加工贸易中，技术密集型产业和高技术产业部门 1000 美元出口的增加值甚至不足 400 美元，如电子元器件制造业 259 美元、电气设备制造业 293 美元、汽车制造业 340 美元等。

总体而言，分部门加工贸易单位出口的增加值低于一般贸易出口，加工贸易出口比重是影响各部门单位出口增加值的一个重要因素。单位出口增加值含量较低的部门，一般有较高的加工贸易出口比重。按照本课题反映加工贸易的非竞争型投入产出表的 65 部门分类，2012 年中国 39 个制造业部门中有 11 部门加工贸易出口所占比重超过其部门当年总出口量的 50%（见图 3－7），其中电子计算机制造业、通信设备及雷达制造业等我国的大宗出口品加工贸易出口所占部门的比重甚至超过 80%，而这些部门往往其出口额在总出口额中的比重也较高（见图 3－8），如 2012 年通用设备制造业、电子计算机制造业的产品出口额在总出口中的比重分别达到 8.8% 和 10.1%。中国有接近 1/3 的制造业部门以加工贸易为主要出口方式，这对中国总出口中的增加值含量影响较大。如电子计算机制造业，其一般贸易出口每 1000 美元出口中国内增加值为630美元，而2012年其出口中88.3%为加工贸易出口，因此总体而言，该部门每1000美元出口的增加值降低为484美元。

表3-6　2012年中国分部门1000美元货物出口的国内增加值含量

（单位：美元）

| 序号 | 部门名称 | 加工贸易出口 | 一般贸易出口 | 总出口 | 序号 | 部门名称 | 加工贸易出口 | 一般贸易出口 | 总出口 |
|---|---|---|---|---|---|---|---|---|---|
| 1 | 农林牧渔业 | — | 892 | 892 | 25 | 钢压延加工业 | 233 | 771 | 738 |
| 2 | 煤炭开采和洗选业 | — | 909 | 909 | 26 | 有色金属冶炼及压延业 | 212 | 758 | 606 |
| 3 | 石油和天然气开采业 | — | 862 | 862 | 27 | 金属制品业 | 313 | 852 | 739 |
| 4 | 黑色金属矿采选业 | — | 831 | 831 | 28 | 通用设备制造业 | 317 | 822 | 708 |
| 5 | 有色金属矿采选业 | — | 853 | 853 | 29 | 专用设备制造业 | 337 | 831 | 688 |
| 6 | 非金属矿及其他矿采选业 | - | 869 | 869 | 30 | 铁路运输设备制造业 | 390 | 810 | 545 |
| 7 | 食品及酒精饮料 | 367 | 923 | 809 | 31 | 汽车制造业 | 340 | 828 | 741 |
| 8 | 烟草制品业 | 704 | 937 | 936 | 32 | 船舶及浮动装置制造业 | 636 | 829 | 651 |
| 9 | 纺织材料加工业 | 266 | 857 | 770 | 33 | 其他交通运输设备制造业 | 314 | 808 | 668 |
| 10 | 纺织、针织制成品制造业 | 561 | 890 | 841 | 34 | 电气设备制造业 | 293 | 818 | 590 |
| 11 | 纺织服装、鞋、帽制造业 | 472 | 912 | 839 | 35 | 输配电及控制设备制造业 | 316 | 793 | 533 |
| 12 | 皮革、毛皮、羽毛（绒）及其制品业 | 329 | 908 | 804 | 36 | 家用电力和非电力器具制造业 | 307 | 856 | 551 |

（续表）

| 序号 | 部门名称 | 加工贸易出口 | 一般贸易出口 | 总出口 | 序号 | 部门名称 | 加工贸易出口 | 一般贸易出口 | 总出口 |
|---|---|---|---|---|---|---|---|---|---|
| 13 | 木材加工及家具制造业 | 650 | 864 | 835 | 37 | 其他电气机械及器材制造业 | 289 | 812 | 649 |
| 14 | 造纸、印刷 | 315 | 799 | 609 | 38 | 通信设备及雷达制造业 | 407 | 652 | 478 |
| 15 | 文教体育用品制造业 | 539 | 863 | 663 | 39 | 电子计算机制造业 | 465 | 630 | 484 |
| 16 | 石油加工、炼焦及核燃料加工业 | 62 | 562 | 389 | 40 | 电子元器件制造业 | 259 | 810 | 500 |
| 17 | 基础化学原料 | 367 | 780 | 732 | 41 | 家用视听设备制造业 | 374 | 750 | 446 |
| 18 | 肥料、农药 | 198 | 803 | 803 | 42 | 其他电子设备制造业 | — | — | — |
| 19 | 合成材料制造业 | 245 | 719 | 472 | 43 | 仪器仪表制造业 | 272 | 780 | 533 |
| 20 | 专用化学产品制造业 | 251 | 841 | 691 | 44 | 文化、办公用机械制造业 | 404 | 765 | 444 |
| 21 | 其他化学制品 | 310 | 849 | 742 | 45 | 工艺品及其他制造业（含废品废料） | 368 | 898 | 801 |
| 22 | 塑料、橡胶制品 | 411 | 788 | 607 | 46 | 电力、热力的生产和供应业 | 736 | 830 | 815 |
| 23 | 非金属矿物制品业 | 336 | 873 | 836 | 47 | 燃气生产和供应业 | — | — | — |
| 24 | 黑色金属冶炼 | 278 | 839 | 836 | 48 | 水的生产和供应业 | — | — | — |

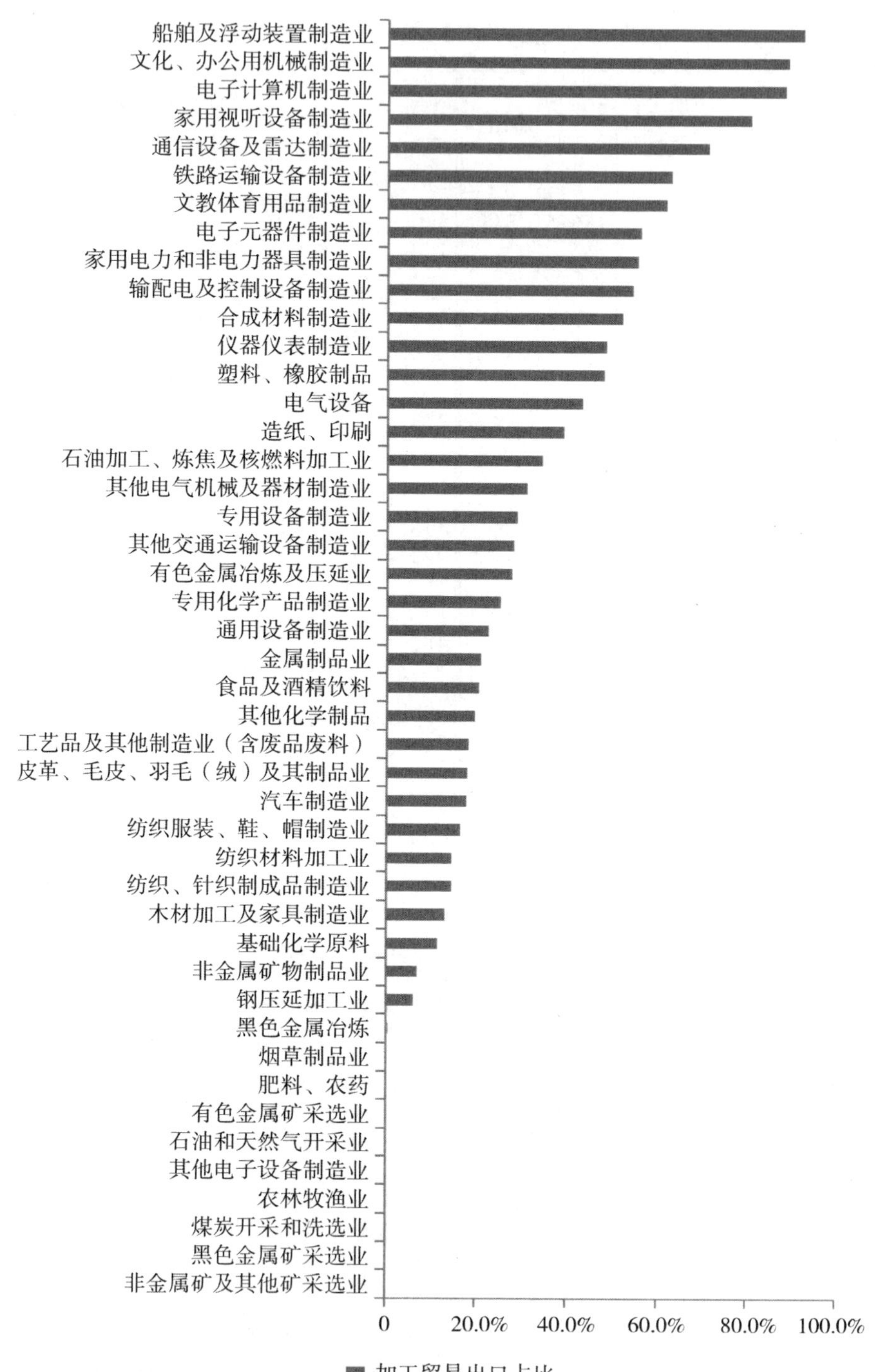


图 3-7　2012 年中国分部门的加工贸易出口所占比重

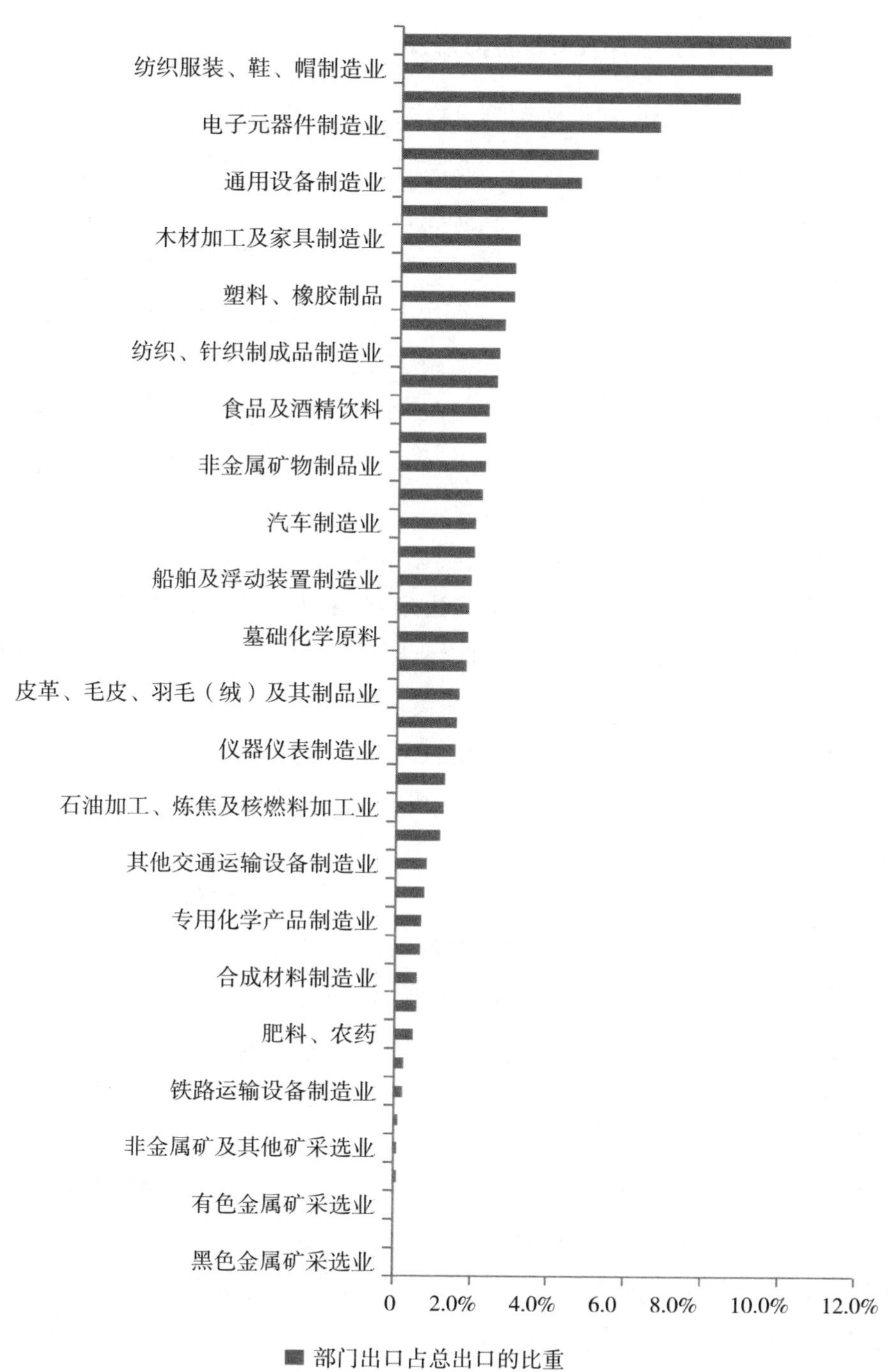


图3－8　2012年中国的出口部门结构

## （二）分部门产品出口增加值及结构分析

中国的加工贸易出口和一般贸易出口的商品结构有很大差异。加工贸易主要出口品为通信设备及电子产品，涉及的生产部门主要有通信设备及雷达制造业、电子计算机制造业、电子元器件制造业等。电子计算机制造业产品加工贸易出口额占加工贸易总出口的21%左右，为出口占比最高的部门。一般贸易主要出口品为纺织品和通用、专用设备，涉及的生产部门主要有纺织、针织制成品制造业，纺织服装、鞋、帽制造业，通用设备制造业等。和纺织业相关的4个部门（包括纺织材料加工，纺织、针织制成品，纺织服装、鞋、帽制成品和皮革、毛皮、羽毛（绒）及其制成品）一般贸易出口额占一般贸易总出口的22%左右。

2010—2013年，中国分不同贸易类型的出口中，部门出口结构变化较大。加工贸易出口结构变化主要有：通信设备及雷达制造业产品比重从11.9%上升到16.5%。电子元器件制造业比重提高了2.4%，电子计算机制造业从23.3%下降至20.1%。一般贸易出口中，纺织、针织制成品制造业出口占比由10.9%降至3.8%，下降了超过7个百分点，电子元器件制造业占比由2.5%提高至7.3%。我国加工贸易和一般贸易出口结构的转变反映出我国制造业正在逐渐转型。

分部门单位出口增加值的变动直接影响其总出口的增加值。若某一部门单位出口增加值较低，即使部门出口总额较大，出口增加值也可能会相对较小。例如，2013年通信设备及雷达制造业出口额占我国出口总额的9.4%，但该部门每1000美元出口的增加值相对较低（只有485.9美元），因此，该部门出口增加值占总出口增加值的比重只有6.9%，下降了2.5个百分点。若某一部门单位出口增加值较高，则其在出口增加值中的比重可能会高于在总出口额中的比重。例如，纺织服装、鞋、帽制造业出口额占我国出口总额的9.9%，由于其单位出口增加值相对较高，每1000美元出口增加值为847.0美元，该部门出口的增加值占总出口增加值的比重提高至12.7%，提高了2.8个百分点。

2012年中国分部门货物出口的增加值详细结果见表3－7。

表 3-7　2012 年中国分部门货物出口的国内增加值含量

（单位：亿美元）

| 序号 | 部门名称 | 加工贸易出口 | 一般贸易出口 | 总出口 | 序号 | 部门名称 | 加工贸易出口 | 一般贸易出口 | 总出口 |
|---|---|---|---|---|---|---|---|---|---|
| 1 | 农林牧渔业 | — | 116 | 116 | 25 | 钢压延加工业 | 6 | 322 | 329 |
| 2 | 煤炭开采和洗选业 | — | 14 | 14 | 26 | 有色金属冶炼及压延业 | 14 | 131 | 145 |
| 3 | 石油和天然气开采业 | — | 22 | 22 | 27 | 金属制品业 | 51 | 525 | 576 |
| 4 | 黑色金属矿采选业 | — | 0 | 0 | 28 | 通用设备制造业 | 69 | 609 | 678 |
| 5 | 有色金属矿采选业 | — | 8 | 8 | 29 | 专用设备制造业 | 60 | 363 | 423 |
| 6 | 非金属矿及其他矿采选业 | — | 17 | 17 | 30 | 铁路运输设备制造业 | 11 | 13 | 24 |
| 7 | 食品及酒精饮料 | 36 | 352 | 388 | 31 | 汽车制造业 | 25 | 281 | 306 |
| 8 | 烟草制品业 | 0 | 6 | 6 | 32 | 船舶及浮动装置制造业 | 229 | 24 | 253 |
| 9 | 纺织材料加工业 | 16 | 296 | 312 | 33 | 其他交通运输设备制造业 | 15 | 96 | 111 |
| 10 | 纺织、针织制成品制造业 | 44 | 404 | 447 | 34 | 电气设备 | 47 | 171 | 218 |
| 11 | 纺织服装、鞋、帽制造业 | 154 | 1500 | 1654 | 35 | 输配电及控制设备制造业 | 96 | 202 | 299 |
| 12 | 皮革、毛皮、羽毛（绒）及其制品业 | 20 | 246 | 266 | 36 | 家用电力和非电力器具制造业 | 79 | 176 | 255 |

（续表）

| 序号 | 部门名称 | 加工贸易出口 | 一般贸易出口 | 总出口 | 序号 | 部门名称 | 加工贸易出口 | 一般贸易出口 | 总出口 |
|---|---|---|---|---|---|---|---|---|---|
| 13 | 木材加工及家具制造业 | 55 | 476 | 531 | 37 | 其他电气机械及器材制造业 | 47 | 290 | 337 |
| 14 | 造纸、印刷 | 19 | 76 | 96 | 38 | 通信设备及雷达制造业 | 519 | 339 | 858 |
| 15 | 文教体育用品制造业 | 349 | 345 | 695 | 39 | 电子计算机制造业 | 848 | 153 | 1001 |
| 16 | 石油加工、炼焦及核燃料加工业 | 5 | 94 | 99 | 40 | 电子元器件制造业 | 200 | 488 | 688 |
| 17 | 基础化学原料 | 16 | 259 | 275 | 41 | 家用视听设备制造业 | 96 | 46 | 143 |
| 18 | 肥料、农药 | 0 | 81 | 81 | 43 | 仪器仪表制造业 | 41 | 125 | 167 |
| 19 | 合成材料制造业 | 15 | 41 | 56 | 44 | 文化、办公用机械制造业 | 92 | 22 | 114 |
| 20 | 专用化学产品制造业 | 9 | 86 | 95 | 45 | 工艺品及其他制造业（含废品废料） | 8 | 84 | 92 |
| 21 | 其他化学制品 | 23 | 257 | 280 | 46 | 电力、热力的生产和供应业 | 1 | 9 | 10 |
| 22 | 塑料、橡胶制品 | 120 | 248 | 368 | 59 | 综合技术服务业 | 0 | 0 | 0 |
| 23 | 非金属矿物制品业 | 11 | 374 | 385 | 64 | 文化、体育和娱乐业 | 0 | 21 | 21 |
| 24 | 黑色金属冶炼 | 0 | 41 | 41 | | | | | |

注：表中的“—”表示无此项出口，下表含义同标题（三）中按协调制度章别分类商品单位出口增加值分析。

## （三）按 HS 章别分类商品单位出口增加值及结构分析

本部分计算了按照协调制度（HS）章别分类的中国商品出口的增加值①，可以得到类似于按照部门分类的结论：每 1000 美元一般贸易出口的增加值远高于加工贸易出口；总体上来看，单位出口的增加值含量较高的商品包括农产品、食品、木制品、纺织皮革品等劳动密集型行业产品，单位出口的增加值含量较低的商品包括化工制品、机械制品等技术密集型行业产品。

加工贸易出口中，单位出口增加值最高的商品每 1000 美元出口的增加值也低于 705 美元，第 24 章（烟草及烟草代用品的制品）最高为 704 美元，第 56 章（絮胎、毡呢及无纺织物；特种纱线；线、绳、索、缆及其制品）和第 59 章（浸渍、涂布、包覆或层压的纺织物；工业用纺织制品）商品单位出口增加值较高，分别为 645 美元和 644 美元。而第 27 章（矿物燃料、矿物油及其蒸馏产品；沥青物质；矿物蜡）每 1000 美元出口的增加值较低，最低为 77 美元。

一般贸易出口中，每 1000 美元商品出口的增加值均高于 630 美元，但是第 27 章（矿物燃料、矿物油及其蒸馏产品；沥青物质；矿物蜡）单位出口增加值最低，为 638 美元左右。农产品及其制成品（第 1 章至第 24 章）单位出口增加值则较高，除第 15 章（动植物油脂）外每 1000 美元出口的增加值在 840 美元以上，如第 2 章（肉及食用杂碎）达到 944 美元。

2012 年详细数据结果见表 3 - 8。

---

① 协调制度全称为《商品名称及编码协调制度》（Harmonized Commodity Description and Coding System，缩写为 HS），目前全球已有 200 多个国家和地区采用其作为征收进出口货物关税与编制货物贸易统计数据的基础，具有广泛国际可比性。中国自 1992 年加入协调制度公约，并于同年开始以协调制度为基础编制《中华人民共和国海关统计商品目录》与公布货物贸易统计数据。为叙述简便并方便理解，本报告将《中华人民共和国海关统计商品目录》中的章别简称为“协调制度（HS）章别”。

表3－8 2012年中国按协调制度章别分类商品1000美元出口的增加值

（单位：美元）

| HS章别序号 | 加工贸易出口 | 一般贸易出口 | 总出口 | HS章别序号 | 加工贸易出口 | 一般贸易出口 | 总出口 | HS章别序号 | 加工贸易出口 | 一般贸易出口 | 总出口 |
|---|---|---|---|---|---|---|---|---|---|---|---|
| **1** | 0 | 924 | 924 | **34** | 274 | 860 | 760 | **67** | 536 | 863 | 813 |
| **2** | 279 | 944 | 940 | **35** | 251 | 844 | 768 | **68** | 353 | 871 | 831 |
| **3** | 406 | 942 | 754 | **36** | 223 | 840 | 831 | **69** | 582 | 878 | 876 |
| **4** | 496 | 922 | 915 | **37** | 252 | 841 | 586 | **70** | 314 | 870 | 784 |
| **5** | 286 | 927 | 812 | **38** | 253 | 830 | 741 | **71** | 536 | 831 | 555 |
| **6** | 351 | 882 | 874 | **39** | 293 | 794 | 624 | **72** | 238 | 783 | 744 |
| **7** | 314 | 900 | 896 | **40** | 487 | 768 | 559 | **73** | 309 | 829 | 778 |
| **8** | 314 | 896 | 855 | **41** | 329 | 910 | 540 | **74** | 234 | 760 | 529 |
| **9** | 441 | 908 | 889 | **42** | 332 | 908 | 814 | **75** | 209 | 734 | 643 |
| **10** | 0 | 886 | 886 | **43** | 329 | 908 | 715 | **76** | 241 | 806 | 728 |
| **11** | 246 | 911 | 704 | **44** | 362 | 846 | 781 | **77** | 0 | 0 | 0 |
| **12** | 257 | 892 | 880 | **45** | 359 | 845 | 845 | **78** | 225 | 761 | 525 |
| **13** | 302 | 911 | 716 | **46** | 359 | 845 | 831 | **79** | 230 | 766 | 670 |
| **14** | 359 | 887 | 879 | **47** | 0 | 768 | 768 | **80** | 230 | 736 | 540 |
| **15** | 312 | 803 | 692 | **48** | 301 | 787 | 589 | **81** | 205 | 772 | 750 |
| **16** | 373 | 942 | 824 | **49** | 514 | 910 | 731 | **82** | 313 | 852 | 786 |
| **17** | 324 | 917 | 852 | **50** | 629 | 908 | 907 | **83** | 335 | 854 | 784 |
| **18** | 302 | 911 | 662 | **51** | 296 | 858 | 686 | **84** | 431 | 794 | 565 |
| **19** | 311 | 912 | 788 | **52** | 253 | 852 | 691 | **85** | 355 | 767 | 520 |
| **20** | 333 | 919 | 835 | **53** | 632 | 908 | 880 | **86** | 335 | 827 | 442 |
| **21** | 462 | 919 | 838 | **54** | 234 | 811 | 714 | **87** | 334 | 825 | 731 |
| **22** | 365 | 931 | 904 | **55** | 242 | 834 | 725 | **88** | 316 | 808 | 534 |
| **23** | 267 | 848 | 774 | **56** | 645 | 891 | 851 | **89** | 636 | 829 | 651 |

（续表）

| HS 章别序号 | 加工贸易出口 | 一般贸易出口 | 总出口 | HS 章别序号 | 加工贸易出口 | 一般贸易出口 | 总出口 | HS 章别序号 | 加工贸易出口 | 一般贸易出口 | 总出口 |
|---|---|---|---|---|---|---|---|---|---|---|---|
| **24** | 704 | 910 | 909 | **57** | 539 | 863 | 836 | **90** | 271 | 797 | 465 |
| **25** | 257 | 871 | 871 | **58** | 588 | 867 | 845 | **91** | 273 | 780 | 570 |
| **26** | 0 | 865 | 865 | **59** | 644 | 891 | 855 | **92** | 539 | 863 | 751 |
| **27** | 77 | 638 | 477 | **60** | 420 | 885 | 768 | **93** | 313 | 851 | 850 |
| **28** | 330 | 782 | 750 | **61** | 454 | 913 | 867 | **94** | 574 | 857 | 817 |
| **29** | 376 | 829 | 769 | **62** | 454 | 913 | 811 | **95** | 539 | 863 | 698 |
| **30** | 416 | 899 | 802 | **63** | 615 | 891 | 859 | **96** | 429 | 881 | 802 |
| **31** | 0 | 805 | 805 | **64** | 514 | 910 | 817 | **97** | 539 | 863 | 863 |
| **32** | 441 | 791 | 790 | **65** | 375 | 894 | 814 | | | | |
| **33** | 295 | 864 | 680 | **66** | 368 | 896 | 839 | | | | |

## （四）按 HS 章别分类商品出口增加值及结构分析

按照协调制度章别分类，加工贸易出口量最大的商品为第 85 章（电机、电气设备及其零件；录音机及放声机、电视图像、声音的录制和重放设备及其零件、附件），其次为第 84 章（核反应堆、锅炉、机器、机械器具及其零件）。2012 年，第 85 章和第 84 章商品在加工贸易出口中的比重分别为 33.8% 和 27.5% 。这两章商品的出口比重合计已经超过 60% ，说明加工贸易出口商品主要为电子机械类产品。事实上，2010—2012 年，随着加工贸易的升级转型，电子机械类产品加工贸易出口份额在降低。第 84 章和第 85 章商品出口合计占比从 2010 年的 64.2% 降低至 2012 年的 61.3% ，减少了近 3 个百分点。

一般贸易出口中，出口比重较大的也是第 85 章和第 84 章商品。2012 年，第 85 章和第 84 章商品在一般贸易出口中所占比重分别为 16.5% 和 11.7% 。与加工贸易出口情况相反，这两章商品在一般贸易出口中的比重从

2010 年的 26.6% 增长至 2012 年的 28.2%，提高了 1.6 个百分点。在一般贸易出口中所占比重较大的还有纺织服装、鞋、帽类商品（第 61 章至第 64 章），2012 年该类商品出口占比合计为 15.5%。

单位一般贸易出口增加值高于单位加工贸易出口增加值，在出口总增加值中贡献较大。以第 84 章和第 85 章商品出口为例。第 84 章和第 85 章商品在加工贸易出口和一般贸易出口中均为主要的出口品。2012 年，第 84 章和第 85 章商品加工贸易出口分别为 2375.4 亿美元和 2917.4 亿美元，一般贸易出口额为 1383.6 亿美元和 1955.9 亿美元。从出口总量上来看，这两章商品加工贸易出口额高于一般贸易出口额，加工贸易出口占比为 61.3%。第 84 章和第 85 章商品 1000 美元加工贸易出口拉动国内增加值分别为 431 美元和 355 美元，而一般贸易出口分别为 794 美元和 767 美元（见表 3 -8）。若以出口增加值计，第 84 章和第 85 章加工贸易出口增加值分别为 1024.72 亿美元和 1034.53 亿美元，而一般贸易出口增加值分别为 1099.24 亿美元和 1499.76 亿美元（见表 3 -9）。由于单位加工贸易出口增加值远低于单位一般贸易出口增加值，因此以出口增加值计，第 84 章和第 85 章一般贸易出口高于加工贸易出口。

2012 年详细数据结果见表 3 -9。

**表 3 -9　2012 年中国按 HS 章别分类商品出口所含的国内增加值**

（单位：百万美元）

| HS 章别序号 | 加工贸易出口 | 一般贸易出口 | 总出口 | HS 章别序号 | 加工贸易出口 | 一般贸易出口 | 总出口 | HS 章别序号 | 加工贸易出口 | 一般贸易出口 | 总出口 |
|---|---|---|---|---|---|---|---|---|---|---|---|
| **1** | 0 | 539 | 539 | **34** | 137 | 2103 | 2240 | **67** | 439 | 3850 | 4289 |
| **2** | 1 | 920 | 922 | **35** | 71 | 1630 | 1701 | **68** | 222 | 6487 | 6709 |
| **3** | 1620 | 6916 | 8535 | **36** | 3 | 711 | 714 | **69** | 81 | 14588 | 14668 |
| **4** | 4 | 484 | 489 | **37** | 132 | 578 | 710 | **70** | 723 | 10958 | 11681 |
| **5** | 105 | 1567 | 1672 | **38** | 431 | 7701 | 8132 | **71** | 22853 | 2351 | 25204 |
| **6** | 1 | 223 | 224 | **39** | 5464 | 28996 | 34461 | **72** | 637 | 26969 | 27606 |
| **7** | 15 | 6171 | 6186 | **40** | 8012 | 4375 | 12387 | **73** | 1704 | 41983 | 43686 |

（续表）

| HS 章别序号 | 加工贸易出口 | 一般贸易出口 | 总出口 | HS 章别序号 | 加工贸易出口 | 一般贸易出口 | 总出口 | HS 章别序号 | 加工贸易出口 | 一般贸易出口 | 总出口 |
|---|---|---|---|---|---|---|---|---|---|---|---|
| **8** | 83 | 3142 | 3225 | **41** | 93 | 147 | 240 | **74** | 739 | 3066 | 3805 |
| **9** | 35 | 1692 | 1727 | **42** | 1525 | 21480 | 23004 | **75** | 32 | 535 | 567 |
| **10** | 0 | 393 | 393 | **43** | 335 | 1845 | 2181 | **76** | 622 | 12950 | 13572 |
| **11** | 46 | 378 | 424 | **44** | 600 | 9020 | 9621 | **77** | 0 | 0 | 0 |
| **12** | 12 | 2299 | 2312 | **45** | 0 | 13 | 13 | **78** | 6 | 26 | 32 |
| **13** | 96 | 613 | 709 | **46** | 19 | 1469 | 1488 | **79** | 7 | 99 | 106 |
| **14** | 1 | 80 | 80 | **47** | 0 | 98 | 98 | **80** | 9 | 44 | 52 |
| **15** | 40 | 353 | 393 | **48** | 1679 | 6401 | 8080 | **81** | 26 | 2368 | 2394 |
| **16** | 692 | 6682 | 7374 | **49** | 804 | 1735 | 2538 | **82** | 470 | 9168 | 9638 |
| **17** | 45 | 1033 | 1078 | **50** | 5 | 1542 | 1548 | **83** | 599 | 9839 | 10438 |
| **18** | 41 | 179 | 220 | **51** | 233 | 1540 | 1773 | **84** | 102472 | 109924 | 212395 |
| **19** | 96 | 1085 | 1182 | **52** | 1011 | 9246 | 10257 | **85** | 103453 | 149976 | 253429 |
| **20** | 358 | 5959 | 6317 | **53** | 70 | 870 | 940 | **86** | 3368 | 2330 | 5699 |
| **21** | 184 | 1678 | 1862 | **54** | 563 | 9648 | 10212 | **87** | 3510 | 36806 | 40316 |
| **22** | 24 | 1229 | 1253 | **55** | 473 | 7228 | 7701 | **88** | 275 | 557 | 832 |
| **23** | 100 | 2170 | 2270 | **56** | 368 | 2647 | 3015 | **89** | 22875 | 2382 | 25257 |
| **24** | 1 | 1146 | 1147 | **57** | 106 | 1903 | 2010 | **90** | 12395 | 21409 | 33804 |
| **25** | 0 | 2955 | 2955 | **58** | 212 | 3707 | 3919 | **91** | 574 | 2312 | 2886 |
| **26** | 0 | 367 | 367 | **59** | 646 | 5209 | 5855 | **92** | 317 | 961 | 1278 |
| **27** | 683 | 14125 | 14808 | **60** | 1185 | 7429 | 8615 | **93** | 0 | 118 | 118 |
| **28** | 322 | 10124 | 10446 | **61** | 3881 | 71627 | 75508 | **94** | 6189 | 57483 | 63672 |
| **29** | 2007 | 29069 | 31075 | **62** | 6133 | 43540 | 49673 | **95** | 9758 | 15112 | 24870 |
| **30** | 491 | 4234 | 4725 | **63** | 1700 | 18927 | 20627 | **96** | 916 | 8852 | 9768 |
| **31** | 0 | 5831 | 5831 | **64** | 5654 | 32589 | 38243 | **97** | 0 | 461 | 461 |
| **32** | 12 | 4307 | 4319 | **65** | 226 | 2948 | 3174 | | | | |
| **33** | 315 | 1927 | 2243 | **66** | 114 | 2257 | 2370 | | | | |

## 三、中国分项目服务贸易出口增加值分析

### （一）分项目单位服务贸易出口增加值分析

分服务贸易的项目来看，服务单位出口平均拉动的国内增加值高于货物出口。2012 年高附加值服务项目为保险和金融服务、计算机和信息服务，每 1000 美元出口拉动国内增加值均在 900 美元以上，分别为 925 美元和 909 美元；而运输、建筑服务相对较低，分别为 814 美元和 816 美元（见表 3－10）。

从增加值的组成细项来看，从业人员报酬是服务出口增加值中的主要组成部分。2012 年每 1000 美元服务出口拉动国内增加值 861 美元，其中 365 美元为从业人员报酬，占比为 42.4%。涉及较多劳动力投入或者劳动者平均工资水平较高的服务出口项目，从业人员报酬在出口增加值中的占比较高，例如：特许权使用和许可费，占比为 49.8%；个人文化和娱乐服务，占比为 50.1%。营业盈余在出口增加值中占比最高的服务项目为计算机和信息服务，占比为 38.7%，保险和金融服务也相对较高，占比为 34.3%。同时，保险和金融服务的固定资产折旧在出口增加值中比重最低，为 8.9%。

表 3－10　2012 年中国服务贸易细项每 1000 美元出口拉动的国内增加值

（单位：美元）

| 项目 | 增加值 | 其中 | | | |
|---|---|---|---|---|---|
| | | 从业人员报酬 | 生产税净额 | 固定资产折旧 | 营业盈余 |
| 总服务出口 | 861 | 365 | 115 | 143 | 238 |
| 运输 | 814 | 318 | 106 | 147 | 243 |
| 旅游 | 879 | 400 | 128 | 129 | 222 |
| 通信服务 | 899 | 324 | 72 | 218 | 285 |
| 建筑服务 | 816 | 366 | 130 | 94 | 226 |
| 保险和金融服务 * | 925 | 401 | 125 | 82 | 317 |
| 计算机和信息服务 | 909 | 233 | 69 | 255 | 352 |

（续表）

| 项目 | 增加值 | 其中 | | | |
|---|---|---|---|---|---|
| | | 从业人员报酬 | 生产税净额 | 固定资产折旧 | 营业盈余 |
| 特许权使用和许可费 | 873 | 435 | 81 | 80 | 277 |
| 其他商业服务 | 865 | 393 | 119 | 137 | 216 |
| 个人文化和娱乐服务 | 881 | 441 | 105 | 118 | 217 |

*在中国65部门IO表中，保险和金融服务为同一部门，并未区分。

### （二）分部门服务贸易出口增加值及结构分析

中国服务贸易出口项目较为集中，以传统项目为主，其中运输和旅游项目在服务贸易出口中的比重较高。2013年运输服务出口占服务总出口的17.8%，旅游出口占比为24.5%。新兴的服务业，如其他商业服务（包括咨询、广告宣传等）在服务出口中占比也较高，2013年为40.6%。运输、旅游和其他商业服务在服务出口中的总占比已达82.9%。

近年来，中国服务贸易的项目结构不断发生变化，传统项目的出口比重有所降低，而新兴项目的占比有所提高。例如，2010年运输和旅游服务出口占服务贸易总出口比重为49.6%，2013年降为42.3%，减少了7.3个百分点。建筑服务的比重有所下降，从2010年9.0%降低为2013年的5.1%。而其他商业服务出口在2010年的比重为32.4%，占比在2010—2013年间提高了8.2个百分点。保险和金融服务出口占比从2010年的1.9%增加至2013年的3.3%，计算机和信息服务从5.7%增加至7.3%，均有所提升。

但是，高附加值的服务出口项目在中国服务出口中占比并不高。2013年中国服务出口中通信服务、保险和金融服务、计算机和信息服务分别占0.8%、3.3%和7.3%。另外，相对高附加值的服务出口——特许权使用和许可费占比仅为0.4%。这说明中国在专利权、版权和工业设计等方面还相对薄弱。

如果以增加值计，中国服务贸易出口前三项依次为其他商业服务、旅游和运输。以2012年为例，其他商业服务、旅游和运输项目出口增加值分别为

576.4 亿美元、439.7 亿美元和 316.8 亿美元。2010 年、2011 年、2012 年以及 2013 年中国服务贸易分项目出口拉动的国内增加值详细结果见表 3－11。

表 3－11　2010—2013 年中国服务贸易分项目出口的增加值

| 项目 | 增加值/亿美元 | | | |
|---|---|---|---|---|
| | 2010 年 | 2011 年 | 2012 年 | 2013 年 |
| 运输 | 301.4 | 291.7 | 316.8 | 306.5 |
| 旅游 | 419.5 | 412 | 439.7 | 454.6 |
| 通信服务 | 11.6 | 15.3 | 16.1 | 15.0 |
| 建筑服务 | 98.8 | 93.4 | 100 | 87.0 |
| 保险和金融服务 * | 30.6 | 36.1 | 48.3 | 64.2 |
| 计算机和信息服务 | 88.8 | 108.7 | 131.3 | 140.3 |
| 特许权使用和许可费 | 6.9 | 5.7 | 9.1 | 7.7 |
| 其他商业服务 | 474.2 | 573.7 | 576.4 | 740.5 |
| 个人文化和娱乐服务 | 1.2 | 1.1 | 1.1 | 1.3 |
| 合计 | 1433.0 | 1537.7 | 1638.8 | 1817.1 |

## 第三节　全球价值链重塑与中国经济的转型升级

随着全球范围内关税水平的显著下降、资本和生产要素在全球范围内流动加剧，国际产业分工日益深化，工业制成品的生产链条逐渐拉长，产品生产跨越多个国界的现象愈来愈普遍。全球生产和贸易格局的这种转变促使政策制定者和研究者开始寻求新的进行贸易政策分析的经济及统计框架。基于最终品贸易的传统贸易模型已不再适用于当前以生产过程分节化和中间品贸易为主导的世界经济现状。全球价值链上中间投入品在不同国家间的多次往返，造成了官方贸易统计中的重复计算，导致对国家间实际经济关系和竞争能力的误判，从而使政策制定者和研究者对贸易的认知及进行贸易分析的方式不得不发生改变，促使全球价值链成为目前国际上经济学的热点研究领域之一。

全球价值链这一概念提出后，就迅速显示出其强劲的理论张力和应用价值，首先在管理科学领域（特别是供应链及物流管理、价值链治理模式等方面）得到广泛的应用，成为管理科学中较为成熟的学科之一。其主要研究对象是企业，通过运用管理科学的理论及定量方法，帮助企业在激烈的全球竞争中更高效地组织生产并降低营运风险。经济学对全球价值链的研究起步较晚，但发展迅速。近年来，相关研究成果陆续刊载于 *American Economic Review*（AER）、*Journal of Political Economy*（JPE）、*Quarterly Journal of Economics*（QJE）、*Review of Economic Studies*（RES）、*Econometrica*（ECA）等经济学国际顶尖学术期刊，在经济理论和统计测算方法上相继取得重要突破，促使全球价值链研究迅速从以微观个案为基础的传统研究，向基于经济学和统计学的定量及宏观分析层面拓展，并在价值链测度，价值链与就业、经济增长、经济发展的关系，产业与贸易政策的制定和评估、效率与公平及全球化治理等诸多与国计民生密切相关的重大领域提出了一批急需回答，而传统的供应链及物流管理学科、价值链治理研究中所无法回答或不能完全回答的问题，如国家在全球价值链中的位置及参与度与就业、生产率、经济增长、行业和贸易政策之间的联系等，从而为经济学和统计学领域的全球价值链研究带来了快速发展的空间，使这一研究领域正成为主流经济学和贸易及国民经济统计研究的重要分支。全球价值链研究在经济学和统计学领域的新发展也为供应链和物流管理、价值链治理和经济发展等传统研究的融合提供了理论及定量基础，使全球价值链研究有可能融合供应链及物流管理、价值链治理、价值链测度、价值链与经济发展，价值链与贸易规则等多个领域，既具有微观基础，又具备宏观视野，逐渐发展为一个完整的跨学科的综合研究体系。因此，通过重点项目群，集中资助一批与全球价值链相关的研究，是抓住这一全新研究体系初步形成、研究内容有待发掘完善、研究成果批量涌现的关键机遇，整合国内的研究力量，迅速将我国全球价值链的研究推向国际前沿的一项重要举措，将对中国经济管理及国民经济统计等相关学科的发展建设产生深远影响，具有重大的理论意义和学术价值。

改革开放以来，中国凭借要素成本优势和优良的基础设施支持，以加工贸易的方式，融入全球价值链的生产分工体系中，主要定位在全球价值链中低技术含量、劳动密集型的加工、制造和组装，不仅实现了贸易量的迅速扩大和制造业的高速成长，而且推动了中国工业化水平和经济快速增长。然而，随着近年来中国人民币汇率升值、要素成本大幅度上涨、环境承载能力下降，经济由高速发展期转换至中高速发展期以及国际经济复苏乏力等一系列因素的综合影响，中国经济发展遇到前所未有的风险与挑战。从国外来看，全球经济持续低迷，中国的对外贸易增速大幅下滑甚至出现负增长，中国的对外投资已经接近吸引的外商直接投资，传统的对外开放战略亟须调整，对外贸易的方式和结构需要转型升级。从国内来看，劳动力成本的不断上升，劳动年龄人口已经开始下降，总人口抚养比也开始呈现上升趋势，自然生态系统可以容纳的污染物越来越有限。随着收入水平的提高，人们对产品和服务的品质以及环境质量的要求越来越高，区域经济正呈现新的“南北分化”的态势。这些都意味着中国经济需要加快从传统发展方式向新的发展方式的转型。就国内层面而言，是要实现经济增长方式的根本性转变，即由廉价劳动力与投资驱动型增长向内生性技术进步与人力资本积累驱动增长的转换；而就国际层面而言，是要通过对外投资（OFDI）让企业走出去，通过“一带一路”建设、自贸区进行的国际化、市场化和法制化改善营商环境，通过制度和技术创新构筑制造业竞争优势，全面提升产业竞争力，加快向价值链中高端的转型升级，进而促进中国经济从“工厂经济”向“总部经济”的全面转型。只有实现这种全面转型，提升中国在国际分工中的地位，才能在未来的全球发展中掌握主动权，主导全球价值链治理体系的重建；才能在国际贸易获取更多的价值分配，不断改善国内居民的福利；才能满足人们消费需求的升级，减少经济活动对资源环境的不利影响；才能形成新的发展动力，保持中国经济的持续中高速增长，确保“十三五”末全面建成小康社会目标的实现。从全球价值链的视角研究中国经济的转型升级，对中国经济持续中高速增长，实现“两个一百年”的目标具有重要的现实意义。

2008—2009 年国际金融危机以后，全球的生产与贸易格局正在发生重大变化，以美国和德国为代表的发达国家纷纷推出以振兴制造业为核心内容的“再工业化”政策，吸引高端制造业回流，价值链中制造环节的竞争变得更加激烈，全球价值链中各主要经济体的产业结构、分工地位和区域合作对象正发生重要调整。在这一背景下，参与建立新的全球投资贸易规则，培养和提高本国的要素竞争力，成为各经济体构建和参与新的全球价值链至关重要的措施。而在全球价值链重塑中被遗落的经济体则可能与新的全球价值链脱钩，陷入长期的经济衰退。以美国主导的跨太平洋战略经济伙伴关系协定（TPP）（美国已于2018年退出）和跨大西洋贸易与投资伙伴协定（TTIP），正是以美国为代表的发达国家所采取的构建新的全球投资贸易规则，主导全球价值链重塑的重要战略步骤。在此国际背景下，深入研究全球价值链与国际贸易新规则的关系，将为我国如何应对构建新的全球投资贸易规则过程中的大国博弈，在进一步开放的过程中准确地把握国家的核心利益奠定坚实的理论基础，具有重要的政策意义。

## 第四节　数字经济背景下的中国全球价值链攀升

随着信息和通信技术（ICT）的发展，基于互联网数字技术的应用而带来的数字经济日益成为经济全球化发展的重要推动力。

首先，从国内产业发展角度来看，数字技术促进ICT产业在国际生产中的重要性不断提升。由数字经济所带来的转型可以提高跨行业的竞争力，实现资源配置的优化，为解决国际贸易发展问题提供新工具和方法，对国际化生产活动产生深远的影响。2017年腾讯发布了《中国“互联网+”数字经济指数（2017）》报告指出，2016年，我国数字经济的总体量达到了22.77万亿，占2016年全国GDP总量的30.61%；数字经济的发展使得全国城镇登记失业率平均下降了大概0.1%，带来了280万的新增就业人数，在全国新增就业岗位中，占21.3%。数字经济已经被提升到“用数字经济促进产业变革”的高度，从国家战略层面来看，需要回答的是：实体经济、制造业，或者说传统行业能不能由此发生嬗变，从而实现跨越式的经济增长。

其次，从国际贸易方式角度来看，在国际贸易中出现了不同于传统货物贸易和服务贸易的第三种贸易方式——数字产品贸易方式。世界贸易组织（1999）将“数字产品”（Digital Products）定义为：通过网络进行传输和交付的内容产品。第一，数字产品与传统产品生产结构不同。与传统产品

（即非数字产品）不同，数字产品的特征是研发成本高而制造成本低，即高沉淀成本、低边际成本（陈志武，2012）。多为知识和技术密集型产品，因此研发过程的高投资和生产阶段的低投资、生产过程中对传统产品的低消耗是数字经济的明显特征，并可通过低成本的复制，实现几乎为零的边际生产成本的目标。第二，数字产品与传统产品贸易方式不同。数字产品通过不同的嵌入方式改变全球价值链的参与度和位置：一是数字产品替代传统货物或服务产品，形成以数字产品为主导的新型数字化全球价值链，如电子传输产品全球价值链，其设计和制作呈本地化特征；二是数字产品嵌入全球价值链中，通过改变传统制造业或服务业价值链的部分环节，而形成全球价值链数字化形态，如工业互联网全球价值链。因此，将数字产品与传统产品区别开来，通过构建我国数字产品贸易网络来进行关于数字产品的全球价值链研究，剖析决定中国数字产品贸易地位的关键驱动因素，为从全球价值链的视角解决贸易失衡与价值分配不均问题，有效地应对各国保护主义，探索推动构建人类命运共同体提供新的思路。

当前，影响全球贸易增速的全球价值链正在呈现两个新的变化趋势：由制造业价值链向数字化价值链发展变化，从制造业向服务业扩展延伸。数字经济背景下影响价值链重构的关键因素有两个：

一是，无形资产在全球价值链中的作用越来越大。

首先，数字经济带来的高端服务业和数字化服务业在全球价值链中的地位越来越高，其中属于数字经济范畴的无形资产对传统经济的增长、效率的提高和质量提升都起到非常重要的作用。数字产品对传统经济的影响方式不同，造成了数字经济规模统计和核算有被低估的可能。数字经济中免费的货物和服务产品在现有的核算体系中难以估计，也无法体现其对增加值和就业等的影响。其次，随着发展中国家劳动力成本的逐渐上升，以中间品贸易为主导的价值链模式也受到了挑战，无形资产使得生产环节已经不再意味着处于全球价值链的最底端，而服务环节可能产生更高的价值。这种外部性不仅仅表现在产品本身的属性，价值将外延至整个价值链。因此，消费者对数字产品的效用函数也不再仅基于产品本身，而是将该产品的价值链带来的额外效应包含在内，这对传统价值链的构成机理和价值链核算方法均提出了新的挑战和要求。

二是，数字技术进步促使全球价值链重构。

与传统价值链所追求的低成本、大规模、标准化的发展模式不同，以云计算、人工智能等为代表的数字技术将促使全球价值链向定制化、小规模、本地化的生产服务方式转变，这就意味着数字经济将推动全球价值链向高端化、区域化拓展。首先，互联网的出现大大降低了信息的搜索和分析成本，也降低了信息的不确定性，打破了很多传统产业（特别是电信等服务业）的垄断和进入障碍，解决了中小企业和个体参与经济过程的问题，提高了传统产业的竞争力和效率，为全球价值链的核算提出新的要求。其次，数字技术变革也会造成垄断和赢者通吃的现象。掌握的数据越多，竞争优势就会放大性增长，市场集中度就越高，对于先进信息技术的引进会被锁定在技术发明国所制定的标准之下，提高了发明国在全球价值链中的垄断地位。消费者处于被动地位，没有选择其他具有竞争性产品的机会，更失去了讨价还价的资格，市场机制失灵，消费者福利损失加大，增加了企业的垄断势力，广泛存在价格歧视，剥夺消费者剩余，研究数字经济有利于补充和完善传统经济理论。

综上所述，数字经济的发展为全球价值链重塑带来了新的机遇和挑战。随着中国跻身中等收入国家行列，其本身已经逐渐从“世界工厂”转变为全球主要消费市场之一。中国的“人口红利”已经告罄，“数字红利”显露头角。亟待搭建一个考虑数字经济背景的全球价值链研究新理论框架，评估和刻画全球价值链视角下数字经济所带来的整合效益和福利效果，实现产业转型升级和经济质量型增长的双赢。在这一过程中，需要回答以下几个方面的科学问题：

（1）数字经济的内涵是什么？如何进行核算？这需要系统的量化核算方法，从产业结构、产业布局、有形和无形产品、付费和免费产品等多个维度诠释数字经济概念的内涵，并揭示数字经济的结构，科学衡量我国数字经济发展程度及其对我国经济发展的贡献。

（2）数字经济对全球价值链及其重构的影响机理如何？数字经济对全球价值链提升和就业结构调整的影响紧密相关。一方面，数字技术推动了基于大数据的集中生产和灵活分散生产方式，实现了较少的资源配置大比例的产出，从而实现就业的增长和税收的增长，促进劳动生产率的提高和经济增长；另一方面，全球价值链将扩大数字经济在上下游产业的影响效应，进一步巩固优势产业在全球价值链中的地位，塑造中国标准，依托用户基础和大数据等优势，率先实现技术突破。本课题将系统梳理数字经济对国内价值链传导路径和作用机制，厘清数字经济对全球价值链及其重构的影响机理。

（3）如何实现数字经济跨越式发展与全球价值链升级的双赢？包括空间异质性、企业异质性、国内价值链、国际产业竞争力、就业结构等几个角度，研究我国数字经济对全球价值链及其重构的影响，识别全球价值链及其重构的驱动因素，定量评估我国数字经济和主要数字经济国家对全球价值链及其重构的影响，明确数字经济下我国产业迈向全球价值链中高端的发展路径。

综上所述，数字经济的发展为全球价值链重塑带来了新的机遇和挑战。随着中国人均 GDP 不断提高，“人口红利”已经告罄，“数字红利”显露头角。全球价值链重塑的现实背景和我国产业升级的迫切需求，在数字经济引领的全球价值链发展与就业、经济增长、经济发展的关系，信息通信技术产业等数字经济相关的产业政策与贸易政策的制定和评估、数字经济下效率与公平及全球化治理等诸多与国计民生密切相关的重大领域提出了一批关键性科学问题。最突出的问题包括：数字经济背景下全球价值链的组织模式演化和理论重构（数字经济背景下全球价值链运行机制和组织模式，以及测度方法和演化规律的归纳）；数字技术发展对全球价值链影响的系统测度和内在驱动因素研究（数字技术与全球价值链重塑、经济增长、生产率提升等国家发展指标的关系研究，数字经济下中国在全球价值链分工位置及其内在因素）；技术创新和制度创新对数字经济和全球价值链重塑的促进机制（企业层面、产业层面以及制度层面创新对价值链升级的促进机制）；全球价值链下数字产业发展与制造业升级的互联机制；从由此建立系统的全球价值链角度研究中国数字产业升级的理论内涵、升级路径和政策设计。必须指出的是：这些理论问题是全球价值链领域的前沿问题，也是数字经济学的前沿问题，在国际学界尚没有满意的研究成果。对这一系列科学问题的系统深入研究，从国家、产业和企业层面经验中提炼和升华出具有普适意义的数字经济学和全球价值链理论与方法，不仅对我国企业占领全球数字经济的制高点，进行全球价值链战略布局，有着特别重大的现实意义，而且将促使全球价值链研究融合互联网、大数据、人工智能等数字经济领域，以及供应链及物流管理、技术和商业模式创新，价值链治理、价值链与经济发展等多个领域，成为既有微观个案基础，又有宏观理论模型及完备定量分析工具和数据库支撑的完整的跨学科的综合研究体系，有着极为重要的学术价值。同时，也为实现我国产业转型升级和经济高质量增长提供坚实的科学决策基础。

## 一、中美数字经济贸易数据对比

以世界投入产出数据库中的中美数字经济设备产品双边贸易数据为例，对总贸易核算方法的原理进行具体说明。以贸易总值衡量，中美信息和通信技术（ICT）产品的双边贸易是近年来最大的部门双边贸易，2011 年已达 2120 亿美元。如表 3－12 列（1）所示，以贸易总值度量的中美 ICT 产品双边贸易极不平衡：2011 年中国向美国出口了 1769. 2 亿美元，而美国向中国的出口仅为 350. 6 亿美元，相差超过 4 倍。如果将总出口拆分为最终品出口和中间品出口两类［表 3－12 的列（2a）和列（2b）］，可以看到中国的出口大部分为最终品，2011 年占比为 58. 9%；而美国的出口则以中间品为主，2011 年占比为 69. 8%。

表 3－12　中美 ICT 产品（WIOD 第 15 部门）的双边贸易分解

| 年份 | | TEXP | TEXP_F | TEXPI | DVA | DVA_FIN | DVA_INT | DVA_Intrex | RDV | MVA | OVA | PDC | VAX_F | VAX_B |
|---|---|---|---|---|---|---|---|---|---|---|---|---|---|---|
| | | (1) | (2a) | (2b) | (3) | (3a) | (3b) | (3c) | (4) | (5) | (6) | (7) | (8) | (9) |
| 中国向美国出口 | | | | | | | | | | | | | | |
| 1995 | 价值/亿美元 | 110. 0 | 76. 3 | 33. 6 | 85. 4 | 59. 5 | 20. 5 | 5. 5 | 0. 2 | 3. 1 | 19. 5 | 1. 8 | 39. 2 | 90. 7 |
| | 占比/% | 100. 0 | 69. 4 | 30. 6 | 77. 7 | 54. 1 | 18. 6 | 5. 0 | 0. 1 | 2. 9 | 17. 7 | 1. 6 | 35. 7 | 82. 5 |

（续表）

| 年份 | | TEXP | TEXP_F | TEXPI | DVA | DVA_FIN | DVA_INT | DVA_Intrex | RDV | MVA | OVA | PDC | VAX_F | VAX_B |
|---|---|---|---|---|---|---|---|---|---|---|---|---|---|---|
| | | (1) | (2a) | (2b) | (3) | (3a) | (3b) | (3c) | (4) | (5) | (6) | (7) | (8) | (9) |
| 2005 | 价值/亿美元 | 876.1 | 534.9 | 341.2 | 537.8 | 334.0 | 163.3 | 40.6 | 3.4 | 36.7 | 263.3 | 34.9 | 256.8 | 601.1 |
| | 占比/% | 100.0 | 61.1 | 38.9 | 61.4 | 38.1 | 18.6 | 4.6 | 0.4 | 4.2 | 30.1 | 4.0 | 29.3 | 68.6 |
| 2011 | 价值/亿美元 | 1769.2 | 1041.6 | 727.7 | 1231.9 | 740.4 | 398.0 | 93.4 | 13.0 | 55.8 | 409.2 | 59.5 | 530.8 | 1351.3 |
| | 占比/% | 100.0 | 58.9 | 41.1 | 69.6 | 41.8 | 22.5 | 5.3 | 0.7 | 3.2 | 23.1 | 3.4 | 30.0 | 76.4 |
| 美国向中国出口 | | | | | | | | | | | | | | |
| 1995 | 价值/亿美元 | 34.0 | 12.8 | 21.2 | 26.9 | 11.0 | 12.2 | 3.8 | 1.8 | 0.1 | 3.8 | 1.3 | 17.5 | 32.9 |
| | 占比/% | 100.0 | 37.8 | 62.2 | 79.2 | 32.3 | 35.7 | 11.2 | 5.4 | 0.4 | 11.3 | 3.8 | 51.4 | 96.7 |
| 2005 | 价值/亿美元 | 164.0 | 38.5 | 125.6 | 119.3 | 32.6 | 50.7 | 35.9 | 17.8 | 2.3 | 12.5 | 12.2 | 87.5 | 137.8 |
| | 占比/% | 100.0 | 23.4 | 76.6 | 72.7 | 19.9 | 30.9 | 21.9 | 10.8 | 1.4 | 7.6 | 7.4 | 53.3 | 84.0 |
| 2011 | 价值/亿美元 | 350.6 | 105.8 | 244.8 | 283.1 | 93.8 | 122.0 | 67.4 | 24.7 | 7.2 | 20.4 | 15.1 | 237.5 | 299.0 |
| | 占比/% | 100.0 | 30.2 | 69.8 | 80.8 | 26.7 | 34.8 | 19.2 | 7.0 | 2.1 | 5.8 | 4.3 | 67.8 | 85.3 |

注：TEXP 为出口总值；TEXPF 和 TEXPI 分别为最终出口总值和中间出口总值；MVA 为进口国增加值，即 MVA_ FIN MVA_ INT 之和；OVA 为其他国增加值，即 OVA_ FIN 与 OVA_ INT 之和。列(1) = (2a) + (2b) = (3) + (4) + (5) + (6) + (7)；列 (3) = (3a) + (3b) + (3c)。

资料来源：王直等论文（美国经济研究局工作论文，第 19667 号）。

表 3－12 列(3) 至列(7) 给出了选定年份的双边贸易总值的分解结果。更确切地说，列(1)=(3)+(4)+(5)+(6)+(7)，其中列(3) 为 DVA，表

示出口国的国内增加值最终被其他国家所吸收的部分，既包括直接进口国的吸收又包括其他国家的吸收；列(4) 为 RDV，表示最初出口但最终回到国内并被本国吸收的国内增加值；列(5) 为 MVA，是 FVA 中来自直接进口国的部分；列(6) 为 OVA，是 FVA 中来自第三国的部分；最后，列(7) 是纯重复计算部分。其中列(3) = (3a) + (3b) + (3c)，也就是说，DVA 部分可以进一步根据被吸收的渠道分解为隐含于最终出口品中的 DVA，隐含于被直接进口国吸收的中间出口品中的 DVA，以及隐含于被直接进口国再出口并最终被第三国吸收的中间出口品中的 DVA。

分解结果显示，美国和中国的出口增加值结构差异极大。第一，出口总额中美国的 DVA 比例（2011 年为 80.8%）比中国（2011 年约为 69.6%）高。第二，中国出口的 FVA 比例（MVA + OVA）超过美国，其中中国出口中的 OVA 份额尤其突出。换句话说，美国的出口绝大部分依靠自身的增加值，外国增加值比例很低（2011 年只有 2.1% 来自中国，5.8% 来自其他国家）。而中国的出口产品中则隐含着大量的外国增加值，尤其是来自第三国的增加值（有 3.2% 来自美国，23.1% 来自日本、韩国及其他国家）。第三，中国出口中 RDV 份额微不足道，而美国出口中 RDV 却非常显著（2011 年为 7.0%）。

从增加值角度衡量，2011 年中国出口中隐含的国内增加值（DVA + RDV）为 1244.9 亿美元，隐含的进口国（美国）增加值（MVA）为 55.8 亿美元，美国出口中隐含的国内增加值为 307.8 亿美元，隐含的进口国（中国）增加值为 7.2 亿美元，双边贸易增加值的差额为 888.4 亿美元，较以出口总值计算的中美 ICT 产品双边贸易差额（1418.6 亿美元）减少了 37.4%。从增加值的细项来看，中国主要在出口最终品中隐含的国内增加值（DVA_FIN）顺差大，为 646.7 亿美元，占以增加值计算的贸易差额的 68%，而美国仅在返回的增加值（RDV）中有顺差，为 11.7 亿美元。总的来看，由于增加值组成结构方面的差异，以增加值计算的中美 ICT 产品贸易平衡比用贸易总值计算的贸易平衡要小得多。

出口中增加值结构的不同反映了中美两国在全球生产链中所占位置的不同。由于美国主要从事产品设计和出口零部件生产，因此在全球价值链中处于上游位置，相当部分的美国出口增加值通过从其他国家进口返回国内并被美国消费者使用。相比较而言，中国处于价值链的下游，中国中间品出口中的增加值很少通过进口返回国内。中美两国在全球生产链中位置差异的另一侧面证据在于：中国对美国的出口中的 FVA 主要隐含在最终产品上，而美国出口中的 FVA 主要隐含在中间产品中。把 DVA 进一步分解为（3a），（3b）和（3c）的结果也揭示了中美贸易中两国增加值出口之间的差异。特别地，中国出口的增加值以隐含于最终产品中的 DVA 为主，而美国的出口增加值则是以隐含于被中国和其他国家吸收的中间品中的 DVA 为主。

作为衡量全球价值链生产的垂直专业化分工程度的测度指标，VS 在 ICT 产业生产中，不同国家表现了显著的异质性。在发达国家和发展中经济体之间，这种异质性更为突出。表 3 - 13 以 ICT 产品出口为例，计算了日本、韩国、中国台湾、中国大陆、印度和印度尼西亚等 6 个亚洲经济体的 VS 结构。表 3 - 13 右侧为三个（日本、韩国和中国台湾地区）工业化亚洲经济体。尽管它们的总 VS 比例有明显差异，但是 VS 结构却非常相似——较低且不断下降的 FVA_ FIN 比例，相对稳定的 FVA_ INT 比例和迅速扩大的 FDC 比例。

中国台湾 ICT 产品出口的 VS 结构是一个极为典型的例子（见表 3 - 13 右下部分）。台湾是零部件的重要供应商，在 ICT 产品全球生产链中占据了几个不同的位置（既生产芯片制造的中间投入品又生产自身的内存芯片）。这反映为其 ICT 产品出口的中间品中外国价值（FDC 和 FVA_ INT 相加）的比例自 2005 年开始一直在 70 以上（在总出口中占比为 40%）。

相比之下，亚洲发展中国家，如中国、印度和印度尼西亚（见表 3 - 13 左侧）的 FVA_ FIN 在总 VS 中的比例直到 2011 年仍高达 50% 左右。但这三个亚洲大国在 VS 结构方面也存在有趣的差异。中国这 16 年间（1995—2011 年）VS 结构的变化主要是 FVA_ FIN 比例下降，FDC 比例增加，FVA_ INT 比例保持相对稳定。印尼的 VS 结构变化则表现为 FVA_ INT 和 FDC 比例的快速扩张——两个比例在这 16 年间的上升都超过了 10 个百分点，反映了印尼 ICT 产品部门的快速升级。而印度作为 ICT 产品国际生产网络中的后来者，其 VS 结构中 FVA_ FIN 的比例却在不断上升（从 1995 年的 38. 2% 上升到 2011 年的 52. 6%），FVA_ INT 的比例持续下降（从 1995 年的 40. 2% 降到 2011 年的 25. 3%），FDC 的份额则保持相对稳定。这可能反映了印度从进口替代向出口导向战略的转型发展，与该国从国际生产链的上游转移到下游位置的情况是一致的，如同中国20年前所做的那样。基于WIOD数据的实证分析表明，要全面把握全球价值链的有关信息，仅仅计算VS总值是远远不够的，研究VS的结构可以帮助我们更好地理解每个国家/部门在全球价值链中所处的位置及其发展变化。

表3－13　ICT产品出口选定亚洲经济体的VS结构

| 年份 | 总出口/亿美元 | VS在出口中比例/% | 在VS中的比例/% | | | 总出口/亿美元 | VS在出口中比例/% | 在VS中的比例/% | | |
|---|---|---|---|---|---|---|---|---|---|---|
| | | | FVA_FIN | FVA_INT | FDC | | | FVA_FIN | FVA_INT | FDC |
| | 中国大陆 | | | | | 日本 | | | | |
| 1995 | 340.3 | 22.1 | 56.9 | 27.5 | 15.6 | 1242.7 | 6.7 | 44.6 | 34.8 | 20.6 |
| 2000 | 690.0 | 25.9 | 54.0 | 23.9 | 22.1 | 1361.2 | 9.5 | 43.5 | 29.5 | 27.0 |
| 2005 | 2969.4 | 37.6 | 52.3 | 24.4 | 23.3 | 1433.2 | 11.8 | 35.5 | 31.4 | 33.1 |
| 2010 | 6389.8 | 29.3 | 50.4 | 27.0 | 22.7 | 1628.6 | 14.9 | 34.0 | 35.1 | 30.8 |
| 2011 | 7214.2 | 28.9 | 50.2 | 27.7 | 22.1 | 1669.4 | 16.0 | 33.1 | 37.5 | 29.4 |
| | 印度 | | | | | 韩国 | | | | |
| 1995 | 12.6 | 10.9 | 38.2 | 40.2 | 21.6 | 406.4 | 27.8 | 30.0 | 43.7 | 26.3 |
| 2000 | 19.3 | 17.8 | 41.7 | 32.2 | 26.1 | 604.3 | 35.1 | 40.3 | 30.9 | 28.7 |
| 2005 | 59.6 | 20.1 | 42.3 | 30.2 | 27.5 | 1026.0 | 34.6 | 31.0 | 31.2 | 37.9 |
| 2010 | 239.9 | 19.0 | 54.1 | 24.0 | 21.9 | 1478.2 | 36.9 | 24.8 | 39.3 | 36.0 |
| 2011 | 294.7 | 19.4 | 52.6 | 25.3 | 22.1 | 1591.9 | 36.8 | 26.4 | 40.6 | 33.0 |
| | 印度尼西亚 | | | | | 中国台湾 | | | | |
| 1995 | 28.3 | 28.7 | 70.2 | 19.1 | 10.7 | 418.2 | 43.8 | 40.2 | 39.1 | 20.7 |
| 2000 | 76.4 | 30.6 | 53.6 | 23.3 | 23.1 | 778.6 | 44.8 | 41.0 | 31.3 | 27.6 |
| 2005 | 83.9 | 29.7 | 43.6 | 26.8 | 29.6 | 1009.6 | 49.0 | 22.2 | 32.8 | 45.0 |
| 2010 | 116.7 | 29.0 | 46.5 | 28.1 | 25.3 | 1429.4 | 49.1 | 15.8 | 40.2 | 44.0 |
| 2011 | 125.6 | 30.7 | 48.1 | 29.1 | 22.8 | 1476.5 | 48.2 | 17.4 | 41.7 | 40.9 |

注：表中VS只计算了来自制造业和服务业部门的外国价值，未包括农业和采掘业等资源性行业的价值。

资料来源：王直等论文（美国经济研究局工作论文，第19667号）。

在对全球生产分工量化研究的文献综述中，Robert Johnson（2012）提出增加值出口（VAX）被称为“一个重要的并有吸引力的衡量全球生产中垂直专业化分工的反向测算指标”和这一领域的最新成就（state of the art）。我们基于产业链的前后向关联对这一指标进行扩展，提出了 VAX_ B 和 VAX_ F 这两个概念。

以德国数字技术服务部门的出口为例，基于产业部门的后向联系，可以从进口国的角度（使用者的角度）来分析德国数字技术服务部门的增加值出口。VAX_ B 指标（DVA，在一国部门层面两者相等）计算了隐含于德国数字技术服务出口中，并最终被国外吸收部分的德国所有部门的国内增加值，这些部门通过生产德国数字技术服务出口的中间投入品，而间接出口本部门增加值。表 3 - 14 列（2）至列（5）给出了基于产业部门后向联系的德国数字技术服务出口的分解结果。毫不奇怪，德国数字技术服务出口的 DVA 占其总出口价值的93%左右，总出口流量中所有其他部分包括 FVA、RDV 和 PDC 都很小。从生产者的角度，基于前向联系计算和分析了来自德国数字技术服务部门的增加值直接出口和通过德国其他部门间接出口的情况。例如，如果德国汽车出口使用了德国数字技术服务作为中间投入，这就形成德国数字技术服务业部门增加值的间接出口。这一特定部分的德国增加值出口是基于产业部门前向联系的德国数字技术服务部门增加值出口（虽然它也是隐含于德国汽车出口中的基于后向联系的德国汽车部门增加值出口）。

如果一个部门中很多增加值是通过隐含于其他部门的出口而间接进行的，基于产业部门前向联系方法计算的增加值出口原则上可以超过这个部门的总出口价值，因为该部门增加值的间接出口并未包含在该部门的总出口中。在德国数字技术服务部门中，这一现象非常明显，因为德国其他部门的出口中常常隐含了大量数字技术服务部门的增加值。正如在表 3 - 14 的列（7）中所报告的，基于产业部门前向联系计算的德国数字技术服务部门的增加值出口通常为该部门总出口的 278.7%～377.3%（相比之下，基于产业部门后向联系计算的德国数字技术服务部门的增加值出口在总出口中的比例都在 0 和 1 之间）。

表 3－14　德国数字技术服务部门增出口分解（WIOD 中第 30 部门）

| 年份 | 总出口/亿美元 | 后向联系比例 [% of (2)] | | | 前向联系比例 [% of (2)] | | |
|---|---|---|---|---|---|---|---|
| | | DVA&VAX_ B | FVA | RDV | PDC | VAX_ F | RVA_ F① |
| (1) | (2) | (3) | (4) | (5) | (6) | (7) | (8) |
| 1995 | 147.3 | 92.9 | 2.7 | 3.2 | 1.3 | 377.3 | 7.4 |
| 2000 | 196.0 | 91.4 | 3.8 | 2.8 | 2.0 | 344.0 | 6.8 |
| 2005 | 432.4 | 92.5 | 3.8 | 2.0 | 1.7 | 293.2 | 5.2 |
| 2007 | 580.6 | 92.0 | 4.0 | 2.1 | 1.9 | 291.1 | 5.1 |
| 2009 | 596.3 | 92.5 | 3.4 | 2.3 | 1.8 | 278.7 | 4.8 |
| 2010 | 598.1 | 92.6 | 3.9 | 1.8 | 1.7 | 282.8 | 4.3 |
| 2011 | 628.5 | 92.4 | 4.0 | 1.8 | 1.8 | 291.6 | 4.7 |

资料来源：王直等论文（美国经济研究局工作论文，第 19667 号）。

当讨论基于产业部门前向联系测算一国部门出口中的增加值时，很自然地会涉及对一国部门显性比较优势（Revealed Comparative Advantage，简称 RCA 指数）概念的修订。一国部门的传统 RCA 指数是该国这一部门出口总值在该国总出口中的比例相对于全球该部门出口总值在全球总出口中比例的比较值（本文简称传统 RCA 指数或 RCA_ Gross）。当 RCA 指数大于 1，表示该国这一部门的出口具有显性比较优势；当 RCA 指数小于 1，表示该国这一部门的出口具有显性的比较劣势。

$$RCA\_\ Gross_i^r = \frac{e_i^r / \sum_{i=1}^{n} e_i^r}{\sum_r^G e_i^r / \sum_r^G \sum_{i=1}^{n} e_i^r} \qquad \text{（式 3－1）}$$

从全球价值链角度来看，传统 RCA 指数既忽略了国内的生产分工又忽略了国际生产分工。具体而言，首先，传统 RCA 指数忽略一个国家/部门的增加值可以隐含在该国其他部门的出口中而实现间接出口这一事实。其次，传统 RCA 指数也没有考虑一个国家/部门的总出口中包含部分外国价值的事实

① RVA_ F 是指基于产业部门前向联系的一国部门增加值出口后返回并最终被国内吸收的部分。VAX_ F 和 RVA_ F 都是一国部门增加值参与国际分工的部分。

（FVA 和 FDC）。因此，正确测量一个国家/部门显性比较优势的方法不仅需要包括隐含在本国其他部门出口中的该部门增加值（间接出口），还需要排除总出口中来源于外国的增加值和纯重复计算的部分。

综合考虑出口生产的国内和国际生产分工，本文定义了一种测量一个国家/部门显示性比较优势（本文简称新 RCA 指数或 RCA_ Value Added）的新指标，即基于产业部门前向联系计算的一国出口中该部门的增加值占该国总出口中的国内增加值的比例，相对于所有国家出口中的该部门所创造的增加值占全球总出口增加值的比例的比较值。

$$RCA\_\ Value\ Added_i^r = \frac{dva\_\ f_i^r / \sum_{i=1}^{n} dva\_\ f_i^r}{\sum_{r}^{G} dva\_\ f_i^r / \sum_{r}^{G} \sum_{i=1}^{n} dva\_\ f_i^r} \quad (式 3-2)$$

本文选取了两组例子来比较传统指标与新指标的区别。第一组例子分别计算并绘制了中国和美国 ICT 产品出口的两种 RCA 指数（见图 3－9）。图 3－9 左侧是 1995—2011 年间中国 ICT 产品出口的两种 RCA 指数。从传统 RCA 指数的变化来看，2006 年以后中国的 RCA 指数超过了 2.5，表明中国 ICT 产品出口拥有显著的比较优势。相反，新 RCA 指数却表现出较低的值，近年来只有 1.8 左右。

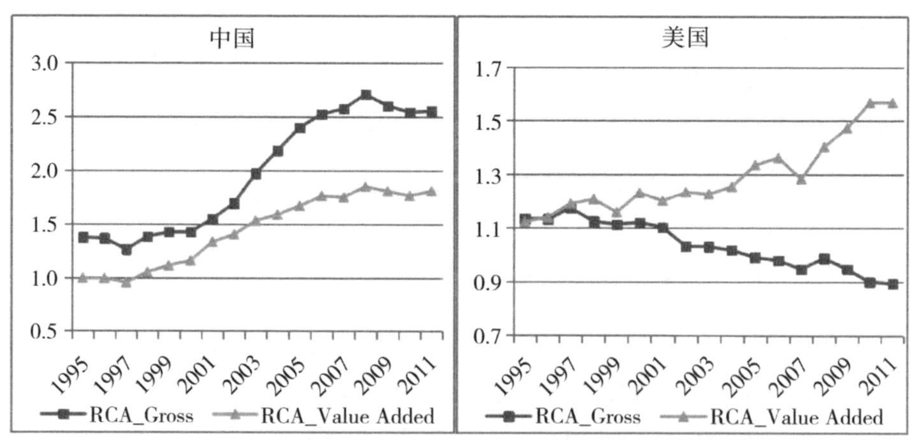


**图 3－9　中国和美国 ICT 产品出口的两种 RCA 指数**

资料来源：王直等论文（美国经济研究局工作论文，第 19667 号）。

图 3－9 右侧图描述的是 1995—2011 年间美国 ICT 产品出口的两种 RCA 指数。可以看到它们之间的巨大差异。传统 RCA 指数显示，2003 年以后，

美国ICT产品出口已经成为一个比较劣势的部门，且劣势在不断扩大。但根据新RCA指数，美国ICT产品仍然是一个具有比较优势的出口部门，而且近几年这比较优势呈现出强势递增趋势。传统指数和新指数在测度美国ICT产品出口显性比较优势时表现出的巨大差异，充分显示了传统RCA指标的潜在误导性。根据贸易总值计算的美国ICT产品传统RCA指数及其时序变化显示了一个令人担忧的状况，即美国出口竞争力的日益下降；但新RCA指数却表明，美国的ICT产品出口在1995—2011年间一直具有比较优势，并且这一优势在持续增强。

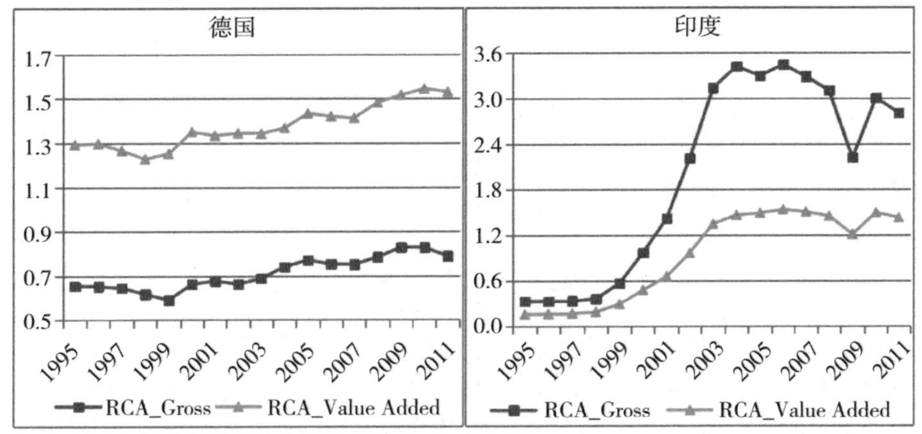


**图3－10　德国和印度数字技术服务出口的RCA指数**

资料来源：王直等论文（美国经济研究局工作论文，第19667号）。

第二组例子对比了德国和印度数字技术服务出口的两种RCA指数（见图3－10）。左图分别绘出了德国数字技术服务出口的传统RCA和新RCA指数，右图分别绘出了印度数字技术服务出口的传统RCA和新RCA指数。凭借着著名的印孚瑟斯（Infosis）公司、维普罗（Wipro）公司及各种呼叫中心等，印度在数字技术服务出口上成绩卓著。而根据新定义计算的印度数字技术服务出口的RCA强度远弱于基于传统定义计算的RCA强度。相反，德国的数字技术服务出口与其成功的制造业相比，很少受到关注。根据总出口数据，数字技术服务部门出口在德国呈现比较弱势，在整个1995—2011年期间其传统RCA指数都小于1。但是，根据本文考虑国内和国际生产分工的新RCA定义，德国数字技术服务出口却是一个比较优势极为显著的部门。造成这两种

RCA 指标巨大差异的经济原因其实很简单。在印度，国内其他部门（如制造业）出口生产中使用数字技术服务部门的增加值很少，其数字技术服务部门增加值的间接出口比例很低。而德国正好相反，德国大量出口的汽车、机械设备和其他制造业产品中隐含了大量的德国数字技术服务部门的增加值，其数字技术服务部门增加值的间接出口比例很高。因此，一旦把数字技术服务部门增加值的间接出口考虑进来，印度的数字技术服务出口相对于德国和许多其他发达国家的比较优势就不那么令人印象深刻了。

## 二、企业案例研究

一方面，企业的业务从制造向品牌设计、研发、营销延伸，即从微笑曲线的底端向两侧发展（见图 3 - 11）。另一方面，通过制造环节的智能化和互联网化，提高制造环节的附加值，这也是创新和升级的一种方式。例如，企业的 C2M（Customer-to-Manufactory）模式，是制造智能化的体现，利用互联网将顾客（需求）与工厂（供给）对接，消灭中间环节，将传统制造环节打造为个性化制造、中高端制造，提高制造环节的附加值，进而实现升级，甚至出现微笑曲线的反转（见图 3 - 12）。典型传统企业如青岛的红领集团。

增加值
传统制造
设计
制造
销售

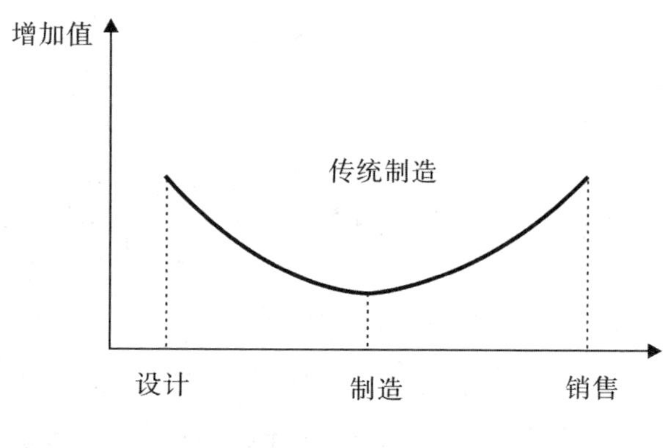

图 3 - 11　微笑曲线

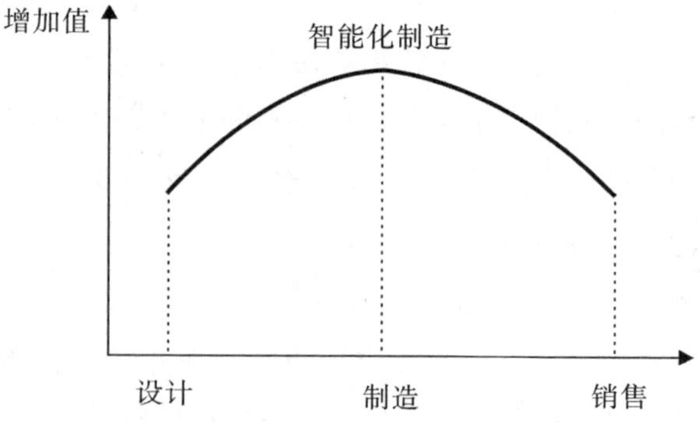

增加值
智能化制造
设计
制造
销售

图 3 - 12　反转的微笑曲线

企业数字技术创新引领转型升级的案例研究。①根据不同的企业创新方式，选取典型企业，进行深入的案例研究。第一，可在传统产业和战略性新兴产业中，选取技术创新的典型企业，分析技术创新的情况，以及创新前后企业对全球价值链参与度及地位的变化，观察不同产业的企业在技术创新手段和效果等方面的差异。第二，选取企业业务向微笑曲线两端扩展的典型企业，即将制造业与服务业融合的服务型制造企业，分析其转型途径和效果。第三，选取智能化制造（C2M）的典型企业，分析互联网和大数据等在企业转型中的作用，并研究转型效果，考察制造环节附加值、企业职工人数、企业利润等指标的变化。②通过案例研究，分析不同的创新转型方式的效果，思考两个问题：一是典型企业的创新转型方式，是否可推广到其他企业；二是不同产业的企业，是否应选取不同的创新转型方式。第四，对某一类型的企业所适用的创新转型方式形成判断，为企业发展战略提供参考建议。典型数字技术企业如深圳创捷供应链有限公司从一个单纯的供应链企业向整个生产链组织者和管理者升级（见图3－13）。

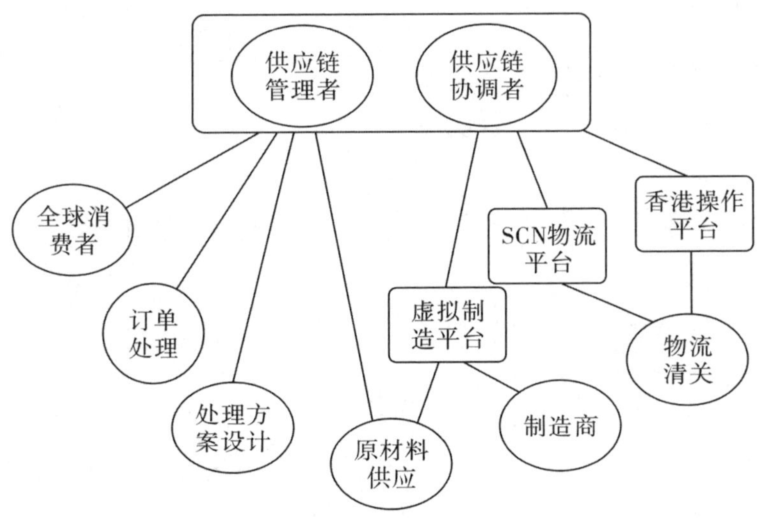


图3－13　深圳创捷供应链有限公司价值链升级

## 三、中国数字经济产业升级问题研究

通过对海关数据的处理与分析显示：一方面，中国与欧盟和美国的 ICT 行业最终品贸易有大量顺差，同时与其他东亚经济体的 ICT 行业中间品贸易存在赤字，两者非常相关（见图 3 - 14）。这说明中国在加入发达经济体的数字经济全球价值链中，一直处于低端加工贸易阶段，从其他东亚经济体进口大量的数字技术中间产品，加工组装生产出数字产品设备的最终品出口至欧美国家。这是一种低端锁定现象。

另一方面，中国与周边发展中经济体 ICT 行业中间品贸易存在快速增长的贸易顺差，同时周边发展中经济体与欧美发达经济体 ICT 行业最终品贸易

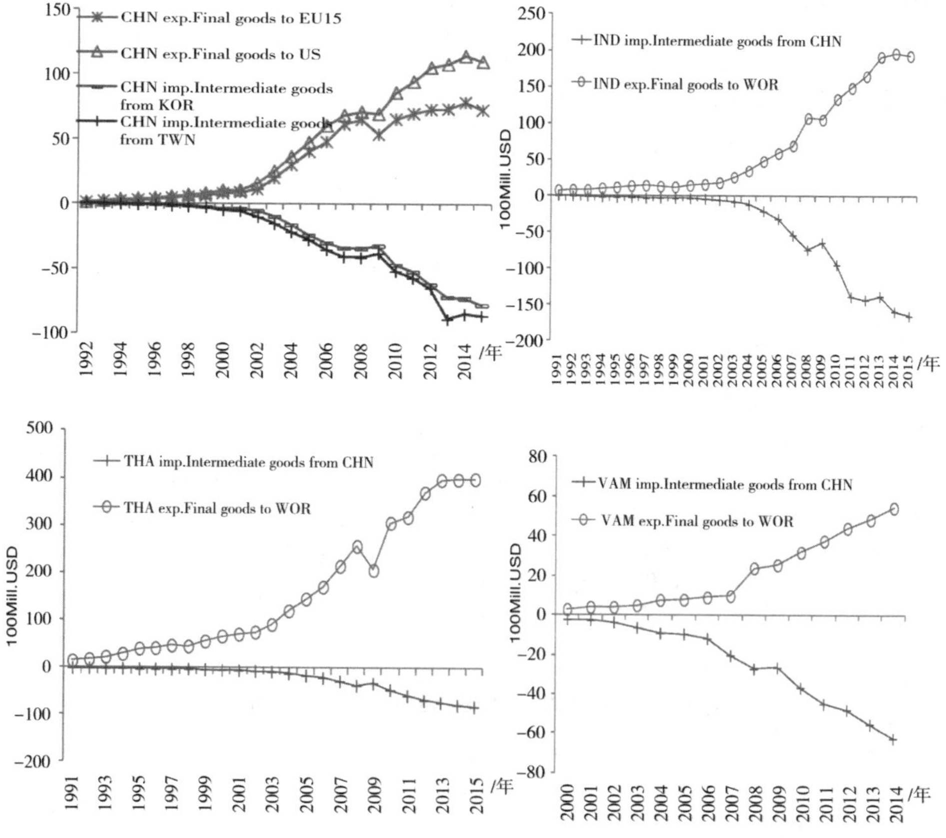


图 3 - 14　中国与发达经济体和发展中经济体 ICT 产品贸易平衡问题

也存在快速增长的贸易顺差，两者相关性较高（见图3－14）。这说明中国在与周边发展中经济体以及欧美发达经济体的ICT行业全球价值链中，已经是上游ICT中间品的最主要供应商，中国ICT产业升级显而易见。因此数字经济产业要实现沿全球价值链升级，中国必须引入更多的发展中经济体，而不是传统地融入发达经济体的全球价值链。

“微笑曲线”是全球价值链下产业升级的一个重要理论。“微笑曲线”可以描述各国各部门在全球价值链的位置及其单位收入情况。图3－15显

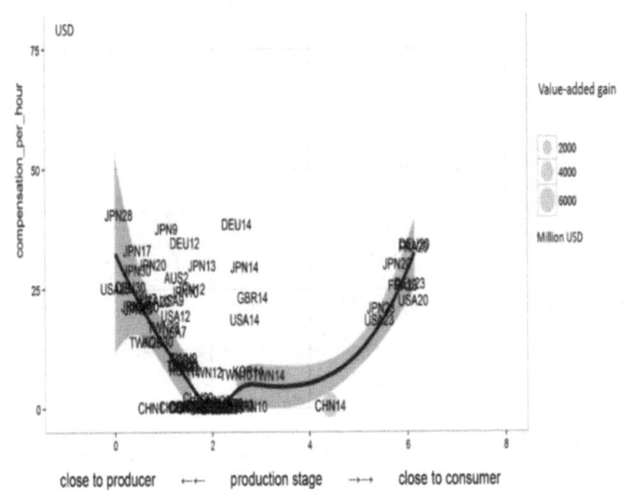


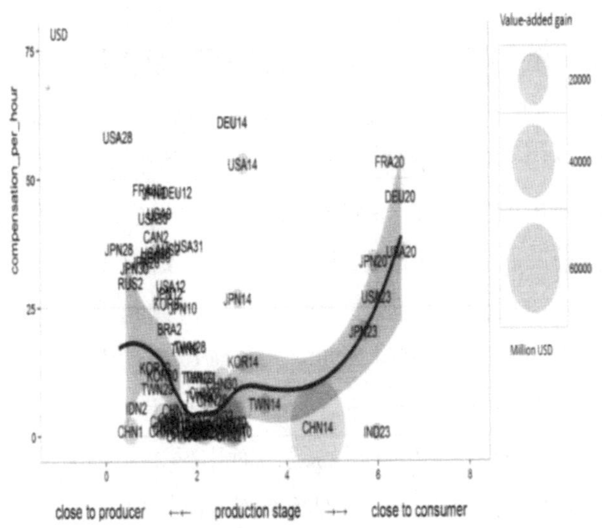


图3－15　中国ICT出口相关的微笑曲线（上图为1995年，下图为2009年）

示了中国在1995年和2009年ICT产品出口的微笑曲线。字母和数字组合代表数据点，表明对生产有贡献的经济体和行业，字母对应经济体，数字对应行业。圆圈的大小代表由于加入全球价值链而产生的增加值的绝对量（以不变价格计价，单位是百万美元）。一条估计的曲线拟合了这些点，呈现“U”形，又被称作“微笑曲线”。纵轴表示的是某个经济体、某个行业每小时的工资，度量了高附加值和低附加值的生产活动；横轴表示与最终消费者的距离。

微笑曲线的逻辑如下：在生产过程的早期，是有关关键组件的研究和设计，通常是高附加值的活动，在全球价值链中由发达的经济体来完成。例如，在1995年的曲线中，日本金融服务业（JPN28）和美国金融服务业（USA28）处于左上角：两个国家的金融服务业都是高附加值活动。中国大陆的制造行业，如ICT产业（CHN14），位于曲线的底部，其大多是低工资的装配活动。距离消费者最近的活动是营销、物流和售后服务。这些靠近终端市场的知识密集型行业也是高附加值的（因此处于微笑曲线的上扬部分），并且也多由发达经济体来完成，因为这些经济体通常也是这些产品最主要的消费地区。

1995年和2009年同一国家、行业出口产品的数据对比表明，对于这种产品，微笑曲线已经加深。USA28这一行业的薪酬从1995年的每小时约25美元增加到2009年的每小时60美元，而中国大陆的工资仍然很低。但值得注意的是，代表CHN14所产生的总增加值规模的圆圈已经大幅扩张，约为之前的10倍。在这一时期，中国大陆在全球价值链中虽然一直处于低端，但大量的农村劳动力获得了从贫困的农村涌入工厂工作的机会。

微笑曲线揭示出的技术和全球贸易的变化也可以在发展中经济体和发达经济体的要素使用及收入分布的总体数据中观察到。图3－16对中国ICT产业的劳动生产率和要素使用数据进行类比分析。首先，劳动生产率的增长是惊人的，15年间增长了约6倍。其间收入分配中劳动力的占比从40%下降到不足30%，而资本的占比则从60%增加到70%以上。显然，资本能够获得生产率提高的大部分好处。应该强调的是，对中国的资本所得所进行的统计，包括主导全球价值链的跨国公司（如苹果公司）。也有研究表明，中国出口的大部分增加值来自国内私营部门，跨国公司也占据了很大比例。因此，中

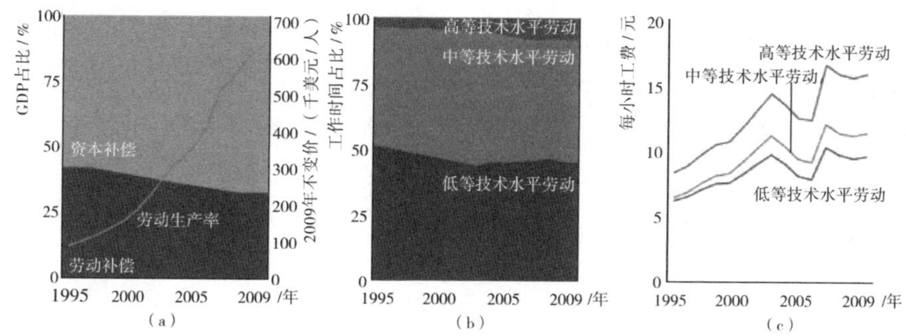


图 3－16　中国 ICT 产业效率和要素收入分配（1995—2009 年）

国全球价值链扩张的大部分好处都给了资本的私人所有者，虽然中国工人的工资也从一个非常低的基点上有了大幅增长。图 3－16 显示了中国不同技术水平劳动力的工作机会。中国绝大多数劳动投入都是中低技术水平的，高等技术水平的工时投入非常少，在图中所显示的时间阶段末期也只占到全部工作机会的 10%。这反映了中国的 ICT 产业主要从事最终产品的组装活动。在薪酬方面，高等技术水平工人的薪酬大幅增加，但是这类工人的数量很少。同一时期，中等技术水平工人的薪酬增加了 80%，低等技术水平工人的薪酬也增加了 50%。

图 3－17 显示了美国 ICT 产业的劳动生产率和要素回报占比的变化。从 1995 年至 2009 年的 15 年中，劳动力在收入分配中的占比从 60% 上升到 70% 以上，充分显示了人力资本在这一高科技产业中日益重要的作用。但是，中等技术水平和低等技术水平工人工作时间的占比持续下降，而高等技术水平

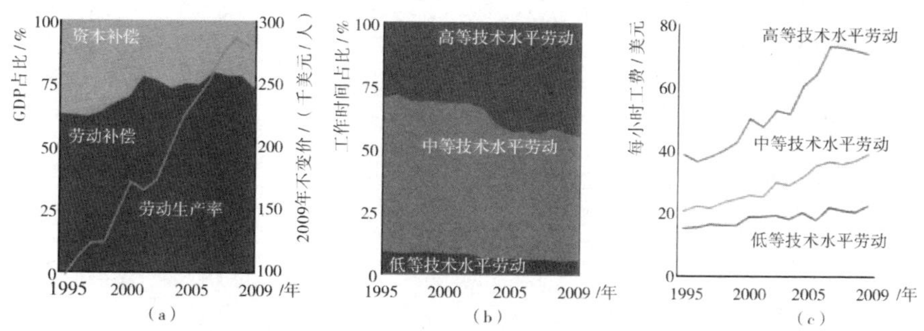


图 3－17　美国 ICT 产业效率和要素收入分配（1995—2009 年）

工人（大学以上受教育水平）的工作时间占比快速增长，从 30% 上升到 45% 以上。在薪酬方面，也是高技术水平工人的薪酬增长更多，中等技术水平工人的薪酬次之，低等技术水平工人的薪酬曲线几乎是平的，只增长了一点儿。不同技术水平工人之间工作机会和薪酬结构的上述变化与美国 ICT 产业在 1995—2009 年的转变一致：说明这一产业从制造产品转变为主要从事产品设计和支持服务。

# 第四章　全球分工中的中国力量

## 第一节　中国与东亚价值链的重心转移

按行业分解的所有宏观数据集都清楚地表明，制造业是全球价值链的领先行业（见图4－1）。与其他行业相比，制造业的全球价值链参与度较高（见图中的绿点）。这和用其他方法得出的结论一致：少数制造业在全球价值链整合中起主导作用，并且至今仍然保持这种领先优势。行业的具体排名取

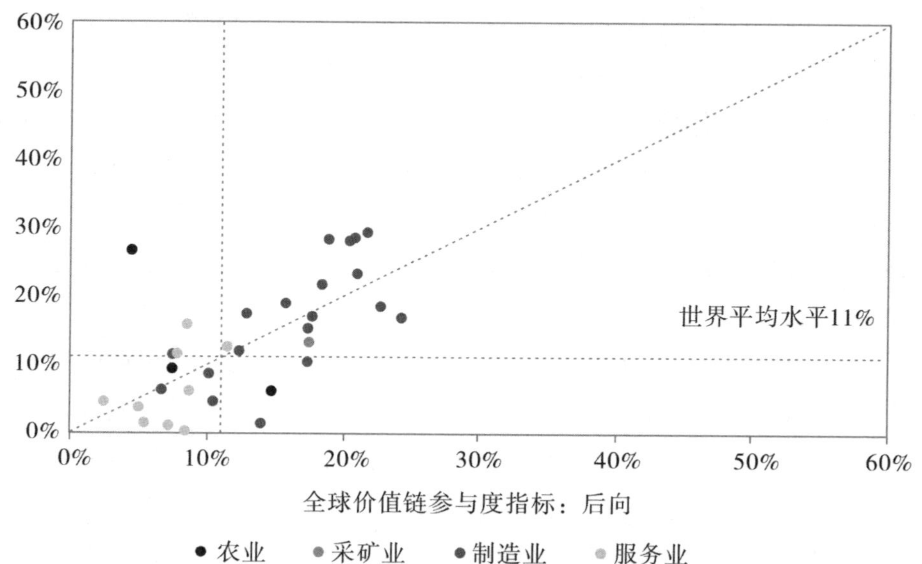


**图4－1　各行业的全球价值链参与度指标（2015年）**

资料来源：Zhao等（2018），其依据是亚洲开发银行的多区域投入产出表和中国对外经济贸易大学的全球价值链指标体系。

决于所用的定义和数据加总水平，但全球价值链的领先行业总是包括汽车业、电子业和服装业。

亚洲是全球价值链参与程度最高的地区，而且后向关联更明显，它反映了亚洲在价值链组装工序中的主导地位。图4－2的上图显示，2011年，南亚与东亚的后向关联占其制成品出口的29%，高于其他地区，它们也是自1995年以来后向关联增幅最大的地区。对大多数亚洲经济体而言，后向关联占制成品出口的30%以上，而世界平均水平为25%。2011年，柬埔寨的后向关联比例最高，占制造业出口的50%以上。柬埔寨和越南较高的后向关联和较低的前向关联，反映了它们在全球价值链装配工序的地位（涉及的国内增加值相对较少）。虽然自1995年以来，整个亚洲地区的全球价值链后向关联有所增加，但若干经济体的后向关联有所下降；特别是中国的后向关联从1995年占制成品出口的40%以上，降至2011年的32%。考虑到在同一时期，中国的前向关联从6%增加到8%，这可以证明中国正在沿全球价值链升级，从简单的最终产品组装向更复杂的国内增加值创造环节的升级。

图4－2的下图显示了制造业中的全球价值链后向关联高于前向关联。2011年，亚洲经济体在其他国家出口中的国内制造业增加值约占亚洲制成品出口的11%，与世界平均水平相似。与后向关联相反，前向关联的相对重要性在21世纪仅略有增加。在亚洲地区，菲律宾和日本的前向关联最高，约占其制成品出口的19%，而较发达经济体（包括日本、中国台湾、韩国和新加坡）的前向关联通常较高，它们为其他地区的组装加工提供投入品。像印度尼西亚和文莱这样的国家，其相对较强的前向关联与自然资源出口有关，中东也是如此。

Kummritz和Lanz（2018）将全球价值链参与进一步分解为区域内和区域外联系。区域价值链在欧洲单一市场，以及南亚、东南亚和东亚地区最为强劲。2011年，区域内后向关联占亚洲制成品出口的近12%，而区域外后向关联占近17%。与其他地区相比，亚洲的区域内前向关联也相对较强。但是，所有区域的前向关联都以区域外关联为主。这说明，虽然区域价值链强于区域外价值链联系，但在亚洲组装业务的中间投入和亚洲中间产品向全球价值链的出口中，有相当大的一部分跨越了区域界限。

以制成品出口占比衡量的全球价值链参与度对小国来说尤为重要。

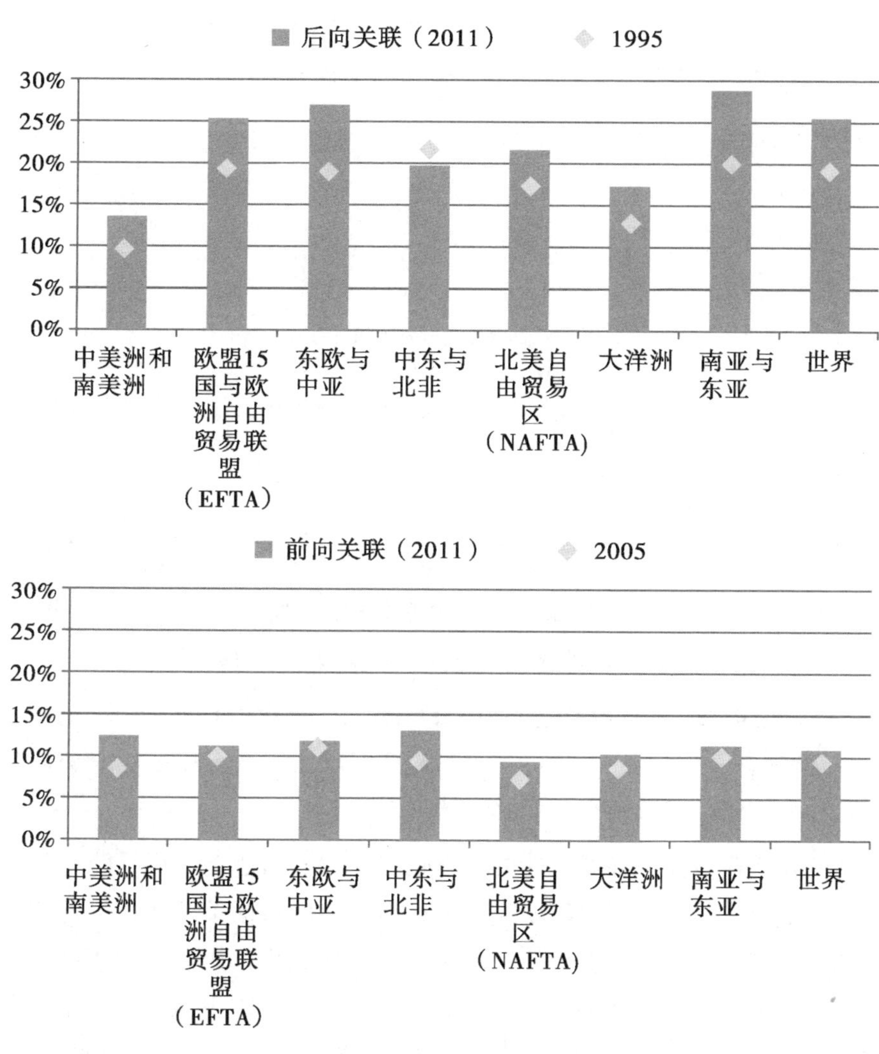


图4－2　各地区的后向和前向关联（2011年）

资料来源：Kummritz和Lanz（2018），基于经合组织的国家间投入产出表绘制。

Stöllinger（2018）使用前向关联和后向关联的综合指标，结果发现，在经合组织数据库的61个经济体中，有7个亚洲经济体因全球价值链参与对其制成品出口的重要性，而跻身前20经济体之列；这些亚洲经济体是柬埔寨、新加坡、韩国、中国台湾、马来西亚、泰国和越南。Zhao等（2018）使用了不同的投入产出表，同样发现中国台湾（TWN）、韩国（KOR）、马来西亚（MAL）、泰国（THA）和越南（VIE）在2015年的全球价值链参与度很高

（见图4－3）。需要注意的是，虽然较大的亚洲经济体的百分比较低，但中国（CHN）或印度（IND）的全球价值链活动的绝对值较高。

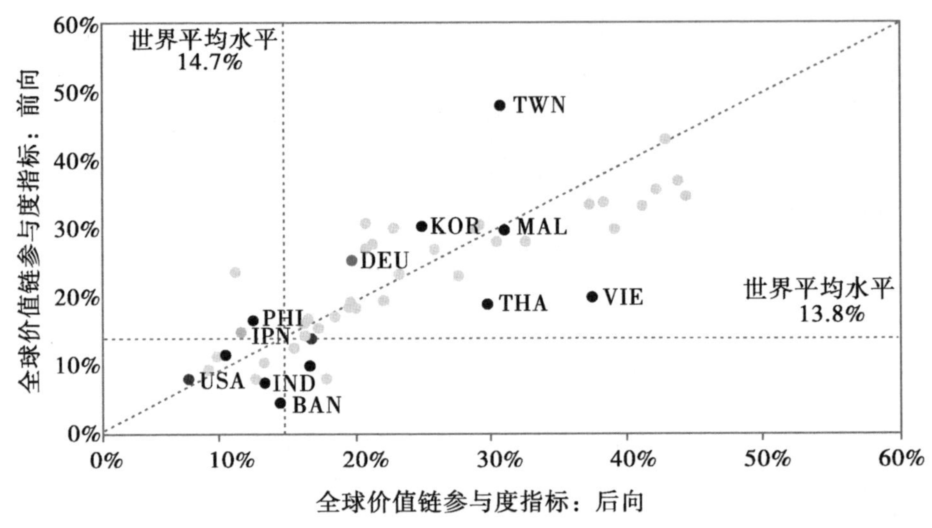


**图4－3　各经济体制造业的全球价值链参与度指标（2015年）**

资料来源：Zhao等（2018），其依据是亚洲开发银行的多区域投入产出表和中国对外经济贸易大学的全球价值链指标体系。

即使在宏观层面，各经济体的差异也很突出。对越南来说，跨境一次的简单全球价值链的比例高于印度或中国，但越南的后向关联的这一比例低于其他两个经济体。这意味着中间产品进口在越南的出口生产中占比更大，但其全球价值链出口主要面向最终消费，也就是说，越南更像是装配中心。相比之下，中国已经历了从加工组装到更复杂的全球价值链活动的重大转变，特别是2008—2009年以来①。这种转变在涉及中国、印度和越南的电子行业的全球价值链贸易中最为明显；印度和越南的出口在2008—2009年之后上扬，与此同时它们增加了从中国的中间产品进口（见图4－4）。

Taborda和Lavopa（2018）阐述了南亚、东南亚和东亚地区行业层面（34个行业）的生产分割情况。他们的研究结果基本证实了文献中描述的一

① 有些作者将这归因于随国际市场剧烈波动（全球危机）进行的调整，但它可以反映中国经济迅速发展的动态。

般趋势。在1995—2011年间，日本失去了在亚洲制造业中创造增加值的主导作用。中国发展成为增加值的主要来源，中国、韩国和中国台湾作为中高端技术密集型产业中间投入品供应商的作用有所增加。

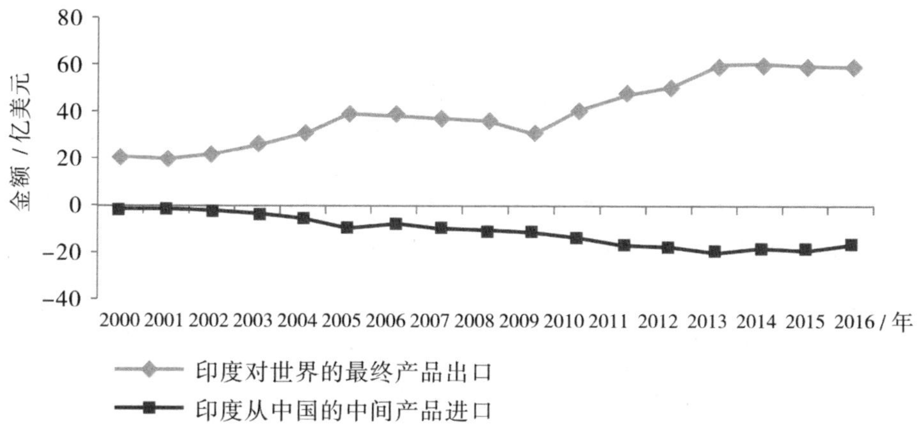


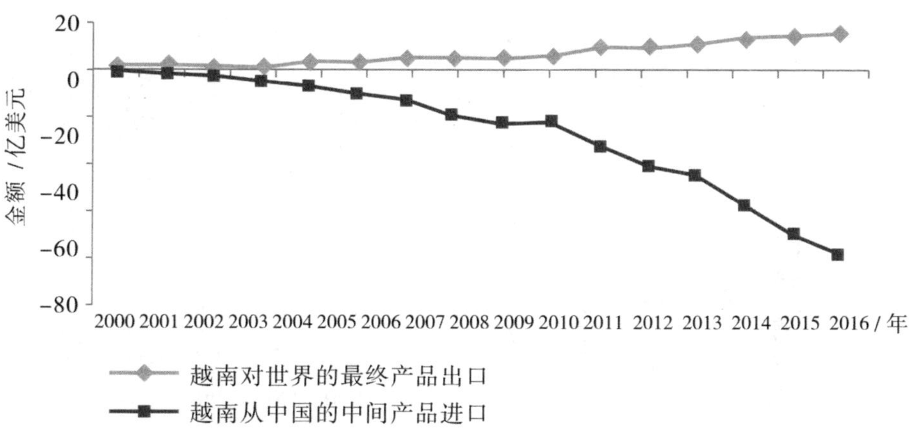


**图4-4 印度和越南的计算机、电子产品和光学产品价值链的中间产品进口与最终产品出口（2000—2015年）**

资料来源：Zhao等（2018），基于按行业和最终用途分类的经合组织双边贸易数据库（BTDIxE），国际标准行业分类（ISIC）第4版绘制。

## 第二节　中国在发展中经济体参与全球价值链的贡献

中国与其他发展中经济体的全球价值链联系越来越紧密，尤其是同处于亚洲的发展中经济体。以印度和越南为例。从前向关联来看，中国是印度的第三大伙伴国，仅次于美国和英国；也就是说，印度在全球价值链活动中创造的增加值有很多流向了中国，由中国在全球价值链上进行下一步的生产。从后向关联来看，中国是印度的第一大伙伴国，其次是美国和德国，而且中国在印度后向参与度中的比例逐年提高；这说明，印度在价值链上进一步加工处理的很多增加值来源于中国（见图4－5）。

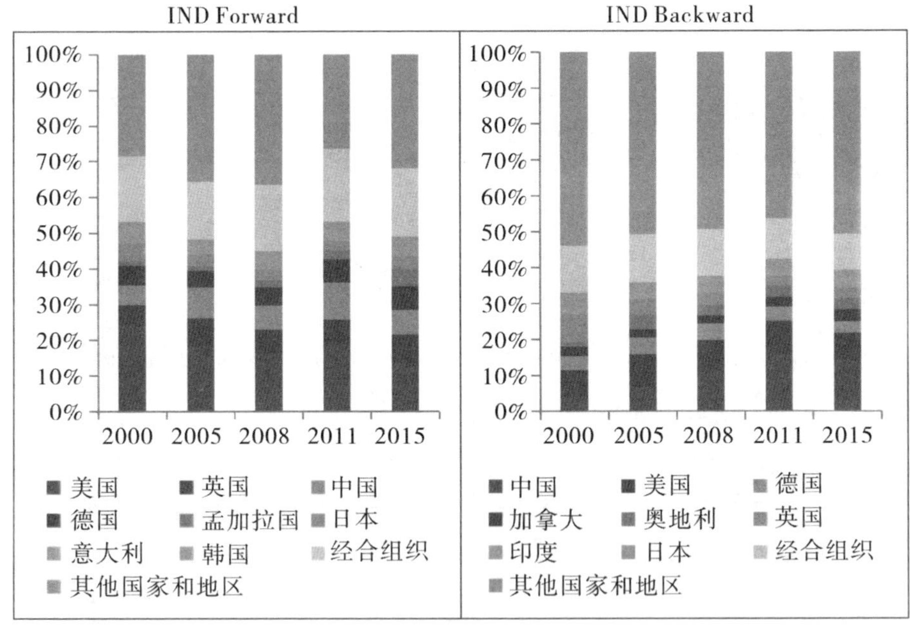


图4－5　印度的主要全球价值链关系伙伴（2000—2015年）

资料来源：ADB数据库和UIBE GVC Index数据库。

对于越南参与全球价值链，中国起到十分重要的作用。从前向关联来看，中国是越南的第一大伙伴国，其次是美国和日本；从后向关联来看，中国也是越南最大的伙伴国，其次是日本和韩国。也就是说，在越南参与的全球价值链活动中，中国既在上游为越南提供了很多增加值，也在下游吸收了很多越南创造的增加值，进行进一步的加工处理（见图4-6）。

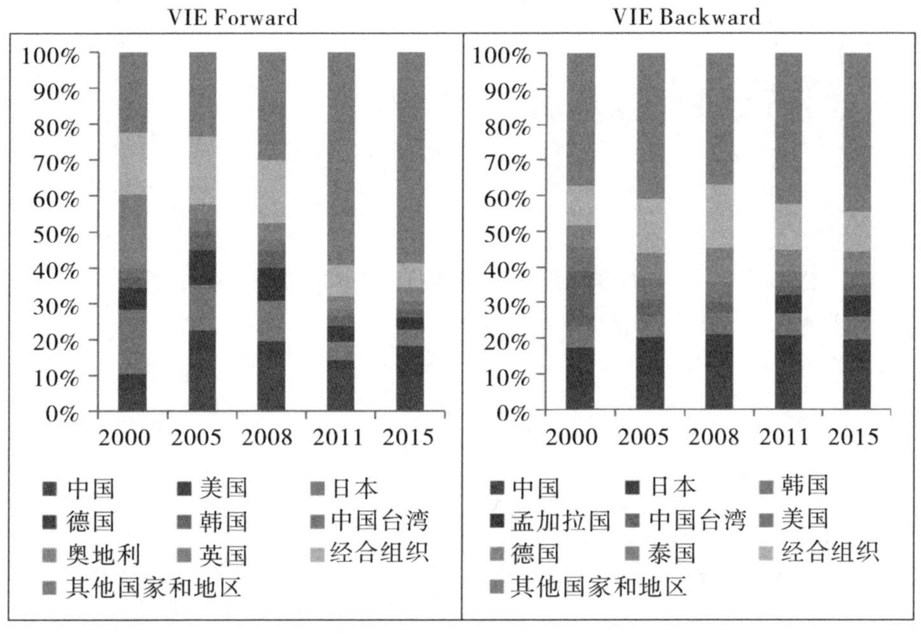


**图4-6　越南的主要全球价值链关系伙伴（2000—2015年）**

资料来源：ADB数据库和UIBE GVC Index数据库。

分行业来看，中国在越南和印度参与全球价值链中的作用更为明显。近年来，一些加工装配的活动，从中国转移到了周边工资成本较低的国家，包括越南和印度。这种转移，不仅发生在低技术密集度的行业（如纺织业），也发生在高技术密集度的行业（如计算机、电子和光学产品）。无论是纺织业，还是计算机、电子和光学产品制造业，近年来，印度和越南从中国进口越来越多的中间品，然后进行加工装配，再向世界各国出口最终产品（见图4-7和图4-8）。

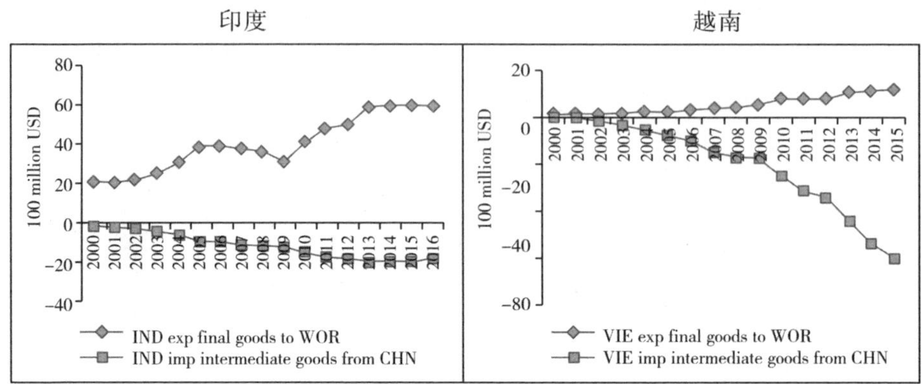


**图4－7　印度和越南纺织业的中间品进口和最终产品出口**

资料来源：OECD 双边贸易数据库。

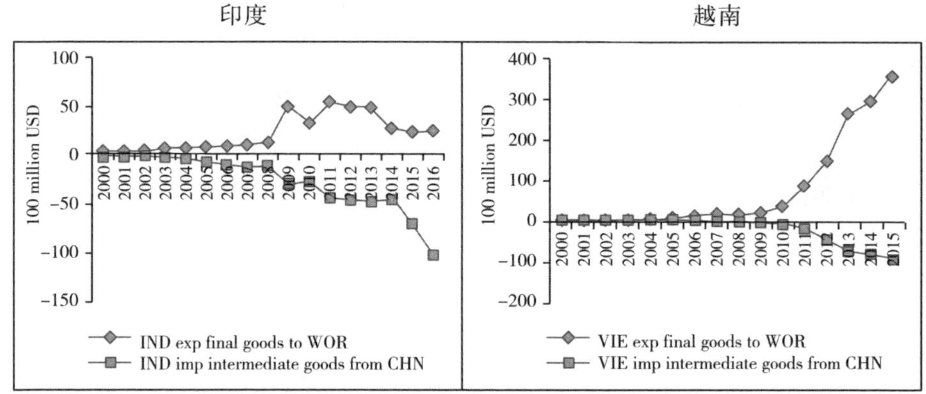


**图4－8　印度和越南计算机、电子和光学产品制造业的中间品进口和最终产品出口**

资料来源：OECD 双边贸易数据库。

从越南和印度上述两个行业的全球价值链伙伴关系来看，中国都是最大的后向关联伙伴国，而且中国在其后向参与度中的比例不断提高（见图4－9和图4－10）。这说明，对于越南和印度的上述两个行业，在全球价值链上，中国都是最主要的增加值来源国，为其价值链生产活动提供了必要的增加值，促进其后向参与。

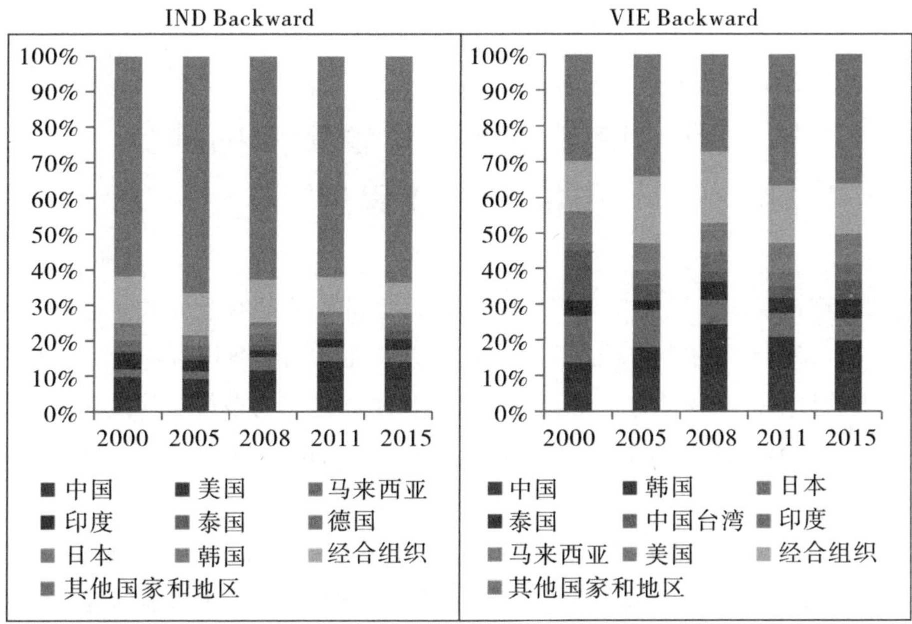


**图4－9　越南和印度纺织业的主要全球价值链关系伙伴，后向关联（2000—2015 年）**

资料来源：ADB 数据库和 UIBE GVC Index 数据库。

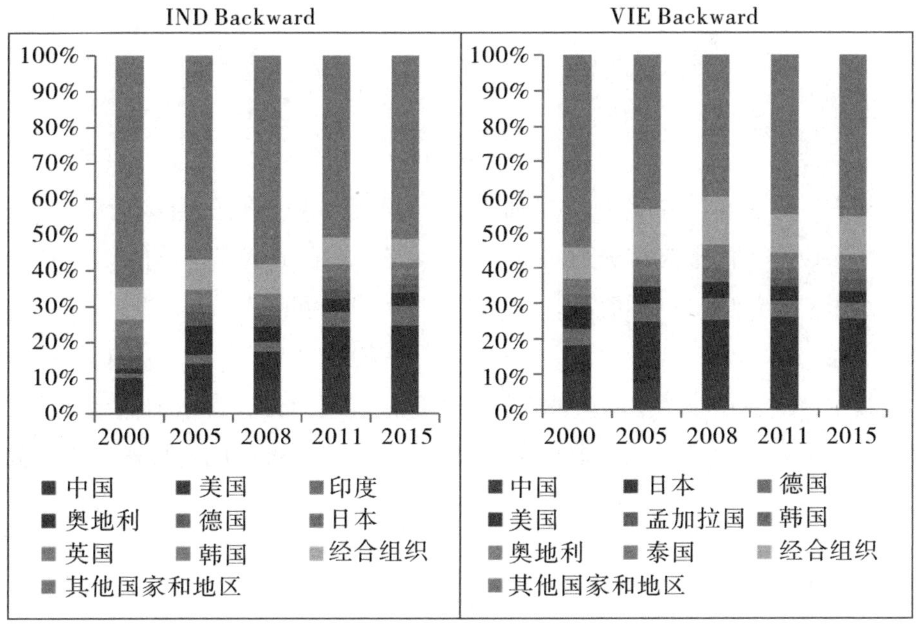


**图4－10　越南和印度计算机、电子、光学产品制造业的主要全球价值链关系伙伴，后向关联（2000—2015 年）**

资料来源：ADB 数据库和 UIBE GVC Index 数据库。

# 第三节 中国在全球价值链中的地位和价值获取程度

“生产链长度”是测度各产业的全球价值链位置的有效方式。通常采用Wang等（2017）的研究方法，用“生产链长度”衡量各国各产业在全球价值链中的位置，并将某一行业的“生产链长度”定义为该行业从最初增加值投入最终品消费的平均生产阶段数量，即该部门增加值被计算为总产出的次数。

全球投入产出模型提供了各个国家各产业参与全球价值链的详细情况，假设有 $G$ 个国家，每个国家有 $N$ 个产业部门，则全球总产出可表示为：

$$\begin{bmatrix} X_1 \\ X_2 \\ \vdots \\ X_G \end{bmatrix} = \begin{bmatrix} A_{11} & A_{12} & \cdots & A_{1G} \\ A_{21} & A_{22} & \cdots & A_{2G} \\ \vdots & \vdots & \ddots & \vdots \\ A_{G1} & A_{G2} & \cdots & A_{GG} \end{bmatrix} \begin{bmatrix} X_1 \\ X_2 \\ \vdots \\ X_G \end{bmatrix} + \begin{bmatrix} Y_1 \\ Y_2 \\ \vdots \\ Y_G \end{bmatrix}$$

即

$$X = AX + Y \qquad \text{（式 4 - 1）}$$

其中，$X$ 是 $GN \times 1$ 的总产出列向量①，$A$ 是 $GN \times GN$ 的直接消耗系数矩阵，$Y$ 是 $GN \times 1$ 的最终需求列向量。$A$ 的元素 $a_{ij}^{sr}$ 表示生产一单位 $r$ 国 $j$ 产品需要使用 $s$ 国 $i$ 产品的中间投入。公式（式 4 - 1）可写为：

$$X = (I - A)Y = BY \qquad \text{（式 4 - 2）}$$

其中，$B$ 是 $GN \times GN$ 的全球列昂惕夫逆矩阵。假设直接增加值系数为 $V$，它是一个 $GN \times 1$ 的列向量，其元素 $v_i^s$ 表示 $s$ 国 $i$ 产业部门的直接增加值系数，那么

① 文中大写字母表示矩阵和向量，小写字母表示元素。上标 $s$，$r$ 表示国家，下标 $i$，$j$ 表示产业部门。

$$\hat{V}B=\begin{bmatrix}\hat{V}_1 & 0 & \cdots & 0\\ 0 & \hat{V}_2 & \cdots & 0\\ \vdots & \vdots & \ddots & \vdots\\ 0 & 0 & \cdots & \hat{V}_G\end{bmatrix}\begin{bmatrix}B_{11} & B_{12} & \cdots & B_{1G}\\ B_{21} & B_{22} & \cdots & B_{2G}\\ \vdots & \vdots & \ddots & \vdots\\ B_{G1} & B_{G2} & \cdots & B_{GG}\end{bmatrix}=\begin{bmatrix}\hat{V}_1B_{11} & \hat{V}_1B_{12} & \cdots & \hat{V}_1B_{1G}\\ \hat{V}_1B_{21} & \hat{V}_1B_{22} & \cdots & \hat{V}_1B_{2G}\\ \vdots & \vdots & \ddots & \vdots\\ \hat{V}_1B_{G1} & \hat{V}_1B_{G2} & \cdots & \hat{V}_1B_{GG}\end{bmatrix}$$

（式 4－3）

其中，完全增加值系数矩阵 $\hat{V}B$ 表示在最终产品生产过程中，来源于各产业部门的直接和间接增加值。矩阵中元素 $v_i^s b_{ij}^{sr}$ 表示生产 $r$ 国 $j$ 部门一单位最终产品来自 $s$ 国 $i$ 部门的直接和间接增加值。社会经济运行中，各部门之间错综复杂的关系可以按照其特点分为前向联系和后向联系。前向联系只是生产部门与使用或消耗其产品的生产部门之间的联系和依存关系；后向联系是指生产部门与供给其原材料、动力、劳务和设备的生产部门之间的联系和依存关系。$\hat{V}B$ 矩阵中，沿着行方向是前向联系，表示 $s$ 国 $i$ 部门对其他国家和部门生产一单位最终产品投入的增加值；沿着列方向是后向联系，表示的是 $r$ 国 $j$ 部门生产一单位最终产品来自其他国家和产业部门的增加值。

根据全球投入产出分析，各国各行业的增加值可表示为：

$$Va' = \hat{V}X = \hat{V}BY \quad \text{（式 4－4）}$$

如果 $s$ 国 $i$ 部门和 $r$ 国 $j$ 部门属于同一个国家的同一部门，那么 $s$ 国 $i$ 部门的增加值直接被 $r$ 国 $j$ 部门最终吸收，因此，任何生产过程的第一个阶段都是：$r$ 国 $j$ 部门最终产品隐含的 $s$ 国 $i$ 部门增加值为 $\delta_{ij}^{sr} v_i^s y_j^r$，这里 $\delta_{ij}^{sr}$ 是一个虚拟变量，当 $i$ 和 $j$ 是同一个产业部门且 $s$ 和 $r$ 是同一个国家时，$\delta_{ij}^{sr} = 1$，否则 $\delta_{ij}^{sr} = 0$，这时从最初增加值投入最终品消费的平均生产阶段数（即生产链长度）是 1。

第二个阶段：$s$ 国 $i$ 部门的产品被作为中间品投入生产 $r$ 国 $j$ 部门的最终品，$s$ 国 $i$ 部门的增加值为 $v_i^s a_{ij}^{sr} y_j^r$，该增加值第一次间接被 $r$ 国 $j$ 部门消耗，这时生产链长度是 2，增加值引致的总产出是 $2v_i^s a_{ij}^{sr} y_j^r$，即增加值 $v_i^s a_{ij}^{sr} y_j^r$ 被计算了 2 次，一次是在核算 $s$ 国 $i$ 产品的总产出时，一次是在核算 $r$ 国 $j$ 部门的总产出时。

第三个阶段：$s$ 国 $i$ 部门的增加值隐含在任何国家或部门的中间品中，作为中间投入生产 $r$ 国 $j$ 部门的最终品。这一阶段，$s$ 国 $i$ 部门的增加值为 $v_i^s \sum_{t,k}^{G,N} a_{ik}^{st} a_{kj}^{tr} y_j^r$，该增加值第二次间接被 $t$ 国 $k$ 部门作为中间投入，并被 $r$ 国 $j$ 部门最终吸收。这时生产链长度是 3，增加值引致的总产出是 $3v_i^s \sum_{t,k}^{G,N} a_{ik}^{st} a_{kj}^{tr} y_j^r$，即增加值被计算了 3 次，一次是在核算 $s$ 国 $i$ 产品的总产出时，一次是在核算 $t$ 国 $k$ 部门总产出时，一次是在核算 $r$ 国 $j$ 部门的总产出时。

以此类推，直接和间接隐含在 $r$ 国 $j$ 部门最终产品中的 $s$ 国 $i$ 部门增加值可表示为：

$$\delta_{ij}^{sr} v_i^s y_j^r + v_i^s a_{ij}^{sr} y_j^r + v_i^s \sum_{t,k}^{G,N} a_{ik}^{st} a_{kj}^{tr} y_j^r + \cdots = v_i^s b_{ij}^{sr} y_j^r \text{，其中 } \delta_{ij}^{sr} = \begin{cases} 1, i = j \text{ 且 } s = r, \\ 0, i \neq \text{ 或 } s \neq r \end{cases} \quad \text{（式 4-5）}$$

上式用矩阵可表示为：

$$\hat{V}\hat{Y} + \hat{V}A\hat{Y} + \hat{V}AA\hat{Y} + \cdots = \hat{V}(1 + A + AA + \cdots)\hat{Y} = \hat{V}(I - A)^{-1}\hat{Y} = \hat{V}B\hat{Y} \quad \text{（式 4-6）}$$

$\hat{V}B\hat{Y}$ 是 $GN \times GN$ 矩阵，其元素 $v_i^s b_{ij}^{sr} y_j^r$ 表示直接和间接隐含在 $r$ 国 $j$ 部门最终产品中的 $s$ 国 $i$ 部门的增加值。

采用每一个阶段的长度（即生产阶段数）作为权重，将所有生产链上隐含的增加值加总，即得到全球价值链上各个国家各行业增加值所推动的总产出：

$$\hat{V}\hat{Y} + 2\hat{V}A\hat{Y} + 3\hat{V}AA\hat{Y} + \cdots = \hat{V}(1 + 2A + 3AA + \cdots)\hat{Y} = \hat{V}(B + AB + AAB + \cdots)\hat{Y} = \hat{V}BB\hat{Y} \quad \text{（式 4-7）}$$

其中，$\hat{V}BB\hat{Y}$ 是 $GN \times GN$ 矩阵，其元素 $v_i^s \sum_{t,k}^{G,N} b_{ik}^{st} b_{kj}^{tr} y_j^r$ 表示 $s$ 国 $i$ 部门的增加值引致并由 $r$ 国 $j$ 部门最终吸收的总产出。

那么，根据“生产链长度”的定义，各个国家各行业的“生产链长度”可表示为：

$$PLVY = \frac{\hat{V}BB\hat{Y}}{\hat{V}B\hat{Y}} \quad \text{（式 4-8）}$$

其中，$PLVY$ 是一个 $GN \times GN$ 矩阵，其元素 $PLvy_{ij}^{sr}$ 测度的是 $s$ 国 $i$ 部门一单位增加值引致并由 $r$ 国 $j$ 部门最终吸收的总产出，表示从初始要素投入最终消费所经历的生产阶段数。生产链长度越长，说明该行业增加值被计算为总产出的次数越多，该指标描述了各国各行业增加值在全球价值链中的足迹。

生产链长度可以分为前向生产链长度和后向生产链长度。矩阵 $PLVY$ 的元素沿着行方向是“前向生产链长度”，表示 $s$ 国 $i$ 部门一单位增加值引致的总产出，刻画的是从 $s$ 国 $i$ 部门初始要素投入最终消费的生产阶段数，前向生产链的起点是 $s$ 国 $i$ 部门的生产要素投入，终点是其他国家和产业的消费，它描述了 $s$ 国 $i$ 部门增加值在全球产业链中的足迹。前向生产链长度越长，其下游的生产阶段数就越多，离生产端越远，离消费端越近，就越处于全球价值链的上游。前向生产链长度在数值上正好等于 Fally（2012）和 Antras 等（2012）的上游度指数。矩阵 $PLVY$ 的元素沿着列方向是“后向生产链长度”，表示 $r$ 国 $j$ 部门最终消费所引致的各国各产业部门增加值投入与总产出的关系，刻画的是从各国各产业增加值投入 $r$ 国 $j$ 部门最终消费的生产阶段数，后向生产链的起点是 $r$ 国 $j$ 部门的最终消费，追溯到其他国家和行业的增加值投入，描述了 $r$ 国 $j$ 部门最终消费对全球产业链的影响。后向生产链条越长，其上游的生产阶段数就越多，离生产端越远，离消费端越近，就越处于全球价值链的下游。各行业的后向生产链长度正好等于的 Antras 和 Chor（2013）的下游度指数（Wang et al.，2017）。

## 一、中国各产业在全球价值链中的位置

### （一）中国的前向和后向生产链长度

以中国各行业国内增加值占全国增加值的比重作为权重，取各行业前向生产链长度的加权平均值，可以得到中国整体的前向生产链长度；以中国各行业最终需求占全国最终需求的比重作为权重，取各行业后向生产链长度的加权平均值，可以得到中国整体的后向生产链长度。

从图 4－11 中国在全球价值链中的前向和后向生产链长度的变化趋势

可看出，2000—2014 年中国的前向和后向生产链长度都变长了，前向生产链长度从 2000 年的 2.54 增加到 2014 年的 2.89，增加了 13.78%；后向生产链长度从 2.64 上升到 2.96，增加了 12.12%，显示中国正在同时向全球价值链的生产端和消费端攀升。前向生产链长度变长说明中国对全球生产链的贡献增加，后向生产链长度变长说明中国消费与全球生产的联系加强。前向和后向生产链长度同时增加说明：随着中国经济的快速发展，产业分工日益深化、产业关联程度不断增强，国内产业间的联系增加，商品的国内生产结构日益复杂；同时，中国通过承接国外产业转移和外商投资，实施“走出去”战略，到海外投资开辟新的市场和生产网络等多种渠道积极嵌入全球价值链，增加与国外各产业之间的联系，这拉长了生产链国际部分的同时也带动了国内生产链长度的增加，从而促进了中国前向和后向生产链长度的增加。

从图 4 - 11 中还可以看出，中国前向和后向生产链长度的变化趋势基本相同，但也有所差别。2002—2007 年中国的前向和后向生产链长度增加都较快，前向生产链长度（上游度）的增加，反映了中国加入 WTO 后，通过承接发达国家的制造业外包，从事加工制造环节和提供中间品投入而嵌入了全球价值链的生产端；后向生产链长度（下游度）的增加，反映了中国最终需求对全球生产的拉动作用，中国经济的快速增长使其对全球中间产品和最终产品的需求增加、需求链拉长。2008 年前向生产链长度继续增加，但后向生产链变短，说明中国生产投入对全球产出的贡献继续增加但消费乏力。但是

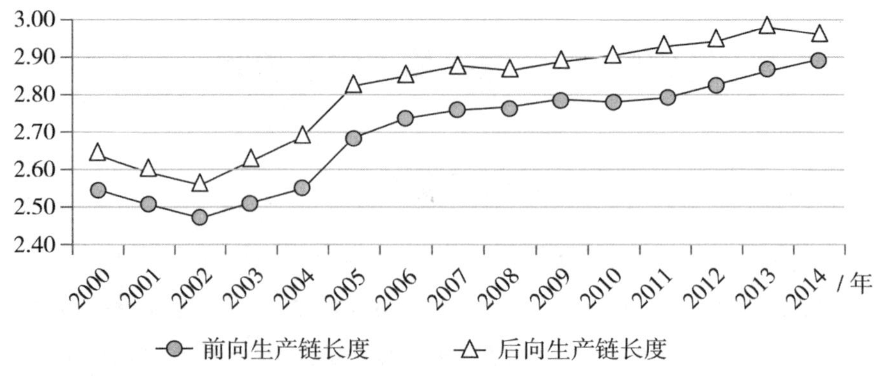


**图 4 - 11　中国在全球价值链中的前向和后向生产链长度的变化趋势**

资料来源：UIBE GVC Index 数据库。

2008 年四万亿元投资后，中国最终需求增加带动了中国的后向生产链长度的持续增加，从 2008 年的 2.87 上升到 2013 年的 2.96，说明中国四万亿元投资消费对全球生产链的拉动作用持续增加，但 2014 年由于中国最终需求下降而导致后向生产链长度有所减少。

## （二）中国各产业部门的前向和后向生产链长度

图 4－12 显示了 2000 年和 2014 年中国各产业部门的前向和后向生产链长度（从左到右按照 2014 年的前向生产链长度从大到小排列）。从前向生产链来看，各产业部门的生产链长度相差比较大，前向生产链最长的“C04 采掘业”是 5.06，最短的“C53 人体健康和社会工作”是 1.11，相差 3.95。“C24 电、煤气、蒸气和空调供应”“C02 林业和伐木业”“C11 化学品及化学制品制造”“C10 焦炭和精炼石油产品制造”等提供基础原材料和动力的产业部门前向生产链比较长，处于全球价值链的上游，靠近生产端；而“C51 管理与国防；强制性社会保障”“C27 建筑业”“C52 教育”等服务业的前向生产链比较短，处于全球价值链的下游，靠近消费端。与 2000 年相比，2014 年大多数产业部门的前向生产链长度增加，说明中国各产业部门参与全球价值链的深度和广度增加了，各产业部门与最终需求之间的生产阶段数增加，经济复杂程度提升，最突出的是“C47 科学研究与发展”，从 1.47 上升到 3.48，说明随着科研能力的提升，中国的科研行业作为中间投入嵌入全球价值链中，为各国生产提供更多科研服务。

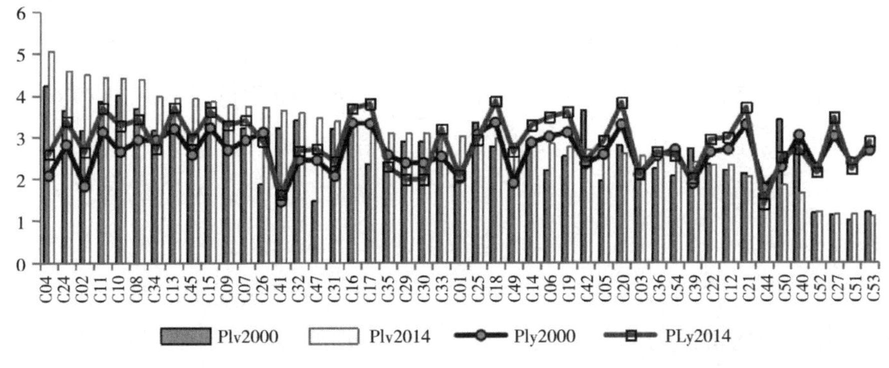


图 4－12　中国各产业部门的前向和后向生产链长度

资料来源：UIBE GVC Index 数据库。

从后向生产链长度来看，各行业的生产链长度差距相对较小，最长的“C18 电力设备制造”是 3.86，最短的“C44 房地产”是 1.39，相差 2.47。“C20 汽车、挂车和半挂车制造”“C17 计算机、电子产品和光学产品制造”“C13 橡胶和塑料制品业”等行业的后向生产链较长，因为这些行业的最终消费需要大量国内外中间投入，消费离生产端的生产阶段数较多；而“C44 房地产”“C41 保险和养恤金之外的金融服务”“C29 汽车和摩托车外的批发贸易”“C30 汽车和摩托车外的零售贸易”“C39 通信业”等服务行业面对的主要是最终消费者，处于消费端，因此其后向生产链长度较短。

## 二、中国各产业的价值获取程度检验

“微笑曲线”是基于产品层面的发现，是指若以横（$X$）轴表示产品在生产链上的位置，纵（$Y$）轴表示从产品中获取的增加值，可以绘制出一条类似“微笑曲线”的图形，即在研发—制造—营销的价值链上，两端的研发和营销获得的增加值高，而中间制造环节的增加值低。本文分别从前向联系和后向联系的视角构建“位置—增加值率”曲线图，验证产业层面的“微笑曲线”是否存在。“前向联系”是指：以中国某一产业部门的前向生产链长度为横（$X$）轴，表示中国该产业部门在全球价值链中的位置，横（$X$）轴的值越大，说明最终消费离中国该产业越远，该产业越处于全球价值链的上游；以完全增加值系数矩阵的行向量为纵（$Y$）轴，表示中国某一产业部门从全球价值链条上获得的增加值，绘制的曲线图表示中国某一产业部门在全球价值链中获得的价值与位置之间的关系。“后向联系”是指：以中国某一产业部门的后向生产链长度为横（$X$）轴，表示其他各国各行业在中国该产业部门生产链上的位置，横（$X$）轴的值越大，说明中国该产业最终消费离增加值投入的距离越远，该产业越处于全球价值链的下游；以完全增加值系数矩阵的列向量为纵（$Y$）轴，表示其他各国各产业从中国某一产业部门链条上获得的增加值，绘制的曲线图表示的是其他各国各产业在中国某一产业部门生产链上获得的价值与位置之间的关系。本文分别从前向和后向联系的视角，选取完全增加值率高于 0.01% 这一临界值的数据，绘制了中国各个产业部门的“位置—增加值率”曲线图①，发现仅有“C06 纺织、服装与皮革制造”“C11 化学品及化学制品制造”“C17 计算机、电子产品和光学产品制造”三个产业部门存在“微笑曲线”。其中 C11 的“微笑曲线”过于平坦，前向联系的二次项拟合度 2000 年为 0. 2819，2014 年为 0. 1704；后向联系 2000 年和 2014 年的二次项拟合度分别为 0. 0785 和 0. 0502。所以在此只对 C06 和 C17 展开分析。

## （一）纺织、服装与皮革制造业

图 4 – 13 是表示前向联系的 2000 年和 2014 年中国“C06 纺织、服装与皮革制造”的“GVC 位置—增加值率”曲线图，从图中可以看出 2000 年中国“C06 纺织、服装与皮革制造”获取的增加值与该产业在全球价值链中的位置二次项拟合的曲线开口均朝上，拟合度为 0. 356，呈“微笑曲线”形状，靠近国外产业链两端，尤其是在 *X* 轴左端时获取的增加值率相对较高。2000 年靠近 *X* 轴左端（距离要素投入较近）的产业主要有 AUS. C06（2. 782，0. 747%）、CAN. C06 （2. 828，0. 296%）、ROW. C06 （2. 856，0. 878%）、KOR. C06（2. 863，0. 839%）、RUS. C06（2. 988，0. 335%），这些产业全部是“C06 纺织、服装与皮革制造”，原因是中国的纺织、服装与皮革制造直接给这些国家和地区的同一产业部门提供半成品或纺织材料。与 2000 年相比，2014 年的国家产业分布变化不大，但 2014 年的“微笑曲线”的弧度变浅，几乎平坦，且拟合度仅为 0. 0782，这说明全球生产链拉长的同时，中国纺织服装业从全球价值链条中获取的增加值下降，而且 2014 年中国纺织服装业从全球价值链中获取的增加值与所处位置关系不大。

图 4 – 14 是表示“C06 纺织、服装与皮革制造业”后向联系的“GVC 位置—增加值率”曲线图。从图中可以看出，虽然拟合度不高，但二次项拟合的曲线开口均朝上，其他国家和地区的各产业从中国“C06 纺织、服装与皮革制造”获取的增加值与其在中国 C06 生产链中的位置呈“微笑曲线”形

---

① 曲线绘制过程中剔除了中国国内各产业增加值率与位置的坐标点，因为中国各产业从国内获得的增加值率远远高于从国外获得的，如果保留国内数据，国外数据聚集在纵轴接近 0 的位置而无法观测。

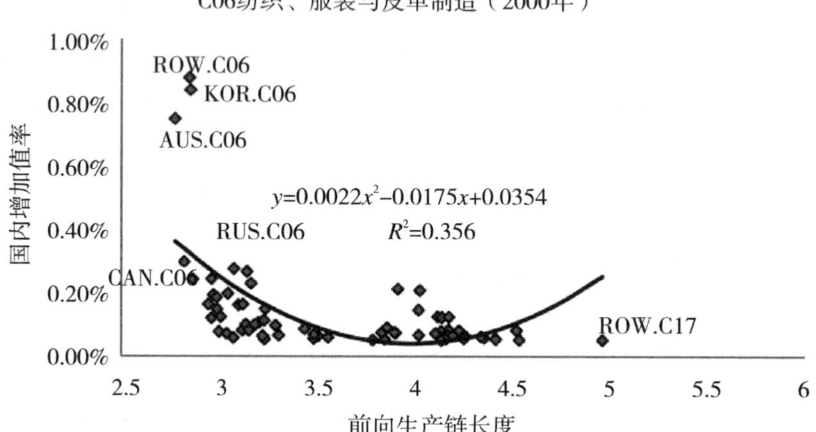


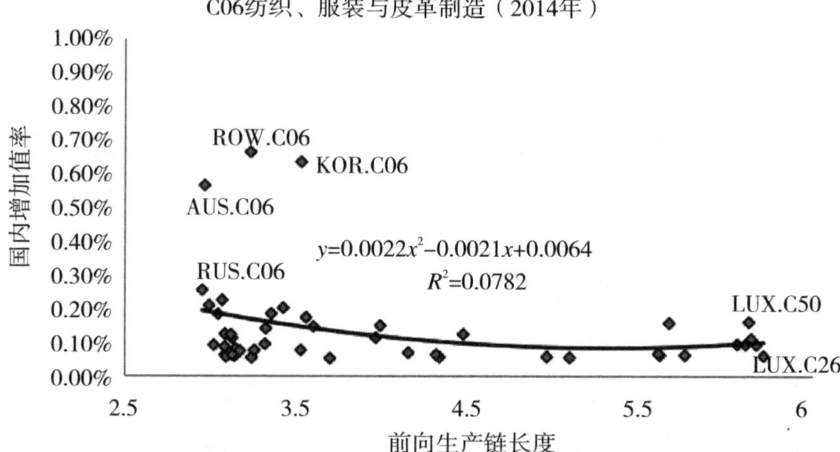


**图 4-13 “C06 纺织、服装与皮革制造”GVC 位置—增加值率曲线图（前向联系）**

资料来源：UIBE GVC Index 数据库。

状，靠近生产链两端的国家和产业部门增加值率相对较高。2000 年距离中国“C06 纺织、服装与皮革制造”最终需求较近的有 ROW. C06（2. 820，1. 462%）、KOR. C06（2. 936，0. 575%）、TWN. C06（2. 937，0. 500%）、JPN. C06（2. 986，0. 471%），较远的是 JPN. C15，这些产业部门主要是日、韩、中国台湾等国家和地区的同类产业部门，它们直接给中国的纺织、服装与皮革制造业提供原料。与 2000 年相比，2014 年的“微笑曲线”明显右移且下沉，说明中国纺织、服装与皮革制造业在全球的生产链长度变长，且其他国家和地区的各产业部门从中国 C06 产业链上的获益减少。

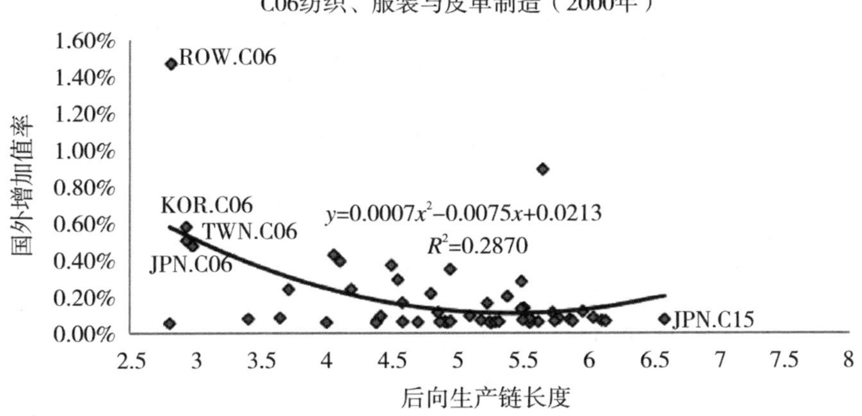


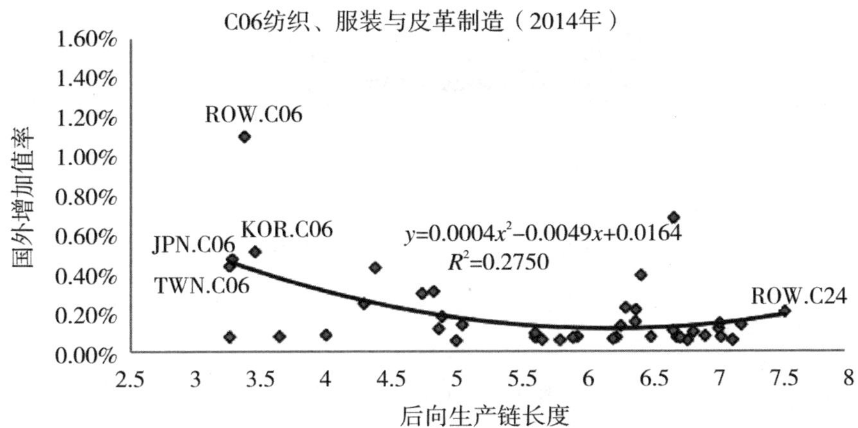


**图 4－14 “C06 纺织、服装与皮革制造” GVC 位置—增加值率曲线图（后向联系）**

资料来源：UIBE GVC Index 数据库。

对比图 4－13 中国“C06 纺织、服装与皮革制造”从全球价值链中获得的增加值和图 4－14 其他国家和地区各产业从中国 C06 中获取的增加值，可以看出 2000 年中国“C06 纺织、服装与皮革制造”从全球价值链中的获益率略大于其他国家和地区各产业在中国 C06 生产链中的获益率，说明 2000 年中国的纺织、服装与皮革制造业具有一定的增加值优势，但到 2014 年中国的优势已经几乎消失。

## （二）计算机、电子产品和光学产品制造

图4－15是表示"C17计算机、电子产品和光学产品制造"前向联系的"GVE位置—增加值率"曲线图。从图中可以看出，中国"C17计算机、电子产品和光学产品制造"从国外获取的增加值与其在国外各产业链中的位置呈"微笑曲线"形状，靠近国外产业链两端时获取的增加值率相对较高。二

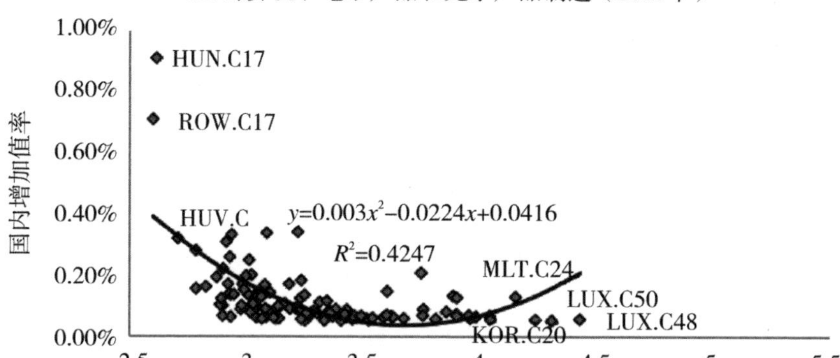


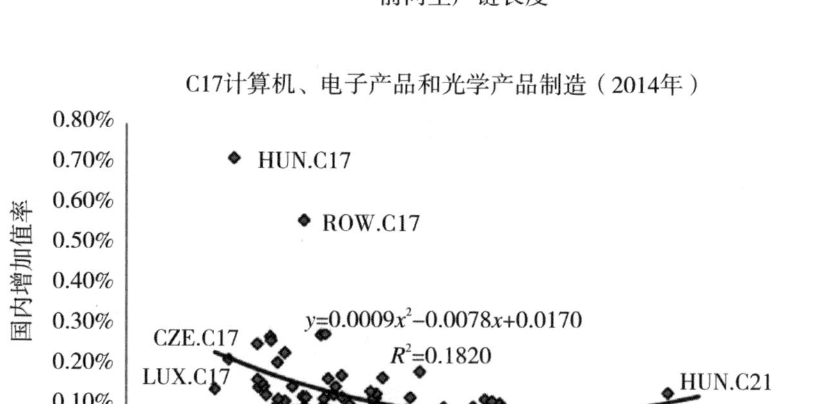


图4－15 "C17计算机、电子产品和光学产品制造"GVC位置—增加值率曲线图（前向联系）

资料来源：UIBE GVC Index数据库。

次项拟合的曲线开口均朝上，2000 年的拟合度为 0.4247，2014 年的拟合度为 0.1820。2014 年中国计算机、电子产品和光学产品制造与 LUX. C17（2.894，0.125%）、CZE. C17（2.955，0.201%）、AUS. C17（2.973，0.063%）、HUN. C17（2.978，0.710%）之间的生产链最短，这些主要是发展中国家的同一产业部门，原因是中国计算机、电子产品和光学产品制造直接给这些国家的同一产业部门提供零部件；与中国计算机、电子产品和光学产品制造之间的生产链比较长的有 HUN. C21（4.857，0.118%）、ROW. C20（4.991，0.051%）。与 2000 年相比，2014 年国家产业分布有所变化，说明全球计算机、电子产品和光学产品制造的地理分布和功能分布发生了变化。同时“微笑曲线”的弧度变浅，说明全球产业链拉长，中国从其他国家和地区各产业生产链中获取的增加值下降。

图 4－16 是表示“C17 计算机、电子产品和光学产品制造”后向联系的“GVC 位置—增加值率”曲线图。从图中可以看出，虽然拟合度不高，2000 年的拟合度为 0.2966，2014 年的拟合度为 0.3946，但二次项拟合的曲线开口均朝上，其他国家和地区各产业从中国“C17 计算机、电子产品和光学产品制造”获取的增加值与其在中国 C17 产业链中的位置呈“微笑曲线”形状，靠近生产链两端的国家和产业部门增加值率相对较高。2014 年距离中国计算机、电子产品和光学产品制造最终消费较近的有 TWN. C17（3.315，1.472%）、ROW. C17（3.228，2.028%）、KOR. C17（3.389，0.987%）、JPN. C17（3.564，1.809%）、USA. C17（3.790，1.985%），较远的有 USA. C44（6.903，0.054%）、ROW. C24（6.795，0.304%）、ROW. C04（6.679，0.871%），这些产业部门主要是美、日、韩等国家和地区的同类产业部门，它们直接给中国的计算机、电子产品和光学产品制造提供高技术核心零部件，这些产业部门中的领先企业抢占了该产业的制高点。与 2000 年相比，2014 年分布在中国计算机、电子产品和光学产品制造产业链两端的国家和行业分布变化不大，但 2014 年的“微笑曲线”明显向 $X$ 轴右边移动，同时弧度加深，说明中国计算机、电子产品和光学产品制造在全球的生产链变长，且其他国家和地区各产业部门尤其是距离中国 C17 较近的美、日等发达国家的同一产业部门获益日益增加。

对比图 4－15 中国“C17 计算机、电子产品和光学产品制造”从全球价

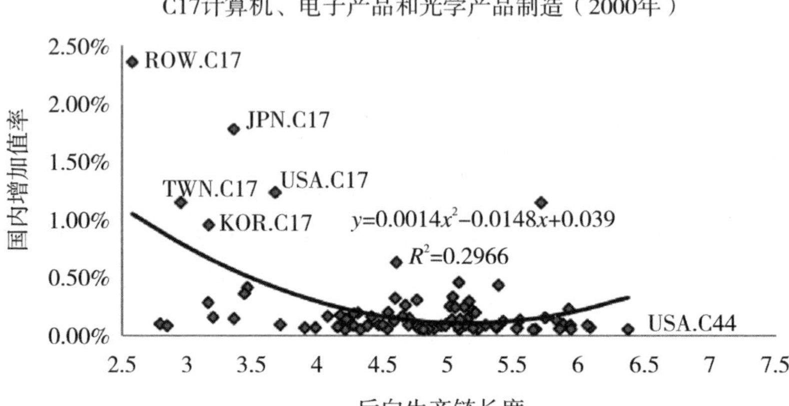


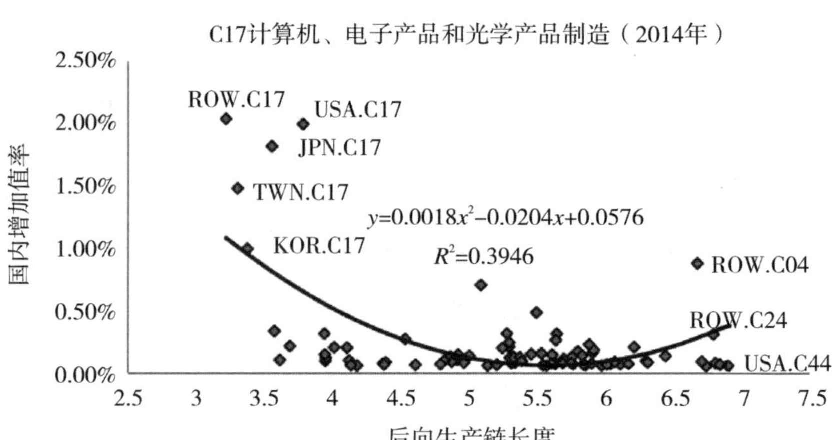


**图 4－16 “C17 计算机、电子产品和光学产品制造”GVC 位置—增加值率曲线图（后向联系）**

资料来源：UIBE GVC Index 数据库。

值链中获得的增加值和图 4－16 其他国家和地区各产业从中国 C17 中获取的增加值，可以看出中国主要是从发展中国家各产业链中获得一定的收益且收益率非常低，而美、日、韩和中国台湾等发达国家和地区从中国 C17 生产链中获益且增加值率相对较高。如 2014 年中国 C17 最高获益来源于 HUN. C17，其增加值率为 0. 118%，而美国和日本从中国 C17 的获益率分别达到 1. 985% 和 1. 809%，是中国收益率的十几倍。

## 三、结论及建议

由本节分析可知：①前向生产链长度和后向生产链长度从不同视角分析了中国参与全球价值链的位置。前向生产链长度等于 Fally（2012）和 Antras 等（2012）的上游度指数，测度的是从某一产业部门要素投入其他国家和地区各产业部门最终消费的生产阶段数；后向生产链长度等于 Antras 和 Chor（2013）的下游度指数，测度的是从其他国家和地区各产业部门要素投入中国某一产业最终消费的生产阶段数。②2000—2014 年中国的前向和后向生产链长度都变长，说明中国生产和消费与全球其他国家的联系加强了，中国正在同时向全球价值链的生产端和消费端攀升。③各产业部门的前向生产链长度相差比较大，后向生产链长度差距相对较小。提供基础原材料和动力的产业部门处于生产端，其前向和后向生产链比较长；服务行业面对的主要是最终消费者，处于消费端，其前向和后向生产链长度较短。④无论从前向联系还是后向联系来看，大多数产业不存在“微笑曲线”。仅有“C06 纺织、服装与皮革制造”“C11 化学品及化学制品制造”“C17 计算机、电子产品和光学产品制造”三个产业部门存在“微笑曲线”，但 C11 的“微笑曲线”过于平坦，二次项拟合度较低。⑤2000 年中国“C06 纺织、服装与皮革制造”从全球价值链中获得了相对较高的增加值率，但到 2014 年中国这一优势几乎消失；2000 年日、韩、中国台湾等国家和地区的同类产业部门从中国纺织服装业获益较多，但到 2014 年它们的获益率也下降。⑥中国的“C17 计算机、电子产品和光学产品制造”主要是从其他发展中国家各产业链中获得一定的增加值且收益率非常低，而美、日、韩和中国台湾等发达国家和地区从中国 C17 生产链中获益颇丰且增加值率相对较高，其中美国和日本从中国 C17 的获益率是中国 C17 从全球收益率的十几倍。

基于上述结论，可得到以下启示：①前向生产链长度和后向生产链长度的分析视角不同，所蕴含的现实意义和政策启示也不同，应根据研究目的选择正确的视角和方法。②产业层面的“微笑曲线”不具有普遍意义，中国整体上正在同时向全球价值链的生产端和消费端攀升，但不应简单地放弃全球价值链上中端产业而盲目向两端攀升，而应根据各行业的不同特点，建立GVC导向的产业政策，专注于生产链条上内部特定商业功能（如研发设计和市场营销等）的升级。③中国在全球价值链中获得的增加值主要来源于发展中国家且增加值率远低于发达国家和地区，应着力提高产业全要素生产率和增加值率，提升产业竞争力。

## 第四节　中国在全球价值链中的嵌入与演进

在第三节中，我们提出了产业链长度的简明表达式（式4－8），具体而言，一个国家 $s$ 在全球价值链中的“生产链长度”就是该国各个行业生产链长度的加权平均值，权重为各行业国内增加值占该国增加值的比重，可表示为：

$$PL_s = \sum_i (\omega_{s,i} \times PL_{s,i}) = \sum_i (\frac{v_{s,i}}{v_s u'} \times PL_{s,i}) \qquad (式4-9)$$

其中，$PL_s$ 是 $s$ 国的生产链长度，$\omega_{s,i}$ 是 $s$ 国 $i$ 行业的权重，$v_{s,i}$ 是 $s$ 国 $i$ 行业的国内增加值，$v_s = \sum_i v_{s,i}$ 是 $s$ 国的增加值，$u'$ 是一个元素为1的 $1 \times N$ 单位向量。

根据WWYZ（2017a）的研究，将生产链进一步分解，以考察中国在全球价值链的嵌入程度与演进路径：

$$PL = \omega_{D} \times PL\_D + \omega_{RT} \times PL\_RT + \omega_{GVC} \times PL\_GVC \qquad (式4-10)$$

其中，$\omega$ 是权重，$\omega_{D}$、$\omega_{RT}$ 和 $\omega_{GVC}$ 分别对应（式4－9）$V\_D$、$V\_RT$ 和 $V\_GVC$ 部分占国内增加值的比重，其中：

$$PL\_D = \frac{\hat{V}BBY_{D}}{\hat{V}BY_{D}} \qquad (式4-11)$$

$$PL\_RT = \frac{\hat{V}BBY_{F}}{\hat{V}BY_{F}} \qquad (式4-12)$$

$$PL\_GVC = \frac{\hat{V}LLA_F BY}{\hat{V}LA_F BY} \quad \text{（式 4－13）}$$

$PL\_D$ 表示纯国内生产链长度；$PL\_RT$ 表示传统贸易生产链长度，因为前两部分只在国内生产而不参与全球生产，故都属于纯国内生产链长度。$PL\_GVC$ 是 GVC 生产链长度。

用一个图（见图 4－17）可以直观表达生产链长度的分解：

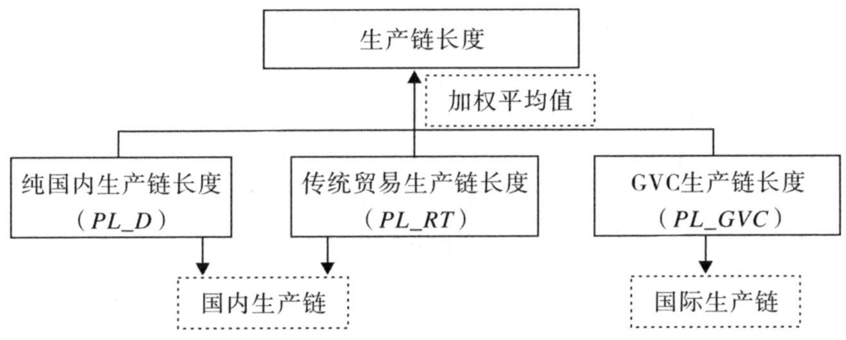


**图 4－17　生产链长度的分解**

此外，Romero（2009）和倪红福（2016）的研究表明，生产链长度的演变来自两种力量：功能分离和空间分离。功能分离是指将生产过程的部分研发、生产、后勤和销售等功能分离出去外包给其他企业；空间分离是指将生产过程中的不同功能分布在国内或国外的不同地区。随着生产技术的发展，生产功能越来碎片化、模块化和标准化，生产过程部分阶段任务或功能可以独立分离出来，这样极大促进了功能分离和空间分离。

生产过程的功能分离和空间分离促使企业可以从事特定功能的专业化生产更容易地嵌入国内价值链和全球价值链。在全球价值链分工体系中，企业可能的路径选择有：同时嵌入国内和全球价值链、从国内价值链转移到全球价值链、从全球价值链回归国内价值链、功能组合与逆全球化并行等。企业的不同选择和战略，促使一个国家和其产业的生产链长度变得与其他国家及其产业不同，在全球价值链中呈现出不同的生产分割模式和演进路径（见表 4－1）。

表 4－1　生产链长度的路径选择与演进机理

| 演进路径 | 表现特征 | 国内生产链长度 | GVC 生产链长度 | 生产链长度 |
|---|---|---|---|---|
| 路径 1：同时嵌入国内和全球价值链 | 跨国公司在全球范围内进行生产功能布局和空间布局，企业专业化从事某一个生产环节或功能，积极嵌入国内和国际生产网络，国内生产分割与国际生产分割呈现互补效应 | 变长 | 变长 | 变长 |
| 路径 2：从国内价值链转移到全球价值链 | 生产过程没有发生功能分离，只有空间分离，产业链向国外转移，国内产业出现空心化，GVC 生产代替了国内生产，国内和国际分工出现替代效应，整体生产链长度变化不确定 | 变短 | 变长 | 变化不确定 |
| 路径 3：从全球价值链回归国内价值链 | 企业的生产链向国内转移，产业回流，国内生产结构复杂度提高，国内生产链变长，国外生产链变短，国内和国际分工出现替代效应，整体生产链长度变化不确定 | 变长 | 变短 | 变化不确定 |
| 路径 4：功能组合与逆全球化并行 | 企业的垂直一体化程度提高，企业兼并收购其上下游企业，多个功能在一个企业内完成，国内和国外的产业分工程度降低，生产复杂程度降低，产业的国内联系和国外联系均下降，出现功能组合与逆全球化并行 | 变短 | 变短 | 变短 |

## 一、中国整体生产链长度的演进路径

从图 4－18 中国整体生产链长度的变化趋势来看，2000—2014 年中国整体生产链长度变长，生产结构复杂程度显著提高，生产链长度从 2000 年的 2.54 增加到 2014 年的 2.89，上升了约 13.78%，其中纯国内生产链长度从 2.32 增长到 2.58，增长了约 11.21%；传统贸易生产链长度从 2.60 增长到

3.02，增长了约16.15%；GVC生产链长度从4.71增长到5.32，增长了约12.95%。这说明：随着中国经济的快速发展，产业分工日益深化、产业关联程度不断增强，国内生产链不断延长；随着改革开放深入推进，中国出口商品的生产结构日益复杂，传统贸易和GVC生产链长度增加；此外，中国通过承接国外产业转移和外商投资，实施“走出去”战略，到海外投资开辟新的市场和生产网络等多种渠道积极嵌入全球价值链，拉长了生产链的国际部分，同时也带动了国内生产链长度的增加，促进了中国整体生产结构复杂程度的提升。

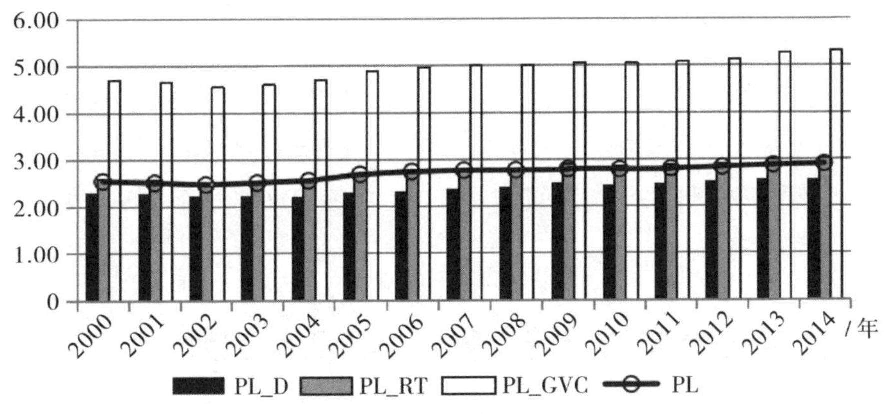


**图4－18　中国整体生产链长度的变化趋势**

资料来源：WIOD 2016数据库和UIBE GVC Index数据库。

从图4－18中看出，中国生产链长度增长的过程并不平坦，2002年中国整体生产链长度及其分解链条长度都出现了较大幅度缩短，2010年有微幅缩短。2002年纯国内和传统贸易生产链长度变短的主要原因可能是国有企业兼并重组导致企业单位数量大幅减少，以前的企业间交易变为企业内部交易，GVC生产链长度下降的可能原因是“911”后恐怖主义蔓延，跨国公司在全球范围内缩减投资，重新进行生产布局，导致生产过程的功能分离和空间分离变缓甚至倒退。2010年的微幅变短主要是因为2008年金融危机后，受中国经济增速下降、欧美经济增长下滑、发达国家“制造业回归”等因素的影响，中国出现了国内中小企业倒闭、跨国公司撤资等现象，从而使得中国纯国内、传统贸易和GVC生产链长度均出现小幅变短，但随着全球经济的复苏，中国经济的稳中向好增长，中国国内企业之间、中国企业与国外企业之间的联系越来越密切，生产链长度又稳步增长。

从图 4 – 18 中国整体生产链长度的分解链条长度来看，GVC 生产链长度远远高于传统贸易和纯国内生产链长度，其中国内纯生产链长度最短。2014 年中国的 GVC 生产链长度是 5. 32，传统贸易和纯国内生产链长度分别是 3. 02 和 2. 58，而在 2000 年这三个生产链长度分别是 4. 71、2. 60 和 2. 32，这说明了中国的生产过程也存在“二元结构”，即参与全球价值链的生产结构更复杂，产业关联更紧密。中国加入世界贸易组织以后，随着运输、信息技术的发展和贸易自由化的进一步深入，交易成本大幅下降，跨国公司在全球进行生产布局，促进生产过程的功能和空间分离加剧，嵌入全球价值链部分的生产分割最为碎片化、生产结构最为复杂。虽然纯国内和传统贸易生产链长度都属于国内生产链，但传统贸易生产链的长度高于纯国内生产链的长度，这进一步说明了中国存在“二元生产结构”，可贸易品部门的分工更细化、更标准化，更容易产生功能和空间的分离，因而传统贸易生产链的长度比纯国内生产链的长度要长。

## 二、中国整体生产链长度变化的影响因素

为了解中国生产链长度变化的影响因素，采用（式 4 – 9）将中国整体的生产链长度变化分解为细分行业生产链长度变化和所有行业产业结构的变化（见表 4 – 2），结果表明：细分行业生产链长度的变化是中国整体的生产链长度变化的主要因素。2001—2014 年细分行业生产链长度变化使得中国整体生产链长度增加了 15. 40%，而所有行业产业结构的变化使得生产链长度减少 1. 59%，两者的合力促使中国的生产链长度增加了 13. 81%。除 2004 年外，其他年份的分解数据也表明：所有行业产业结构变化对中国整体生产链长度变化的影响较小，细分行业生产链长度的变化是中国整体生产链长度变化的主要原因，因此，需要对细分行业的生产链长度演进路径做深入分析。

根据影响因素的不同可以将中国整体生产链长度的变化分为三个阶段。第一阶段：2000—2004 年，产业结构调整增加了所有行业产业结构生产链长度，但细分行业生产链长度变短的影响更大，导致整体生产链长度变短。主要原因是 1998—2003 年的国有企业改革，大批国有企业兼并重组或破产，企

业单位数大幅减少，企业之间的中间品贸易变为企业内部交易，致使细分行业生产链长度变短。第二阶段：2005—2008 年，细分行业生产链长度增加和产业结构调整共同使得中国整体生产链长度增加。此期间中国改革开放步伐加快，进出口贸易规模迅速扩大，发达国家的跨国公司加快向中国进行产业转移，中国成为“世界工厂”，产业分工进一步细化，国内产业之间、国内产业与国际产业之间的联系日益紧密，各细分行业生产链不断延长，同时生产链较长行业在经济中的比重也上升。第三阶段：2009—2014 年，产业结构调整降低了所有行业产业结构的生产链长度，但细分行业生产链长度增加的幅度更大，从而使得整体生产链长度增加。这个时期，生产技术、通信技术和运输技术迅速发展，交易成本有所下降，生产功能越来越模块化、标准化，产业之间的联系增强。

表 4－2　中国整体生产链长度演进的影响因素

| 年份 | 细分行业生产链长度变化的影响 | 所有行业产业结构变化的影响 | 整体生产链长度变化的影响 |
|---|---|---|---|
| 2001 年 | －1. 43% | 0. 09% | －1. 34% |
| 2002 年 | －2. 92% | 0. 09% | －2. 83% |
| 2003 年 | －1. 68% | 0. 31% | －1. 37% |
| 2004 年 | －0. 47% | 0. 84% | 0. 37% |
| 2005 年 | 4. 44% | 1. 16% | 5. 60% |
| 2006 年 | 6. 64% | 1. 17% | 7. 81% |
| 2007 年 | 7. 83% | 0. 92% | 8. 75% |
| 2008 年 | 7. 63% | 1. 26% | 8. 89% |
| 2009 年 | 10. 87% | －1. 13% | 9. 74% |
| 2010 年 | 9. 88% | －0. 53% | 9. 36% |
| 2011 年 | 10. 18% | －0. 21% | 9. 96% |
| 2012 年 | 12. 35% | －1. 25% | 11. 10% |
| 2013 年 | 14. 43% | －1. 58% | 12. 86% |
| 2014 年 | 15. 40% | －1. 59% | 13. 81% |

资料来源：WIOD 2016 数据库和 UIBE GVC Index 数据库。

## 三、中国三大产业在全球价值链中的演进路径

从表4－3中国三大产业生产链长度及变化率可以看出：2000年和2014年制造业的生产链长度最长，制造业较容易进行功能分离与空间分离，其产业链较长，2014年制造业整体生产链长度为3.27；农业的自然属性导致其生产过程相对难以进行功能分离与空间分离，因此其生产链长度比制造业的短；服务业属于无形产品，可贸易性最低，服务业较难以进行生产分割，尤其是国际分割，这就造成了其产业关联度相对较低、生产链长度较短，2014年其整体生产链长度为2.59。

从变化趋势上来看，2000—2014年中国三大产业的纯国内、传统贸易和GVC生产链长度都变长，使得整个生产链长度都变长，符合演进路径1的特征。其中，农业的生产链长度变化最大，而且其国内生产链增长幅度远大于GVC生产链的增长幅度，主要是因为随着农业生产技术科学化、农业机械化和现代化的发展，农业的功能分离加剧，产业间的联系日益密切，生产链不断延长。而制造业的国内生产链增长幅度大于GVC生产链的增长幅度，通过

**表4－3　中国三大产业生产链长度及变化率**

| 项目 | 三大产业 | PL | PL_ D | PL_ RT | PL_ GVC |
|---|---|---|---|---|---|
| 2000年 | 农业 | 2.19 | 2.03 | 3.04 | 4.92 |
| | 制造业 | 2.86 | 2.74 | 2.23 | 4.62 |
| | 服务业 | 2.37 | 2.12 | 2.95 | 4.65 |
| 2014年 | 农业 | 3.05 | 2.79 | 3.66 | 6.35 |
| | 制造业 | 3.27 | 3.09 | 2.55 | 5.03 |
| | 服务业 | 2.59 | 2.27 | 3.28 | 5.25 |
| 变化率 | 农业 | 39.27% | 37.44% | 20.39% | 29.07% |
| | 制造业 | 14.34% | 12.77% | 14.35% | 8.87% |
| | 服务业 | 9.28% | 7.08% | 11.19% | 12.90% |

资料来源：WIOD 2016数据库和UIBE GVC Index数据库。

承接国外产业转移和FDI，中国的GVC生产链增长了8.87%，国内产业之间比国内产业与国外产业之间的分工更加深化、联系更加紧密。服务业的GVC生产链增长幅度大于国内生产链的增长幅度，说明中国服务业与国际产业的联系在加强，越来越多的服务业作为工业制成品的中间投入而参与到全球价值链中。

## 四、中国细分行业生产链长度的演进路径

图4－19是2014年中国各细分行业生产链长度及其分解。从图中可以看出所有细分行业的GVC生产链长度都是最高的，说明各行业嵌入全球价值链生产的功能分离和空间分离最为彻底，生产结构复杂程度最高。大多数细分行业的传统贸易生产链长度高于纯国内生产链长度，这与前面提到的“二元结构”有关，可贸易部门的生产分工和技术水平比非贸易部门要高。具体到细分行业部门，“C04采掘业”的生产链长度为5.06，是所有细分行业中最长的，因为采掘业为全球生产提供原材料，很多行业的生产都离不开采掘业的原材料供应，其国内和GVC生产链都很长。生产链长度超过4.40的还有“C24电、煤气、蒸气和空调供应”（4.60）、“C02林业和伐木业”（4.50）、“C11化学品及化学制品制造”（4.43）和“C10焦炭和精炼石油产品制造”（4.42），这些行业大部分处于全球价值链的上游，为国内企业和国外生产商提供原材料和中间投入品，所以生产链比较长。生产链长度低于2.00的主要集中在服务业和建筑业，包括“C53人体健康和社会工作”（1.11）、“C51管理与国防；强制性社会保障”（1.16）、“C44房地产”（1.19）、“C52教育”（1.22）、“C40计算机程序设计、咨询及相关活动”（1.67）和“C50行政和辅助”（1.85），这些行业大多属于服务业，服务业的不可存储，供应与消费之间的时间、距离都较短，与其他产业之间的联系不紧密，在国际生产中的产业链条相对较短。其中，“C27建筑业”的纯国内生产链较短，传统贸易和GVC生产链较长，甚至高于制造业、农业和服务业，但建筑业的国内增加值比重占到90%以上，导致建筑业的整体生产链长度变短。

各细分行业生产链长度的变化趋势反映了其嵌入全球价值链的路径演进。从2000—2014年中国各细分行业生产链长度的变化（见图4－20）来看，大

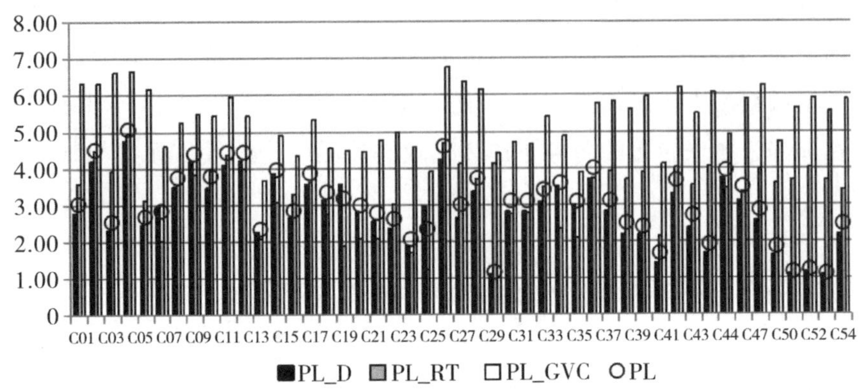


**图 4－19　中国各细分行业生产链长度及其分解（2014 年）**

资料来源：WIOD 2016 数据库和 UIBE GVC Index 数据库。

多数产业的生产过程出现了功能分离和空间分离，国内企业之间的联系和国内产业结构复杂程度提高，积极嵌入全球价值链，国际生产联系加强，国内生产链和 GVC 生产链长度都增加，整个行业的生产链长度也相应增加，即沿着路径 1 演进。

但是有些行业的生产链长度是变短的，包括制造业中的“C20 汽车、挂车和半挂车制造”“C21 其他运输设备制造业”“C25 集水、水处理与水供应”和服务业中的“C39 通信业”“C40 计算机程序设计、咨询及相关活动”“C42 强制性社会保障除外的保险、再保险和养恤金”“C50 行政和辅助”和

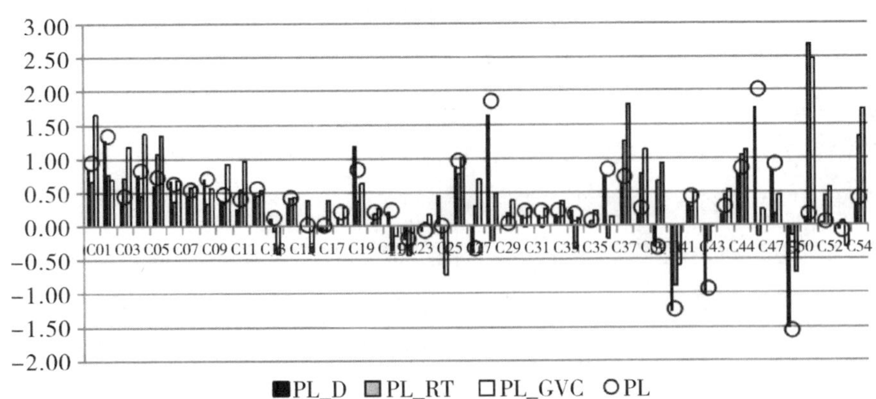


**图 4－20　中国各细分行业生产链长度的变化（2000—2014 年）**

资料来源：WIOD 2016 数据库和 UIBE GVC Index 数据库。

"C53 人体健康和社会工作"，主要原因是其纯国内生产链长度都有所变短，说明这些产业的集中度提高，与国内其他产业之间的联系下降，即沿着路径 2 或路径 4 演进。

对国内各细分行业的生产链长度和 GVC 生产链长度的变化进行分类汇总，可以总结出中国细分行业嵌入全球价值链的演进路径（见表 4-4）。其中，大多数细分行业（C01—C11，C13，C16—C18，C24，C26，C27，C29—C36，C41，C44，C45，C47，C49，C51，C52，C54）在全球价值链体系中是沿路径 1 演进的。加入世界贸易组织以后，中国积极嵌入全球价值链分工体系，吸引了大量外商直接投资，承接了大量国外产业转移和外包，同时，中国也积极"走出去"，从事海外的兼并收购和跨国经营，这些举措大大拉长了中国各细分行业的国际生产链长度，同时也加强了国内产业之间的联系，生产过程的功能和空间分离加速，生产结构复杂程度显著提高，从而使得中国大部分细分行业的生产链长度和纯国内、传统贸易和 GVC 生产链长度都变长了。

但是，有些细分行业出现了国内生产和国际生产的替代效应。其中，细分产业（C21，C25，C39，C15）沿着路径 2 演进，说明它们是国际生产代替了国内生产的，这些行业可能出现了高端制造业向发达国家回流、中低端制造业向其他发展中国家转移的趋势。细分产业（C12，C14，C19，C22）沿着路径 3 演进，是国内生产代替了国际生产，国内生产链长度增加，GVC 生产链长度变短，但增加幅度更大，导致其生产链长度变长，国内生产结构复杂程度提高，其中"C12 基本医药产品和医药制剂制造"国内生产链长度的增加与我国近年来对生物制药、医药研发的支持投入分不开，因为研发活动属于高增加值的活动，如果企业专注于研发，就会将一些加工和生产环节外包给其他企业，从而带动国内整个生产链的延伸。

此外，中国有些细分行业（C20，C40，C42，C50，C53）的生产链长度变短了，其国内和 GVC 生产链也同时变短，说明这些行业的国内和国际生产结构复杂程度降低，产业分工程度下降，从而导致这些产业沿着路径 4 演进。

表 4－4　中国各细分行业在全球价值链的演进路径

| 演进路径 | 国内生产链长度 | GVC 生产链长度 | 生产链长度 | 细分行业 |
| --- | --- | --- | --- | --- |
| 路径 1 | 变长 | 变长 | 变长 | C01—C11，C13，C16—C18，C24，C26，C27，C29—C36，C41，C44，C45，C47，C49，C51，C52，C54 |
| 路径 2 | 变短 | 变长 | 变化不确定 | 变短：C21，C25，C39<br>变化不大：C15 |
| 路径 3 | 变长 | 变短 | 变化不确定 | 变长：C12，C14，C19<br>变化不大：C22 |
| 路径 4 | 变短 | 变短 | 变短 | C20，C40，C42，C50，C53 |

由本节分析得出：

（1）中国整体在全球价值链中是沿路径 1 演进的，即生产链长度增加，国内和 GVC 生产链长度都变长了，这说明中国的国际生产分割与国内生产分割呈现互补效应，生产结构复杂程度显著提升。同时，中国的 GVC 生产链长度远远高于传统贸易和纯国内生产链长度，说明中国的生产分割存在“二元结构”，即参与全球价值链的生产结构更复杂，产业关联更紧密。中国整体生产链长度增加的原因主要是各产业部门生产链长度的增加，受产业结构变化的影响非常小。

（2）中国三大产业在全球价值链中也是沿着路径 1 演进的，三大产业的生产链长度、国内和 GVC 生产链长度都有所增加。其中，制造业的生产链长度大于农业和服务业，农业的生产链长度增加最快，其次是制造业和服务业。而且，农业和制造业的国内生产链长度增加速度快于 GVC 生产链，服务业的国内生产链长度增长幅度低于 GVC 生产链，说明中国的服务业本身开放度虽然低，但作为工业制成品的中间品投入，正伴随着制造业的开放而快速嵌入全球价值链中。

（3）中国各细分行业生产链长度的演进路径有所分化，大多数行业沿着路径 1 演进，但有些细分行业出现了国内生产和国际生产的替代效应，细分行业（C21，C25，C39，C15）是国际生产代替了国内生产，沿路径 2 演进；细分行业（C12，C14，C19，C22）是国内生产代替了国际生产，从而沿着路径 3 演进；细分行业（C20，C40，C42，C50，C53）的国内和 GVC 生产链同时变短，沿着路径 4 演进。

因此，中国在嵌入全球价值链的时候，应调整优化产业结构。一般来讲，生产和消费的中间环节越多，生产链越长，生产结构复杂度就越高。生产结构复杂程度越高，产业结构就越优化。GVC 生产链的国际延伸可以拉动国内生产链的增加，从而提高生产结构复杂程度。此外，还要防范大规模产业外迁的风险，避免国际生产与国内生产的替代效应。中国在嵌入全球价值链体系过程中，有些行业的 GVC 生产链长度增加，但国内生产链长度变短、国内生产结构的复杂度降低，国际生产替代了国内生产，出现了高端产业向发达国家回流、中低端产业向其他发展中国家转移的现象，这种替代效应不利于国内产业结构的优化，应该密切关注外迁产业的动向和了解外迁可能的影响，积极引导高端产业在发达城市集聚、中低端产业向内陆不发达地区转移。

## 第五节　中国制造业在全球价值链中国际分工地位的考察

随着通信和交通运输技术的飞速发展，贸易和投资的便利度日益上升，生产的分散化及经济的全球化成为显著趋势。在全球生产网络中，产品生产的各个环节可以分散到不同的国家和地区来完成，生产链渐渐延伸和扩散，进而形成了新的基于全球价值链（Global Value Chain，GVC）的国际分工体系。在这种国际分工体系下，各个国家和地区之间的竞争不仅仅局限于某一产业的某一产品，还上升到了在全球价值链中的角逐。但由于制造业生产的不同阶段在不同国家和地区被大量地分割，对于一个国家和地区来说，它所出口的最终商品中实际上也包含着大量的中间产品。据国务院发布的数据显示，2016 年我国的货物加工贸易进出口额为 73460 亿元，占据我国同期货物进出口总额的30.2%①。我国的加工贸易流程主要是：从欧盟、日本、韩国和中国台湾等国家和地区进口原材料及零部件等中间产品，通过加工组装后再进行出口。在这一过程中，中国所能创造的增加值非常有限，我们的出口总额中实际上包含着大量的进口中间品价值。甚至，中间产品还可能多次跨越国界，造成大量的“重复计算”，使得传统的基于总贸易额核算方法的国际贸易统计标准在当今全球价值链嵌入的背景下，已经难以用来正确地反映国际贸易的实际情况，特别是难以准确地反映出各个国家和地区在国际分工参与过程中所处的地位和获益程度，从而影响对各个国家竞争力的考察。

因此，本节利用对外经济贸易大学全球价值链研究院基于2016年世界投入产出数据库报表所提供的统计数据，尝试通过“增加值贸易”的统计标准及核算方法，采用Koopman等（2010）提出的“GVC地位指数”（GVC Position Indices），来对中国的制造业及制造业内部各部门在全球价值链中所处的国际分工地位及其演变情况进行深入的考察、研究。

## 一、中国制造业整体在GVC中国际分工地位的变化

表4－5是依据对外经济贸易大学全球价值链研究院GVC－INDEX中WIOD统计数据所计算的于2014年GVC地位指数位列全球前十的经济体以及中国在2000—2014年期间偶数年制造业整体的GVC地位指数，从表中数据可以看出：

表4－5　全球前十位经济体及中国制造业整体GVC地位指数的变化

| 年份 | 2000年 | 2002年 | 2004年 | 2006年 | 2008年 | 2010年 | 2012年 | 2014年 |
|---|---|---|---|---|---|---|---|---|
| 俄罗斯 | 0.501 | 0.488 | 0.525 | 0.528 | 0.531 | 0.551 | 0.531 | 0.511 |
| 美国 | 0.388 | 0.395 | 0.393 | 0.371 | 0.357 | 0.381 | 0.362 | 0.364 |
| 巴西 | 0.349 | 0.339 | 0.339 | 0.345 | 0.334 | 0.368 | 0.369 | 0.356 |
| 印度尼西亚 | 0.298 | 0.321 | 0.344 | 0.370 | 0.370 | 0.381 | 0.362 | 0.355 |

① 数据来源见中华人民共和国中央政府门户网站。

（续表）

| 年份 | 2000 年 | 2002 年 | 2004 年 | 2006 年 | 2008 年 | 2010 年 | 2012 年 | 2014 年 |
|---|---|---|---|---|---|---|---|---|
| 澳大利亚 | 0.366 | 0.353 | 0.353 | 0.374 | 0.368 | 0.385 | 0.375 | 0.349 |
| 挪威 | 0.344 | 0.334 | 0.360 | 0.368 | 0.354 | 0.345 | 0.363 | 0.349 |
| 中国台湾 | 0.209 | 0.243 | 0.256 | 0.268 | 0.284 | 0.274 | 0.273 | 0.312 |
| 日本 | 0.349 | 0.342 | 0.338 | 0.317 | 0.309 | 0.340 | 0.334 | 0.299 |
| 罗马尼亚 | 0.243 | 0.234 | 0.244 | 0.288 | 0.320 | 0.313 | 0.289 | 0.288 |
| 芬兰 | 0.278 | 0.293 | 0.299 | 0.261 | 0.223 | 0.263 | 0.256 | 0.276 |
| 中国 | 0.170（35） | 0.170（35） | 0.144（37） | 0.149（36） | 0.174（35） | 0.185（33） | 0.207（26） | 0.248（16） |
| 附注：（）内的数字为中国制造业 GVC 地位指数在全球中的排名。 | | | | | | | | |

考察世界范围内 GVC 地位指数位列前十的经济体后发现，这些排名靠前的经济体不仅出现了发达经济体，也出现了经济增长较快的发展中经济体。但这些 GVC 地位指数比较高的发展中经济体都有某些自然资源比较丰裕。这说明，一个经济体的制造业在全球价值链中所处国际分工地位的高低与这个经济体的经济发达程度并没有十分必然的联系；另外，自然资源这个要素禀赋的丰裕程度可能对一个经济体的制造业在全球价值链中国际分工地位的高低有着比较重要的影响。

考察 2000—2014 年间偶数年中国的 GVC 地位指数变化趋势可以看到，中国的 GVC 地位指数排名在 2000 年与 2002 年均为全球第 35 位，2004 年下降到第 37 位，在全球价值链中所处的地位非常低。2006 年开始向上回升，2008 年又回升至全球第 35 位。当进入 2010 年以后，中国的 GVC 地位指数有了显著的提高，地位也随之加速上升。2010 年位列全球第 33 名，2012 年则迅速上升到全球第 26 名，时至 2014 年中国的 GVC 地位指数已经显著提升，跃居全球第 16 名。这表明 21 世纪初中国制造业在 GVC 国际分工中的地位一度处于较低位置，但 GVC 地位指数及全球排名大体呈现上升趋势（见图 4－21 及图 4－22），2000—2010 年中国制造业 GVC 地位在小幅滑降后恢复原位，而 2010—2014 年迅速大幅度抬升，在全球中的排名上升了 19 位，但是与全球前 10 位的经济体相比，GVC 地位指数的差距仍然很大。

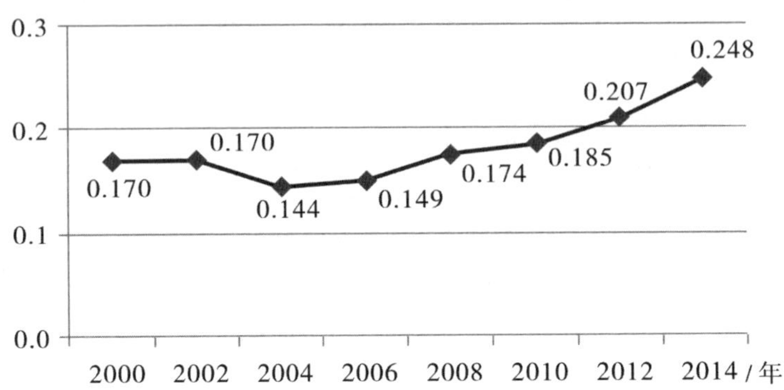


图 4－21　2000—2014 年间中国制造业整体 GVC 地位指数的变化

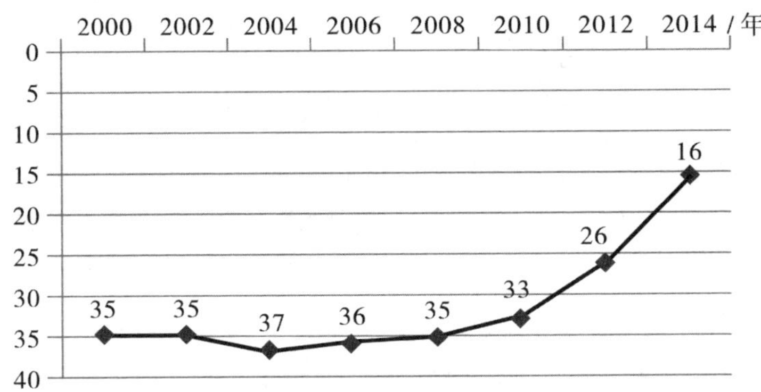


图 4－22　2000—2014 年间中国制造业整体在 GVC 地位指数排名的变化

## 二、中国制造业内部各部门在 GVC 中国际分工地位的变化

根据对外经济贸易大学全球价值链研究院 GVC－INDEX 中 WIOD 的统计数据，选择 2000—2014 年间的偶数年，测算中国制造业内部各个部门的 GVC 地位指数，得出表 4－6 的数据结果，从表 4－6 中数据的变化可以看出：

第一，观察中国制造业内部各部门的 GVC 地位指数，大部分部门［如木材加工与木制品（家具除外）、草制品、编结材料业，橡胶和塑料制品业，纺织品、服装与皮革制品业等］呈现出了与中国制造业整体的 GVC 地位指数走向相似的变化趋势，即在 2000—2004 年 GVC 地位指数略有下降，而 2004 年以后开始逐渐上升，待进入 2010 年后则加速上升；另有少部分部门（如造纸和纸制品业，印刷和记录媒介复制业等），在 2000—2012 年的 GVC 地位指数呈现波动下降趋势，而在 2012 年后有了小幅度的上升。

**表 4－6　中国制造业内部各部门 GVC 地位指数的变化**

| 制造业部门 | 2000 年 | 2002 年 | 2004 年 | 2006 年 | 2008 年 | 2010 年 | 2012 年 | 2014 年 |
|---|---|---|---|---|---|---|---|---|
| 食品、饮料与烟草业 | 0. 070 | 0. 063 | 0. 044 | 0. 038 | 0. 092 | 0. 078 | 0. 097 | 0. 114 |
| 纺织品、服装与皮革制品业 | 0. 020 | 0. 017 | 0. 018 | 0. 021 | 0. 034 | 0. 057 | 0. 082 | 0. 107 |
| 木材加工与木制品（家具除外）、草制品、编结材料业 | 0. 432 | 0. 438 | 0. 429 | 0. 465 | 0. 473 | 0. 489 | 0. 508 | 0. 521 |
| 造纸和纸制品、印刷和记录媒介复制业 | 1. 153 | 1. 147 | 1. 061 | 1. 064 | 1. 029 | 0. 988 | 1. 009 | 1. 036 |
| 焦炭和精炼石油产品的制造业 | 0. 518 | 0. 513 | 0. 475 | 0. 447 | 0. 450 | 0. 410 | 0. 397 | 0. 430 |
| 基础医药产品和医药制剂的制造业 | 0. 268 | 0. 286 | 0. 284 | 0. 302 | 0. 294 | 0. 342 | 0. 349 | 0. 359 |
| 橡胶和塑料制品业 | 0. 350 | 0. 353 | 0. 331 | 0. 360 | 0. 378 | 0. 396 | 0. 422 | 0. 432 |
| 化工产品制造业，非金属矿物制品业 | 0. 901 | 0. 943 | 0. 875 | 0. 918 | 0. 959 | 0. 967 | 0. 995 | 1. 036 |
| 基础金属的制造业，金属制品业（机械与设备除外） | 1. 004 | 0. 999 | 0. 939 | 0. 967 | 0. 956 | 0. 895 | 0. 875 | 0. 928 |
| 电子、电器与光学产品业 | 0. 071 | 0. 067 | 0. 010 | 0. 020 | 0. 034 | 0. 093 | 0. 094 | 0. 158 |

（续表）

| 制造业部门 | 2000 年 | 2002 年 | 2004 年 | 2006 年 | 2008 年 | 2010 年 | 2012 年 | 2014 年 |
|---|---|---|---|---|---|---|---|---|
| 电气设备制造业，电气机械和器材制造业 | 0.326 | 0.321 | 0.241 | 0.298 | 0.314 | 0.341 | 0.406 | 0.457 |
| 运输设备制造业 | 0.385 | 0.499 | 0.383 | 0.353 | 0.374 | 0.270 | 0.264 | 0.416 |
| 家具制造业及其他制造业 | -0.021 | -0.015 | -0.017 | 0.002 | 0.024 | 0.031 | 0.065 | 0.099 |
| 中国制造业整体 | 0.170 | 0.170 | 0.144 | 0.149 | 0.174 | 0.185 | 0.207 | 0.248 |

第二，比较中国制造业内部各部门之间的 GVC 地位指数情况，“技术和资本密集”程度较高的“化工产品制造业，非金属矿物制品业”部门以及“技术和劳动密集”程度较高的“电气设备制造业、电气机械和器材制造业”部门的 GVC 地位指数，都与中国制造业整体 GVC 地位指数趋势相似，大体处于一个缓慢上升的趋势且在进入 2010 年以后以较快的速度提升，并且超过了其他行业的地位提升速度。而“资源密集”程度较高的“造纸和纸制品、印刷和记录媒介复制业”以及“劳动密集”程度比较高的“基础金属的制造，金属制品业（机械与设备除外）”“运输设备制造业”等部门，则处于波动下滑的境地，直至 2012 年以后才有明显的回升。

第三，综观各部门的 GVC 地位指数可以发现，“技术和资本密集”程度较高的“化工产品制造业，非金属矿物制品业”，“资源密集”程度较高的“造纸和纸制品、印刷和记录媒介复制业”以及“劳动密集”程度较高的“基础金属的制造，金属制品业（机械与设备除外）”这些部门的 GVC 地位指数均较高，与以往“中国‘劳动密集’程度较高的制造业部门在 GVC 中的国际分工地位，明显高于‘资本、技术密集’和‘资源密集’程度较高的制造业部门”① 的情况有所不同，后两者的国际分工已经有所提高。

根据以上数据显示及结果分析可知，中国的制造业内部大多数部门在全

① 周升起、兰珍先、付华：《中国制造业在全球价值链国际分工地位再考察——基于 Koopman 等的“GVC 地位指数”》，《国际贸易问题》2014 年第 2 期，第 3－12 页。

球价值链中的国际分工地位与中国制造业整体呈现出了较为相似的演变趋势和特征；而中国制造业内部“资源密集”和“资本、技术密集”程度较高的这些部门在全球价值链中的国际分工地位较之以往，与“劳动密集”程度较高的制造业部门之间的差距在逐渐缩小。

## 三、中国制造业在全球价值链的地位变化

整体而言，2000—2014 年，中国制造业在 GVC 国际分工中的地位经历了一个小幅跌落后逐渐上升，并在 2010 年后实现了大幅度提升，至 2014 年提高了 19 位，位列第 16 名。中国制造业内部的各个部门在 GVC 中的国际分工地位，大多呈现出了与中国制造业整体在 GVC 中国际分工地位演变相似的趋势。20 世纪 90 年代末以及 21 世纪初，中国制造业中“劳动密集”程度较高的部门在 GVC 中的国际分工地位的确是明显地高于“资本、技术密集”和“资源密集”程度较高的制造业部门的。但是如今考察制造业内部不同部门的 GVC 地位指数并进行比较后发现，前者与后两者之间的 GVC 地位指数的差距较之以往已经有所减小。中国制造业中“劳动密集”程度较高的“纺织品、服装与皮革制品业”与“食品、饮料与烟草业”部门以及“技术劳动密集”程度较高的“电子、电器与光学产品”部门在 GVC 中的国际分工地位处于较低位次，这说明，在这些制造业部门中，中国在出口贸易中的进口中间产品增加值与国内生产的中间产品增加值差值很小。这也在一定程度上反映出了这些制造业部门的创意、研发、设计、营销和关键零部件生产等环节的创新能力还有待提高。

伴随着中国工业化水平的不断提升与制造业参与全球价值链国际分工的不断加深，中国制造业在世界范围内的出口规模迅速扩大，制造业出口占全球总出口的比重以及在世界的排名也随之快速提升。2008 年，中国制造业出口占世界总出口的比重在全球范围内已经排名第一，跃居成为制造业出口第一大国，成为名副其实的“世界工厂”。

然而，对比表 4 - 5 与表 4 - 6 的数据结果可以发现，尽管中国制造业出口占全球出口市场比重以及其在全球范围内所列的位次都处于一个比较高的水平，但是这并不意味着中国在 GVC 中国际分工地位中也占据了相应的高

位。而且与之相反，中国制造业在GVC中所处的国际分工地位非常低，进入2010年后才有所改善。也就是说，一国或地区制造业出口规模的扩张，并不一定意味着它的分工地位和利益也会随之增加。

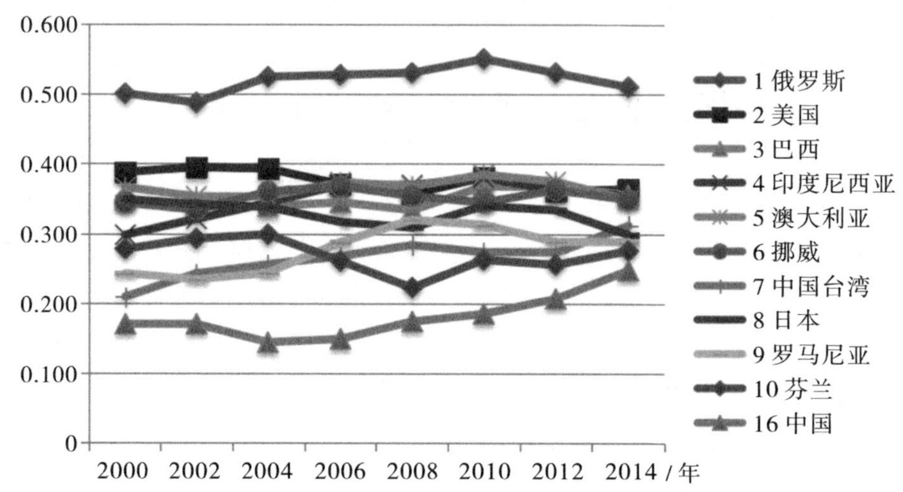


**图4－23　2000—2014年间全球制造业GVC地位指数前十国家和地区**

如图4－23，2000—2014年，美国、日本、芬兰三国的GVC地位指数曲线都呈现出一个“凹”形，在2004—2010年GVC地位指数出现明显下降之后缓慢回升，其他位列全球前十国家和地区的GVC地位指数曲线则呈现出稳定波动起伏的演变趋势。而中国的GVC地位指数曲线则整体呈现出上扬的趋势，在经历了2004年的小幅下降后便快速上升，迅速拉近与全球前列国家和地区的差距。全球制造业的GVC国际分工地位曲线之所以会出现上述演变趋势特征，初步分析可能是与2008年的金融危机、中国的要素禀赋和工业化发展进程以及采取的经济发展战略调整有关。

21世纪初美国的次贷危机从2006年春季开始逐步萌发凸显，到2007年8月席卷并冲击了美国、欧盟和日本等许多全球主要的金融市场。等到2008年9月，美国的次贷危机突然恶化，仅仅一年半的时间，欧美发达国家的金融机构便相继出现了流动性困难和财务危机，全球金融市场陷入混乱，次贷危机迅速演变成了全球性的金融危机，并开始对全球实体经济产生影响。在全球价值链嵌入的背景下，此次金融危机波及范围广、传导速度快，许多发达经济体都受到了波及。面对全球性金融危机在全球的蔓延，中国政府果断宣布实施适度宽松的货币政策和积极的财政政策，扩大了国家内需，促进了经济增长，大幅高效地去极力遏制金融危机对国内和国际经济环境所造成的恶劣影响，使得我国的制造业所受的冲击较发达国家经济体更小，得以在困难和挑战中坚挺，GVC 地位指数逆流而上形成了逐步提升的趋势。

进入 21 世纪，中国的发展日新月异。在经历了数年的要素驱动式增长之后，我国经济增长的要素禀赋结构与以往有所不同。传统的要素禀赋结构下，支持中国经济快速增长的人口红利、体制转轨红利和自然资源红利等都在渐渐地消退。纵观中国制造业的发展，传统的劳动力要素曾推动着中国成为“世界工厂”，但是随着经济的发展及要素价格均等化的经济原理发生实效，中国劳动力市场产生了巨大的变化，劳动力要素成本明显上升。尽管劳动力依然是中国制造业比较优势的重要性因素，但是在新的经济形势下，中国工业化进程一步步加快，资本和技术要素在中国制造业的比较优势中也一定程度上成为新的重要性因素。这使得中国制造业 GVC 地位指数中要素禀赋不同的各部门地位差距较之以往逐渐变小。不过从各行业来看，资本和技术密集型产业的发展还很不充分，如果中国制造业能够在现有“劳动力密集”的禀赋优势上，深度发掘利用技术、资本等要素禀赋，锐意创新，将会有助于扭转部分“劳动力密集”部门在 GVC 地位中的下行趋势，使得中国制造业的 GVC 地位指数达成质的飞跃，继续上升。

为了更加细致地考察各国在全球价值链嵌入背景下的国际分工状况，考虑到两个国家或地区某产业之间可能存在 GVC 地位指数相近的可能，Koopman 等人还进一步研究了全球价值链参与度指数（GVC Participation Indices）来测算一个国家某产业参与 GVC 国际分工的程度高低。

表 4-7 中国制造业 GVC“外向参与度”与“内向参与度”的变化

| 年份 | 2000 年 | 2002 年 | 2004 年 | 2006 年 | 2008 年 | 2010 年 | 2012 年 | 2014 年 |
|---|---|---|---|---|---|---|---|---|
| GVC 参与度［（IV/E）+（FV/E）］ | 0.524 | 0.540 | 0.600 | 0.601 | 0.608 | 0.591 | 0.592 | 0.604 |
| GVC 外向参与度（IV/E） | 0.369 | 0.378 | 0.393 | 0.397 | 0.417 | 0.415 | 0.430 | 0.463 |

（续表）

| 年份 | 2000 年 | 2002 年 | 2004 年 | 2006 年 | 2008 年 | 2010 年 | 2012 年 | 2014 年 |
|---|---|---|---|---|---|---|---|---|
| GVC 内向参与度（FV/E） | 0.155 | 0.162 | 0.207 | 0.204 | 0.191 | 0.176 | 0.162 | 0.141 |
| 外向参与度占总参与度的比重 | 0.704 | 0.7 | 0.655 | 0.661 | 0.686 | 0.702 | 0.726 | 0.767 |
| 内向参与度占总参与度的比重 | 0.296 | 0.3 | 0.345 | 0.339 | 0.314 | 0.298 | 0.274 | 0.233 |

在中国工业化进程的加速推进中，中国制造业的生产能力迅速提升，自然资源要素禀赋紧缺，国内零部件的生产配套能力不敷，研发、设计等高附加值的生产性服务比较落后，这些因素强力制约着中国实施进一步的“出口导向型”发展战略。因此，中国制造业采用“加工贸易”的方式来参与 GVC 国际分工，即扩大进口原材料和零部件以及生产性服务等“中间产品”，同时利用国内制造业来生产并组装“最终产品”然后再进行出口。于是通过表 4－7 中 2000—2004 年的数据我们可以看到“中间产品”进口所占比重［内向参与度（FV/E）］逐渐提高、出口所含比重［外向参与度（IV/E）］也不断降低。此项结果表明以 GVC 地位指数表示的中国制造业分工地位在 2000—2004 年处于下滑趋势。因为这种“成品组装”所能创造的增加值是最低的（见图 4－24）。

中国在“十一五”期间由于对传统的加工贸易有了深入的了解和认识，故从主要依靠出口拉动开始转向靠“消费、投资、出口”三驾马车协调拉动的战略，以此来减少传统的加工贸易对制造业 GVC 国际分工地位和贸易利益带来的不良影响。新的政策对推进技术革新，促进传统加工贸易的转型升级进行重点支持，从而提高国内“中间产品”的生产配套能力和出口能力。在一系列经济发展战略和促进经济发展政策的积极引导下，中国制造业的贸易结构在“十一五”期间有了很大的改变。观察 2006—2014 年中国制造业全球价值链“外向参与度”与“内向参与度”占总参与度的比例，由结果中数值的变化（见表 4－7）可以看出，制造业进口中加工贸易所需的“中间产品”

进口比重（内向参与度）出现下降的趋势，而出口中的“中间产品”比重（外向参与度）则开始有了回升。这一趋势反映出中国制造业以 GVC 地位指数表示的国际分工地位自 2006 年起开始回升。但不可避免地，战略调整和政策实施的效果会存在滞后性和渐进性，因而 2006—2010 年中国制造业在全球价值链中国际分工地位的回升速度是比较缓慢的，而进入 2010 年以后速度则有了明显的提升。

然而，Koopman 等所构建的“GVC 地位指数”也存在着一些缺陷。GVC 一般被“分割”为研发、设计、原料和零部件生产以及供应、成品组装、物流配送、市场营销、售后服务等环节。如图 4 – 24 所示，U 形“微笑曲线”展现了全球价值链中不同环节的增加值高低浮动变化规律。在上文所述的这些环节中，“成品组装”环节实现的增加值是最低的。Koopman 等人的“GVC 地位指数”测算只是考虑到了一个国家中某个产业出口中所包含的外国“上游”环节进口“中间产品”（研发、设计和原料、零部件生产）的增加值，以及为进口国用于“下游”环节的成品组装而出口的“上游”环节“中间产品”的增加值，却没能把“更下游”的“物流配送、市场营销和售后服务”这些环节的增加值也纳入。而在当今的经济形势下，这些“更下游”的环节对于 GVC 国际分工地位和贸易利益分配发挥着越来越重要的作用。这也很有可能是导致按照现有的“GVC 地位指数”测算出的结果中，发展中国家当中

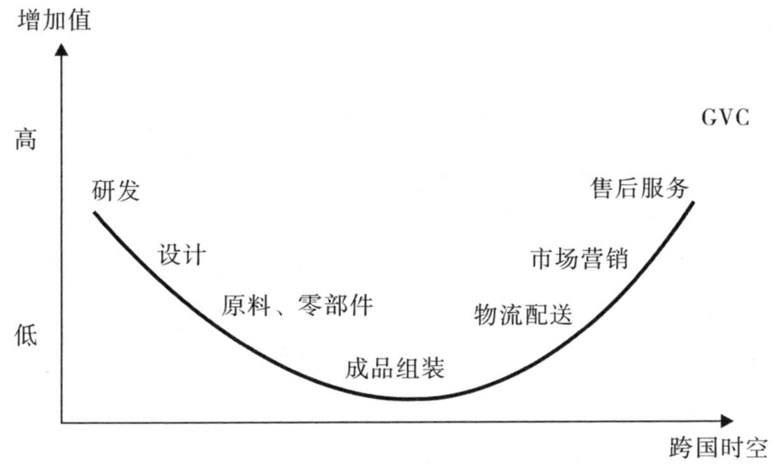


图 4 –24　GVC 增加值的“微笑曲线”

自然资源要素禀赋十分优厚的俄罗斯、巴西等国家的GVC地位指数在国际分工中比大多数发达国家的GVC地位指数还要高的一个重要原因。因为全球价值链中增加值相对更高的“更下游”环节（如物流配送、市场营销、售后服务等）的完成者往往是发达国家的厂商，而这些环节所创造的价值却很难在Koopman等人建立的GVC地位指数中很好地体现出来。因此，如何来建立一个能够更加全面地涵盖全球价值链所有环节增加值，且更加完善、更加准确的“GVC地位指数”，从而可以全面反映某国某产业在GVC国际分工中所处的真实地位，还是一个有待我们深入研究的、富有实践意义的课题。

## 四、中国制造业全球价值链地位的影响因素——基于行业异质性分析

随着全球贸易自由化和经济一体化，国家与国家之间形成了价值链条（GVC）。每个国家按照其比较优势，在全球产业链条中有着不同的地位和作用。然而，全球价值链（GVC）虽然整体上促进了各个国家的福利水平，但也形成了“中心—外围”的全球经济结构。对于外围的国家而言，他们容易陷入低端锁定的发展困境，从而造成了增长的“天花板效应”。有研究表明，以斯里兰卡等南亚国家为例，它们的劳动密集型行业（如纺织业）在GVC中具有比较优势，但却限制了其制造业的发展，使得这些国家被锁定在低端行业中，出现“增长陷阱”现象①。中国的经济已经嵌入全球价值链条中，制造业的国际分工地位在逐渐上升，但仍处于中低端水平。那么，中国制造业的GVC分工影响因素有哪些？哪个因素对制造业不同行业起到了决定性作用？分析这些问题能够帮助中国制造业走出“增长陷阱”，实现产业转型升级，促进中国经济长期稳定增长。

在制造业GVC分工影响因素的研究文献中，学者从资源禀赋和制度优势的角度来分析。一方面，有些文献从绝对比较优势理论和相对比较优势理论出发，认为一个国家的资源禀赋决定了该国的制造业成本，而成本优势有利

① LALL S，WEISS J J K ZHANG，“Regional and Country Sophistication Performance，” *Asian Development Bank Institute Discussion Paper*，2005.

于提高该国的 GVC 分工地位（Erik，2015；杨高举等，2013）。另一方面，有些文献认为一个国家的 GVC 分工地位不仅仅取决于该国的资源状况，更受该国的制度因素影响。如果该国市场自由度高、制度环境优越、法治水平高、社会稳定，那么该国的制造业 GVC 指数也较高，在国际市场中也具备了非常强的竞争优势（张宇燕等，2010；Berkowitz et al.，2006）。

综合来看，这些研究的侧重点为国家间比较和制造业整体比较，而较少涉及制造业差异性分析。基于这种情况，下面将在前述 GVC 指数分析的基础上，分析中国制造业 GVC 分工地位的影响因素，进一步探索影响机制的行业差异性，为中国的产业转型升级提供理论和实证依据。

### （一）GVC 分工的影响机制分析

根据现有文献，影响制造业 GVC 分工的因素主要包括 FDI、市场自由度、人均资本等，影响机制各有不同。我们下面进行具体的分析。

第一，FDI 影响并提升了制造业 GVC 指数。改革开放以来，中国利用自身的优势，把经济嵌入全球经济中，提升了制造业的 GVC 分工地位。加工贸易是中国融入全球经济的主要方式。随着技术进步和经济增长，以美国为首的发达国家推动了全球经济一体化进程，且主导了全球的价值链体系。它们把设计、研发等关键产业留在本土，而把低技术和低回报的产业转移到发展中国家。中国利用资源禀赋优势，大量吸引外商直接投资（FDI），进口国外的原材料，通过加工成成品后再出口到世界各个国家，创造了大量就业，提升了制造业技术水平，促进了经济增长。从传导机制来看，FDI 从两个方面促进了中国制造业 GVC 指数的提升。一方面，FDI 解决了中国的资金缺口。钱纳里和斯特劳特（1966）认为，发展中国家经济增长的瓶颈主要包括储蓄缺口和外汇缺口。而 FDI 能够有效地解决这两个缺口问题，从而促进该国的经济增长。在改革开放初期，中国劳动力资源丰富，农村存在着大量的剩余劳动力，而资本要素却较为短缺。FDI 有效地解决了经济增长的资金缺口问题，推动了中国制造业的发展，加快了城镇化进展，进一步推动了工业化和制造业的进步。另一方面，FDI 技术外溢促进了制造业全要素生产率的提升，带来了 GVC 指数的提升。FDI 带来了发达国家先进的机器设备、管理经验和巨大的海外市场，提升了中国的制造业整体技术水平，提高了中国的生产效率，从而有利于提升中国制造业在全球价值链当中的地位。然而，FDI 也可能对 GVC 指数产生负效应。FDI 有可能把中国锁定在低端的制造业行业，它们主要集中在劳动密集型和资源密集型行业，而较少投入资金密集型和技术密集型行业。劳动密集型行业生产效率低下，对环境的污染较大。中国制造业处于被动地位，从而被发达国家锁定在低端行业，不利于中国制造业整体的转型升级。

第二，资源禀赋状况也影响了中国制造业在国际市场上的分工地位。比较优势理论认为，如果一个国家的劳动力相对价格较低，那么该国的劳动密集型产品成本较低，在其他条件不变的情况下，该国就具备了成本优势，从而有利于增强该行业的国际市场竞争力。如果一个国家的资本相对价格低，那么该国的资金密集型产品成本相对低，资金密集型行业就具备了市场竞争优势，在全球价值链的分工地位也会得到提升。

第三，技术进步也是影响中国制造业分工地位的重要因素。在经济一体化和国际价值链分工体系中，各个国家的生产者在价值链中扮演着不同角色，共同完成最终产品的生产，并把产品销往世界各个地方。因此，企业之间既是合作关系，也是竞争关系。跨国企业为了寻找更低的资源成本，获取高额利润，会把先进技术转移到中国。而中国利用“干中学”效应，不断吸收先进技术和管理经验，并且转换成自己技术，提高制造业整体的技术水平，实现制造业转型升级，提高国家制造业的全球地位。

第四，行业规模也决定了中国制造业分工状况。以克鲁格曼为代表的新贸易学派认为，一个国家产业的竞争优势不一定来源于其资源禀赋。有些国家和地区虽然有很好的资源禀赋条件，但该国的产业竞争力却处于弱势地位。相反，有些国家的资源禀赋条件差，但产业竞争力却很强，在国际产业的分工地位也较高。通过研究发现，如果一个国家存在着规模优势，那么其平均成本也低于其他国家，从而获得很强的竞争优势。因此，一个产业或行业的国际分工地位也依赖于该行业的规模和市场结构。在垄断市场结构下，行业规模越大，企业在生产过程中存在着平均成本递减情况，规模经济和范围经济越能够确保该行业的成本优势，在 GVC 分工地位也会显著提高。

第五，市场开放度也是决定中国制造业在 GVC 分工地位的一个重要因素。随着 40 多年的改革开放，中国的开放程度在不断提升。研究表明，一个国家的市场开放度越高越有利于提高该国的整体经济水平。究其原因，主要体现在以下三个方面：其一，市场开放程度越高，市场在资源配置当中越能起到关键性作用，资源能够得到优化配置，土地、资本和劳动力等资源的利用效率得到了提高，制造业的国际竞争力也会增强。其二，市场开放程度越高，市场竞争越有利于制造业技术的提升。有些企业为了获得竞争优势，会进行技术创新，开发新产品，占领新市场，获得高额的经济利润。市场开放带来了竞争，竞争有利于技术进步，技术进步提高了该国制造业在 GVC 中的话语权。其三，市场开放程度越高，越能吸引国际资本的流入补充该国的资金，提升人均资本数量，提高东道国的劳动生产率，也有利于提升制造业的整体水平。

### （二）中国制造业 GVC 分工地位影响因素的实证分析

我们借鉴了 Long 等（2001）① 和 Sim（2004）② 的分析逻辑，参考了容金霞等（2016）③ 和唐海燕等（2009）④ 的文献，对他们的实证模型进行了简化处理，按照上一节的传导机制理论，把回归模型设定为：

$$gvc_{it} = c_0 + \beta_1 fdi_{it} + \beta_2 cap_{it} + \beta_3 tfp_{it} + \beta_4 sac_{it} + \beta_5 ofm_{it} + \varphi Z_i + \mu_{it} \quad \text{（式 4－14）}$$

其中，$gvc_{it}$ 是指行业 $i$ 在时间 $t$ 期的 $gvc$ 指数，$fdi_{it}$ 是指行业 $i$ 在时间 $t$ 期的 FDI 投入，$cap_{it}$ 行业 $i$ 在时间 $t$ 期的人均资本存量，$tfp_{it}$ 是指行业 $i$ 在时间 $t$ 期的研究投入情况，$sac_{it}$ 是指行业 $i$ 在时间 $t$ 期的行业规模，$ofm_{it}$ 是指行业 $i$ 在时间 $t$ 期的市场开放程度，$Z_i$ 是指各行业的个体效应，$\mu_{it}$ 是误差项，$\beta_1$，$\beta_2$，$\beta_3$，$\beta_4$，$\beta_5$ 是待估计系数，$c_0$ 是常数项。

---

① LONG V N, RIEZMAN R, SOUBEYRAN I. *Fragmentation, Outsourcing and the Service Sector*. CIRANO Working Paper, 2001.

② Sim N C S, "International Production Sharing and Economic Development: Moving Up the Value Chain for A Small Open Economy," *Applied Economics Letters*. 2004(11), pp. 885－889.

③ 容金霞、顾浩：《全球价值链分工地位影响因素分析——基于各国贸易附加值比较的视角》，《国际经济合作》2016 年第 5 期，第 39－46 页。

④ 唐海燕、张会清：《产品内国际分工与发展中国家的价值链提升》，《经济研究》2009 年第 9 期，第 81－93 页。

考虑到各行业 GVC 指数存在着惯性，$t$ 期的 $gvc$ 分工地位受到上一期 $t-1$ 的影响。因此，我们需要把滞后项纳入模型中。此时，回归模型就转变为以下形式：

$$gvc_{it} = c_0 + \theta gvc_{it-1} + \beta_1 fdi_{it} + \beta_2 cap_{it} + \beta_3 tfp_{it} + \beta_4 sac_{it} + \beta_5 ofm_{it} + \varphi Z_i + \mu_{it}$$

（式 4－15）

变量的设定和说明如表 4－8 所示。

表 4－8　变量的说明和定义

| 变量 | 变量定义 | 变量说明 |
|---|---|---|
| 被解释变量 | | |
| $gvc$ | 各行业 $gvc$ 指数 | 各行业在全国价值链分工地位 |
| 解释变量 | | |
| $gvc_{-1}$ | 各行业 $gvc$ 滞后项 | 描述上一期指数对下一期的影响 |
| $fdi$ | 外商直接投资 | 各行业吸引 FDI 程度 |
| $cap$ | 人均资本存量 | 说明各行业的资源禀赋水平 |
| $tfp$ | 研究投入 | 表明各行业技术研发强度 |
| $sac$ | 行业规模 | 表明各行业规模效应和范围经济状况 |
| $ofm$ | 市场开放程度 | 描述制度因素，各行业市场开放程度 |

### 1. 数据说明

（1）行业选择和说明。

从已有参考文献来看，价值链研究的主要数据来源于全球的 ICIO 表，在 WIOD 数据库中又称为 WIOTs①。该表格的制造业行业分类标准是基于联合国的 ISIC② 标准。而中国统计部门实行的是《国民经济行业分类》标准。该标准首次发布时间为 1984 年，在 1994 年和 2002 年分别进行了第一次和第二次修订，2011 年又进行了第三次修订，且在 2017 年再次对分类标准进行修改。

① WIOTs 是指 World Input-Output Tables，即世界投入产出表。

② ISIC 是指 International Standard Industrial Classification of All Economic Activities，即国际标准行业分类。

由于WIOTs每五年更新一次，最新一年的更新时间为2016年。根据这个数据，我们只能获得2015年之前的GVC指数。鉴于此，本文的中国行业分类标准参考了2011年的修订方案，即GB/T 4757—2011。

对外经济贸易大学为了统一国家和国内行业分类，根据WIOD数据库，编制了一套UIBE的GVC指数。本文在UIBE GVC指数行业分类基础上，对比中国统计部门实行的GB/T 4757—2011标准，根据统计数据的可获得性，通过整理和整合相关行业，最终确定了13个制造业行业。这13个制造业行业分别为：食品、饮料与烟草业；纺织品、服装与皮革制品业；木材加工与木制品（家具除外）、草制品、编结材料业；造纸和纸制品、印刷和记录媒介复制业；焦炭和精炼石油产品的制造业；基础医药产品和医药制剂的制造业；橡胶和塑料制品业；化工产品制造业，非金属矿物制品业；基础金属的制造业，金属制品业（机械与设备除外）；电子、电器与光学产品业；电气设备制造业、电气机械和器材制造业；运输设备制造业；家具制造业及其他制造业。

（2）数据来源说明。

*gvc*指数，本文根据KPWW法，基于UIBE-GVC数据库数据，通过计算整理获得了2003—2014年13个制造业行业GVC数据。

*fdi*是指外商直接投资水平，由于中国统计年鉴没有制造业各行业FDI数据。我们参考了康淑娟（2018）① 的处理方式，利用外商资本金除以实收资本，即$fdi = \frac{外商资本}{实收资本}$，时间跨度为2003—2014年，数据来源于中国统计年鉴。

*cap*表示人均资本存量，描述各行业资源禀赋状况，它等于各行业资本存量（$K$）除以就业人数（L）。为了数据的统一，我们进行对数化处理，即$cap_{it} = \ln\left(\frac{t期i行业总资本}{t期i行业劳动力数量}\right)$。资本存量采取永续存盘法，即$K_t = I_t + (1-\delta)\cdot K_{t-1}$，其中$K_t$是指$t$期的资本存量，$I_t$是指$t$期的固定资产投资，$\delta$是

① 康淑娟：《行业异质性视角下的中国制造业在全球价值链中的地位及影响因素》，《国际商务》2018年第4期，第74-85页。

指折旧率，现有文献一般把折旧率设为5%。但中国入世以来，经济增长发展迅速，机器设备等资本折旧率较高，5%的折旧率不符合实际情况，因此我们把折旧率设为10%，$K_{t-1}$ 是指 $t-1$ 期的资本存量。需要指出的是，设2002年为基期。我们考虑了通货膨胀因素，$I_t$ 经过通货膨胀指数进行平滑处理。数据来源方面，固定资产投资数据来源于历年《中国工业经济统计年鉴》和《中国统计年鉴》，制造业各行业的就业数据来源于历年的《中国人口和就业统计年鉴》以及《中国统计年鉴》。

*tfp* 是指各行业投入强度。由于缺乏各行业研发投入金额数据，我们只能考虑替代数据。参考其他研究文献，我们利用各行业的研究人员数量处于总就业人员数量中的占比，来反映一个行业的研发水平。行业中研究人员所占比重越大，表示该行业的研发投入越多，研究强度也越强。数据来源于历年的《中国科技统计年鉴》和《中国工业经济统计年鉴》。

*sac* 是指各行业的规模。由于缺乏各行业增加值数据，我们选择其他指标来衡量各行业规模。根据历年《中国统计年鉴》和《中国工业经济统计年鉴》，我们选择了规模以上工业企业工业销售产值来衡量行业规模。各个行业的规模指标可表示为该行业的销售产值在整个制造业销售产值的比重，即第 $i$ 行业的 *sac* 可用以下公式表示：$sac_{it}=\frac{t\text{期}i\text{行业的销售产值}}{t\text{期制造业销售产值}}$。

*ofm* 用于说明各行业市场开放程度。我们参考了唐宜红和张鹏杨（2018）① 的文献，利用“三资”企业总资产除以规模以上企业总资产来衡量，即 $ofm_{it}=\frac{t\text{期}i\text{行业“三资”企业总资产}}{t\text{期}i\text{行业企业总资产}}$，其中“三资”企业是指私营企业、外商企业和港台澳企业。数据来源于历年《中国统计年鉴》和《中国工业经济统计年鉴》。

各变量的描述性统计如表4－9所示。

---

① 唐宜红、张鹏杨：《中国企业嵌入全球生产链的位置及变动机制研究》，《管理世界》2018年第5期，第28－46页。

表 4－9　变量的描述性统计

| 变量 | 最大值 | 最小值 | 均值 | 标准差 | 方差 |
|---|---|---|---|---|---|
| *gvc* | 0. 831 | －0. 073 | 0. 308 | 0. 199 | 0. 040 |
| *fdi* | 0. 562 | 0. 031 | 0. 204 | 0. 190 | 0. 032 |
| *cap* | 3. 049 | 1. 023 | 1. 963 | 0. 882 | 0. 080 |
| *tfp* | 0. 866 | 0. 041 | 0. 358 | 0. 232 | 0. 055 |
| *sac* | 0. 255 | 0. 073 | 0. 096 | 0. 113 | 0. 008 |
| *ofm* | 0. 720 | 0. 002 | 0. 314 | 0. 139 | 0. 031 |

## 2. 变量平稳性检验

我们采取了 2003—2014 年 13 个制造业行业的数据。2007 年美国发生了次贷危机，并蔓延到其他国家，为了防止异方差对模型估计的影响，我们去除了 2007 年数据。由于实证数据为长面板数据，变量可能是不平稳的，从而估计结果可能存在偏误。因此，我们需要对各变量的数据进行平稳性检验和处理，采取的方法为 ADF 检验法。检验结果如表 4－10 所示。

表 4－10　单位根检验结果

| 变量 | 检验方式 | ADF 统计量 | P 值 | 结论 |
|---|---|---|---|---|
| *gvc* | (0,0,0) | 1. 722 | 0. 308 | 不平稳 |
| Δ*gvc* | (0,0,1) | 3. 491 | 0. 021 | 平稳 |
| *fdi* | (0,0,0) | 0. 538 | 0. 604 | 不平稳 |
| Δ*fdi* | (0,0,1) | 5. 450 | 0. 000 | 平稳 |
| *cap* | (0,0,0) | 1. 636 | 0. 120 | 不平稳 |
| Δ*cap* | (0,0,1) | 7. 284 | 0. 000 | 平稳 |
| *tfp* | (0,0,0) | 0. 635 | 0. 587 | 不平稳 |
| Δ*tfp* | (0,0,1) | 8. 937 | 0. 000 | 平稳 |
| *sac* | (0,0,0) | 0. 703 | 0. 448 | 不平稳 |
| Δ*sac* | (0,0,1) | 8. 359 | 0. 000 | 平稳 |
| *ofm* | (0,0,0) | 4. 772 | 0. 000 | 平稳 |

从检验结果来看，除了 *ofm* 变量是平稳的数据之外，其他变量都是非平稳数据，但它们经过一阶差分处理之后，都是平稳数据，即它们是一阶单整数据。由于不是所有的变量都是一阶单整的，因此无须进行协整检验。

3. 实证回归结果

面板数据模型主要包括变截距模型和变系数模型。其中，变截距面板模型又可分为固定效应面板模型和随机效应面板模型。因此，在做回归之前，我们需要运用 Hausman 方法对模型的效应进行检验，检验结果如表 4－11 所示。检验结果拒绝了原假设，即模型不存在固定效应。因此，本文应该采取变截距的固定效应面板模型。

表 4－11 Hausman 统计量检验

| *Test Summary* | $\chi^2$ 值 | P 值 | 结论 |
|---|---|---|---|
| *Cross － section random* | 37.430 | 0.000 | 拒绝原假设 |

考虑到被解释变量和解释变量之间存在着较强的内生性。比如，FDI 和价值链分工之间具有反向关系，一方面，FDI 影响了制造业的价值链分工地位，另一方面，价值链分工地位对 FDI 产生影响。其外，我们虽然考察了五个因素对价值链分工的影响，但价值链分工地位的影响因素众多，难免存在一些遗漏变量问题。因此，如果采用 OLS 方法对模型进行估计，系数的估计值难免出现偏误情况。为了解决这个问题，本文将采取两步系统 GMM（Two-step System GMM）估计方法。相对于 OLS 估计方法，该方法把差分方程和水平方程的滞后项当作工具变量，解决了方程的内生性矛盾问题。两步系统 GMM 估计方法的有效性需要满足两个条件：一是差分残差项只能是一阶序列相关；二是滞后项作为工具变量，工具变量不能过度识别，即 *Sargan-Test* 检验方法对应的 P 值需要高于 5%，也就是说拒绝原假设。为了符合这两大条件，本节将最可能限制工具变量的滞后阶数，仅仅选择滞后两阶当作工具变量，回归结果如表 4－12 所示。

表 4-12　各行业 GVC 指数影响因素的回归结果

| 变量 | 固定效应（FE） | 差分 GMM | 两步系统 GMM |
|---|---|---|---|
| $gvc_{-1}$ | 0.034* (0.002) | 0.018** (0.003) | 0.016** (0.003) |
| *fdi* | 0.047* (0.003) | 0.026* (0.003) | 0.024* (0.003) |
| *cap* | 0.004 (0.004) | 0.002* (0.003) | 0.004 (0.003) |
| *tfp* | 0.033** (0.010) | 0.066** (0.023) | 0.043** (0.008) |
| *sac* | -0.022 (0.006) | -0.017 (0.006) | -0.010 (0.005) |
| *ofm* | 0.013* (0.003) | 0.011* (0.003) | 0.011* (0.003) |
| 常数项 $c_0$ | 0.113** (0.021) | 0.601** (0.038) | 0.731** (0.044) |
| *Sargan - Test* | — | 0.233 | 0.184 |
| *AR*(1) | — | — | 0.027 |
| *AR*(2) | — | — | 0.235 |

注：其中*，**，**分别表示显著水平为10%，5%和1%；括号内的值为估计量的标准差；*AR*(1)、*AR*(2)和 Sargan - *Test* 行里的数为 P 值。

通过回归结果，我们发现 FDI、研发投入和市场开放度对各行业 GVC 分工起到了显著的作用，而行业规模和资源禀赋对制造业分工地位影响不大。下面我们分别对各因素的影响进行说明。

首先，$gvc_{-1}$ 回归系数为正且在5%水平下显著，说明上一期的 GVC 对本期的 GVC 指数存在着正效应。这也说明了制造业各行业的分工是长期形成的，并不是短期行为。因此，一旦国家或地区通过努力，在 GVC 中扮演了重要的地位，那么其位置很难被取代。对于中国而言，经过了几十年的改革开放，整体上看各行业的 GVC 指数都有所提升，在全球价值链的地位也提高了，这是一个长期过程。通过自身改革和进步，中国能够保持在 GVC 中的位置，并逐步提高。

其次，*fdi* 的回归系数为正且通过了显著性检验。这表明外商直接投资提升了中国的 GVC 地位。一方面，FDI 解决了融资困境，能够为各行业 GVC 的提升提供资金支持。另一方面，FDI 带来了先进的设备和管理技术，对中国各行业存在着技术溢出效应和学习效应，从而提高了各行业的 GVC 地位。纵观中国 40 年的改革开放，特别是入世以后，中国企业通过中间品和半产品方式嵌入全球价值链中，推动了全球经济一体化进程。而跨国公司通过 FDI 途径，实现了其在全球的布局，同时也把技术和经验传递给中国，中国通过“干中学”效应和自身吸收创新等方式，提升自己在全球价值链分工中的地位。因此，综合来看，FDI 对中国制造业分工起到了积极作用。

再次，*tfp* 的回归系数为正且在 5% 水平下显著。这说明各行业的研究投入对 GVC 地位的提升起到了非常明显的正效应。从全球价值链的动态变化来看，技术水平和研发能力决定了 GVC 的分工和地位。如果一个行业的技术水平越高，研发能力越强，那么其在全球价值链中越无法被替代，地位也越高。反之亦然，如果一个行业的技术水平越低，研究能力越弱，那么它在 GVC 中的地位越容易被其他国家或地区所取代，缺乏话语权，在 GVC 中处于较低位置且难以提高。

另外，*ofm* 的回归系数为正且通过了 10% 水平下的显著性检验。这表明市场开放程度对各行业 GVC 地位的提升起到了促进作用。市场开放程度越高，市场手段对资源配置的决定性就越强，有利于劳动力、资本等生产要素的全球化配置，降低产品的生产成本，形成巨大的成本优势，从而保证其在 GVC 当中的地位。相反，如果一个行业开放程度较低，就会形成垄断市场格局，垄断企业通过价格歧视，获得超额经济利润，剥夺消费者剩余。垄断企业为了保证自己的市场地位，可能采取寻租手段，而非创新手段，从而不利于整个行业效率提升，降低其在全球价值链中的地位和作用。

最后，*cap* 和 *sac* 的系数没有通过显著性检验，这说明人均资本和行业规模对行业 GVC 指数影响并不明显。一方面，行业的人均资本存量越高，并不代表其竞争力就越强，其地位和作用也容易被替代，优势也容易丧失。人均资本存量并不能形成某个行业的长期竞争能力。另一方面，行业规模越大，也不代表行业的竞争力越强，在 GVC 地位就越高。如果没有技术创新和体制改革，中国各行业可能形成“大而不强”的格局，甚至被锁定在低端位置，不利于中国的转型升级。

### （三）基于行业异质性的进一步分析

已有研究表明，中国三大产业的 GVC 分工地位各不相同，且各个因素对各产业的影响也各不相同。行业异质性不仅仅存在于农业、制造业和服务业之间，而且制造业内部各行业也存在着差异。各影响因素对不同行业的影响大小、方向、程度各不相同。因此，我们有必要对制造业内部各行业进行分析。

在进行分析之前，我们需要对制造业各行业进行分类。按照生产要素相对密集程度，我们借鉴了邱斌等（2012）①、杨高举等（2013）② 的分类方法，把行业分为劳动密集型、资本密集型和技术密集型。各类型所包含的行业如表 4－13 所示。

**表 4－13　制造业各行业的分类**

| | |
|---|---|
| 劳动密集型 | 纺织品、服装与皮革制品业 |
| | 木材加工与木制品（家具除外）、草制品、编结材料业 |
| | 造纸和纸制品、印刷和记录媒介复制业 |
| | 家具制造业及其他制造业 |
| | 食品、饮料与烟草业 |

① 周升起、兰珍先、付华：《中国制造业在全球价值链国际分工地位再考察——基于 Koopman 等的“GVC 地位指数”》，《国际贸易问题》2014 年第 2 期，第 3－12 页。

② 杨高举、黄先海：《内部动力与发后国分工地位升级——来自中国高技术产业的证据》，《中国社会科学》2013 年第 2 期，第 25－45 页。

（续表）

| | |
|---|---|
| 资本密集型 | 焦炭和精炼石油产品的制造业 |
| | 橡胶和塑料制品业 |
| | 化工产品制造业，非金属矿物制品业 |
| | 基础金属的制造业，金属制品业（机械与设备除外） |
| 技术密集型 | 基础医药产品和医药制剂的制造业 |
| | 电子、电器与光学产品业 |
| | 电气设备制造业、电气机械和器材制造业 |
| | 运输设备制造业 |

我们按照两步系统 GMM 估计方法，把样本分为三类，分别进行回归，结果见表 4－14。

表 4－14　分类回归结果

| 变量 | 劳动密集型 | 资本密集型 | 技术密集型 |
|---|---|---|---|
| $gvc_{-1}$ | 0.020** (0.007) | 0.010** (0.004) | 0.011** (0.003) |
| *fdi* | 0.007* (0.004) | 0.044* (0.005) | 0.000 (0.001) |
| *cap* | 0.002 (0.002) | 0.006 (0.003) | 0.004 (0.003) |
| *tfp* | 0.022 (0.006) | 0.035** (0.006) | 0.054** (0.008) |
| *sac* | −0.000 (0.004) | 0.006* (0.004) | −0.014 (0.006) |
| *ofm* | 0.002 (0.002) | 0.020* (0.005) | 0.011* (0.003) |

（续表）

| 变量 | 劳动密集型 | 资本密集型 | 技术密集型 |
|---|---|---|---|
| 常数项 $c_0$ | 0.911** (0.088) | 0.163 (0.012) | 0.438 (0.056) |
| *Sargan - Test* | 0.643 | 0.278 | 0.300 |
| *AR*(1) | 0.094 | 0.001 | 0.353 |

注：其中*，**，**分别表示显著水平为10%，5%和1%；括号内的值为估计量的标准差；*AR*(1)、*AR*(2)和*Sargan - Test*行里的数为P值。

根据回归结果，我们发现FDI、人均资本、研发投入、行业规模和市场开放度对不同类型的行业影响存在着明显区别，下面我们进行进一步分析。

首先，三类行业的$gvc_{-1}$都为正且通过显著性检验。这说明各类行业在全球价值链的地位和分工都是具有延续性的。分工和地位都是经过长期努力而形成的，并不是一朝一夕能够形成的。

FDI对劳动密集型和资本密集型行业产生了显著的正效应，而对技术密集型的影响不明显。究其原因，这是因为中国的贸易方式是以中间品嵌入全球贸易体系，FDI投入中国资源禀赋较为丰富的领域，从而带动了这些行业的发展，提高了这些行业的GVC地位和重要性。而对于技术密集型行业而言，一方面跨国公司为了保持自己的技术领先地位，把研发核心部门留在母国，并没有转移到中国，从而限制了中国的高技术领域的进步；另一方面，经过几年的经济增长和技术进步，中国的常规技术与国外的差距也在缩小，一般的FDI并不能带来更为先进的技术，对技术密集型行业的GVC分工地位提升也有限。在未来的发展中，中国更需要优化创新环境，通过自我创新来提升技术水平，提高在全球价值链当中的地位和作用。

技术研发强度（tfp）对资本密集型和技术密集型行业有显著的正效应，而对劳动密集型行业的影响不大。对于劳动密集型而言，生产要素成本对GVC分工起到了非常大的作用，特别是劳动力成本。此外，劳动密集型行业对技术的要求也不高，产业链短，容易被其他国家或地区替代。近年来，随着中国生产成本的上涨，服装纺织等劳动密集型行业也转移至东南亚国家，从而降低了中国在GVC分工中的地位。而对于资本密集型和技术密集型行业而言，技术水平决定了其在 GVC 中的地位和作用，对 GVC 影响也是非常大的。这迫使中国进行产业转型，优化行业结构，淘汰落后行业，培育优势行业，重构中国在全球市场中的地位和优势。

行业规模（sac）对资本密集型行业产生了显著正效应，而对劳动密集型和技术密集型影响甚微。对于资本密集型行业而言，当规模扩大，增加产量能够使得长期平均成本向下移动，实现规模经济。而且，随着产业链的延长，行业间会出现协同效应，企业内部也能够形成范围经济，从而导致平均成本的降低，提升这些行业在全球价值链分工中的地位和作用。而对于技术密集型行业而言，行业规模的扩大并不一定能带来技术的进步。行业规模对其影响也是有限的。

对于市场开放度变量（ofm），资本密集型和技术密集型的系数都为正，且在10%水平下显著，而劳动密集型的系数没有通过显著性检验。市场开放度的提升，让更多主体参与市场，增强市场竞争能力，能够激发国内企业的积极性，增强其危机意识，通过创新，降低企业成本，提高技术水平，从而带动整个行业的发展，提高这些行业在国际市场当中的竞争力，增强了行业的国家话语权。因此，中国制造业要实现结构调整和转型升级，必须进一步实行开放，深化改革，特别是进行关键领域的国有企业改革，激发内生动力，释放改革红利，促进经济增长。

## （四）结论及政策建议

### 1. 结论

运用 Koopman GVC 分工地位指数，测度了中国制造业及其各行业在全球价值链中的分工和地位，并采用动态面板数据模型，实证分析了 GVC 指数的影响因素，探讨了影响的行业异质性，得到了以下结论。

第一，整体而言，中国制造业在 GVC 国际分工中的地位经历了一个小幅跌落后逐渐上升。中国制造业内部的各个部门在 GVC 中的国际分工地位呈现出了相似的趋势。

第二，中国制造业 GVC 分工的角色是经过长期演变而形成的，并不是一蹴而就的。同样，GVC 分工的提高也是个逐渐的过程，需要经过几年甚至几十年的努力来获取。

第三，FDI 对中国制造业各行业的 GVC 分工起到了积极的效应。研究投入强度对 GVC 地位的提升起到了非常明显的正效应。市场开放程度对各行业 GVC 地位的提升起到了积极作用。

第四，各因素对不同行业 GVC 地位的影响具有明显的异质性。其中，FDI 对劳动密集型和资本密集型行业产生了显著的正效应，而对技术密集型的影响并不明显。技术研发强度对资本密集型和技术密集型行业有显著的正效应，而对劳动密集型行业的影响不太显著。行业规模对资本密集型行业产生了显著正效应，而对劳动密集型和技术密集型影响甚微。市场开放度对资本密集型和技术密集型行业起到了显著的正效应。

**2. 政策建议**

从本文结论来看，制造业分工地位的影响因素主要包括 FDI、技术研发和市场开放度。这就说明中国应该进一步开放，改善经营环境，加强技术研发能力，积极“走出去”，打造中国品牌，提高制造业及其各行业在 GVC 当中的作用和地位。具体来看，中国应该从以下几个方面入手，提升制造业在国际当中的地位。

（1）继续深化改革，释放改革红利，重构制造业比较优势。

改革开放 40 年来，中国以加工贸易方式嵌入全球产业链中，依靠的是农村大量的剩余劳动力。然而，随着中国出生率的持续下降，人口结构老龄化，人口红利优势在消失，劳动力成本和资源成本在上升，导致中国制造业竞争优势弱化。针对这种局面，中国必须深化改革，打破利益集团阻碍，进一步推动市场化改革。首先，中国需要凝聚改革共识，改变固定思想，转变落后观念，打破既得利益集团，释放全民改革动力；其次，进一步推动国有企业改革，增加市场竞争主体，让资源配置效率更优化，提升国有企业市场活力，推动中国制造业不断发展；最后是完善市场经营环境，减低企业的非生产性成本，减少行政审批手续，为企业减负，从而推动中国制造业转型升级。

（2）利用国内外资源，提升中国制造业的技术水平。

科技进步和创新是中国制造业转型升级的必经之路。制造业的技术进步来源于两个方面。一是通过“干中学”，引进国外先进技术，学习和内化成自我技术；二是关键领域的技术要依靠自我创新。鉴于此，中国应从以下方面着手努力。首先，改善中国经营环境，吸引国外先进的商企直接投资，从而提升我国的制造业技术水平；其次，中国应该积极“走出去”，通过收购并购等方式，吸收国外成熟和先进的技术，再通过溢出效应，带动中国制造业技术进步；最后，改革科研人才管理和激励机制，以市场为导向，推动中国产学研一体化建设，促进创新要素和资本要素相互协调，鼓励科研人员参与到制造业生产中，创造条件尽快实现专利的市场化。此外，加强中国知识产权保护，健全知识产权法律体系，打击造假制假行为，为中国的科技进步和技术创新创造良好的制度和法律保障。

（3）不同密集度产业采取不同的产业政策，实现不同转型升级路径。

从研究来看，中国制造业 GVC 指数虽然有所上升，参与度有明显的加强。但各个行业的地位和参与度各有不同，因此应该按照行业的不同情况采用不同的转型升级政策，实现整个制造业的转型升级。

具体来看，虽然中低技术行业在全球价值链中已经跃居中游，有些行业还处于上游地位，但这些行业的发展还是基于“三来一补”的增长路径。随着中国劳动力成本上升，环境污染日益严重，这些行业的竞争力也出现弱化。对于这些行业，中国应该积极把产业链通过 OFDI 方式转移至东南亚国家，把这些国家纳入中国产业体系。并且，在这些行业积累了技术和经验之后，应该积极提升企业文化，创造中国品牌，开拓国内和国际市场。

对于中高技术行业，这些行业在国际分工中仍处于中下游。由于发达国家对中国的技术封锁，关键技术只能通过自我创新和研发。因此，对于这些行业，政府应该完善创新机制，鼓励和支持企业执行关键技术攻坚，提高自我创新和研发能力，并且积极参与国际规则制定，提高自我话语权，提升中国制造业在 GVC 指数当中的作用和地位。

（4）构建国家价值链体系，促进东中西部区域合作，促进制造业转型升级。

中国通过给外资诸多优惠政策，大量吸引外资，从而融入全球价值链体系中。但跨国公司利用 FDI 途径渗透中国市场，把中国某些行业锁定在价值链中低端水平。应该看到的是，经过 40 多年的发展，中国形成了比较完整的工业体系，国内市场规模大，并且东西部之间差异性大，这也为中国构建国家价值链体系创造了条件。我国应该利用东部地区丰富的资本和企业家资源、中部地区较多的劳动力资源和西部地区优良的自然环境，构建以东部区域为前沿技术研发、中部区域为中下游产业衔接基地、西部区域为桥梁的雁型阶梯形转移路径，避免出现产业空心化现象。此外，中国应该积极把产业扩展至东南亚国家，形成以中国国内制造业为中心的产业链体系，从而重构和增强中国制造业优势，提升国际竞争力水平。

## 第六节　中国服务业在全球价值链中的地位和竞争力的国际比较

全球价值链的发展和重构影响了全球贸易格局。当前服务业已经占到全球经济总量的60%以上，全球贸易结构正逐步向服务贸易倾斜，服务贸易已成为全球贸易新的增长点。无论是传统的比较优势理论，还是深入企业和产品层面的新新贸易理论，都提出一国的服务出口竞争力取决于服务产业的发展水平。“十三五”期间，我国正推动以服务业为主导的产业结构转型升级，而目前各服务行业正在经历前所未有的生产环节分割和国际化布局，在参与全球价值链的分工与合作中，中国更加注重发展服务业，培育向全球价值链高端延伸的竞争新优势。

服务业和服务贸易的发展一直备受国内外学者的关注。Francois 和 Hoekman（2010）从产业增长和贸易波动两个角度，在理论上探讨了各种因素对服务业和服务贸易的影响。Chen 和 Whalley（2014）则用数据全面分析了 10 多年来中国服务贸易的发展情况，指出中国服务贸易落后于货物贸易，国家应采取政策发挥服务贸易对经济增长、就业、技术扩散的拉动作用。陈虹和章国荣（2010）利用国际市场占有率指数、TC 指数和 RCA 指数分析了我国服务贸易发展的现状，并进行了相关国际比较，结果表明我国服务贸易整体国际竞争力较低，但近年来国际竞争力呈现出上升趋势。裴长洪和杨志远（2012）通过探讨服务业与服务贸易相关性的影响因素，指出科技创新、FDI 和制度变革是造成服务贸易增长快于服务产业增长的主要原因。毛艳华和李敬子（2015）通过引入服务企业异质性假设，在产业垂直关联下构建两国框架的服务企业贸易模型，证明中国整体服务出口存在显著的本地市场效应，从而提出通过培育内需市场，充分发挥服务业发展的规模经济效应，可以实现扩大中国服务出口和扭转服务贸易逆差的战略目标。刘艳和李文秀（2016）基于附加值贸易框架测算了1995—2011年中国服务业的显示性比较优势指数，并与传统贸易核算法进行了对比分析，其测算结果表明：无论是传统贸易核算法还是附加值贸易核算法，中国服务业整体都呈现出显著的持续性比较劣势，国际竞争力薄弱。

随着对全球价值链研究的深入，一些学者开始尝试构建相应的指标来衡量一国整体及其产业在全球价值链中的地位。Neilson等（2014）和聂聆（2016）分别对全球价值链的相关研究进行了梳理和述评。Dedrick等（2010）以IPod和PCs为例，证明了专注于管理研发、软件、系统集成、市场营销、设计、品牌、物流和金融业等高增加值活动的美国等发达国家获得了产品价值的主要部分，而主要从事装配、测试和包装活动的中国等发展中国家只能获得较少的产品价值收入。王岚和李宏艳（2015）通过构建和测算价值链地位指数、增值能力指数和价值链获利能力指数，分析了1995—2011年中国不同技术水平的制造业融入全球价值链的路径及其演进特征。王厚双等（2015）采用WTO和OECD联合发布的TiVA统计数据，测算和对比了1995—2009年中国与其他九国的服务业在全球价值链分工中的地位和参与程度，结果表明中国服务业整体的全球价值链地位指数呈先下降后上升的趋势，但与其他国家相比差距仍然较大。刘洪铎和曹瑜强（2016）采用行业上游度指标，对1995—2011年中美两国在全球价值链上的分工地位进行测度及比较研究。结果表明，中国整体及大部分行业的上游度指数均明显大于美国，这意味着中国整体以及大部分行业相对于美国位于全球价值链的偏上游位置，中国整体的上游度指数在迂回波动中趋于上升，而美国的上游度指数则呈下降走势。乔小勇等（2017）采用TiVA统计数据，对比分析了我国服务业及其细分行业在全球价值链中的发展现状、趋势及特征。结果表明，全球价值链地位指数、参与度指数与服务业贸易规模没有明显的正向线性相关关系，中国服务业在全球价值链中总体上还处于中下游位置，中国具有显性比较优势的服务业细分行业主要集中于传统服务业层面。李惠娟和蔡伟宏（2017）基于增加值贸易测算了中美两国服务贸易的GVC地位指数，结果显示：中国服务贸易的国际分工地位比美国低，但是分工地位攀升速度高于美国。程大中等（2017）基于贸易增加值前向分解法，测算了2000—2014年中国服务业整体及细分部门的国际竞争力，结果表明中国服务贸易只是规模意义上的大国，而非服务贸易强国，国际竞争能力不强。

可以发现，以往对服务贸易竞争力的考察多停留于贸易竞争力指数和显性竞争优势指数表面，这些传统指标难以反映一国在全球价值链中的地位和竞争力。因此，有必要从增加值视角采用 GVC 地位指数、GVC 参与度指数和基于增加值的显性比较优势（RCA）指数，深入比较分析中国服务业及其细分行业在全球价值链中的地位和竞争力。

本节借鉴 Koopman 等（2010），首先将一国总出口分解为五大部分：

$$E_{r*} = DV_r + FV_r$$

$$= \underbrace{V_r B_{rr} \sum_{s \neq r} Y_{rs}}_{(1)} + \underbrace{V_r B_{rr} \sum_{s \neq r} A_{rs} X_{ss}}_{(2)} + \underbrace{V_r B_{rr} \sum_{s \neq r} \sum_{t \neq r} A_{rs} X_{st}}_{(3)} \qquad \text{（式 4-17）}$$

$$+ \underbrace{V_r B_{rr} \sum_{s \neq r} \sum_{t \neq r} A_{rs} X_{sr}}_{(4)} + \underbrace{FV_r}_{(5)}$$

其中，$E_{r*}$ 为 $N*1$ 向量，表示 $r$ 国的总出口；$DV_r$ 和 $FV_r$ 分别表示出口中的国内增加值和出口中的国外增加值；$V_r$ 是 $1*N$ 向量，指 $r$ 国的直接增加值系数；$A_{rs}$是 $N*N$ 的投入产出系数矩阵，表示 $r$ 国对 $s$ 国的中间产品投入；$B_{rr}$是 $N*N$ 的里昂惕夫逆矩阵；$Y_{rs}$是 $N*1$ 向量，表示 $s$ 国对 $r$ 国生产的最终消费品的总需求；$X_r$ 是 $N*1$ 向量，表示 $r$ 国的总产出。

上式中第（1）部分表示 $r$ 国出口到 $s$ 国最终品中的国内增加值；第（2）部分表示中间品出口经直接进口国 $s$ 加工后，用于该国最终消费的 $r$ 国国内增加值；第（3）部分表示中间品出口经直接进口国加工后，又出口给第三国 $t$ 国的 $r$ 国国内增加值；第（4）部分表示中间品出口经直接进口国加工后，又返回 $r$ 国的 $r$ 国国内增加值。前四部分的和表示的是 $r$ 国出口中的国内增加值。第（5）部分是 $r$ 国出口中的国外增加值。

进而，选取指标进行核算。本节借鉴了 Koopman 等（2010）对“全球价值链地位指数”和“全球价值链参与度指数”的定义，以及 Koopman 等（2014）进一步提出的“基于增加值的显性比较优势指数”定义。

全球价值链地位指数：测算一国服务业在全球价值链中的地位，用公式表示为：

$$GVC\_Position_{ir} = \ln(1 + \frac{IV_{ir}}{E_{ir}}) - \ln(1 + \frac{FV_{ir}}{E_{ir}}) \quad (式4-18)$$

$GVC_Position_{ir}$是 GVC 地位指数，用来衡量 $r$ 国 $i$ 行业在全球价值链的地位。其中，$i$ 表示行业，$r$ 表示国家，$E_{ir}$表示 $r$ 国 $i$ 行业的总出口，$IV_{ir}$表示 $r$ 国 $i$ 行业的间接增加值出口，它测算的是在 $r$ 国 $i$ 行业的中间品出口中包含着多少价值增加值，经过直接进口国 $r$ 国加工后又出口给了第三国，换言之，即他国出口中包含的本国增加值，可用（式 4－17）中的第（3）部分测算；$FV_{ir}$是 $r$ 国 $i$ 行业出口中的国外增加值，测算的是 $r$ 国 $i$ 行业出口（包括最终品出口和中间品出口）中来自其他国家的增加值，即（式 4－17）中的第（5）部分。

若一国的某行业处于全球价值链的上游，则其参与全球价值链的方式是从事研发、设计、品牌等活动或向其他国家提供原材料和零部件等中间产品，该国间接增加值出口（$IV_{ir}$）占总出口（$E_{ir}$）的比例就会高于国外增加值（$FV_{ir}$）占总出口（$E_{ir}$）的比例，于是该国该行业的 GVC 地位指数较大。反之，若一国某行业处于全球价值链的下游，则其参与全球价值链的方式是从其他国家进口大量的原材料或中间品来生产最终消费品，此时，该国间接增加值出口（$IV_{ir}$）会低于国外增加值（$FV_{ir}$），于是该国该行业的 GVC 地位指数就会较小，甚至可能是负数。因此，一国某行业的 GVC 地位指数越大，表示该国该行业在全球价值链中所处地位越高，即处于上游位置；反之，则处于下游位置。

全球价值链参与度指数：衡量的是一国某产业在全球价值链中的参与程度，用公式表示为：

$$GVC\_Participation_{ir} = \frac{IV_{ir}}{E_{ir}} + \frac{FV_{ir}}{E_{ir}} \quad (式4-19)$$

$GVC\_Participation_{ir}$ 为 GVC 参与度指数，其中，$\frac{IV_{ir}}{E_{ir}}$ 表示 $r$ 国 $i$ 行业的前向参与度，$\frac{FV_{ir}}{E_{ir}}$ 表示 $r$ 国 $i$ 行业的后向参与度。若一国某产业的前向参与度高，则表明该国该产业的国内增加值更多地作为中间品出口到了第三国；若一国某产业的后向参与度高，则表明该国该产业更多地依赖于外国中间品投入。GVC 参与度指数越大，说明该国该产业参与全球生产的程度越高，在全球价值链的地位中就越重要。但是没有理论和实证结果表明 GVC 参与度指数与 GVC 地位指数之间存在某种必然的联系。

基于增加值的显示性比较优势指数：将传统显示性比较优势（RCA）指数改进，建立基于增加值的 RCA 指数，衡量一国某产业在全球价值链中的竞争力，用公式表示为：

$$RCA\_\ DVA_{ir} = \frac{DVA_{ir}/E_{ir}}{DVA_{iw}/E_{iw}} \quad （式 4-20）$$

$RCA_\ DVA_{ir}$是基于增加值的 $RCA$ 指数，$DVA_{ir}$是 $r$ 国 $i$ 行业出口中的国内增加值，$E_{ir}$是 $r$ 国 $i$ 行业的总出口，$DVA_{iw}$是世界各国 $i$ 行业出口中的国内增加值，$E_{iw}$为世界各国 $i$ 行业的总出口。如果 $RCA\_\ DVA_{ir} > 1$，那么说明该国该行业在全球价值链中有显性比较优势，数值越大，优势越明显；如果 $RCA\_\ DVA_{ir} < 1$，那么说明该国该行业在全球价值链中没有显性比较优势。该指数排除了国家出口总量和世界出口总量波动的影响，所以能较好地体现一个国家某一产业的增加值出口相对于世界平均增加值出口水平的比较优势。

## 一、出口增加值视角下的中国服务贸易竞争力研判

2008 年国际金融危机后，全球经济已逐渐步入服务经济时代，相关发达国家服务业增加值占到其经济总量（GDP）的 75% 以上，而中、低等收入国家服务业增加值的比重也已达到 50%。当前全球服务贸易以超过货物贸易的速度持续增长，从而使全球贸易结构不断向服务贸易倾斜，服务贸易逐渐成为引领全球贸易增长的“新引擎”。基于此背景，各国（地区）正日益把服务贸易的发展状况，视为衡量各国（地区）参与全球分工合作与竞争能力的重要指标之一，因此，关于服务贸易国际竞争力的研究也逐渐成为学术界关注的热点。

目前，关于中国服务贸易国际竞争力问题的研究，虽然已取得较为丰富的成果，但大多基于传统总值核算方法。随着全球价值链的迅猛发展，基于传统总值进行国际竞争力研究的缺陷逐渐显现出来：一是未剔除进口中间投入的影响，存在重复计算的问题；二是未考虑物化在制造业出口中的服务间接出口；三是未能考虑到服务业在全球价值链中分工带来的影响。因此，这

些研究不能揭示一国服务业真实的国际竞争力。而基于贸易增加值核算方法对服务业国际竞争力进行重新测算的重要性日益突出。

贸易增加值核算方法为分析国际贸易竞争力提供了新的视角。Koopman等（2014）沿价值链的前后向产业关联，对一国总出口进行了分解，构建了总贸易分解框架，并基于增加值出口重新计算了RCA指数。Wang等（2013）和王直、魏尚进、祝坤福（2015）对Koopman等的总贸易分解框架进行了扩展，创新性地解决了细分部门的双边贸易流的分解问题，构建了总贸易核算框架，并基于产业部门前向联系定义了一种测量一国产业显示性比较优势的新指标。戴翔（2016）基于贸易增加值重新计算了中国各服务业的显示性比较优势指数，并与用传统总值法计算出的RCA指数进行了比较。下面基于Wang等（2013）和王直、魏尚进、祝坤福（2015）的总贸易核算方法，利用最新的OECD-ICIO（国际投入产出表，2018年底公布，数据更新至2015年），分别从出口总值和出口增加值两个角度客观地分析中国服务业及其细分行业出口在全球价值链中的竞争力及其变化趋势，并剖析其演变机理，进而为提升中国服务业在全球价值链中的竞争力提出有价值的政策建议。

### （一）中国服务出口的国际市场占有率及其变化趋势

2005—2015年，按贸易总值法来看，中国服务出口快速增长，由2005年的701.7亿美元上升到2015年的2180.9亿美元，增长了两倍以上，同时中国服务出口在国际市场份额也稳步上升，由2005年的1.98%增加至2015年的3.65%，增加了1.67个百分点（见图4-25）。这在全球主要经济体中表现是最好的。

按贸易增加值法来看，中国服务出口增加值表现更为突出。2005年中国服务出口增加值总额为1378.6亿美元，是服务出口总值的2倍左右。2015年中国服务出口增加值总额为5944.1亿美元，接近服务出口总值的3倍。同时中国服务出口增加值的国际市场份额由2005年的3.28%增加至2015年的8.61%，增加了5.33个百分点（见图4-26）。

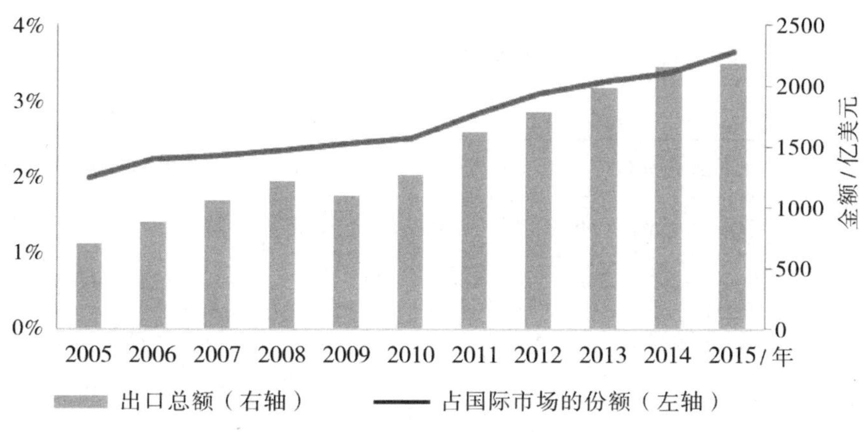


**图 4－25　中国服务出口增长及其国际市场占有率变化**

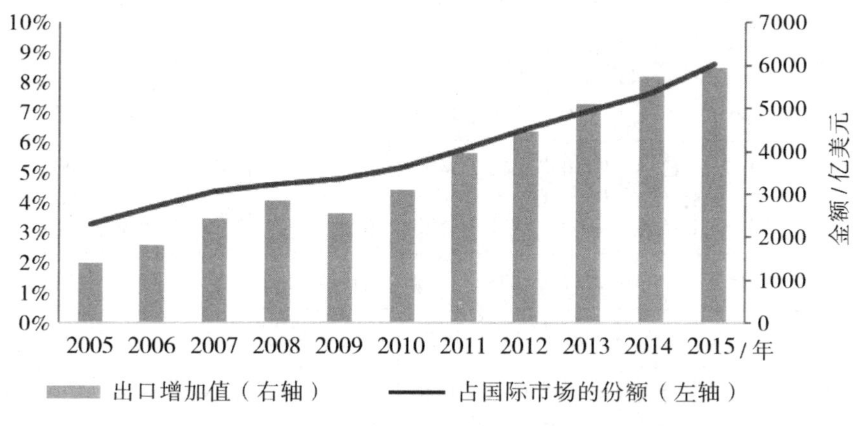


**图 4－26　中国服务出口增加值增长及其国际市场占有率变化**

可以看出，无论是从各年中国服务出口的国际市场份额，还是从其增加的百分点来看，贸易增加值法所计算出的结果远高于贸易总值法计算出来的结果，传统的贸易总值法的计算结果其实是对中国服务出口进行了低估。其中必须指出的是中国服务出口的直接增加值比例较低，大量服务业增加值是通过隐含于下游制造业产品中出口的。

从服务出口总额来看，按照贸易总值法，中国的服务出口由 2005 年的 702 亿美元增长至 2015 年的 2181 亿美元，在全球主要经济体中的排名由第 12 位迅速上升至第 6 位（见表 4－15）。同时，在全球经济体中表现最为突出的还是美国，2005 年服务出口总额为 5485 亿美元，是中国服务出口的 7 倍多；2015 年服务出口总额为 10200 亿美元，是中国出口的 4 倍多。

表 4 - 15　2005—2015 年中国服务出口总额及在全球经济体中的排名

（单位：亿美元）

| 国家/地区 | 2005 年 | 2006 年 | 2007 年 | 2008 年 | 2009 年 | 2010 年 | 2011 年 | 2012 年 | 2013 年 | 2014 年 | 2015 年 |
|---|---|---|---|---|---|---|---|---|---|---|---|
| 美国 | 5485 | 6153 | 7056 | 7679 | 7188 | 8067 | 8949 | 9352 | 9805 | 10273 | 10200 |
| 英国 | 2890 | 3249 | 3798 | 3707 | 3187 | 3302 | 3699 | 3755 | 3980 | 4232 | 4017 |
| 德国 | 2401 | 2672 | 3164 | 3538 | 3131 | 3386 | 3720 | 3629 | 3809 | 4094 | 3731 |
| 法国 | 2088 | 2217 | 2605 | 2871 | 2474 | 2595 | 2985 | 2898 | 3095 | 3253 | 2853 |
| 日本 | 1834 | 1880 | 2019 | 2259 | 1857 | 2235 | 2385 | 2328 | 2200 | 2420 | 2296 |
| 中国 | 702 | 883 | 1057 | 1209 | 1098 | 1269 | 1617 | 1792 | 1982 | 2156 | 2181 |
| 中国排名 | 12 | 12 | 12 | 12 | 11 | 11 | 10 | 7 | 6 | 6 | 6 |
| 印度 | 661 | 829 | 994 | 1260 | 1063 | 1378 | 1651 | 1679 | 1804 | 1797 | 1760 |
| 荷兰 | 1171 | 1233 | 1450 | 1672 | 1490 | 1532 | 1706 | 1642 | 1768 | 1902 | 1708 |
| 意大利 | 1485 | 1630 | 1869 | 1885 | 1590 | 1673 | 1849 | 1802 | 1859 | 1926 | 1670 |
| 瑞士 | 916 | 1004 | 1217 | 1375 | 1298 | 1411 | 1630 | 1627 | 1714 | 1744 | 1649 |
| 新加坡 | 556 | 711 | 890 | 991 | 929 | 1086 | 1312 | 1367 | 1501 | 1610 | 1526 |
| 西班牙 | 1076 | 1199 | 1419 | 1543 | 1346 | 1361 | 1567 | 1483 | 1556 | 1618 | 1436 |
| 爱尔兰 | 610 | 713 | 867 | 958 | 906 | 967 | 1086 | 1108 | 1239 | 1406 | 1398 |
| 比利时 | 831 | 886 | 1058 | 1192 | 1100 | 1220 | 1324 | 1308 | 1370 | 1487 | 1334 |
| 加拿大 | 958 | 1057 | 1144 | 1191 | 1011 | 1180 | 1301 | 1341 | 1369 | 1383 | 1180 |
| 卢森堡 | 448 | 560 | 713 | 786 | 649 | 707 | 802 | 820 | 923 | 1120 | 1077 |
| 俄罗斯 | 642 | 813 | 971 | 1272 | 895 | 1130 | 1415 | 1401 | 1491 | 1375 | 1074 |
| 中国香港 | 570 | 644 | 737 | 791 | 710 | 887 | 978 | 1004 | 1061 | 1069 | 1028 |
| 韩国 | 567 | 617 | 762 | 869 | 698 | 868 | 957 | 1039 | 1038 | 1121 | 1026 |
| 澳大利亚 | 512 | 521 | 621 | 681 | 625 | 779 | 936 | 951 | 938 | 925 | 820 |

而按照贸易增加值法（见表4－16），中国的服务出口增加值由2005年的1379亿美元增长至2015年的5944亿美元，且其在全球主要大国中的排名由第7位跃升至第2位。与美国相比，中国服务出口增加值也有较大幅度的提升，从2005年仅为美国服务出口增加值的四分之一不到，上升到2015年的一半以上。各年中，贸易增加值法下中国服务出口增加值均显著大于贸易总值法下对应年份的结果。从全球主要经济体中的排名也可以看出，贸易增加值法下中国服务出口额排名远高于贸易总值法下对应年份的排名。这也从另一个角度印证了传统的贸易总值法的计算结果低估中国服务出口增加值。

**表4－16　2005—2015年中国服务出口增加值及其在全球主要经济体中的排名**

（单位：亿美元）

| 国家/地区 | 2005年 | 2006年 | 2007年 | 2008年 | 2009年 | 2010年 | 2011年 | 2012年 | 2013年 | 2014年 | 2015年 |
|---|---|---|---|---|---|---|---|---|---|---|---|
| 美国 | 6155 | 6897 | 7903 | 8571 | 7996 | 8910 | 9800 | 10354 | 10800 | 11290 | 11217 |
| 中国 | 1379 | 1804 | 2424 | 2845 | 2562 | 3103 | 3959 | 4472 | 5111 | 5743 | 5944 |
| 中国排名 | 7 | 7 | 7 | 6 | 6 | 5 | 3 | 3 | 3 | 2 | 2 |
| 德国 | 3463 | 3827 | 4584 | 5180 | 4424 | 4628 | 5121 | 4932 | 5183 | 5472 | 4687 |
| 英国 | 2938 | 3259 | 3834 | 3699 | 3192 | 3298 | 3688 | 3732 | 3923 | 4223 | 3983 |
| 法国 | 2583 | 2761 | 3190 | 3562 | 3038 | 3095 | 3511 | 3368 | 3578 | 3719 | 3218 |
| 日本 | 2810 | 2958 | 3190 | 3556 | 2838 | 3469 | 3725 | 3613 | 3294 | 3451 | 3178 |
| 意大利 | 2030 | 2185 | 2574 | 2674 | 2219 | 2240 | 2516 | 2438 | 2562 | 2657 | 2270 |
| 印度 | 671 | 834 | 1012 | 1271 | 1125 | 1441 | 1704 | 1752 | 1913 | 1913 | 1830 |
| 西班牙 | 1190 | 1305 | 1588 | 1797 | 1637 | 1650 | 1903 | 1813 | 1920 | 1957 | 1687 |
| 瑞士 | 909 | 1008 | 1210 | 1386 | 1314 | 1438 | 1677 | 1660 | 1761 | 1786 | 1665 |
| 荷兰 | 1219 | 1290 | 1497 | 1706 | 1543 | 1575 | 1754 | 1675 | 1783 | 1892 | 1663 |
| 加拿大 | 1348 | 1477 | 1608 | 1643 | 1373 | 1668 | 1868 | 1946 | 1993 | 1877 | 1553 |
| 韩国 | 734 | 827 | 989 | 1012 | 899 | 1132 | 1281 | 1361 | 1436 | 1566 | 1438 |
| 俄罗斯 | 828 | 1032 | 1252 | 1641 | 1188 | 1517 | 1878 | 1812 | 1881 | 1729 | 1398 |
| 新加坡 | 535 | 654 | 778 | 813 | 789 | 992 | 1185 | 1204 | 1286 | 1325 | 1276 |

（续表）

| 国家/地区 | 2005 年 | 2006 年 | 2007 年 | 2008 年 | 2009 年 | 2010 年 | 2011 年 | 2012 年 | 2013 年 | 2014 年 | 2015 年 |
|---|---|---|---|---|---|---|---|---|---|---|---|
| 墨西哥 | 677 | 750 | 821 | 869 | 741 | 910 | 1035 | 1065 | 1131 | 1195 | 1148 |
| 比利时 | 822 | 885 | 1042 | 1154 | 1053 | 1121 | 1245 | 1190 | 1248 | 1307 | 1136 |
| 澳大利亚 | 556 | 617 | 721 | 846 | 788 | 1000 | 1282 | 1303 | 1232 | 1281 | 1089 |
| 巴西 | 475 | 571 | 700 | 840 | 723 | 902 | 1110 | 1103 | 1090 | 1071 | 962 |

除了中美两个大国的服务出口数据比较之外，还可以由图表数据注意到在全球主要经济体中，绝大部分经济体的服务出口增加值高于服务出口总额（只有英国是例外，服务出口总额稍高于服务出口增加值），说明服务业不仅直接参与全球贸易，而且更多地通过对制造业投入生产性服务而间接参与全球贸易，即制造业服务化。

再将中国的服务出口额与其他主要发展中经济体进行比较，无论是贸易总值法还是贸易增加值法，都可以看出在主要发展中经济体中，中国的服务出口总额处于领先地位。

**表 4－17　2005—2015 年中国服务出口额及其在全球主要发展中经济体中的排名**

（单位：亿美元）

| 国家/地区 | 2005 年 | 2006 年 | 2007 年 | 2008 年 | 2009 年 | 2010 年 | 2011 年 | 2012 年 | 2013 年 | 2014 年 | 2015 年 |
|---|---|---|---|---|---|---|---|---|---|---|---|
| 中国 | 702 | 883 | 1057 | 1209 | 1098 | 1269 | 1617 | 1792 | 1982 | 2156 | 2181 |
| 印度 | 661 | 829 | 994 | 1260 | 1063 | 1378 | 1651 | 1679 | 1804 | 1797 | 1760 |
| 俄罗斯 | 642 | 813 | 971 | 1272 | 895 | 1130 | 1415 | 1401 | 1491 | 1375 | 1074 |
| 泰国 | 317 | 370 | 457 | 514 | 467 | 553 | 646 | 707 | 787 | 768 | 794 |
| 墨西哥 | 449 | 487 | 527 | 549 | 458 | 548 | 616 | 640 | 681 | 734 | 725 |
| 巴西 | 263 | 316 | 394 | 471 | 436 | 519 | 650 | 661 | 657 | 663 | 578 |
| 马来西亚 | 243 | 254 | 337 | 377 | 342 | 447 | 492 | 498 | 509 | 515 | 433 |
| 印尼 | 199 | 215 | 236 | 265 | 239 | 319 | 386 | 389 | 395 | 406 | 384 |
| 菲律宾 | 93 | 138 | 171 | 186 | 184 | 223 | 273 | 299 | 298 | 316 | 347 |
| 罗马尼亚 | 80 | 103 | 137 | 202 | 155 | 159 | 183 | 175 | 246 | 278 | 251 |

（续表）

| 国家/地区 | 2005 年 | 2006 年 | 2007 年 | 2008 年 | 2009 年 | 2010 年 | 2011 年 | 2012 年 | 2013 年 | 2014 年 | 2015 年 |
|---|---|---|---|---|---|---|---|---|---|---|---|
| 南非 | 170 | 192 | 219 | 215 | 197 | 256 | 285 | 279 | 267 | 265 | 239 |
| 沙特阿拉伯 | 106 | 176 | 195 | 153 | 150 | 184 | 218 | 215 | 237 | 241 | 233 |
| 阿根廷 | 108 | 128 | 161 | 197 | 173 | 206 | 244 | 241 | 235 | 219 | 206 |

按照贸易总值法（见表 4－17），除了 2008 年、2010 年和 2011 年中国的服务出口低于印度，同时 2008 年也低于俄罗斯，其他年份中国在全球主要发展中经济体中的排名均为第一。而按照贸易增加值法（见表 4－18），从 2005—2015 年，中国的服务出口增加值在全球主要发展中经济体中的排名一直居于首位。并且以出口增加值统计，中国服务出口增加值远高于其他发展中经济体，2015 年中国服务出口增加值（5944 亿美元）超过了其他主要发展中经济体（或其他金砖国家）印度（1830 亿美元）、俄罗斯（1398 亿美元）、墨西哥（1148 亿美元）和南非（316 亿美元）服务出口增加值的总和。

**表 4－18　2005—2015 年中国服务出口增加值及其在全球主要发展中经济体中的排名**

（单位：亿美元）

| 国家/地区 | 2005 年 | 2006 年 | 2007 年 | 2008 年 | 2009 年 | 2010 年 | 2011 年 | 2012 年 | 2013 年 | 2014 年 | 2015 年 |
|---|---|---|---|---|---|---|---|---|---|---|---|
| 中国 | 1379 | 1804 | 2424 | 2845 | 2562 | 3103 | 3959 | 4472 | 5111 | 5743 | 5944 |
| 印度 | 671 | 834 | 1012 | 1271 | 1125 | 1441 | 1704 | 1752 | 1913 | 1913 | 1830 |
| 俄罗斯 | 828 | 1032 | 1252 | 1641 | 1188 | 1517 | 1878 | 1812 | 1881 | 1729 | 1398 |
| 墨西哥 | 677 | 750 | 821 | 869 | 741 | 910 | 1035 | 1065 | 1131 | 1195 | 1148 |
| 巴西 | 475 | 571 | 700 | 840 | 723 | 902 | 1110 | 1103 | 1090 | 1071 | 962 |
| 泰国 | 345 | 396 | 492 | 539 | 510 | 608 | 679 | 716 | 775 | 769 | 787 |
| 印尼 | 263 | 291 | 314 | 340 | 321 | 435 | 534 | 521 | 525 | 540 | 526 |
| 菲律宾 | 93 | 139 | 163 | 181 | 179 | 226 | 270 | 295 | 301 | 325 | 339 |
| 马来西亚 | 275 | 298 | 364 | 434 | 367 | 463 | 532 | 531 | 531 | 546 | 460 |
| 南非 | 208 | 233 | 265 | 264 | 255 | 345 | 395 | 369 | 348 | 346 | 316 |

从细分部门情况来看，2005—2015 年，中国服务细分部门出口的国际市场份额有明显差异。由表 4 - 19 可以看出，在贸易总值法下，批发零售部门、交通运输部门、出版部门、信息服务部门、商业服务部门以及其他服务部门出口的国际市场份额均有较为明显的增长，相比之下，通信部门、金融服务部门出口的国际市场份额很小且增长幅度也很小，而住宿餐饮部门出口的国际市场份额显示出稳中有降的趋势。

表 4 - 19　2005—2015 年中国服务细分部门出口的国际市场份额

| 部门 | 2005 年 | 2006 年 | 2007 年 | 2008 年 | 2009 年 | 2010 年 | 2011 年 | 2012 年 | 2013 年 | 2014 年 | 2015 年 |
|---|---|---|---|---|---|---|---|---|---|---|---|
| 批发零售部门 | 2.74% | 3.10% | 3.29% | 3.40% | 3.65% | 3.74% | 4.30% | 4.96% | 5.38% | 5.61% | 6.73% |
| 交通运输部门 | 3.57% | 4.14% | 4.12% | 4.25% | 4.50% | 4.73% | 5.29% | 5.43% | 5.72% | 6.00% | 6.23% |
| 住宿餐饮部门 | 0.50% | 0.53% | 0.51% | 0.52% | 0.51% | 0.48% | 0.52% | 0.52% | 0.49% | 0.44% | 0.49% |
| 出版部门 | 1.02% | 1.18% | 2.17% | 2.46% | 2.51% | 2.48% | 2.79% | 2.75% | 2.80% | 2.71% | 3.15% |
| 通信部门 | 0.22% | 0.27% | 0.27% | 0.23% | 0.25% | 0.17% | 0.22% | 0.26% | 0.28% | 0.31% | 0.32% |
| 信息服务部门 | 0.40% | 0.55% | 0.46% | 0.39% | 0.57% | 0.40% | 0.47% | 0.60% | 0.61% | 0.70% | 0.61% |
| 金融服务部门 | 0.07% | 0.06% | 0.05% | 0.06% | 0.12% | 0.14% | 0.13% | 0.16% | 0.17% | 0.19% | 0.19% |
| 商业服务部门 | 0.68% | 0.76% | 0.61% | 0.54% | 0.80% | 0.51% | 0.58% | 0.72% | 0.75% | 0.86% | 0.80% |
| 其他服务部门 | 1.57% | 1.71% | 1.89% | 1.81% | 1.60% | 1.63% | 1.82% | 2.16% | 2.25% | 2.37% | 2.07% |

在贸易增加值法下（见表 4 - 20），与采用贸易总值法所计算出结果不同的是，所有部门均呈现增长的态势，除了出版部门和信息服务部门增长幅度很小之外，其他部门均有较大幅度的增长，且其增长幅度远大于贸易总值法下这些部门的增长幅度。

表 4 - 20　2005—2015 年中国服务分部门出口增加值的国际市场份额

| 部门 | 2005 年 | 2006 年 | 2007 年 | 2008 年 | 2009 年 | 2010 年 | 2011 年 | 2012 年 | 2013 年 | 2014 年 | 2015 年 |
|---|---|---|---|---|---|---|---|---|---|---|---|
| 批发零售部门 | 3.64% | 4.19% | 4.81% | 5.40% | 5.93% | 6.57% | 7.14% | 8.12% | 8.82% | 9.57% | 10.36% |
| 交通运输部门 | 5.91% | 6.79% | 7.30% | 7.66% | 7.94% | 8.26% | 8.64% | 8.73% | 9.43% | 10.00% | 10.77% |
| 住宿餐饮部门 | 2.91% | 3.44% | 3.89% | 4.45% | 4.56% | 4.72% | 4.36% | 4.57% | 4.80% | 5.15% | 5.57% |

（续表）

| 部门 | 2005 年 | 2006 年 | 2007 年 | 2008 年 | 2009 年 | 2010 年 | 2011 年 | 2012 年 | 2013 年 | 2014 年 | 2015 年 |
|---|---|---|---|---|---|---|---|---|---|---|---|
| 出版部门 | 0.86% | 1.07% | 1.53% | 1.72% | 1.62% | 1.51% | 1.60% | 1.66% | 1.75% | 1.91% | 2.19% |
| 通信部门 | 3.71% | 4.34% | 4.83% | 5.03% | 4.69% | 4.57% | 4.77% | 5.98% | 7.04% | 8.27% | 10.08% |
| 信息服务部门 | 1.04% | 1.19% | 1.17% | 1.03% | 0.78% | 0.58% | 0.65% | 0.84% | 0.85% | 1.05% | 1.46% |
| 金融服务部门 | 2.03% | 2.63% | 3.91% | 4.76% | 5.00% | 5.66% | 7.50% | 8.71% | 9.89% | 11.02% | 13.70% |
| 商业服务部门 | 1.35% | 1.62% | 1.87% | 1.95% | 2.08% | 2.28% | 2.68% | 3.16% | 3.60% | 4.01% | 4.64% |
| 其他服务部门 | 4.03% | 4.74% | 5.38% | 4.77% | 4.62% | 4.70% | 5.48% | 6.27% | 6.81% | 7.21% | 8.06% |

2005—2015 年，在全球主要发展中经济体中，中国服务细分部门出口增加值的排名具有显著差异。对于批发零售部门，按贸易总值法所计算出的出口额（见图 4 –27），由 2005 年的 304.1 亿美元上升至 2015 年的 1137.1 亿美元，排名由 2005 年的第 10 名上升至 2015 年的第 2 名；而按贸易增加值法（见图 4 –28），该部门出口增加值由 2005 年的 449.6 亿美元上升至 2015 年的 1995.1 亿美元，排名由 2005 年的第 7 名上升至 2015 年的第 2 名。该部门在贸易总值法下与贸易增加值法下所得出的结果差异较大。

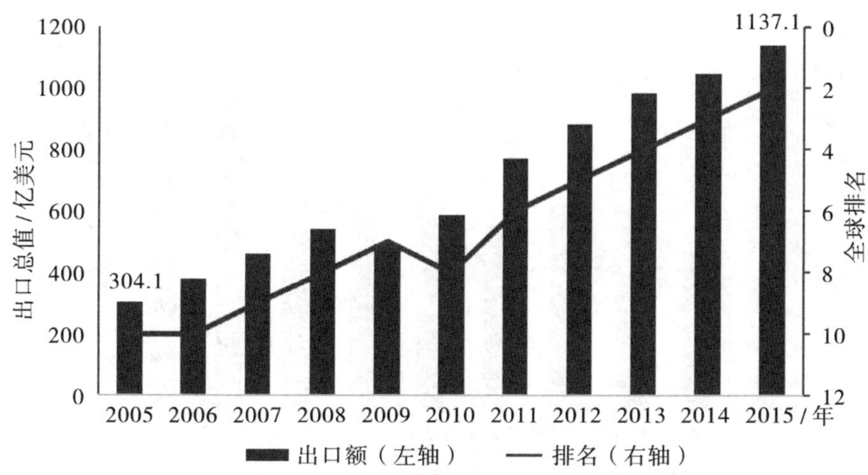


图 4 –27　2005—2015 年中国批发零售业出口总额及其在全球中的排名

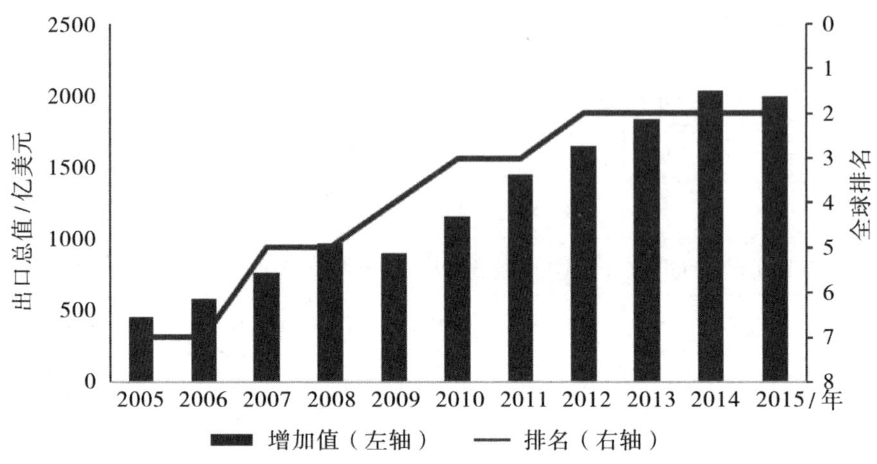


图 4－28　2005—2015 年中国批发零售业出口增加值及其在全球中的排名

对于交通运输部门，按贸易总值法所计算出的出口总额（见图 4－29），由 2005 年的 300.2 亿美元上升至 2015 年的 794.6 亿美元，排名由 2005 年的第 7 名上升至 2015 年的第 2 名；而按贸易增加值法（见图 4－30），该部门出口增加值由 2005 年的 352.6 亿美元上升至 2015 年的 978.6 亿美元，排名由 2005 年的第 6 名上升至 2015 年的第 2 名。该部门在贸易总值法下与贸易增加值法下所得出的结果差异不大。

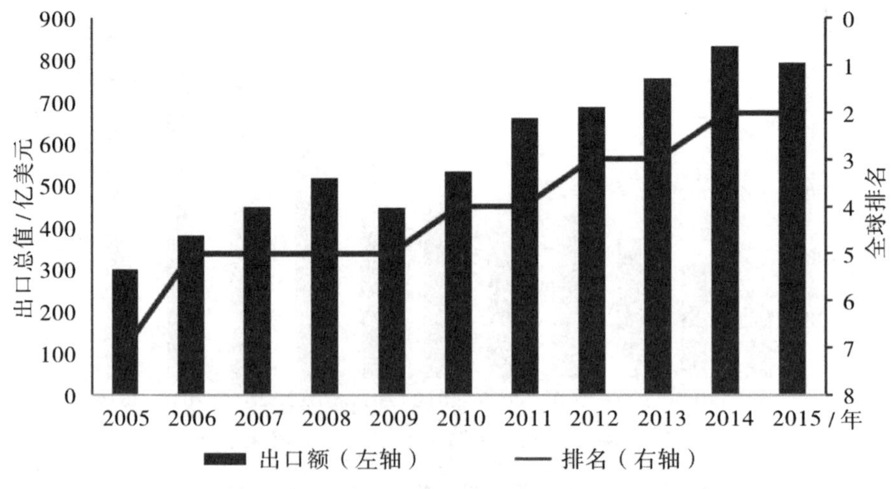


图 4－29　2005—2015 年中国交通运输业出口总额及其在全球中的排名

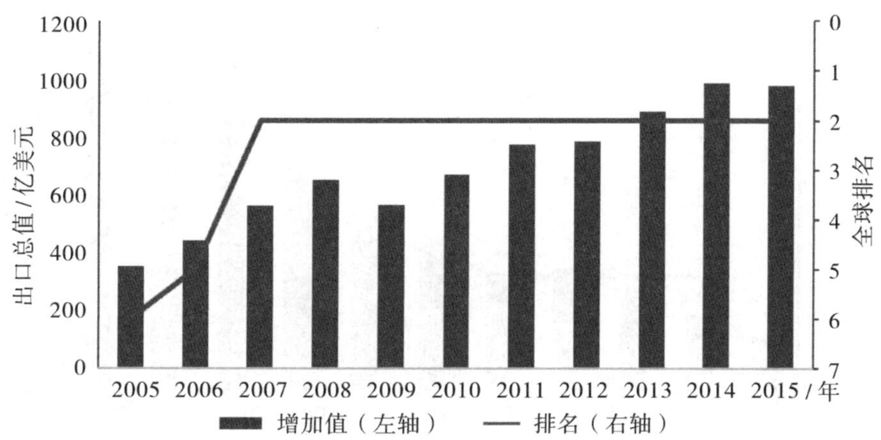


**图 4－30　2005—2015 年中国交通运输业出口增加值及其在全球中的排名**

对于商业服务部门，按贸易总值法所计算出的出口总额（见图 4－31），由 2005 年的 36.8 亿美元上升至 2015 年的 89.2 亿美元，排名由 2005 年的第 25 名下降至 2015 年的第 27 名；而按贸易增加值法（见图 4－32），该部门出口增加值由 2005 年的 105.5 亿美元上升至 2015 年的 647.6 亿美元，排名由 2005 年的第 15 名上升至 2015 年的第 5 名。该部门在贸易总值法下与贸易增加值法下所得出的结果差异很大。

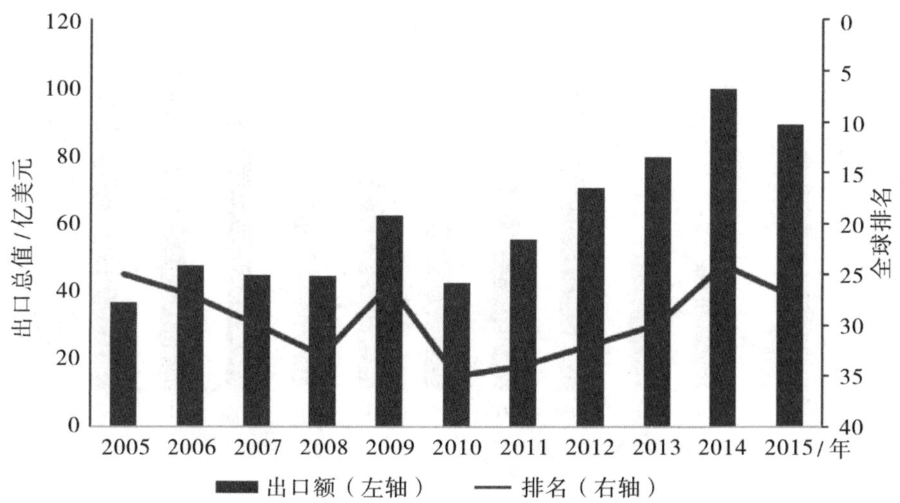


**图 4－31　2005—2015 年中国商业服务业出口总额及其在全球中的排名**

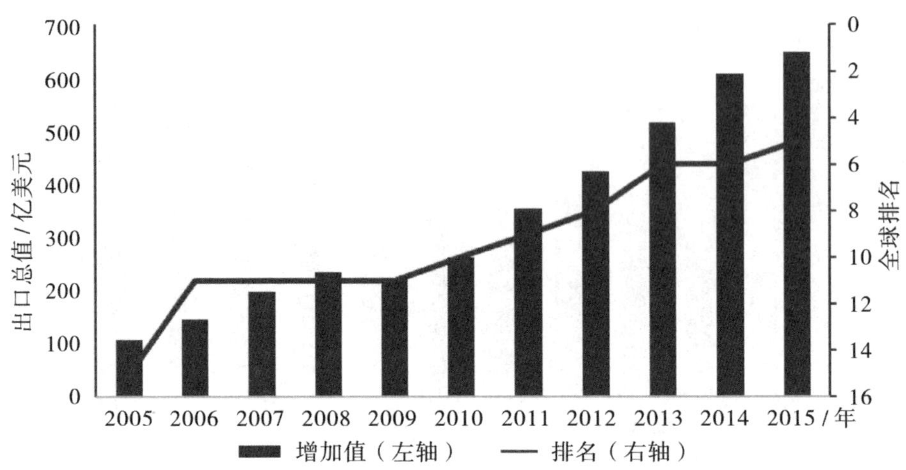


图4－32　2005—2015年中国商业服务业出口增加值及其在全球中的排名

对于信息服务部门，按贸易总值法所计算出的出口额（见图4－33），由2005年的6.3亿美元上升至2015年的30亿美元，排名由2005年的第41名上升至2015年的第30名；而按贸易增加值法（见图4－34），该部门出口增加值由2005年的11.5亿美元上升至2015年的38.5亿美元，排名由2005年的第18名上升至2015年的第16名。该部门在贸易总值法下与贸易增加值法下所得出的结果差异较大。

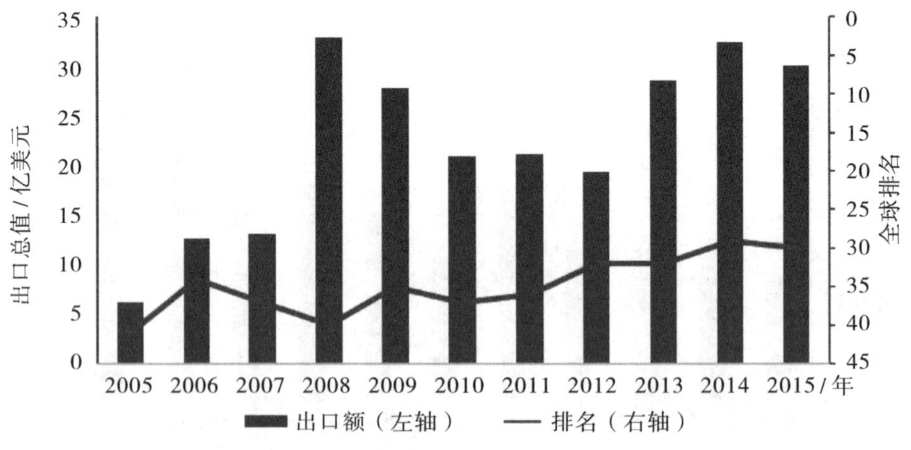


图4－33　2005—2015年中国信息服务业出口总额及其在全球中的排名

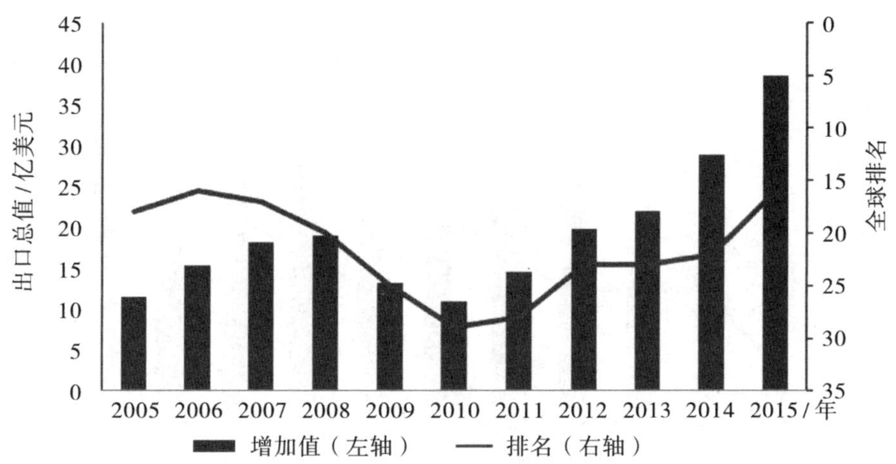


图4－34　2005—2015年中国信息服务业出口增加值及其在全球中的排名

对于住宿餐饮部门，按贸易总值法所计算出的出口总额（见图4－35），由2005年的11亿美元上升至2015年的17.7亿美元，排名较为稳定，在第38至40名之间波动，2005年和2015年均为第38名；而按贸易增加值法（见图4－36），该部门出口增加值由2005年的44.1亿美元上升2015年的138.8亿美元，排名由2005年的第9名上升至2015年的第3名。该部门在贸易总值法下与增加值法下所得出的结果差异很大。

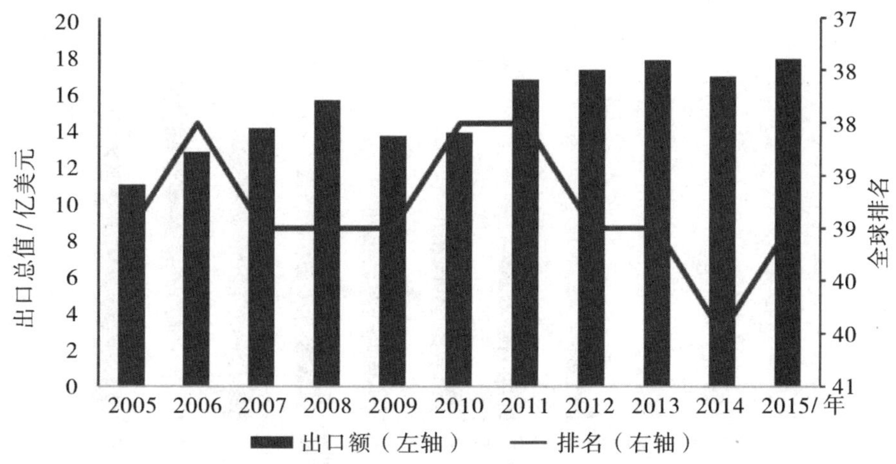


图4－35　2005—2015年中国住宿餐饮业出口总额及其在全球中的排名

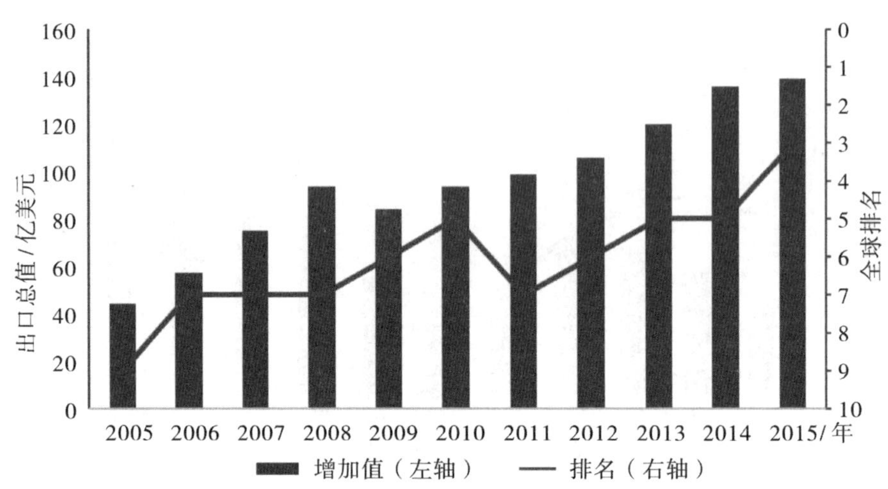


图 4－36　2005—2015 年中国住宿餐饮业出口增加值及其在全球中的排名

对于金融服务部门，按贸易总值法所计算出的出口总额（见图 4－37），由 2005 年的 2.5 亿美元上升至 2015 年的 11.5 亿美元，排名由 2005 年的第 45 名上升至 2015 年的第 36 名；而按贸易增加值法（见图 4－38），该部门出口增加值由 2005 年的 90.7 亿美元上升至 2015 年的 1078.7 亿美元，排名由 2005 年的第 13 名上升至 2015 年的第 2 名。该部门在贸易总值法下与贸易增加值法下所得出的结果差异很大。

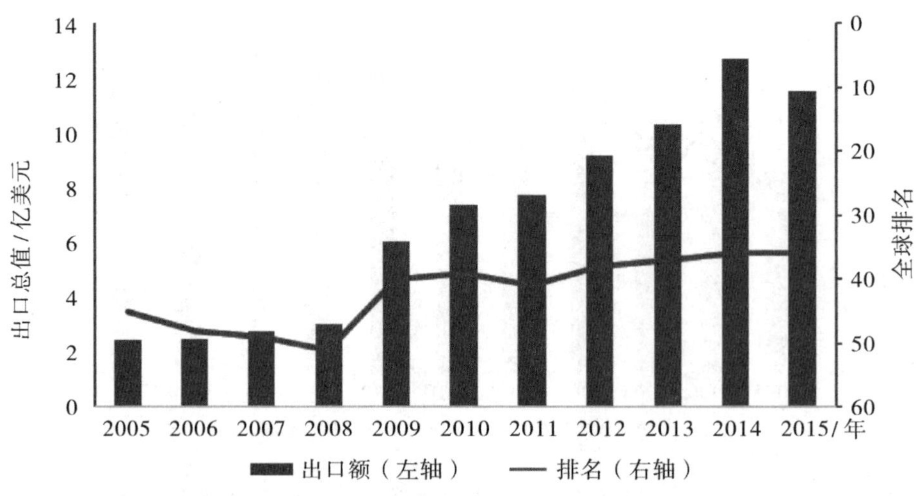


图 4－37　2005—2015 年中国金融服务业出口总额及其在全球中的排名

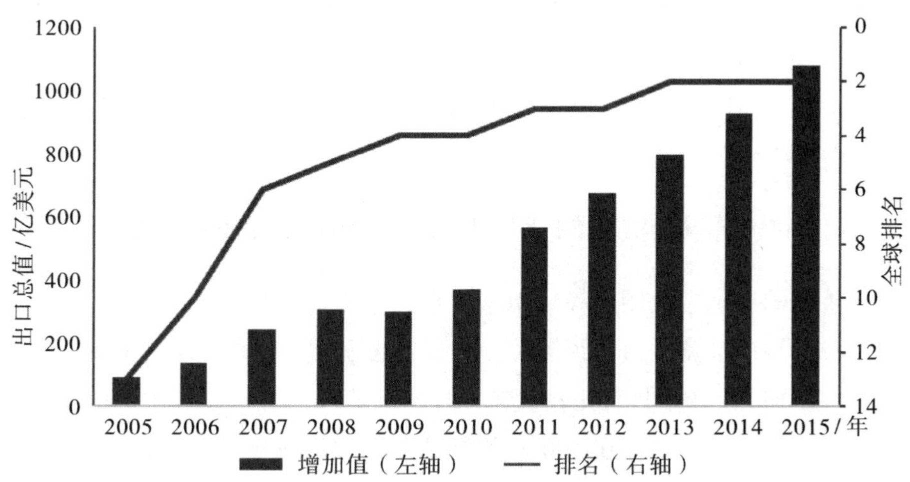


**图4－38　2005—2015年中国金融服务业出口增加值及其在全球中的排名**

由图4－39可知，批发零售部门的开放度由2005年的31%上升至2006年的32%，之后呈稳步下降趋势，2015年的开放度为22%；交通运输部门的开放度由2005年的31%上升至2007年的34%，之后呈稳步下降趋势，2015年的开放度为23%；金融服务部门的开放度较为平稳，由2005年的14%上升至2007年的17%，之后呈稳步下降趋势，2015年的开放度为

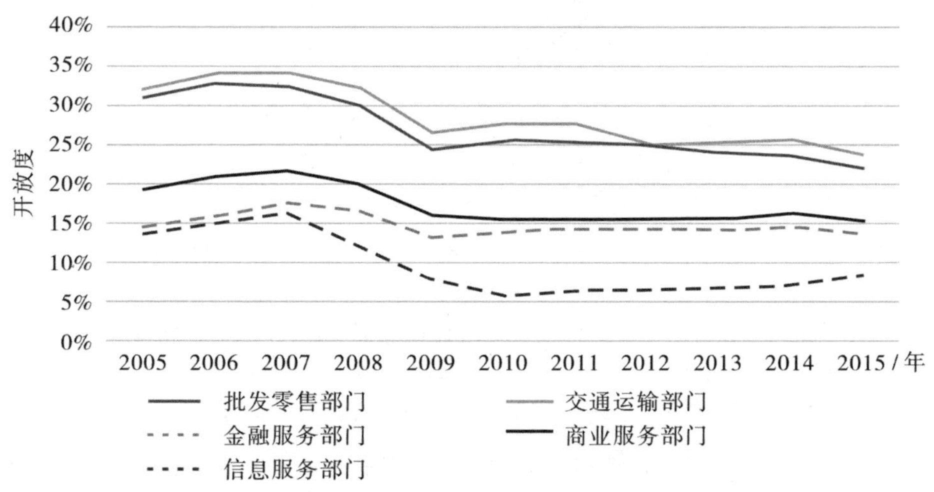


**图4－39　2005—2015年主要服务部门的开放度**

14%；商业服务部门的开放度，由2005年的19%上升至2007年的21%，之后呈稳步下降趋势，2015年的开放度15%；信息服务部门的开放度，由2005年的13%上升至2007年的16%，之后呈稳步下降趋势，2015年的开放度为8%。

## （二）中国服务贸易的竞争力（RCA指数）及变化趋势

从传统的显示性比较优势（RCA）指数来看，世界各个主要国家之间的国际服务贸易市场竞争力差距较大，美国、法国、印度和英国的RCA指数均大于1，在国际市场中具有比较优势，日本、德国、韩国以及中国的RCA指数则低于国际平均水平，在国际服务贸易市场中的竞争力相对较弱。从波动趋势来看，各个主要国家2005—2015年的服务贸易比较优势波动不大（见图4－40）。其中美国、法国和日本的显示性比较优势指数略有上升，印度和韩国稍有下降。中国的RCA指数不仅在数值上低于其他各个主要国家水平，而且波动极小，未出现上升趋势。

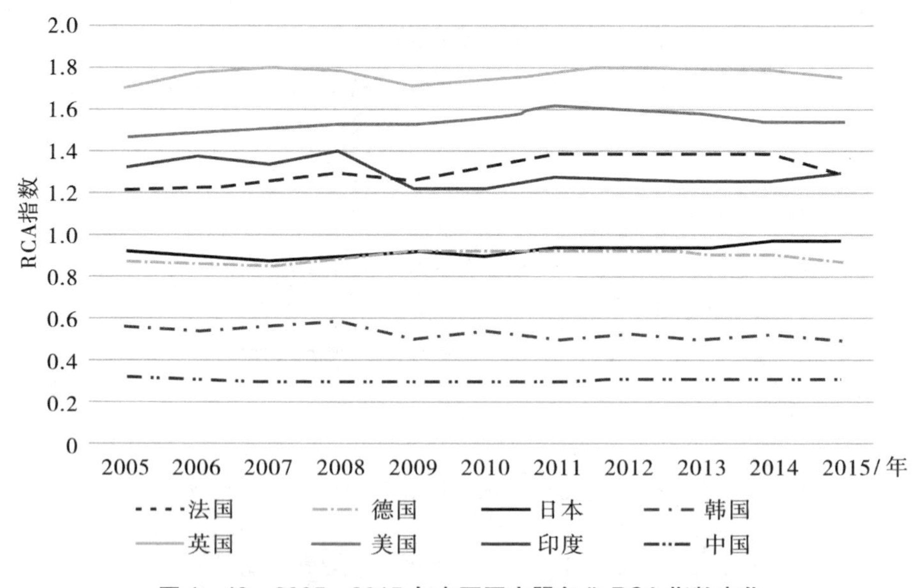


图4－40　2005—2015年主要国家服务业RCA指数变化

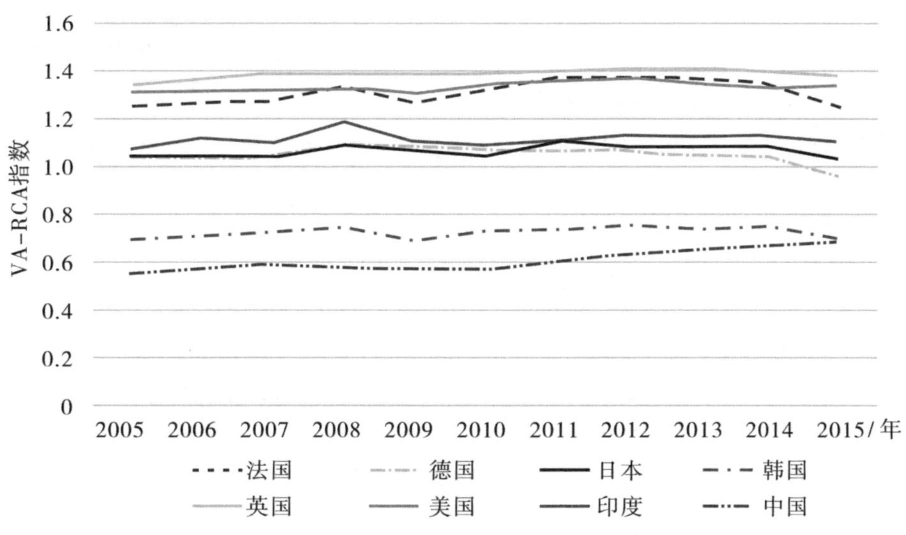


图 4-41　2005—2015 年主要国家服务业 VA-RCA 指数变化

从 RCA 指数比较中国、巴西、俄罗斯、印度以及南非等主要发展中国家的服务业国际竞争力，中国的 RCA 指数处于五个国家中的最低水平（0.3 左右），波动幅度也相对最小，表明在贸易总值法下中国服务贸易不仅总体竞争力相对最弱，发展也最为迟缓（见图 4-42）。印度是发展中国家中唯一在国际服务贸易市场中具有比较优势的国家，RCA 指数在 2009 年后基本稳定在 1.2～1.3 之间；俄罗斯和南非的 RCA 指数低于平均水平，2005—2015 年基本在 0.8 上下浮动；巴西的竞争优势则在不断增强，RCA 指数从 2005 年明显低于俄罗斯与南非两国的 0.65 逐年上升到 2015 年 0.78，达到上述两国的同等水平。

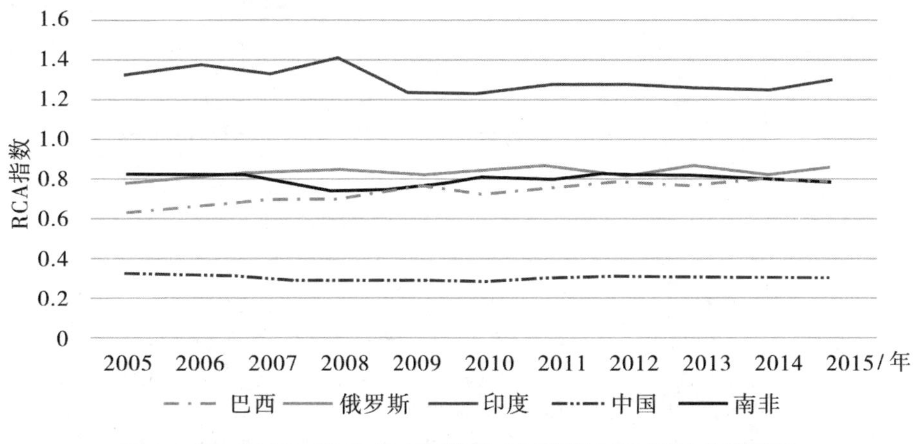


图 4-42　2005—2015 年主要发展中国家服务业 RCA 指数变化

从 VA－RCA 指数比较，贸易增加值法下中国服务贸易总体的国际竞争力仍然处于较低水平，但数值上处于 0.57 ～ 0.69 的范围，而且在 2005—2015 年持续上升，各个发展中国家之间比较优势的差距在缩小（见图 4－41、图 4－43）。

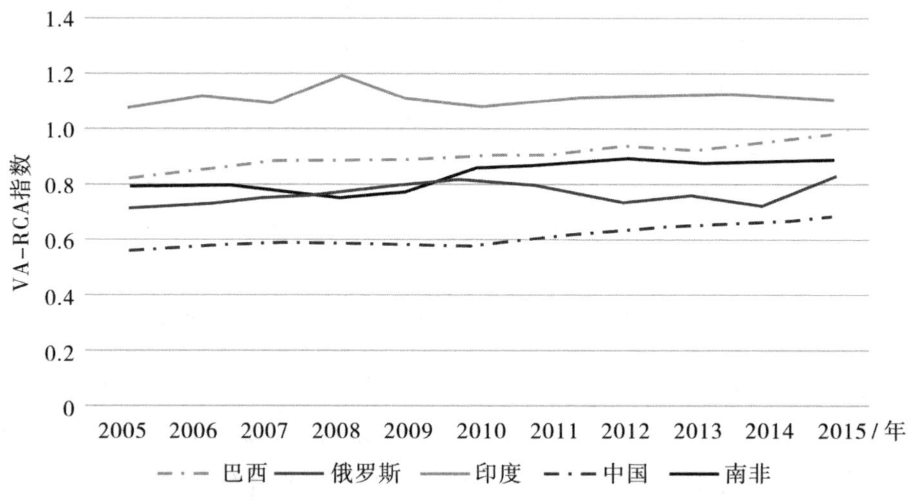


图 4－43　2005—2015 年主要发展中国家服务业 VA－RCA 指数变化

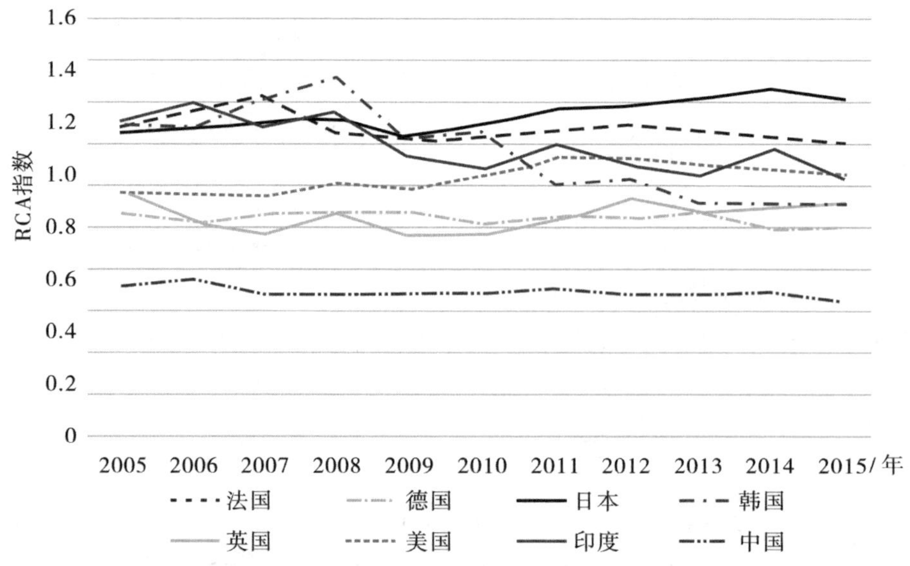


图 4－44　2005—2015 年主要国家运输业 RCA 指数变化

具体到中国服务业的各个细分部门，又呈现出不同的变化趋势。对于运输业，从 RCA 指数看，中国在世界主要国家和主要发展中国家里都处于偏低水平，而且 2006 年后呈现轻微的下滑趋势（见图 4－44、图 4－46）；从 VA－RCA指数看，中国运输业的比较优势在 2006 年以前高于国际平均水平，2006 年以后略低于平均水平，且呈现更为明显的下滑趋势，相对而言在世界主要国家中处于中下水平，在发展中国家中则处于中间地位（见图 4－45、图 4－47）。

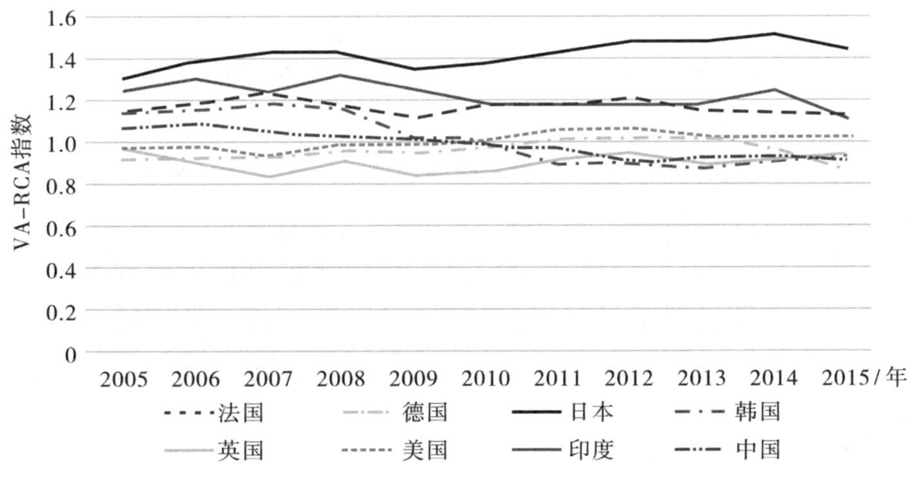


图 4－45　2005—2015 年主要国家运输业 VA－RCA 指数变化

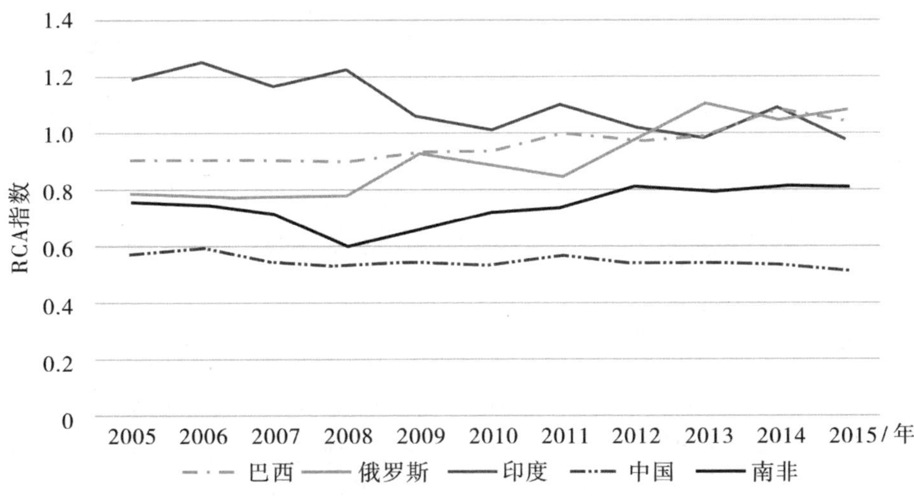


图 4－46　2005—2015 年主要发展中国家运输业 RCA 指数变化

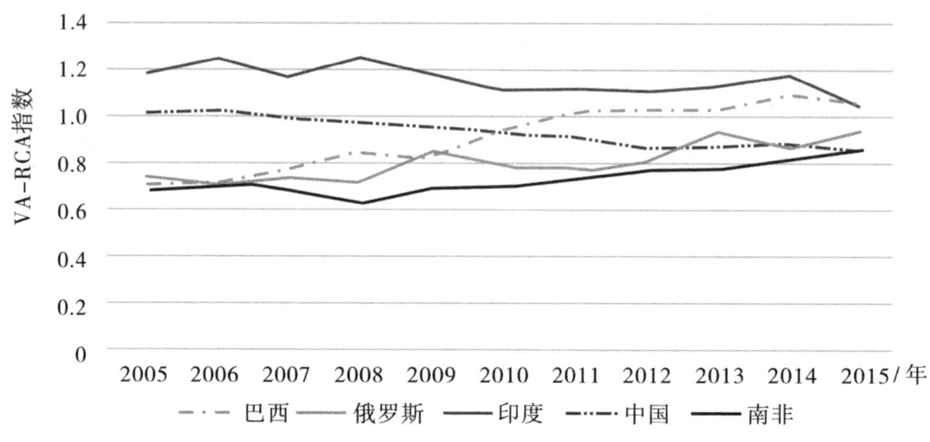


图4－47　2005—2015年主要发展中国家运输业VA－RCA指数变化

对于批发零售业，从RCA指数看，中国在世界主要国家和主要发展中国家里都远低于平均水平，但是呈现微弱的持续上升趋势（见图4－48、图4－50）；从VA－RCA指数看，中国批发零售业的比较优势同样低于国际平均水平，但是上升态势较为明显，其VA-RCA指数从2005年的0.61到2015年的0.81，显示中国批发零售业的国际市场竞争力虽然仍低于大部分世界主要国家和主要发展中国家，但是与国际平均水平的差距已经显著缩小（见图4－49、图4－51）。

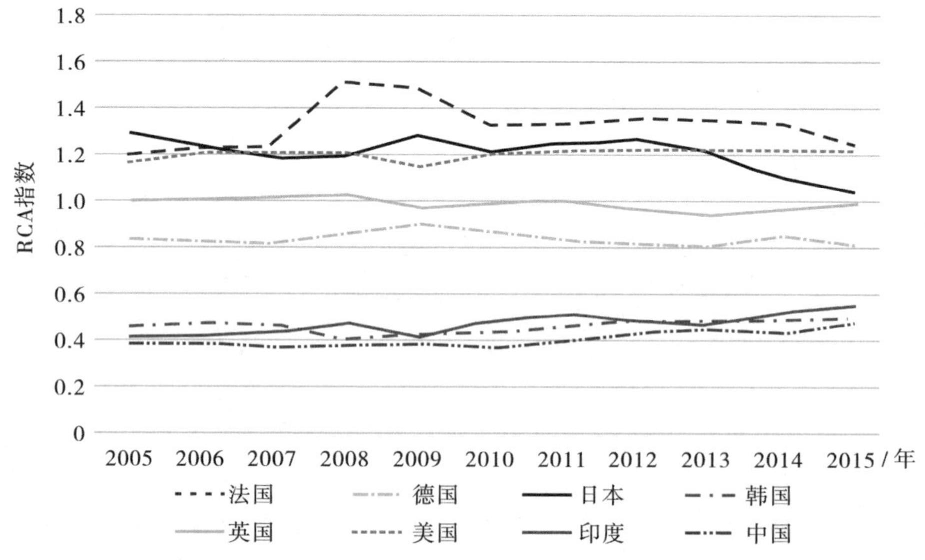


图4－48　2005—2015年主要国家批发零售业RCA指数变化

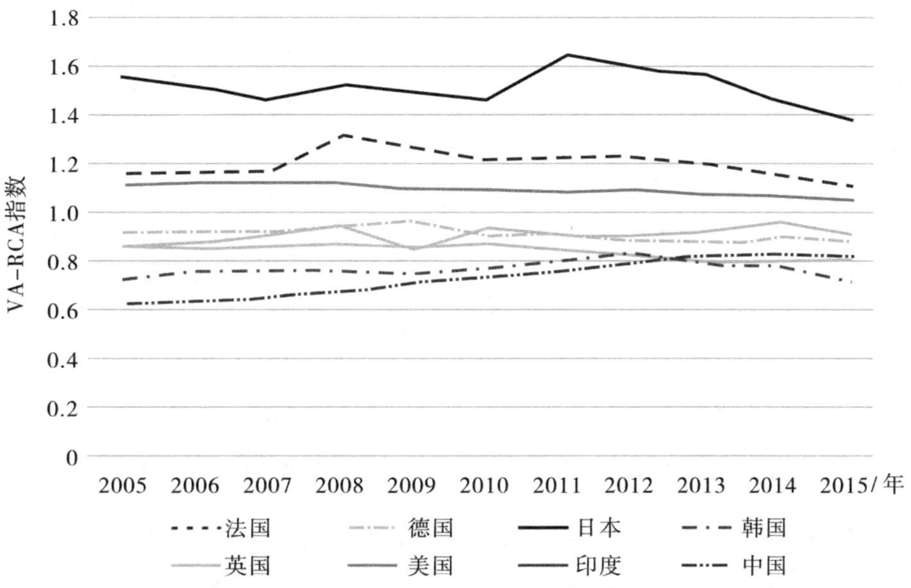


图4－49　2005—2015年主要国家批发零售业VA－RCA指数变化

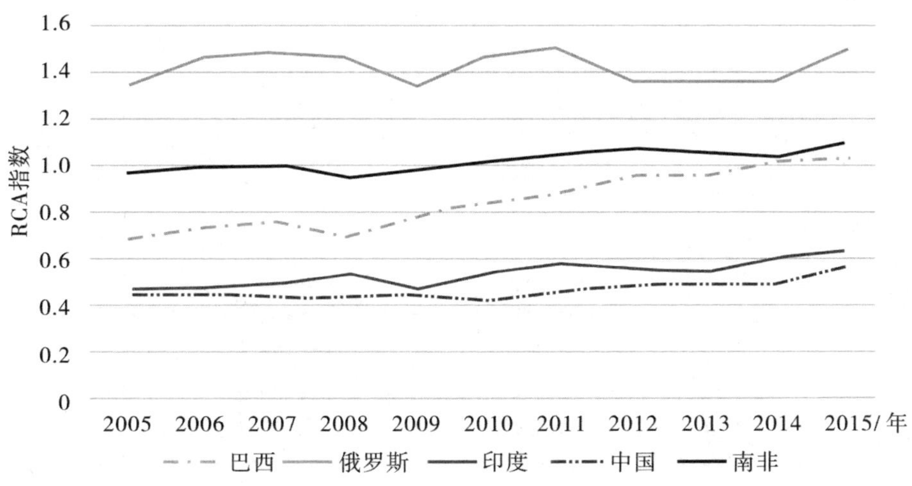


图4－50　2005—2015年主要发展中国家批发零售业RCA指数变化

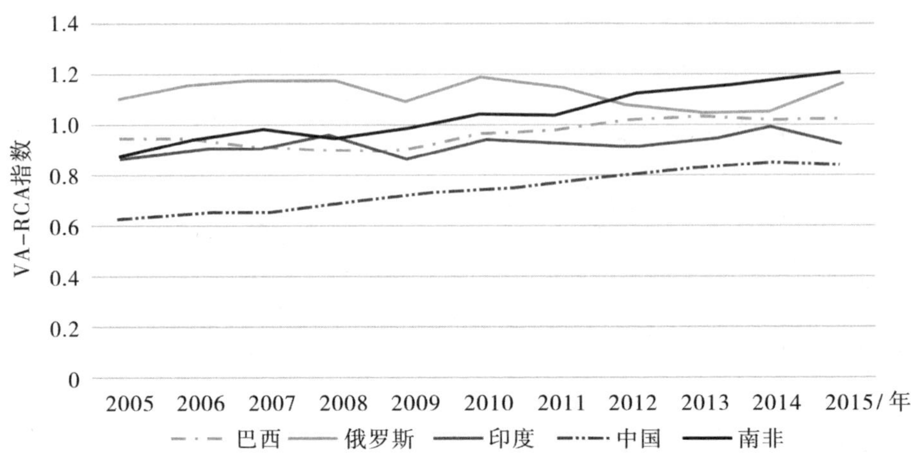


图 4 -51　2005—2015 年主要发展中国家批发零售业 VA - RCA 指数变化

对于商业服务业，无论是从 RCA 指数还是从 VA - RCA 指数来看，中国都处于显著偏低的水平。从 RCA 指数看，世界主要国家和主要发展中国家之间的比较优势存在明显差异，且主要国家和主要发展中国家在 2008 年前后都有较大幅度的波动，但中国的波动幅度不明显（见图 4 - 52、图 4 - 54）；从 VA - RCA 指数看，世界主要国家和主要发展中国家的波动幅度较 RCA 指数而言更小，中国则存在明显的上升趋势（见图 4 - 53、图 4 - 55）。

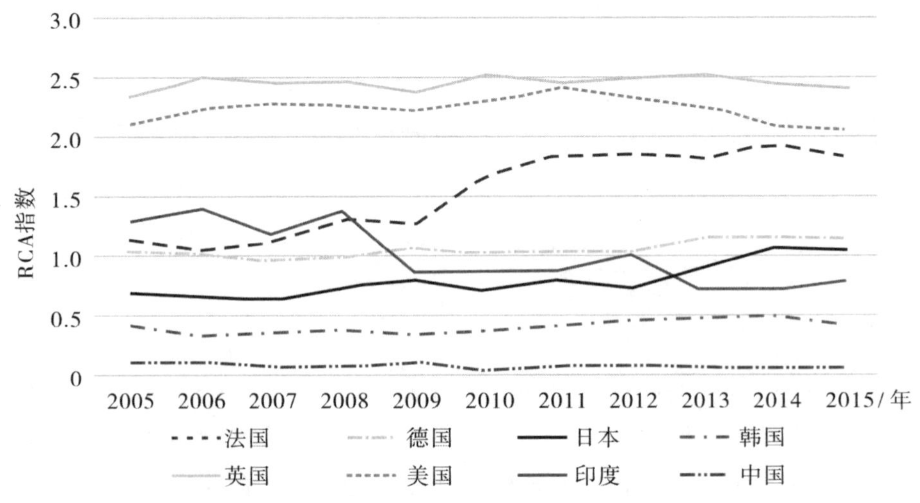


图 4 -52　2005—2015 年主要国家商业服务业 RCA 指数变化

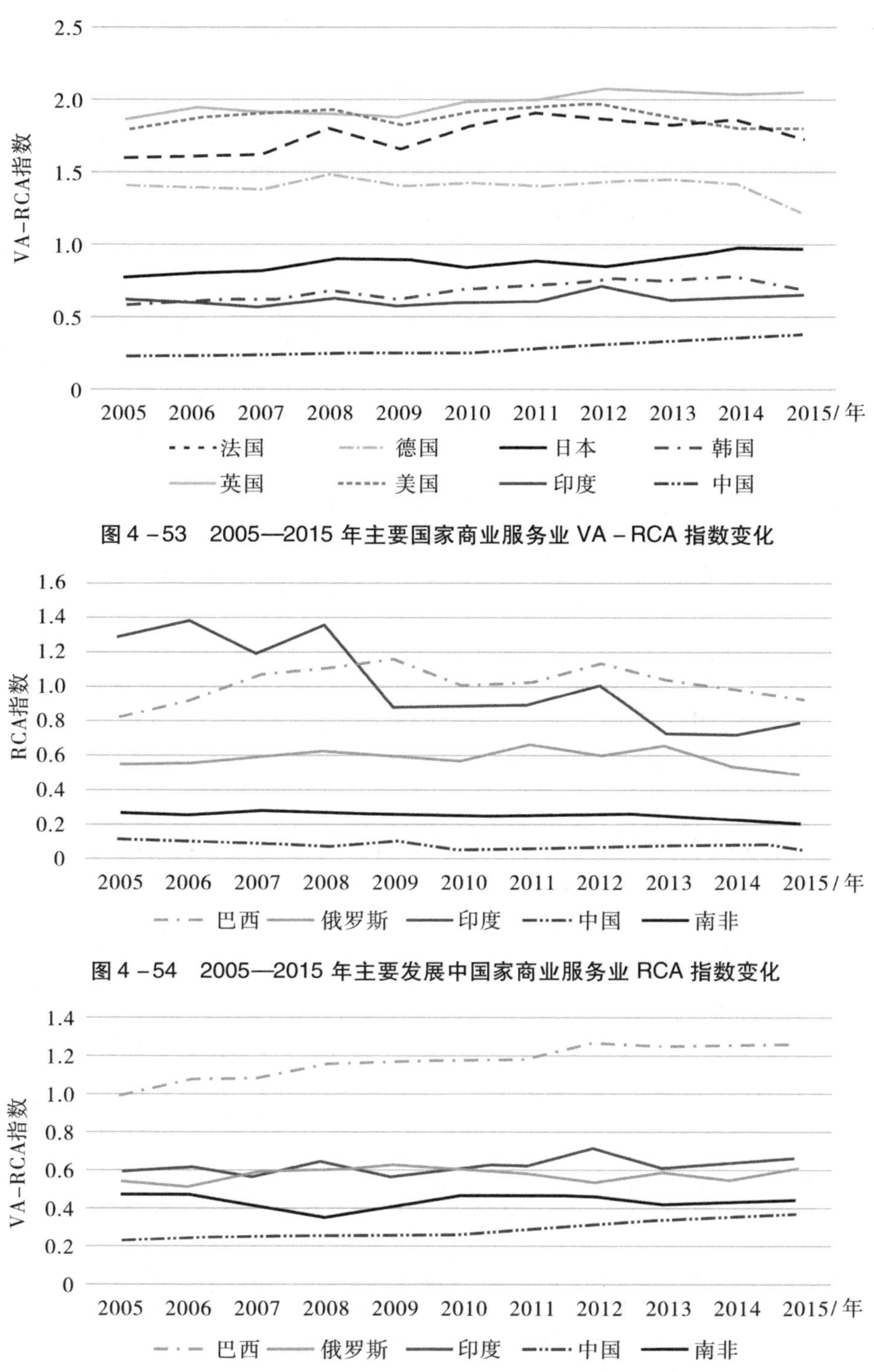


图 4-53　2005—2015 年主要国家商业服务业 VA-RCA 指数变化

图 4-54　2005—2015 年主要发展中国家商业服务业 RCA 指数变化

图 4-55　2005—2015 年主要发展中国家商业服务业 VA-RCA 指数变化

对于信息服务业，中国的 RCA 指数 2005—2015 年几乎没有波动，一直处于不到 0.1 的较低水平（见图 4－56、图 4－58）；VA－RCA 指数则先降后升，但从 2005 年的 0.18 到 2015 年的 0.12，始终低于其他主要国家与主要发展中国家。相比之下，德国、法国、英国、美国等发达国家无论是 RCA 指数还是 VA－RCA 指数都有不同幅度的波动，但在 2015 年均接近世界平均水平（见图 4－57、图 4－59）。

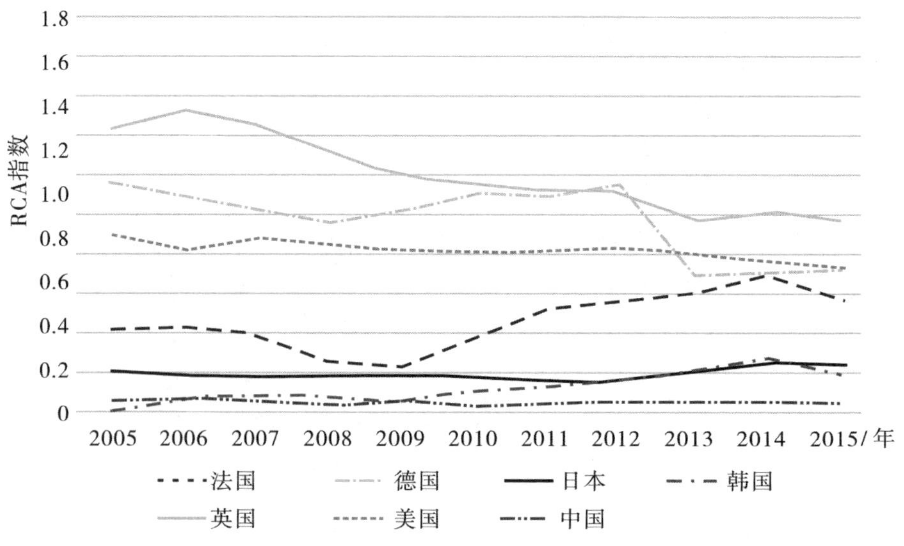


图 4－56　2005—2015 年主要国家信息服务业 RCA 指数变化

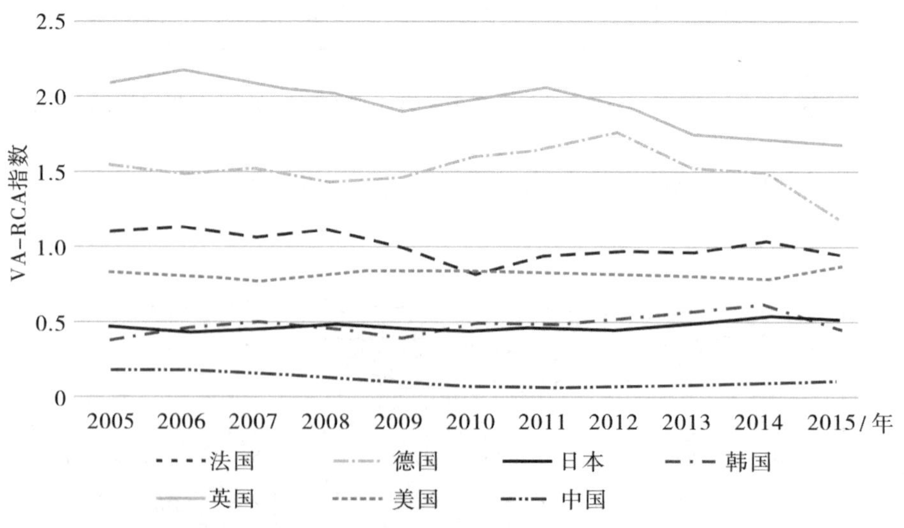


图 4－57　2005—2015 年主要国家信息服务业 VA－RCA 指数变化

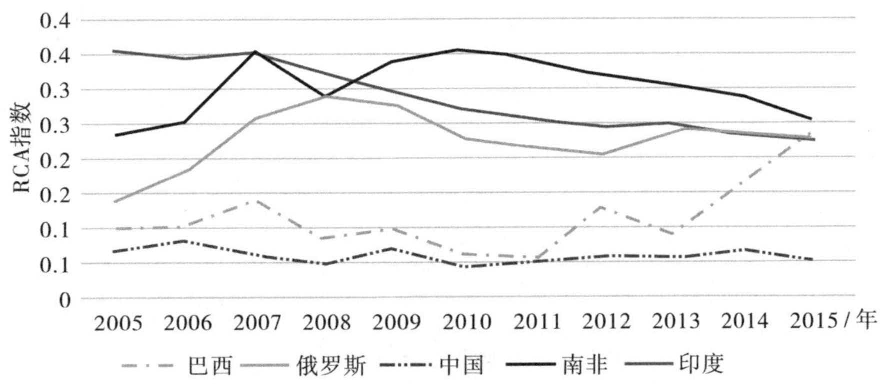


图 4-58 2005—2015 年主要发展中国家信息服务业 RCA 指数变化

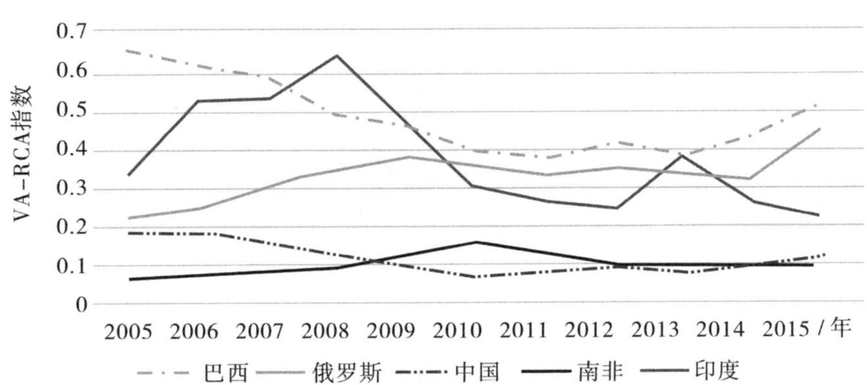


图 4-59 2005—2015 年主要发展中国家信息服务业 VA-RCA 指数变化

由于中国服务业中住宿餐饮服务和金融服务的 RCA 指数与 VA-RCA 指数都非常低（小于 0.1），这里不再对这两类服务业的竞争力进行详细分析。

## （三）中国制造业服务化

从制造业生产中的服务业投入占比来看，与美国、德国和日本这几个发达国家 25%～33% 的服务业投入占比相比，中国制造业的服务化程度明显偏低，2005—2015 年一直在 15% 左右，并呈现微弱的上升趋势（见图 4-60）。

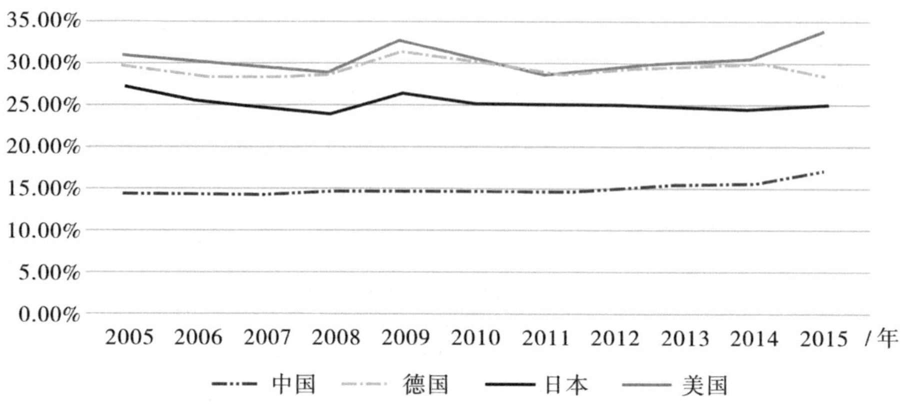


图 4－60　2005—2015 年制造业生产中服务业投入占比

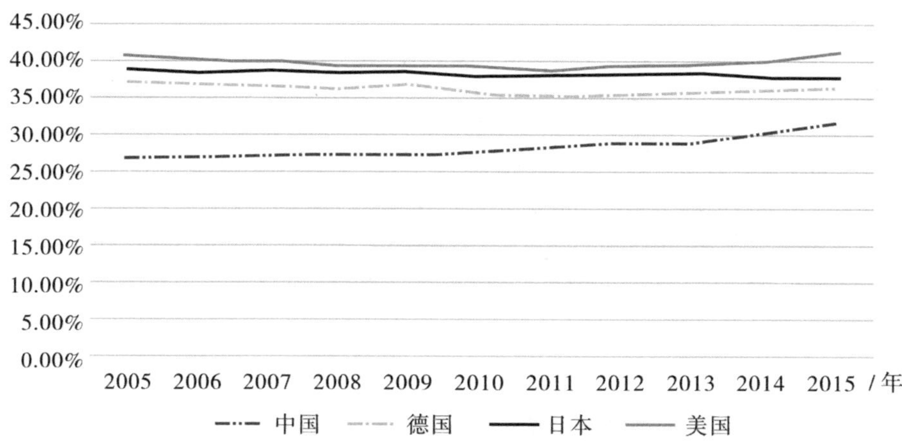


图 4－61　2005—2015 年制造业最终品中服务业增加值占比

从制造业最终品中服务业增加值占比看，修正了加工贸易造成的统计偏差后，中国制造业的服务化程度则呈现出更快的发展趋势。2005—2015 年美国、德国和日本这几个发达国家的制造业最终品中服务业增加值占比都在 35%～41% 的范围，但是没有明显的上升趋势；中国则在此期间上升了6 个百分点，从 26.5% 上升到 31.6%，制造业的服务化程度持续发展（见图 4－61）。

从制造业生产中外国服务业投入占比看，2005—2015 年中国、日本、美国都处于 1.3%～2.2% 的区间，德国在 4.5%～5.57% 的区间内。其中中国的制造业生产中外国服务业投入占比呈持续下降态势，其他几个国家则呈现不同幅度的上升趋势（见图 4－62）。到 2015 年，中国的该项指标数值为 1.3%，明显低于其他各国。

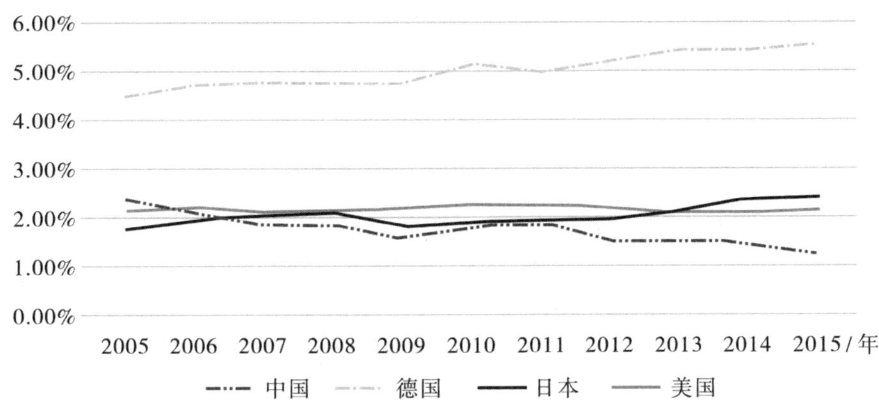


**图 4－62　2005—2015 年制造业生产中外国服务业投入占比**

从制造业最终品中的外国服务业增加值占比来看，中国在各国中处于中间水平。2005—2015 年德国和日本分别从 5.3%、2.2% 上升到 6.5%、3.1%，中国从 5.5% 下降到 3.2%，美国则处于各国最低水平（2.0%～2.3%）（见图 4－63）。

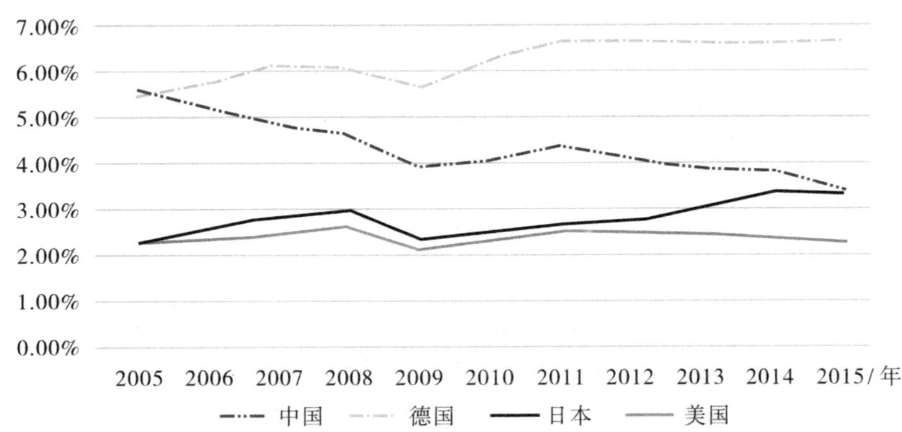


**图 4－63　2005—2015 年制造业最终品中外国服务业增加值占比**

将服务业具体到各个细分部门，中国制造业的服务化程度也存在差异。对于运输与商业部门，从总值投入来看，2005—2015 年，各个国家均没有明显、持续的上升或下降趋势。其中日本、美国的运输与商业投入占比较高，中国则处于8%～10%的区间，在各国中处于最低水平（见图4-64）；从增加值占比角度来看，中国仍然处于相对偏低水平，但与其他国家的差距有所缩小，并呈现缓慢上升的趋势，日本的运输与商业增加值占比最高。

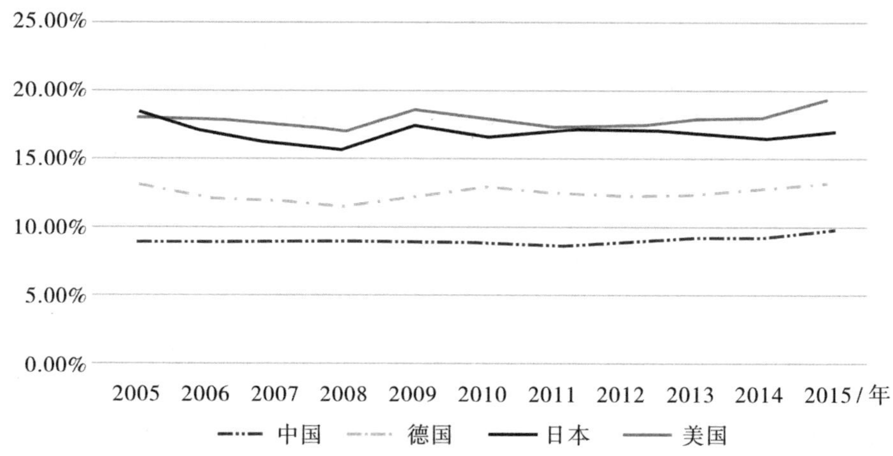


图4-64　2005—2015年制造业生产中运输与商业投入占比

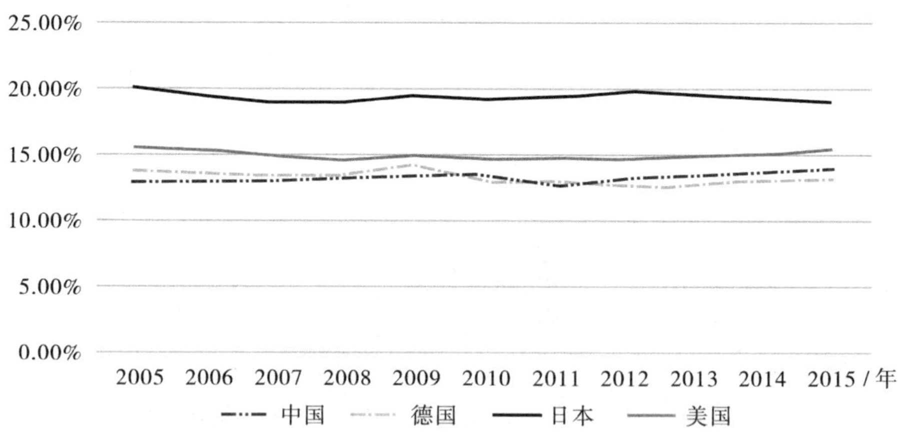


图4-65　2005—2015年制造业最终品中运输与商业增加值占比

对于金融与商业服务部门，从总值投入占比来看，德国、美国都处于8%～10%的范围，波动幅度较大，日本和中国则相对较低，其中中国从2005—2015年呈现持续上升的趋势，从2.4%稳步上升到5.5%（见图

4 -66)；从增加值占比角度来看，各国总体都呈现更高的占比，并且各国之间差距缩小，中国同样呈现明显的持续上升趋势，其他各国则没有太大幅度的波动（见图4 -67)。

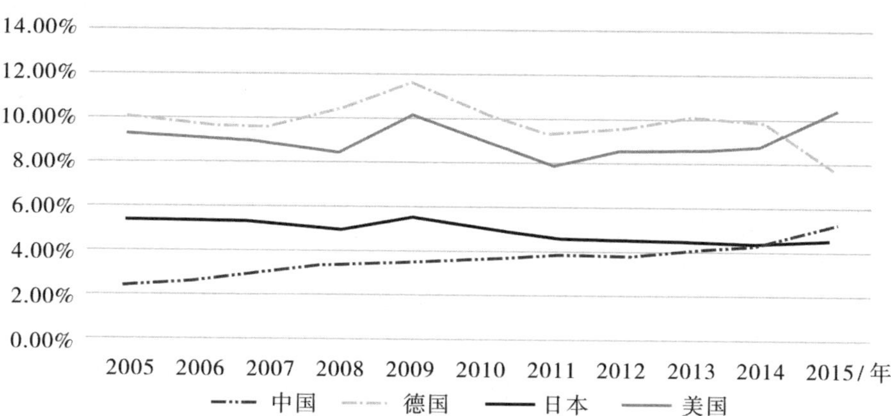


图4 -66　2005—2015 年制造业生产中金融与商业服务投入

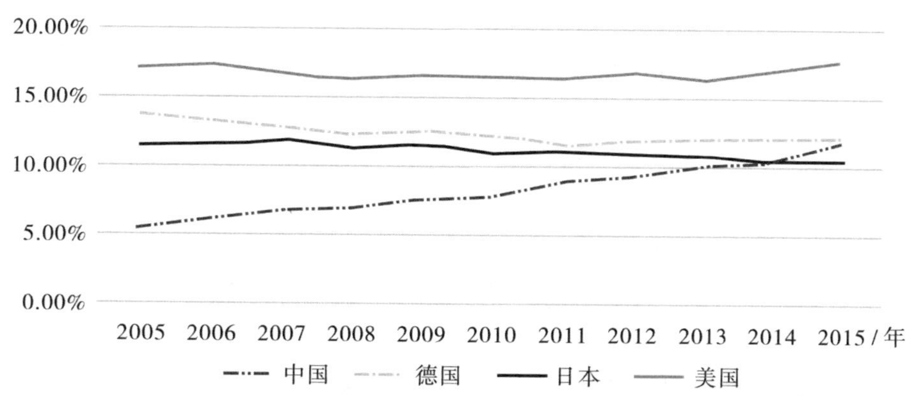


图4 -67　2005—2015 年最终品中金融与商业服务增加值占比

将制造业按技术程度细分到部门，从总值投入占比来看，各行业差异不大，基本集中在10%～15%的区间，占比高低顺序与技术程度高低顺序一致，2011 年各行业开始稳步上升，发展趋势也基本一致（见图4 -68)；从增加值来看，各行业差距增大，占比高低顺序仍然与技术程度高低顺序一致，数值最高的制造业（31.61%）较最低的低技术制造业（19.28%）高了12.33 个百分点，2005—2015 年均现明显的持续上扬趋势（见图4 -69)。

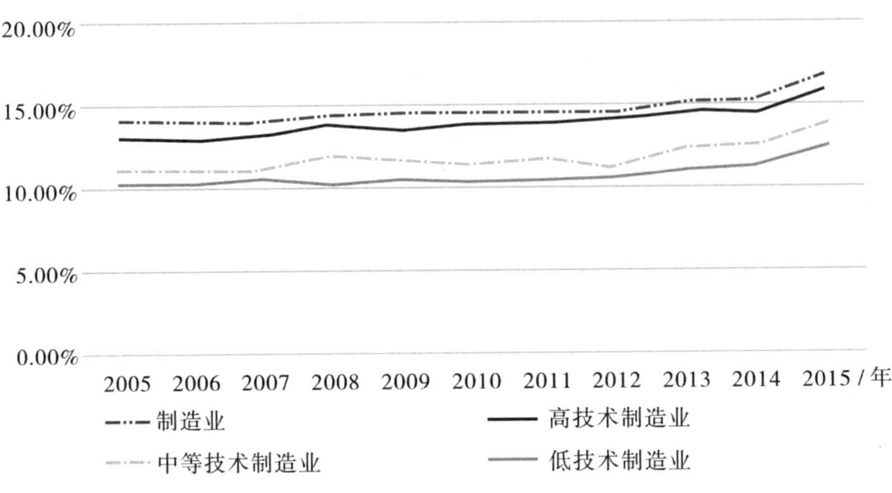


图 4-68　2005—2015 年中国制造业生产中服务业投入占比

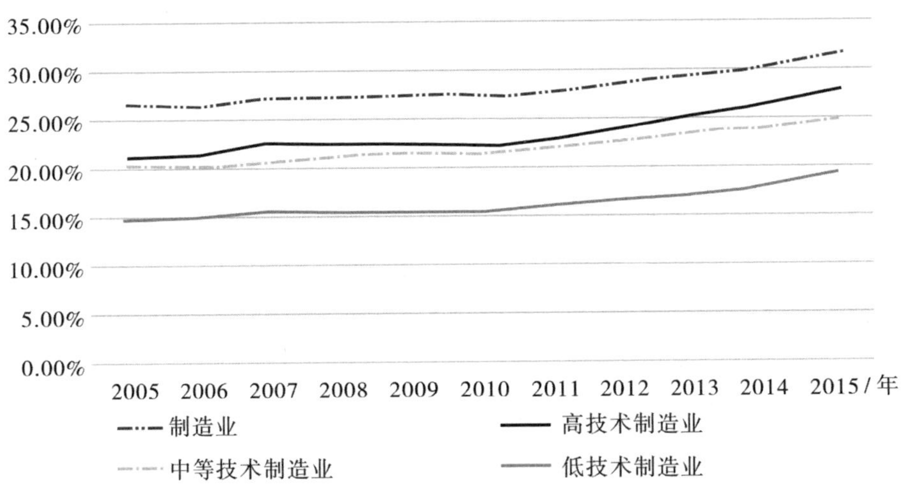


图 4-69　2005—2015 年中国制造业最终品中服务业增加值占比

对于高技术制造业，从总值投入占比来看，各国之间存在一定差异，并且都没有大幅度的波动，美国最高（2015 年为 32.86%），中国在 13%～16% 的最低区间，但呈现微弱的上升趋势（见图 4-70）；从增加值占比角度看，各国之间的差距明显缩小，美国、德国、日本的发展缓慢甚至有所下降，中国则从 2005 年的最低水平（21.24%）持续上升到 2015 年高于其他各国的

27.33%（见图4－71）。

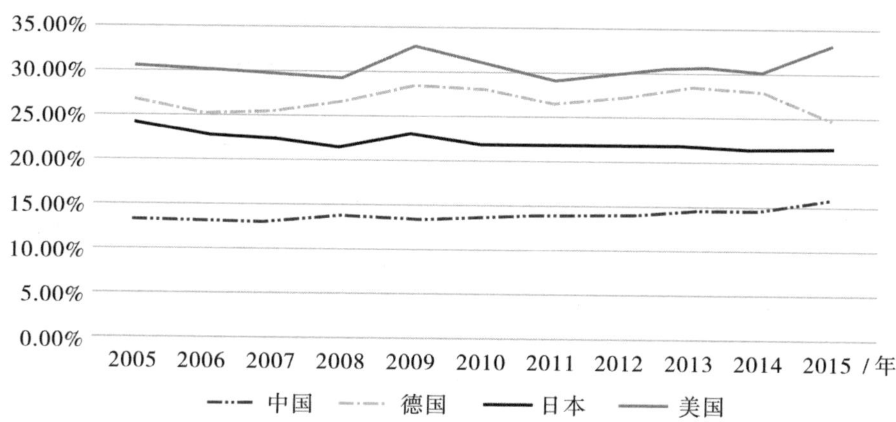


图4－70　2005—2015年高技术制造业生产中服务业投入占比

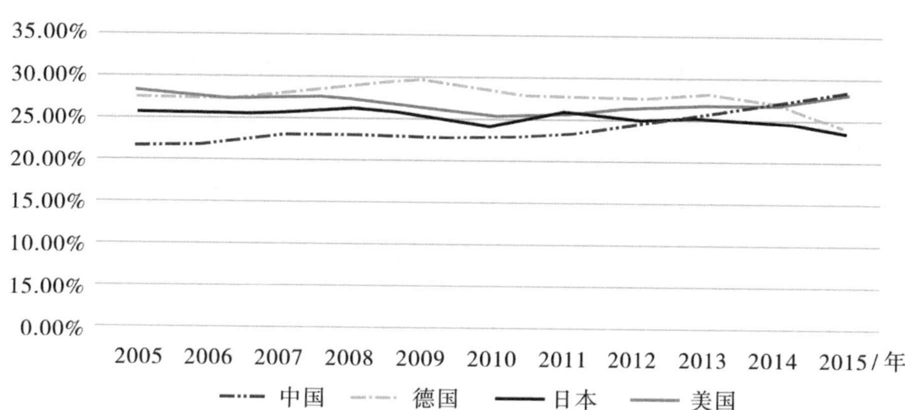


图4－71　2005—2015年高技术制造业最终品中服务业增加值投入占比

对于中等技术制造业，从总值投入占比来看，美国、德国、日本之间相差不大，各国都没有大幅度的波动，美国占比最高（2015年为22.6%），中国在11.23%～14.05%的最低区间，但呈现较明显的上升趋势（见图4－72）；从增加值占比角度看，各国之间的差距明显缩小，美国、德国、日本的发展缓慢甚至有所下降，中国则从2005年的最低水平（20.14%）持续上升到2015年与其他各国相近的26%（见图4－73）。

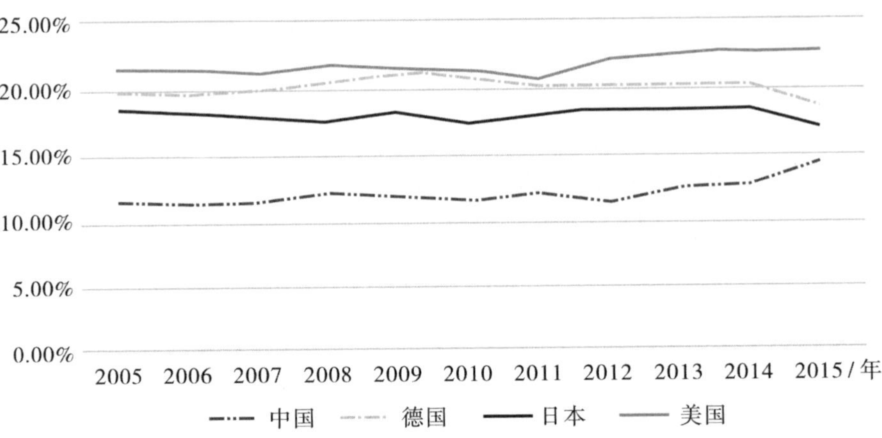


图 4 -72　2005—2015 年中等技术制造业生产中服务业投入占比

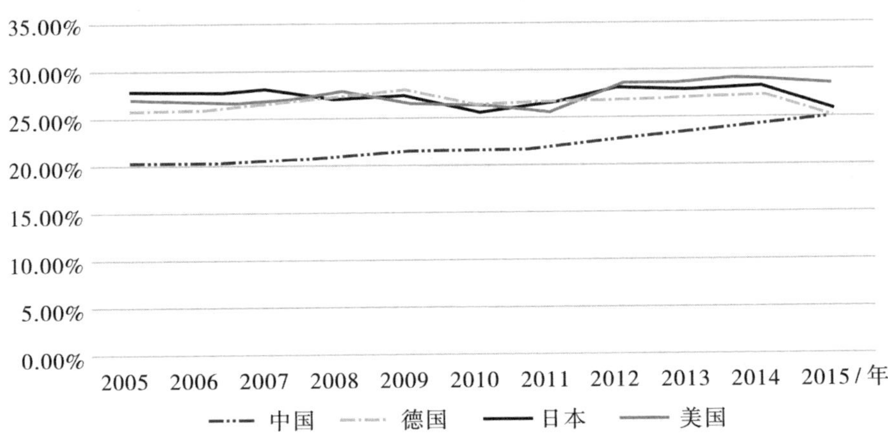


图 4 -73　2005—2015 年中等技术制造业最终品中服务业增加值占比

对于低技术制造业，从总值投入占比来看，美国、德国、日本之间仍然相差不大，各国都没有大幅度的波动，德国占比最高（2015 年为 23.36%），中国在 10.44%～12.58% 的最低区间，只有微弱的上升趋势（见图 4 -74）；从增加值占比角度看，各国之间的差距明显缩小，美国、德国、日本之间的差距缩小，中国虽然从 2005 年的最低水平（14.92%）持续上升到 2015 年的 19.28%，但是与其他国家之间仍然存在明显差距（见图 4 -75）。

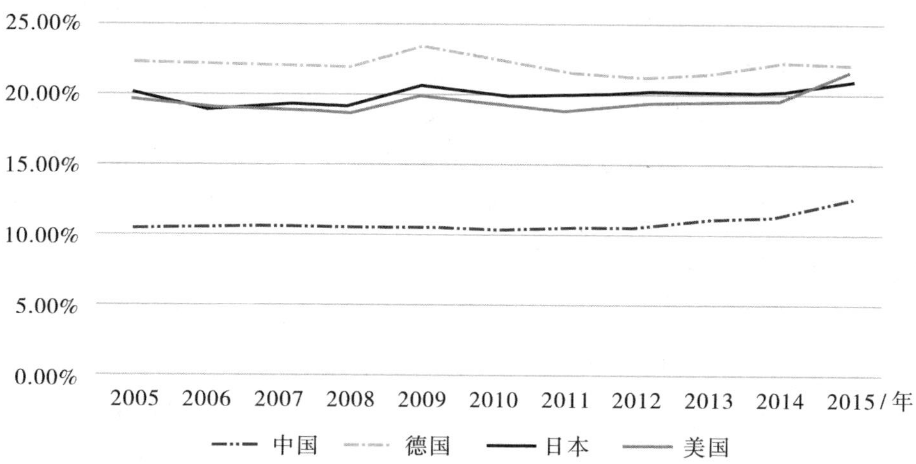


图 4-74　2005—2015 年低技术制造业生产中服务业投入占比

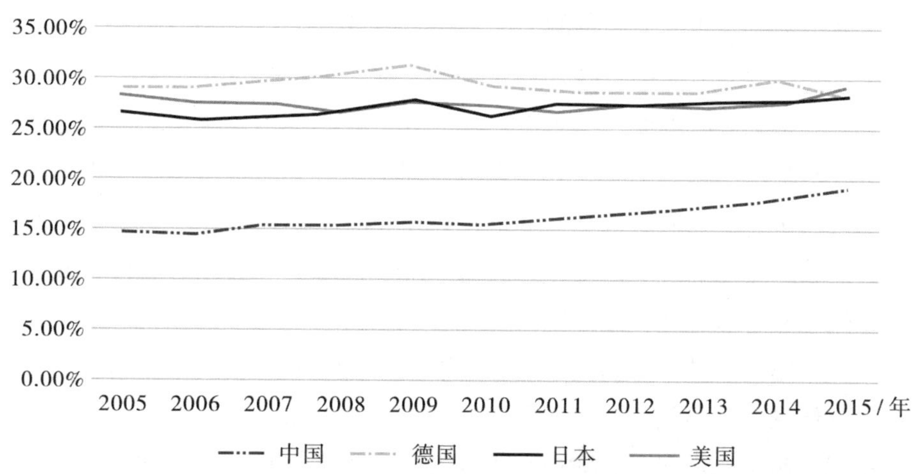


图 4-75　2005—2015 年低技术制造业最终品中服务业增加值占比

## （四）相关结论和建议

前面我们分别从服务出口总值和出口增加值两个方向考察了中国服务业的全球市场占有率和显示性比较优势（RCA）指数，以及各细分服务部门出口和出口增加值在全球价值链中的竞争力及变化趋势，并据此测算分析了中国制造业服务化水平，得到如下结论：

第一，中国服务出口的国际市场占有率和全球主要经济体排名相对中国货物出口低不少，但从出口增加值占比全球排名角度来看，中国服务出口增加值的国际市场占有率和全球排名都有大幅提升。这主要是中国大量服务增加值是通过隐含于下游制造业产品中进行出口的。因此，传统的贸易总值法的计算结果其实是对中国服务出口进行了低估。同时，在与主要发展中经济体比较来看，中国服务出口总额和出口增加值的国际市场占有率均居首位。但总体上，不管是以出口总值统计还是以出口增加值统计，中国服务出口总额和出口增加值的国际市场占有率均低于中国货物出口。

第二，从中国服务业的细分部门出口来看，不管是出口总值还是出口增加值，中国服务出口主要是以批发零售业服务和运输与仓储服务等生产性服务业为主，其他服务行业出口总额和出口增加值的国际市场占有率都非常低。提升研发与设计服务、商务服务、信息服务和金融服务等高端生产性服务竞争水平是当前我国服务业改革的关键。

第三，中国服务业的贸易开放度总体不高，且 2008 年金融危机后呈总体下降趋势。从细分服务业部门来看，批发零售业服务和运输与仓储服务的贸易开放度水平最高，金融服务、商务服务和信息服务的贸易开放度水平依次降低，进一步有序开放这些服务业的国内市场，引入国际竞争，是提高我国高端生产性服务竞争力的关键。我国改革开放以来的宝贵经验也说明并验证了这一措施的有效性和可控性。

第四，通过贸易总值和贸易增加值两个角度审视，我国服务出口的竞争力都非常低，不仅远低于美国、英国、法国等主要服务贸易大国，也低于日本、德国这些制造业强国。即使与主要发展中经济体比较，我国服务出口的竞争力也是处于相对较低水平。细分服务业行业出口竞争力中，只有运输和仓储服务业在出口增加值统计的 RCA 指数达到了 1 左右，其他细分服务业行业出口总值和出口增加值统计的 RCA 指数均处于显著劣势。从时间跨度来看，服务出口的竞争力水平低的现象并没有得到改善。

第五，中国制造业服务化水平较美国、德国和日本等发达国家有较大差距。但与主要发展中国家相比，中国制造业服务化处于较高水平。随着时间变化，中国制造业服务化水平有一定程度的上升。从生产性服务投入的来源来看，中国制造业服务化有很大一部分来自国外生产性服务投入，这一比例远高于美国和日本，与德国基本一致。但从时间变化来看，来自国外的生产性服务投入在中国制造业服务化的占比不断减小，说明国内生产性服务在制造业生产投入中竞争力不断上升，逐渐挤占了部分来自国外的生产性服务的投入。从不同技术水平的细分行业来看，制造业内部细分行业不同技术水平的服务化水平有一定差异，主要是低技术制造业的服务化水平相对较低，随时间变化也没有中高技术制造业上升快，以增加值衡量的高技术制造业的服务化水平上升非常快，在2014年开始已经超过德国和日本，和美国在同一水平线上。不同技术等级制造业的服务化水平差距在不断扩大。

## 二、中美服务业在全球价值链中的竞争力比较

本部分及前面探讨的服务业根据《全部经济活动国际标准行业分类》，选取WIOD 2016中的C28—C56这29个行业作为观测数据，具体对照见表4－21。

**表4－21　服务业细分行业对照表**

| 序号 | 行业（部门） | 序号 | 行业（部门） |
|---|---|---|---|
| C28 | 批发和零售业，汽车和摩托车修理 | C43 | 金融保险服务及其附属 |
| C29 | 汽车和摩托车外的批发贸易 | C44 | 房地产 |
| C30 | 汽车和摩托车外的零售贸易 | C45 | 法律、会计、总公司的活动，管理咨询 |
| C31 | 陆路运输与管道运输 | C46 | 建筑和工程，技术测试和分析 |
| C32 | 水上运输 | C47 | 科学研究与发展 |
| C33 | 航空运输 | C48 | 广告业和市场调研 |
| C34 | 储存和运输辅助 | C49 | 其他专业、科学和技术 |
| C35 | 邮政和邮递 | C50 | 行政和辅助 |
| C36 | 住宿，食品和饮料供应服务 | C51 | 管理与国防，强制性社会保障 |
| C37 | 出版 | C52 | 教育 |
| C38 | 电影、录像和电视节目制作、录音及音乐作品出版 | C53 | 人体健康和社会工作 |

（续表）

| 序号 | 行业（部门） | 序号 | 行业（部门） |
|---|---|---|---|
| C39 | 通信业 | C54 | 其他服务 |
| C40 | 计算机程序设计、咨询及相关活动 | C55 | 家庭作为雇主的；家庭自用、未加区分的物品生产和服务 |
| C41 | 保险和养恤金之外的金融服务 | C56 | 国际组织和机构 |
| C42 | 强制性社会保障除外的保险、再保险和养恤金 | — | — |

## （一）中美服务业在 GVC 中的地位比较

图 4－76 是 2000—2014 年中美服务业整体的 GVC 地位指数变化趋势，从图中可以看出美国服务业整体 GVC 地位远高于中国。2000—2014 年中国服务业整体 GVC 地位指数基本在 0. 057 ～0. 085 之间，而美国服务业整体 GVC 地位指数在 0. 120 ～0. 155 之间，说明美国多提供研发、品牌等全球价值链的上游服务，而中国服务业则处于中下游位置，即美国服务业出口中更多地被进口国作为中间投入再出口到第三国，而中国服务业的这种间接增加值的出口则相对较少。

从趋势上来看，2000—2014 年美国服务业整体 GVC 地位指数呈现稳中有升的态势，中国服务业整体 GVC 地位指数则是先下降后上升，这与王厚双等（2015）的结论基本相同。中国自 2001 年加入 WTO 后，中国服务业整体 GVC 地位并没有提升反而有所下降，主要因为我国很多服务业是垄断经营的，缺乏市场竞争力，因此难以与国外高水平服务业抗衡，间接增加值的出口比重非常小。2008 年金融危机后，随着技术创新的发展，中国和美国服务业发展迅速，越来越多的服务进口商将服务生产的一部分流程委托给服务出口商生产，从而形成中间服务的国际贸易，比如医疗服务、软件服务的外包，即服务外包迅猛发展。在这一服务生产过程的国际转移中，美国是主要的发包方，而中国更多地扮演承包方的角色，从而促进了中美两国服务业在全球价值链中地位的提升，但因为角度的不同，导致中国服务业提升速度比美国慢，因此到 2014 年中美服务业在全球价值链中的地位差距扩大了。

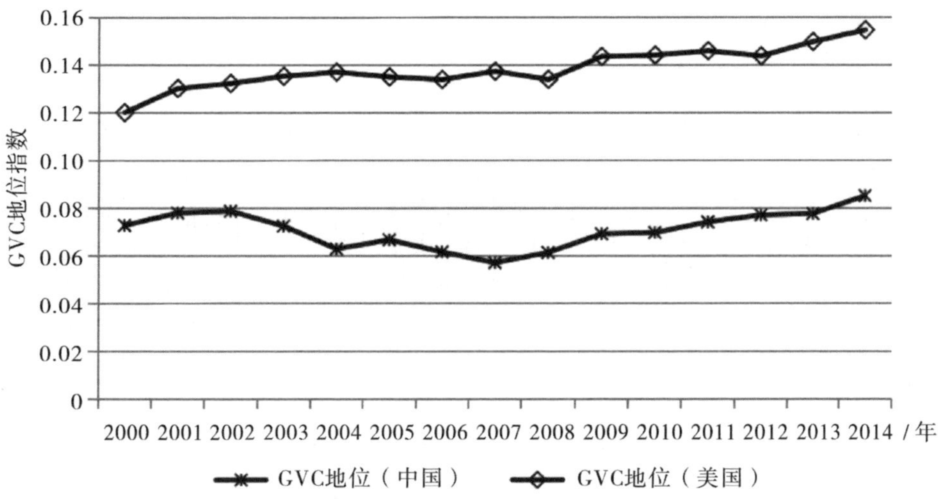


**图 4－76　2000—2014 年中美服务业整体的 GVC 地位指数**

资料来源：WIOD 2016 数据库。

从细分行业在全球价值链中地位的变化可以看出中美服务业 GVC 地位差距扩大的部分原因。下面选取 2000 年、2007 年和 2014 年的测算结果进行比较（见图 4－77），2000 年和 2014 年分别是数据分析的起始年和截止年，2007 年是中国服务业 GVC 地位转折较为明显的一年，而且随后的 2008 年美国服务业 GVC 地位也开始上升。

从中美横向比较来看，美国大多数细分行业 GVC 地位指数都高于中国，且美国服务业各细分行业的 GVC 地位指数均为正值，而中国服务业有些各细分行业的 GVC 地位指数为负值。美国的"C34 储存和运输辅助""C43 金融保险服务及其附属""C46 建筑和工程，技术测试和分析""C47 科学研究与发展""C48 广告业和市场调研""C50 行政和辅助"六个细分行业的 GVC 地位较高，处于全球价值链的上游位置。而中国这六个细分行业的 GVC 地位指数为零或负值，主要原因是中国这些细分行业的出口额非常低，甚至有些行业出口额为零。但是，中国"C31 陆路运输与管道运输"的 GVC 地位指数一直高于美国，说明中国在陆运和管道运输方面处于 GVC 上游位置。

从纵向比较来看，2014 年中国服务业细分行业的 GVC 地位指数比 2000 年明显上升，而且 GVC 地位指数为负值的细分行业明显减少了。虽然中国服务业各细分行业的 GVC 的地位比美国低，但有些细分行业相对较高，如

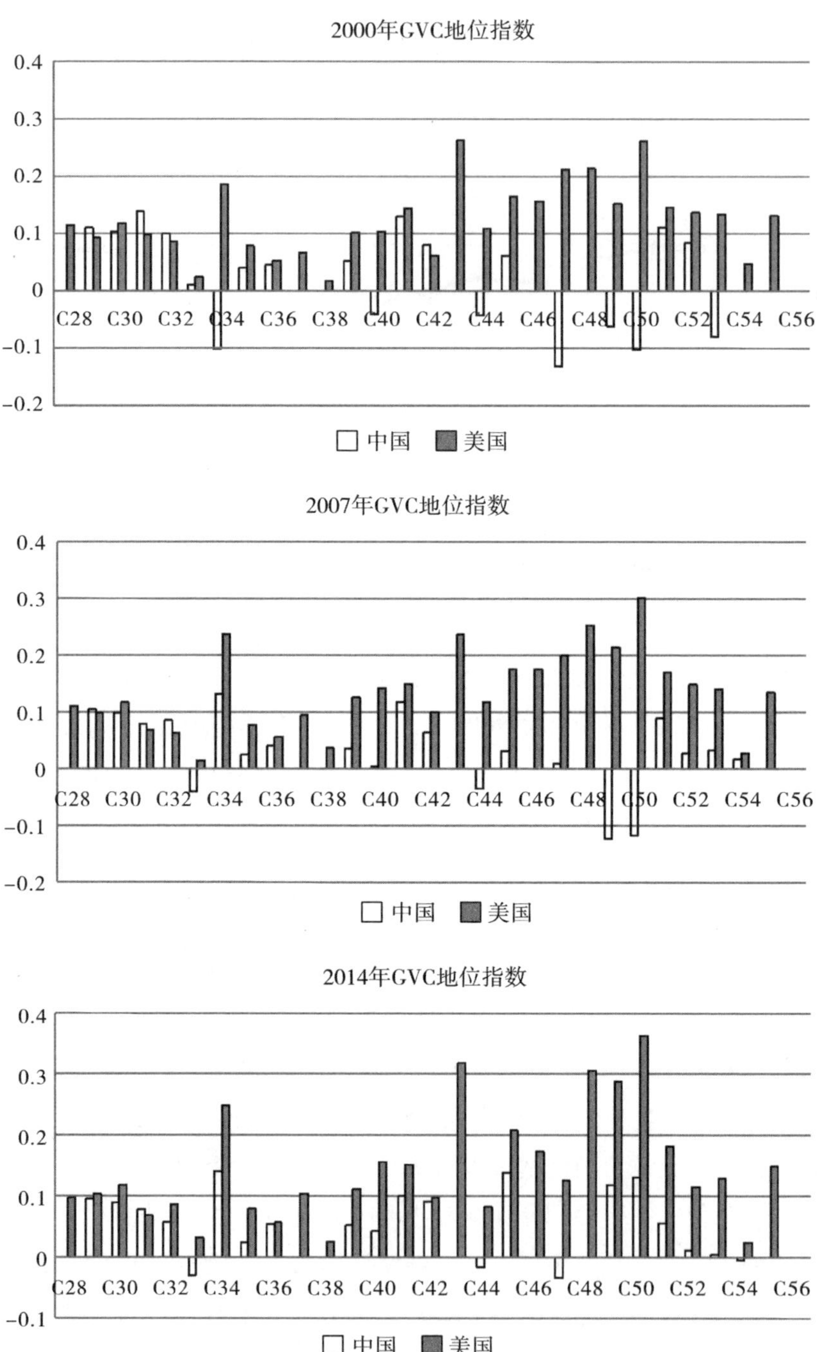


**图 4－77 中美服务业细分行业的 GVC 地位指数**

资料来源：WIOD 2016 数据库。

“C29 汽车和摩托车外的批发贸易”“C30 汽车和摩托车外的零售贸易”“C31 陆路运输与管道运输” “C41 保险和养恤金之外的金融服务”等，而且，“C34 储存和运输辅助”“C49 其他专业、科学和技术”和“C50 行政和辅助”的 GVC 地位指数由 2007 年的负值提升为 2014 年的正值，这说明 2008 年金融危机后，中国服务业正积极融入全球价值链的分工合作体系之中，重视与其他经济体服务贸易往来，拓展其全球服务贸易网络。而 2000—2014 年美国各细分行业的 GVC 地位均得到一定程度的提升，最明显的是“C50 行政和辅助”，说明 2008 年金融危机后美国对全球事务的管理和干预增加，其他国家出口中包含了越来越多的美国服务业中间投入。

## （二）中美服务业 GVC 参与度比较

从图 4－78 可以看出，2000—2008 年中国服务业的 GVC 参与度高于美国，而 2009—2014 年低于美国，这证实了 GVC 参与度与 GVC 地位指数没有线性相关性。2000—2008 年中国服务业 GVC 参与度在 24.1%～26.6%，高于美国的 19.5%～22.6%，但 2009—2014 年美国服务业 GVC 参与度高于中国，主要是受 2008 年金融危机的影响，2007—2009 年中国服务业 GVC 参与度连续 3 年大幅下降，而美国服务业 GVC 参与度仅在 2009 年小幅下降，说

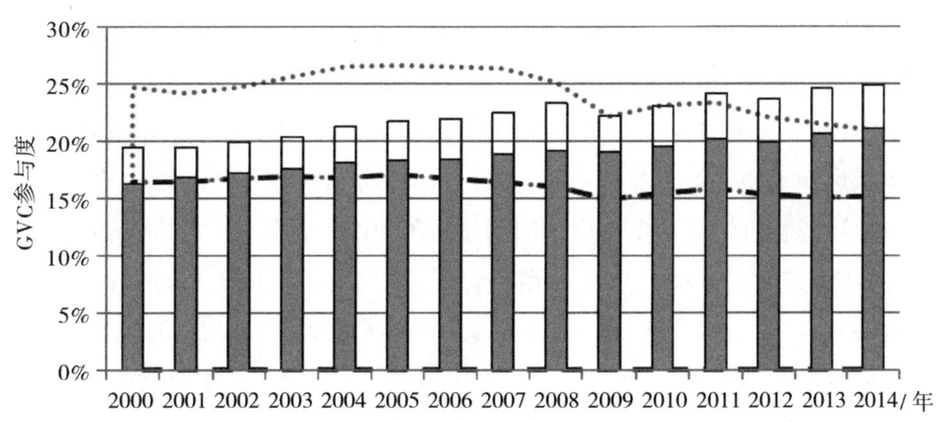


图 4－78　2000—2014 年中美服务业的 GVC 参与度

资料来源：WIOD 2016 数据库。

明近年来美国服务业参与全球价值链的程度和提升速度都超过中国。从图 4－78 可以看出，2000—2014 年美国服务业的前向参与度一直大于中国，但中国服务业的后向参与度大于美国，说明美国服务业的国内增加值更多地作为中间产品出口到了第三国，而中国服务业出口却包含更多的外国增加值，更多地依赖于外国的中间产品投入，这也是美国服务业 GVC 地位指数比中国高的主要原因。由此可以得出，美国服务业有较大的前向参与度与相对较小的后向参与度，所以其 GVC 地位指数较高，而中国服务业处于全球价值链的下游，其后向参与度大、前向参与度小，从而 GVC 地位指数低。

服务业各细分行业的 GVC 参与度差距很大，且表现出与服务业整体不同的特征（见图 4－79）。下面选取 2000 年、2007 年和 2014 年的数据进行比较说明。从横向中美服务业参与度比较来看，2000 年中国有些细分行业的 GVC 参与度大于美国，如“C29 汽车和摩托车外的批发贸易”“C30 汽车和摩托车外的零售贸易”“C35 邮政和邮递”“C40 计算机程序设计、咨询及相关活动”“C42 强制性社会保障除外的保险、再保险和养恤金”“C45 法律、会计、总公司的活动，管理咨询”等，但到了 2014 年中国这些行业的 GVC 参与度基本都小于美国了，说明近年来中国服务业各细分行业参与全球价值链的程度和速度都落后于美国，从而导致 2009—2014 年美国服务业整体 GVC 参与度高于中国。2000 年美国 GVC 参与度明显大于中国的细分行业有“C28 批发和零售业，汽车和摩托车修理”“C43 金融保险服务及其附属”“C46 建筑和工程，技术测试和分析”“C48 广告业和市场调研”“C50 行政和辅助”“C55 家庭作为雇主的；家庭自用、未加区分的物品生产和服务”，到了 2014 年美国这些行业的 GVC 参与度依旧明显高于中国。尤其是“C43 金融保险服务及其附属”和“C48 广告业和市场调研”，而且美国的这些行业的前向参与度非常高，说明服务业外包已经成为美国服务业增长的内在动力。

从纵向中美两国服务业细分行业 GVC 参与度变化的趋势来看，2000—2014 年中国 GVC 参与度相对高的行业并没有保持而是下降，美国 GVC 参与度相对高的行业其优势则更加明显。如 2000 年中国的优势细分行业“C40 计算机程序设计、咨询及相关活动”的 GVC 参与度是 31%，2007 年下降到 28%，2014 年下降到 23%，主要源于其后向参与度的下降，说明中国出口中包含的国外增加值比例下降。中国其他优势行业的变化趋势与“C40 计算机

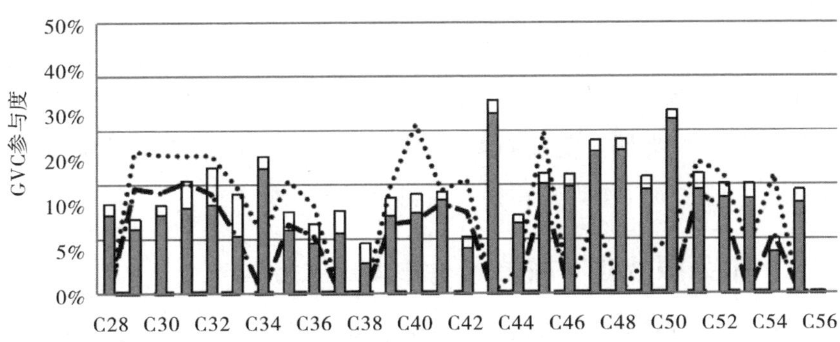


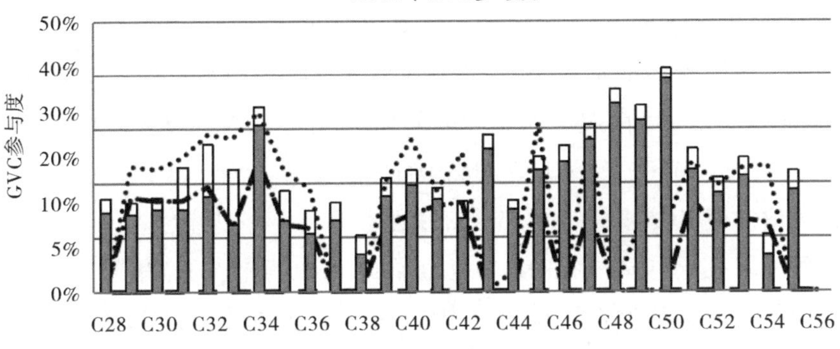


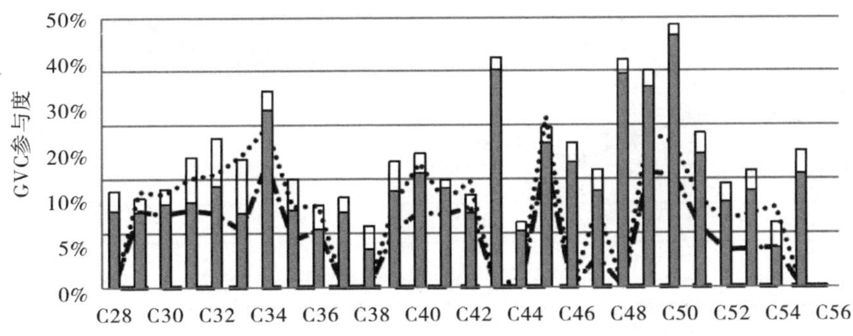


图4－79　中美服务业细分行业的全球价值链参与度

资料来源：WIOD 2016 数据库。

程序设计、咨询及相关活动”类似。而美国优势行业 GVC 参与度上升较快，如“C48 广告业和市场调研”GVC 参与度从 2000 年的 28% 上升到 2014 年的 42%，“C43 金融保险服务及其附属”GVC 参与度从 2000 年的 36% 上升到 2014 年的 42%，主要源于其前向参与度的大幅增加，说明美国的贸易伙伴从美国进口这些服务后，作为中间投入后再出口的比例上升。

## （三）中美服务业增加值显示性比较优势

从图 4－80 可以看出，2000—2014 年中美两国服务业整体的增加值 RCA 指数都大于 1，说明两国服务业在全球范围内具有较强的贸易竞争力，但美国服务业整体增加值 RCA 指数大于中国服务业整体。然而，中国服务业整体增加值 RCA 指数近年来上升较快，与美国的差距在逐渐缩小。2000—2014 年美国服务业整体的增加值 RCA 指数变化不大，从 2000 年的 1.09 上升到 2014 年的 1.12，而中国服务业整体的增加值 RCA 指数从 2000 年的 1.02 先下降到 2004 年的 1.00 后又上升到 2014 年的 1.09。2005 年以后，中国服务业整体的增加值 RCA 指数上升较快，主要原因有：一是经过入世 5 年的过渡期后，国外服务业与国内服务业的竞争加剧，由此产生的竞争效应与技术溢出效应促使中国服务业竞争力提高；二是中国服务业发展的基础设施水平提

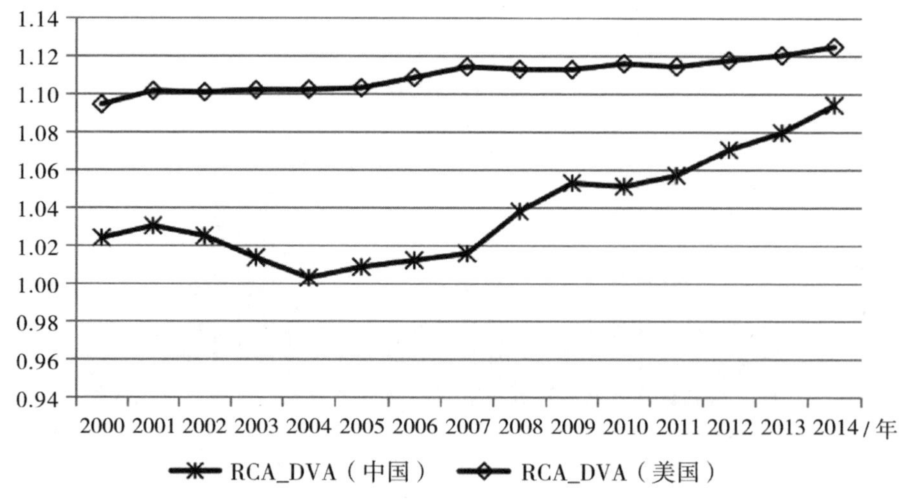


图 4－80　中美服务业整体的增加值 RCA 指数

资料来源：WIOD 2016 数据库。

高，交易成本降低，从业人员素质提高；三是2005年后中国吸引外国直接投资增加，FDI主要通过技术转移和要素再配置这两个途径对服务业增长产生正面影响，从而间接促进中国服务业国际竞争力的提升。

从细分行业的横向比较来看，美国服务业大多数细分行业的增加值显示性比较优势指数都大于中国，但不同行业的差距有所不同。在两国都有出口统计数据的细分行业中①，与中国相比，2000年美国增加值显示性比较优势比较明显的行业有“C40计算机程序设计、咨询及相关活动”“C45法律、会计、总公司的活动，管理咨询”“C47科学研究与发展”，到2014年美国依旧在这些细分行业中保持比较优势，但中国与美国的差距缩小了。与美国相比，中国的“C32水上运输”具有较明显的显示性比较优势。

从细分行业的纵向发展来看，中国的“C29汽车和摩托车外的批发贸易”“C30汽车和摩托车外的零售贸易”“C35邮政和邮递”“C40计算机程序设计、咨询及相关活动”“C44房地产”“C45法律、会计、总公司的活动，管理咨询”“C50行政和辅助”在2000年时的增加值显示性比较优势指数小于1，即在全球范围内处于竞争劣势，但到了2014年这些细分行业的增加值显示性比较优势指数都超过1，说明中国服务业细分行业虽然GVC地位和参与度都改善得不明显，甚至有所下降，但显示性比较优势指数却显著增加，主要是由于中国服务业出口中的国内增加值占比增加，国际竞争力增强。与2000年相比，2014年美国“C28批发和零售业，汽车和摩托车修理”的显示性比较优势指数有所下降，但“C32水上运输”“C34储存和运输辅助”“C40计算机程序设计、咨询及相关活动”“C41保险和养恤金之外的金融服务”的显示性比较优势指数上升了。

① 在29个细分行业中，中国有8个行业（C28、C37、C38、C43、C46、C48、C55、C56）没有出口统计数据，而美国只有一个行业（C56）没有出口数据。

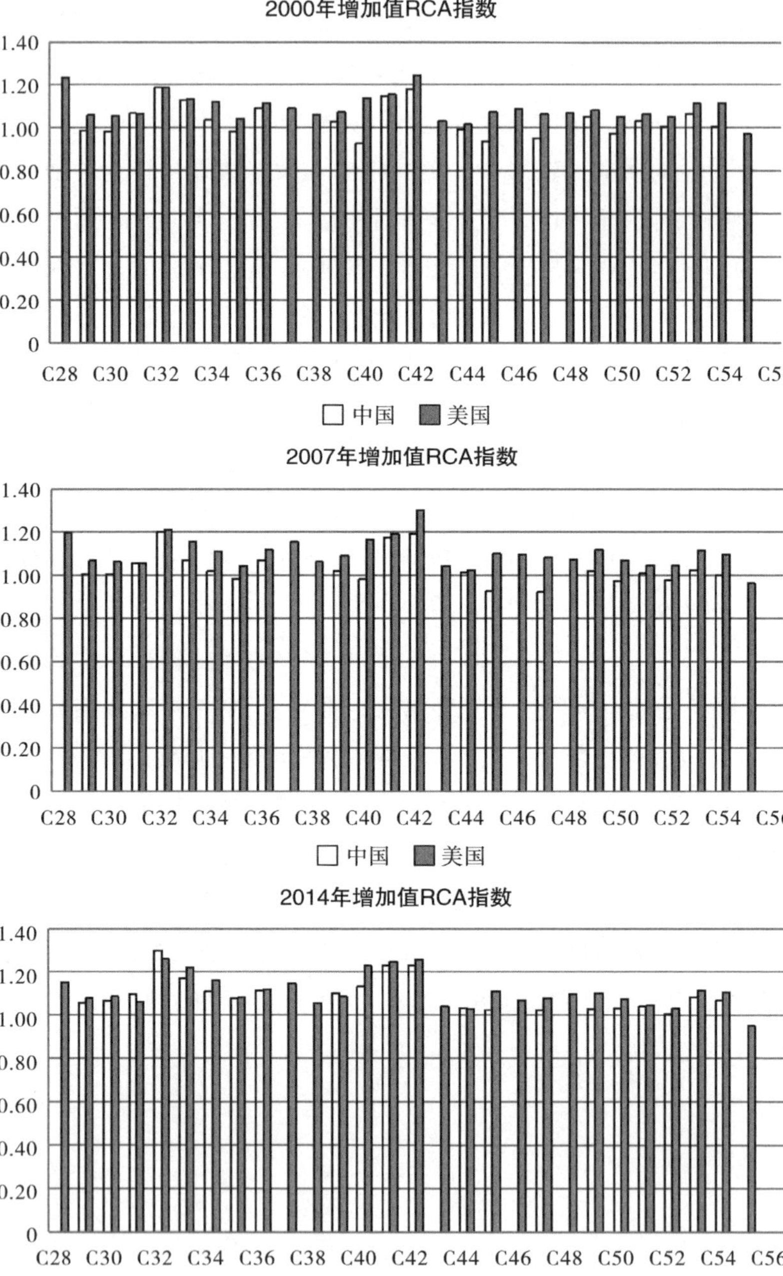


图 4－81　中美服务业细分行业增加值 RCA 指数

资料来源：WIOD 2016 数据库。

## （四）结论及政策建议

通过测算中美服务业整体及细分行业的 GVC 地位指数、GVC 参与度和基于增加值的 RCA 指数，分析两国在全球价值链中的地位和竞争力，得出如下结论。

（1）中国服务业整体在全球价值链中的地位比美国低。美国多提供研发、品牌等全球价值链的上游服务，这些服务业出口中更多地被进口国作为中间投入再出口到第三国，而中国服务业则处于中下游位置，出口中包含的国外增加值相对较多。2000—2014 年美国服务业 GVC 地位指数呈现稳中有升的态势，中国服务业则是先下降后上升。从细分行业来看，美国大多数细分行业 GVC 地位都高于中国，尤其是“C34 储存和运输辅助”“C43 金融保险服务及其附属”“C46 建筑和工程，技术测试和分析”“C47 科学研究与发展”“C48 广告业和市场调研”“C50 行政和辅助”六个细分行业的 GVC 地位较高，处于全球价值链的上游位置。中国“C31 陆路运输与管道运输”的 GVC 地位指数一直高于美国，这说明中国在陆运和管道运输方面处于 GVC 上游位置。2007 年后中国的“C34 储存和运输辅助”“C49 其他专业、科学和技术”和“C50 行政和辅助”等行业 GVC 地位指数由负转正，明显提升，说明 2008 年金融危机后，中国服务业正积极融入全球价值链的分工合作体系之中，重视与其他经济体服务贸易往来，拓展其全球服务贸易网络。

（2）2000—2008 年中国服务业整体 GVC 参与度高于美国，2009—2014 年低于美国。GVC 地位指数与 GVC 参与度指数之间并没有正向相关关系，但与 GVC 的前向参与度有很强的正相关性。美国服务业有较大的前向参与度与相对较小的后向参与度，其 GVC 地位指数较高，而中国服务业有较大的后向参与度和较小的前向参与度，其 GVC 地位指数低。从细分行业来看，美国 GVC 参与度高的行业如“C43 金融保险服务及其附属”“C48 广告业和市场调研”和“C50 行政和辅助”等，其 GVC 地位也高，因为其前向参与度高。与 2000 年相比，2014 年中国 GVC 参与度相对高的行业并没有保持而是下降，美国 GVC 参与度相对高的行业优势更加明显。

（3）2000—2014 年中美两国服务业整体的增加值显示性比较优势指数都大于 1，两国在全球范围内具有较强的贸易竞争力。与美国相比，中国服务业增加值处于明显劣势地位。但是中国服务业增加值显示性比较优势近年来上升较快，与美国的差距在逐渐缩小。虽然中国在“C32 水上运输”等部分细分行业已具有一定的增加值显示性比较优势，但在“C40 计算机程序设计、咨询及相关活动”“C45 法律、会计、总公司的活动，管理咨询”“C47 科学研究与发展”等行业具有明显的显示性比较劣势，说明中国的国际服务贸易竞争力还比较弱。

上述结论表明：2000—2014 年中国服务业 GVC 参与度有所提升，但与美国相比，中国服务业整体在全球价值链的地位不高，国际竞争力不足。中国服务业市场化改革起步晚，开放程度在各行业间分布不均，相关支持产业发展落后，基础设施、人力资本、管理和技术等要素方面薄弱，服务业国际竞争力较弱。中国必须稳步推进教育、医疗、体育、文化、电信等领域的对外开放，扩大服务业市场开放有利于引入竞争机制，可以促进服务业增长。竞争要素作为外生冲击，无论是直接的生产率提升，还是间接的知识技术外溢，都会对东道国的相关产业产生积极影响，服务业市场开放还会通过提高本国具有比较优势行业的劳动生产率，强化其国际竞争力。另外，要为高技术、高知识含量的服务业 FDI（外商直接投资）搭建更高水平的产业集聚和城市集聚平台，引导外商投资发展交通运输、现代物流、金融业、节能环保服务业和家庭服务业等行业，提高引进服务业 FDI 的水平。

## 三、中日韩服务业在全球价值链中的竞争力比较

### （一）中日韩服务业出口增加值结构分解

图 4－82 对比了 2000 年和 2014 年中日韩服务业出口增加值的分解情况。2000 年中日韩的国内增加值大多以中间服务的形式（INT）出口到了其他国家，占比分别为 40%、39%、43%，其次是以最终服务形式（FIN）出口，占比分别为 32%、35%、28%；2014 年中国和韩国国内增加值出口中的中间服务（INT）占比依旧最多，分别为 43% 和 42%，其次是最终服务（FIN），占比分别为 31%、25%，但日本的最终服务出口（FIN，占比为 41%）超过了中间服务出口（INT，占比为 35%）。这说明随着技术创新的发展，各国服

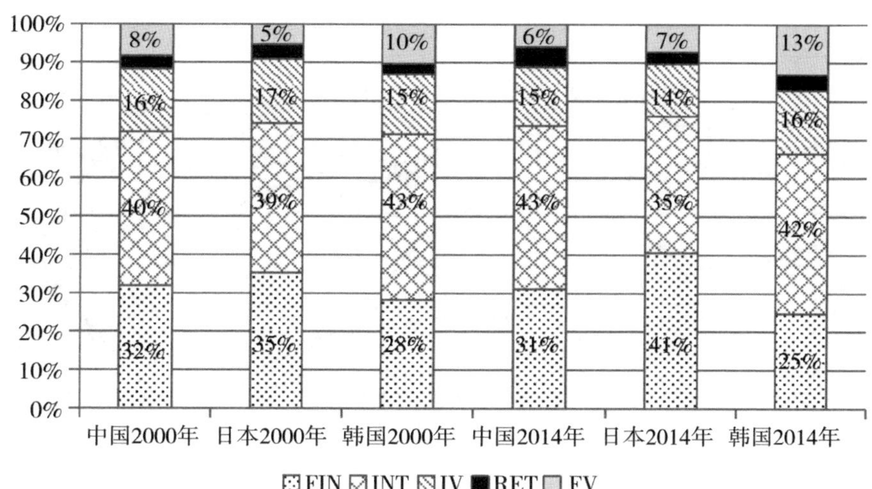


图 4－82　2000 年和 2014 年中日韩服务业出口增加值结构分解

资料来源：WIOD 2016 数据库。

务业发展迅速，越来越多的服务进口商将服务生产的一部分流程委托给服务出口商生产，从而形成中间服务的国际贸易，即服务外包迅猛发展。在这一服务生产过程的国际转移中，中日韩服务业从不同程度上都融入了全球价值链的分工体系中。

从直接影响各国在全球价值链中地位和参与程度的间接增加值出口（IV）和出口中的国外增加值（FV）的横向比较来看，2000 年日本的间接增加值出口比例最高，韩国服务业出口中的国外增加值占比最高，中国的两项指标都处于日韩中间。2014 年韩国的间接增加值出口和出口中的国外增加值占比都最高，而中国服务业出口中的国外增加值占比最低。从纵向比较来看，韩国服务业的间接增加值出口和出口中的国外增加值占比均有所上升，但中国服务业的间接增加值出口和出口中的国外增加值都下降了，日本服务业的间接增加值出口下降，出口中的国外增加值上升，这说明韩国服务业参与全球价值链的程度上升，但中国服务业的参与程度有所下降，日本服务业的变化不明显。

## （二）中日韩服务业整体在全球价值链中的竞争力比较

### 1. 中日韩服务业整体 GVC 地位

图 4－83 是 2000—2014 年中日韩服务业整体的 GVC 地位指数变化趋势，

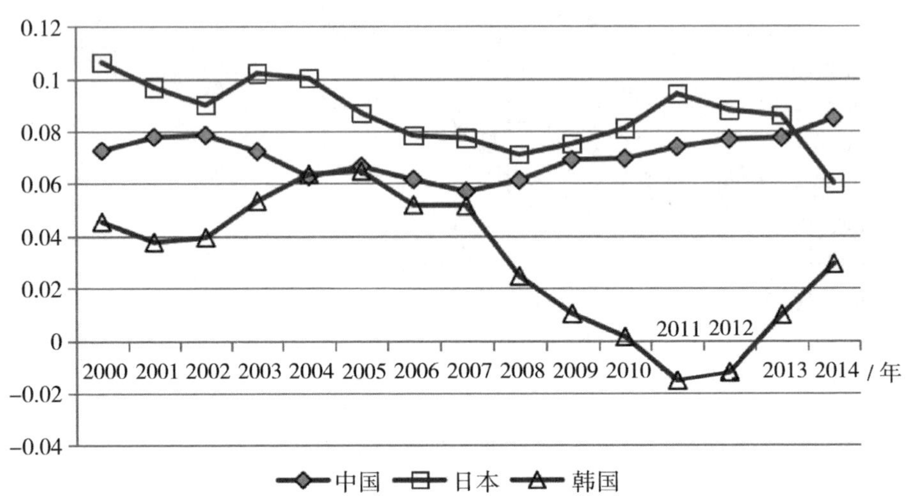


图 4 -83　中日韩服务业整体 GVC 地位指数

资料来源：WIOD 2016 数据库。

从中可以看出日本服务业整体 GVC 地位最高，其次是中国，韩国最低。从趋势上来看，日本服务业整体 GVC 地位指数处于反复的“下降、上升”的状态，但整体趋势是下降的。中国则是先下降后上升，波动幅度较小，但总体趋势上升，这与王厚双等（2015）的结论基本相同，2000—2013 年中国服务业整体 GVC 地位虽低于日本但差距不大，2014 年已经超过日本。韩国服务业整体 GVC 地位指数波动非常大，从 2000 年的 0. 045 上升至 2005 年的 0. 065，后下降至 2011 年的 - 0. 015，2014 年又上升至 0. 029，这说明 2007 年金融危机对韩国服务业整体 GVC 地位的影响最大，但 2012 年这一影响开始减弱，韩国服务业整体 GVC 地位开始上升，但直到 2014 年还未恢复到 2000 年的水平。总体而言，日本服务业整体在全球价值链中的地位高于中国，韩国服务业整体 GVC 地位远低于中国，说明日本提供的是价值链的中上游服务，中国提供的是中下游服务，而韩国服务业整体处于全球价值链的下游。

2. 中日韩服务业整体 GVC 参与度

从图 4 - 84 中日韩服务业整体 GVC 参与度指数可以看出 2000—2007 年三国差别较大，2008—2014 年韩国服务业整体 GVC 参与度最高，中国和日本相当接近。韩国服务业整体 GVC 参与度高的主要原因是其后向参与度远高于中国和日本，尤其是2008—2014年韩国后向参与度特别高，但中日韩三国的前向参与度差别不大，2000—2014年的变化也不明显，这说明韩国服务业出口中的国外增加值占比非常高。

从趋势上来看，与2000年相比，2014年中国服务业整体GVC参与度有所下降。2000—2008年中国服务业整体GVC参与度在24.1%～26.6%，变化不大，但2007年前向和后向参与度受金融危机的影响双双下降，尤其是后向参与度下降较多，从而导致GVC参与度连续3年大幅下降，2010年有所上升，但到2014年GVC参与度仍旧低于2000年的水平。日本服务业整体GVC参与度变化趋势与中国相似，但稍微平缓一些。中国和日本服务业是前向参与度相对高，后向参与度相对低，说明中日服务业的国内增加值相对较多地作为中间产品出口到了第三国，是以间接增加值出口形式参与全球价值链的。2000—2008年韩国服务业整体GVC参与度稳步上升，2009年剧烈下降后2010年上升，尤其是后向参与度上升较多。与中国、日本相比，韩国服务业后向参与度较高，前向参与度相对较低，说明韩国服务业出口中包含更多的国外增加值，更多地依赖外国的中间服务投入。近年来韩国服务业参与全球价值链的程度和提升速度都超过中国和日本，导致韩国服务业整体GVC参与度高于中国和日本。对比图4－83和图4－84可以看出GVC地位与GVC参

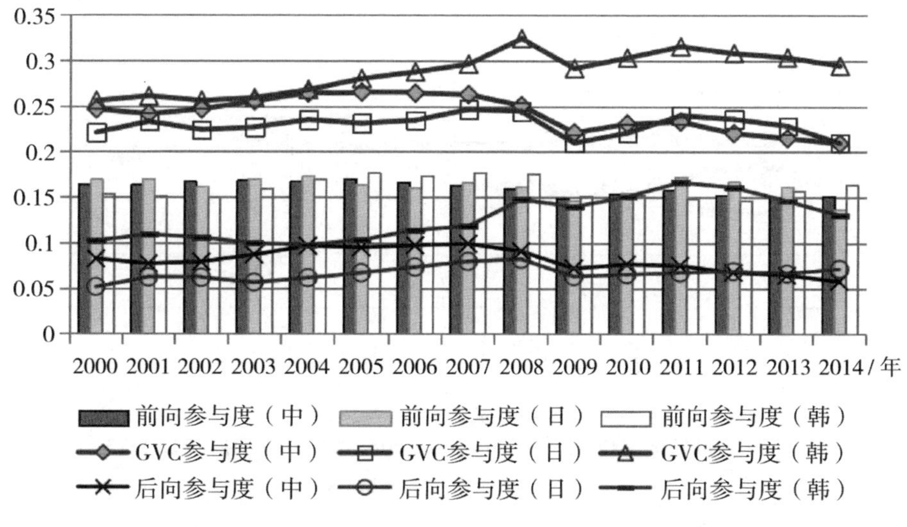


**图4－84　中日韩服务业整体GVC参与度指数**

资料来源：WIOD 2016数据库。

与度并不存在正相关关系，韩国服务业整体 GVC 地位虽然低，但 GVC 参与度却最高，说明韩国深入参与了服务业全球价值链下游的国际分工。

### 3. 中日韩服务业整体增加值显示性比较优势

从图 4－85 可以看出 2000—2014 年中国和日本服务业整体的增加值 RCA 指数都大于 1，说明两国服务业整体在全球范围内具有较强的贸易竞争力。日本服务业整体增加值 RCA 指数大于中国，说明日本服务业整体竞争力高于中国。韩国服务业整体增加值 RCA 指数在 2003—2005 年大于 1，其余年份小于 1，说明韩国服务业整体在全球价值链中的竞争力最小。

从趋势上来看，2000—2007 年中国服务业整体增加值 RCA 指数变化不大，但近年来上升较快，2014 年已经超过日本。2008 年以后中国服务业整体增加值 RCA 指数上升较快的主要原因有：一是入世过渡期后国外服务业与国内服务业的竞争加剧，由此产生的竞争效应与技术溢出效应促使中国服务业竞争力提高；二是中国服务业发展的基础设施水平提高，交易成本降低，从业人员素质提高；三是中国吸引外国直接投资增加，FDI 主要通过技术转移和要素再配置两个途径对服务业增长产生正面影响，从而间接促进服务业国际竞争力的提升。2000—2008 年日本服务业整体增加值 RCA 指数变化平缓，2009 年后略有上升后到 2014 年变化不大。韩国服务业整体增加值 RCA 指数在

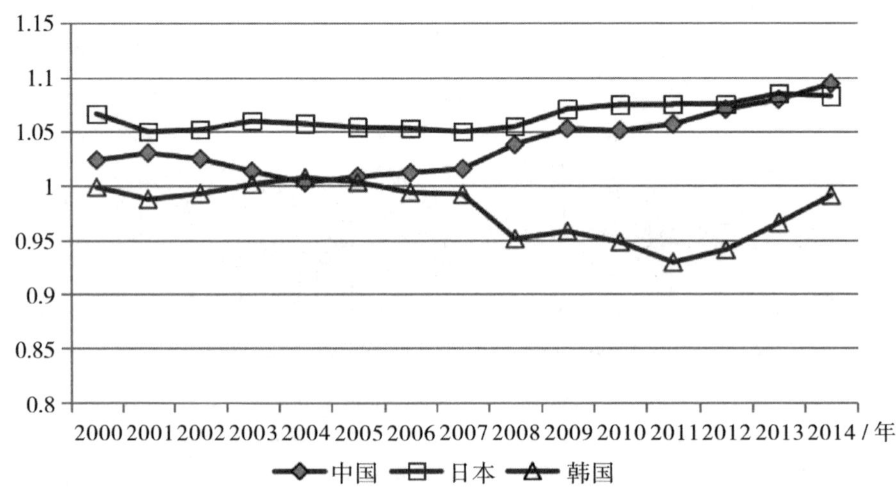


图 4－85　中日韩服务业整体增加值 RCA 指数

资料来源：WIOD 2016 数据库。

2000—2007 年间波动不大，但 2008 年开始剧烈下降，到 2011 年下降到 0.92，2012 年开始迅速上升，到 2014 年已经上升到 0.99。比较图 4－85 和图 4－83，可以看出增加值 RCA 指数与 GVC 地位指数有较强的正相关性，GVC 地位指数高的国家其 RCA 指数也高，且两者波动的方向基本相同，当 GVC 地位指数上升时增加值 RCA 指数也上升。

## （三）中日韩服务业细分行业在全球价值链中的竞争力比较

### 1. 中日韩服务业细分行业 GVC 地位

从图 4－86 中日韩服务业细分行业的全球价值链地位指数可以看出，与日本、韩国相比，中国没有 GVC 地位特别高的服务业细分行业，2000 年和 2014 年中国所有细分行业的 GVC 地位指数都低于 0.15。日本的“C34 储存和运输辅助”和“C49 其他专业、科学和技术”GVC 地位非常高，“C40 计算机程序设计、咨询及相关活动”“C51 管理与国防，强制性社会保障”“C52 教育”的 GVC 地位也较高，这说明日本这些细分行业一直处于全球价值链的上游。韩国的“C43 金融保险服务及其附属”一直保持较高的 GVC 地位，虽然 2010 年后该行业的 GVC 地位优势下降，但一直高于中国和日本。此外，韩国的“C28 批发和零售业，汽车和摩托车修理”“C29 汽车和摩托车外的批发贸易”“C30 汽车和摩托车外的零售贸易”GVC 地位也一直高于中国和日本。

从趋势上来看，2000—2014 年中国各细分行业 GVC 地位提升速度非常快，2000 年中国有 7 个细分行业的 GVC 地位指数为负，但到 2014 年减少到 4 个，其中中国的“C34 储存和运输辅助”GVC 地位指数提升最快，从 2000 年的－0.10 上升到 2014 年的 0.14，同时“C49 其他专业、科学和技术”也从－0.06 上升到 0.12，说明中国的部分行业在全球价值链中的地位得到攀升，但有些行业的 GVC 地位却下降，如“C31 陆路运输与管道运输”从 0.14 下降到 0.08，这些细分行业结构调整的结果是 2014 年中国服务业整体 GVC 地位比 2000 年有所上升。2000—2014 年日本大部分细分行业的 GVC 地位稍微有所下降，同时有个别行业 GVC 地位有所上升，其中“C55 家庭作为雇主的；家庭自用、未加区分的物品生产和服务”“C47 科学研究与发展”“C53 人体健康和社会工作”和“C52 教育”的 GVC 地位下降较大，细分行

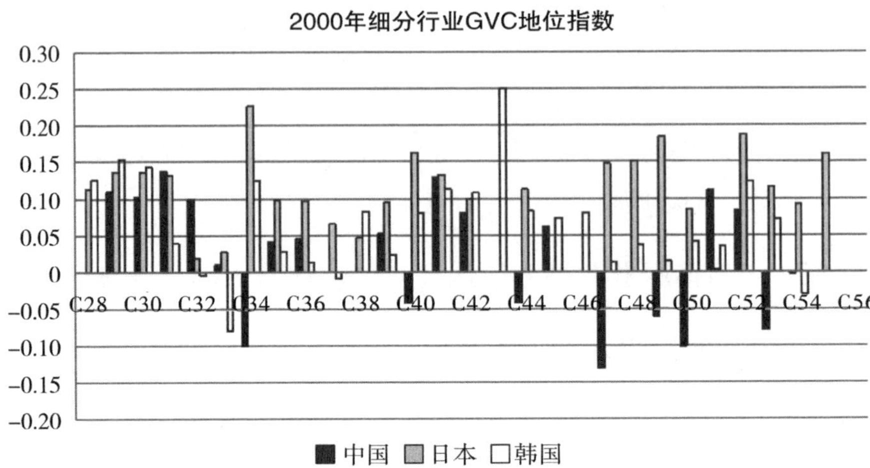


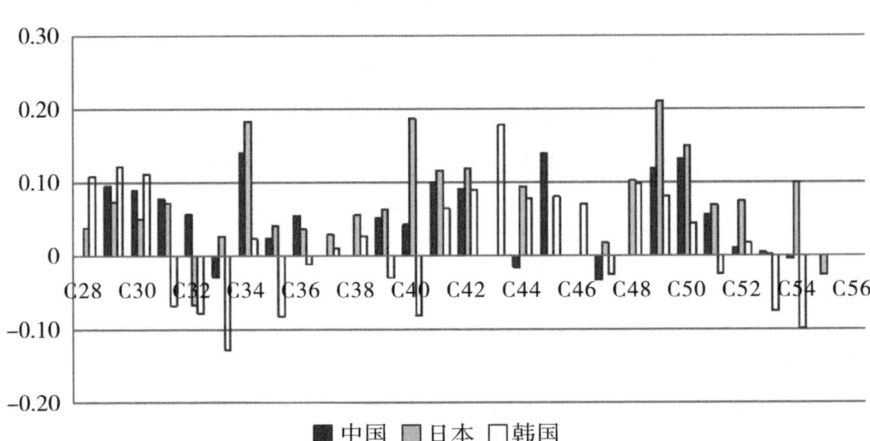


**图 4－86　中日韩服务业细分行业 GVC 地位指数**

资料来源：WIOD 2016 数据库。

业“C49 其他专业、科学和技术”GVC 地位提升较快。2000—2014 年韩国各细分行业 GVC 地位下降较为明显，2000 年有 3 个细分行业为负值，到 2014 年 GVC 地位指数为负值的行业达到 11 个，其中“C33 航空运输”一直为负，说明韩国航空运输业出口中含有较多的国外增加值。

由此可见，中日韩三国服务业各细分行业在全球价值链中的地位不同，国际分工的梯形结构较为明显，日本处于全球价值链的中上游，中国处于中下游，韩国处于下游，即日本服务业出口中较多被进口国作为中间投入再出口，即从日本进口服务的国家出口中包含较多的日本服务，而韩国服务出口中包含较多的国外增加值。

2. 中日韩服务业细分行业 GVC 参与度

从图 4 - 87 可以看出，2014 年中国 GVC 参与度相对较高的细分行业比 2000 年有所减少，参与度指数大于 0. 30 的行业从 2000 年的 3 个下降到 2014 年的 1 个，其中“C45 法律、会计、总公司的活动，管理咨询”一直保持较高的参与度，但“C29 汽车和摩托车外的批发贸易”和“C40 计算机程序设

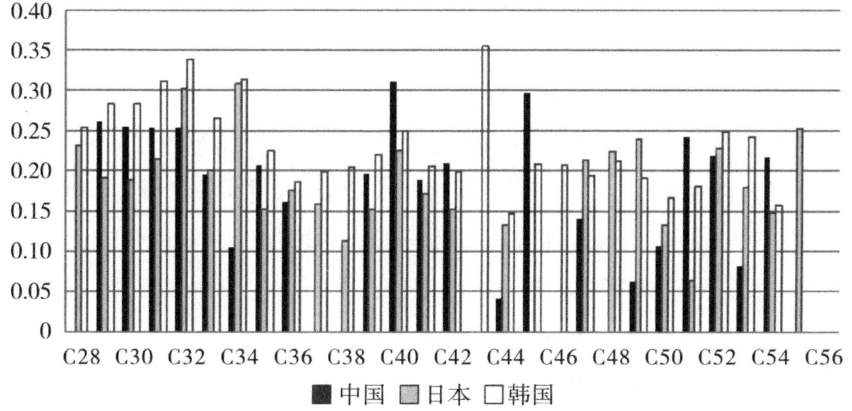


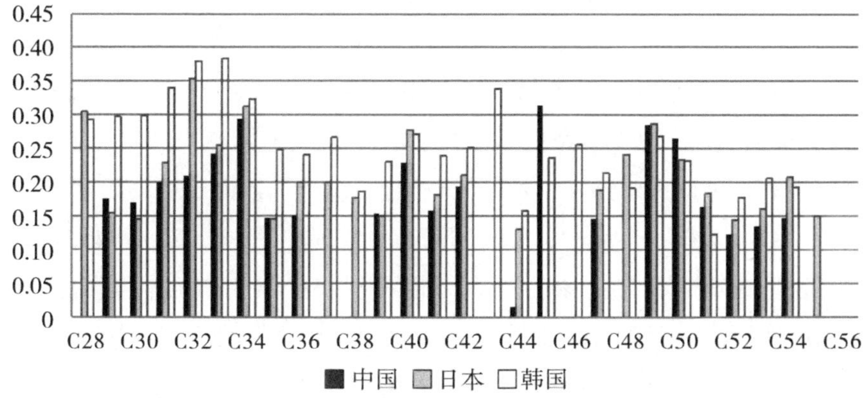


图 4 -87　中日韩细分行业 GVC 参与度指数

资料来源：WIOD 2016 数据库。

计、咨询及相关活动”的前后参与度都下降，从而导致这两个行业的 GVC 参与度下降。日本服务业各细分行业的 GVC 参与度变化不大，但 GVC 参与度大于 0.3 的细分行业由 2000 年的 2 个增加到 2014 年的 3 个，增加的行业是“C28 批发和零售业，汽车和摩托车修理”，同时“C32 水上运输”的参与度从 0.31 上升到 0.35。韩国服务业各细分行业的 GVC 参与度在数量和程度上都明显增加，GVC 参与度大于 0.30 的细分行业从 2000 年的 4 个增加到 2014 年的 5 个，新增加的行业是“C33 航空运输”（该行业 GVC 地位虽低，但 GVC 参与度高，主要是后向参与度从 0.18 上升到 0.70）。因此，中日韩三国服务业各细分行业参与全球价值链的程度不同，行业分布也不尽相同。

### 3. 中日韩服务业细分行业增加值 RCA 指数

从图 4－88 中日韩服务业细分行业增加值 RCA 指数可以看出，中日韩三国具有增加值显示性比较优势的行业分布不同，具有优势的程度也有所不同。三国大多数服务业细分行业的增加值 RCA 指数在 1 ～ 1.2 之间，说明三国的服务业在全球价值链中具有一定的竞争力。2000 年中国增加值 RCA 指数低于 1 的细分行业最多，日本和韩国各细分行业的增加值显示性比较优势较强；2014 年韩国增加值 RCA 指数低于 1 的细分行业最多，日本具有较强显示性比较优势的细分行业最多，中国次之。

从变化趋势上来看，中国增加值 RCA 指数大于 1.2 的细分行业从 2000 年的 0 个增加到 2014 年的 3 个，包括“C32 水上运输”“C41 保险和养恤金之外的金融服务”和“C42 强制性社会保障除外的保险、再保险和养恤金”，说明中国运输和金融保险行业的竞争力在上升。同时，2000 年中国的 7 个增加值显示性比较劣势行业到 2014 年全部转变为有一定显示性比较优势行业，这些行业包括“C29 汽车和摩托车外的批发贸易”“C30 汽车和摩托车外的零售贸易”“C35 邮政和邮递”“C40 计算机程序设计、咨询及相关活动”“C44 房地产”“C45 法律、会计、总公司的活动，管理咨询”“C50 行政和辅助”。日本服务业细分行业在全球的竞争力也在提高，具有较强优势的行业除“C42 强制性社会保障除外的保险、再保险和养恤金”外，2014 年又增加了“C33 航空运输”“C40 计算机程序设计、咨询及相关活动”和“C41 保险和养恤金之外的金融服务”，同时 2000 年的劣势行业“C55 家庭作为雇主的；家庭自用、未加区分的物品生产和服务”到 2014 年劣势扩大了。然而，韩国服务业细分行业的增加值 RCA 指数在下降，2014 年韩国已经无 RCA 指数大于 1.2 的服务业细分行业，显示性比较劣势行业从 2000 年的 5 个增加到 2014 年的 13 个，尤其是汽车和摩托车外批发零售（C29、C30）、运输（C31、C32、C33、C34）、金融保险服务（C43）和教育（C52）等行业的增加值 RCA 指数全面下降，而且下降得非常明显。总体来讲，中国和日本服务业各

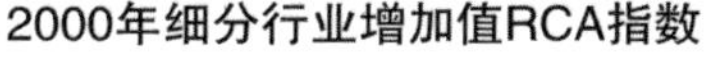


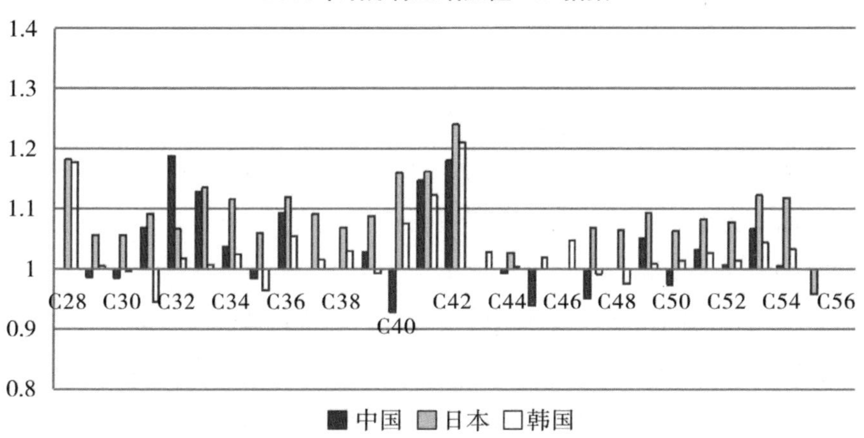


2014年细分行业增加值RCA指数

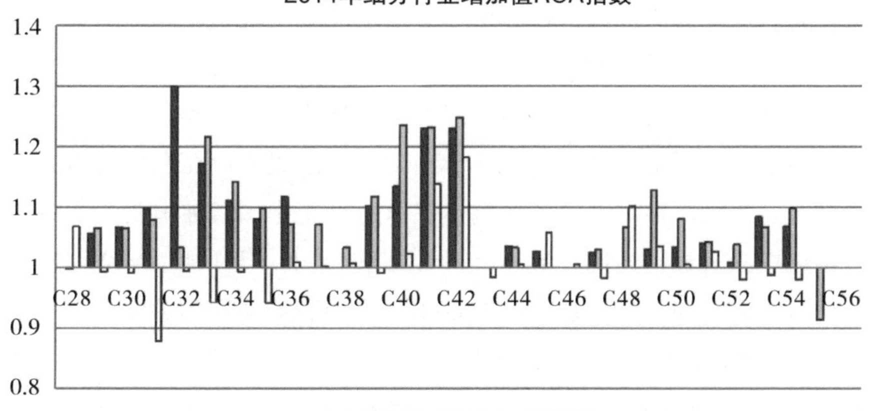


图 4 －88　中日韩服务业细分行业增加值 RCA 指数

资料来源：WIOD 2016 数据库。

注：在 29 个细分行业中，中国有 8 个行业（C28、C37、C38、C43、C46、C48、C55、C56）没有出口统计数据，日本有 4 个行业（C43、C45、C46、C56）没有出口统计数据，韩国有 2 个行业（C55、C56）没有出口统计数据。

细分行业在全球价值链中的竞争力上升了，而韩国服务业各细分服务行业的竞争力有所下降。

## （四）结论及政策建议

通过将中日韩三国服务业出口从增加值视角进行分解，并比较了三国服务业整体和细分行业在全球价值链中的地位、参与度和增加值显示性比较优势，得出以下结论：

（1）面对全球价值链主导的国际贸易新格局，中日韩三国作为亚洲服务贸易的主要地区，不同程度地嵌入了全球价值链的分工体系中。与2000年相比，2014年中日韩三国服务出口的增加值分解结构变化并不十分显著。中日韩三国中间服务出口中的国内增加值所占比重较大。2000年日本服务业出口的间接增加值比例最高，韩国服务业出口中的国外增加值占比最高；2014年韩国服务业出口的间接增加值和国外增加值占比都最高。

（2）2000年日本服务业整体GVC地位最高，其次是中国，韩国最低，但2014年中国服务业整体GVC地位已经超过日本。在全球价值链中，日本提供的是中上游服务，中国提供的是中下游服务，韩国服务业则处于全球价值链的下游，但中国服务业正在向全球价值链的中上游攀升。韩国服务业整体GVC参与度超过中国和日本，日本与中国的整体GVC参与度非常接近。韩国服务业后向参与度较大，前向参与度相对较小，中国和日本反之。中国和日本服务业整体增加值RCA指数都大于1，两国服务业在全球范围内具有较强的贸易竞争力，但日本服务业整体竞争力高于中国，韩国服务业整体在全球价值链中具有显示性比较劣势。一国服务业整体GVC地位与增加值显示性比较优势具有正向相关关系，但与GVC参与度没有正向相关关系。

（3）中日韩三国的服务业细分行业在全球价值链中呈现出差异与互补共存的特征。虽然中国各细分行业的GVC地位提升速度非常快，但到2014年依旧没有服务业细分行业的GVC地位可以同时超过日本和韩国的，然而韩国的“C43金融保险服务及其附属”、日本的“C34储存和运输辅助”和“C49其他专业、科学和技术”的GVC地位一直高于中国。2014年中国GVC参与度相对较高的细分行业比2000年有所减少，但“C45法律、会计、总公司的活动，管理咨询”一直保持较高的参与度；日本服务业各细分行业的GVC参与度变化不大，韩国各细分行业的 GVC 参与度在数量和程度上都明显增加。近年来，中国各细分行业的增加值显示性比较优势都增强了，其中运输和金融保险行业的显示性比较优势上升较快，日本各细分行业的增加值显示性优势较强，但韩国各细分行业的增加值显示性比较优势在下降。

上述结论表明，中国服务业整体在全球价值链中的竞争力在提升，但还没有比较优势特别突出的细分行业，GVC 地位高的国家其竞争力也强，针对提升中国服务业的国际地位和竞争力，提出如下建议。

**1. 从增加值视角对服务贸易进行统计核算**

在全球价值链分工模式下，服务贸易由于其内在的统计困难及其不完整性，在一定程度上被“虚低”了。基于全球价值链分工的特征，需要从增加值角度对服务贸易重新进行认识，从而更加关注全球分工形态和模式的演变。

**2. 吸引服务离岸外包，提升中国服务业在全球价值链中的地位**

服务外包已经成为全球跨国投资的主要引擎，吸引服务离岸外包已经成为发展中国家推进产业升级的重要内容。中国应通过服务业开放和降低贸易壁垒来吸引发达国家在服务业方面所积累的经验，加强高溢出性和高关联性服务业的引进，实现 GVC 地位的攀升。尽快通过学习和国际合作，参与服务价值链的国际分工，充分发挥知识经济时代的后发优势，不仅有利于我国服务业的增长，还可以促进服务贸易国际竞争力的提升。

**3. 制定差异化贸易发展战略，培育具有国际竞争力的特色服务行业**

与日本韩国相比，中国还没有具有突出国际竞争力的服务业细分行业。中国应顺应全球贸易结构调整的趋势和规律，抓住服务业“全球化”和“碎片化”的重要发展机遇，推进教育、医疗、体育、文化、电信等领域的对外开放，通过提高具有比较优势行业的劳动生产率，强化其国际竞争力。充分发挥比较优势是提升我国在全球价值链中地位和竞争力的立足点。政府应制定差异化的服务贸易发展战略，培育具有显著比较优势的服务出口产业。

## 四、中印服务业在全球价值链中的竞争力比较

20 世纪后期以来，随着服务贸易较为明显的增长，服务业的发展水平也受到越来越多国家的关注。中印两国作为金砖国家的重要组成部分，不仅要

加快把服务业融入全球价值链，更要对自身服务业在全球价值链中的地位有一个更为清晰的认识，以便充分发挥自身优势，弥补劣势。同时，中印两国在近年的发展中都展现出了活力，但这种经济发展活力的来源却有着一定的差异。从数量上来看，中国的服务出口额自 2007 年起突破 1000 亿美元，除 2009 年出口额有所下降以外，其余年份均保持持续增长状态。2015 年中国服务出口总额为 2882 亿美元，较上年增长 29.7%。同时 2015 年中国第三产业对国内生产总值的贡献率已超过 50%，达到 53.7%，第三产业增加值增量与 GDP 增量之比比上一年提高了 6.2%，第二产业同年的占比为 41.6%，较第三产业对国内生产总值的贡献率低 12.1%。印度的服务出口额也呈逐年上涨趋势，2008 年其出口额超过 1000 亿美元，但到 2015 年印度服务出口额只增长到 1563 亿美元，2016 年为 1618 亿美元，尚未超过 2000 亿美元，增长速度较低，2016 年较上年仅增长约 3.5%。但从结构上来看，中国的服务贸易结构不如印度。

## （一）中印服务业增加值出口现状

为了对中印服务业增加值出口现状有一个较为充分的了解，同时考虑到本文对中印服务业在全球价值链中的竞争力比较主要集中在出口领域，因此有必要从服务业增加值出口贸易规模、服务业增加值出口贸易结构、基于增加值的服务业外贸依存度等三个方面对中印服务业增加值出口现状进行分析、阐述。

### 1. 服务业增加值出口贸易规模

表 4-22 是中国和印度 2000—2014 年共 15 年的服务业增加值出口额及年增长率。从数据中我们可以清楚地看到，中国服务业增加值出口额远大于印度。2000 年中国的服务业增加值出口额大致为印度的 2.4 倍，2014 年中国的服务业增加值出口额增长到了印度 2014 年的大约 3.5 倍。从纵向来看，中印两国的服务业增加值出口额都有了明显的增长，但相对于中国在 15 年间服务业增加值出口额增长了约 6.7 倍的发展状况，印度的增长则显得缓慢，其仅增长了约 4.2 倍。

从年增长率来看，印度的服务业增加值出口年增长率的波动幅度明显大于中国，其中 2010 年的年增长幅度超过了 50%，增长幅度巨大。而前一年，即 2009 年，中印两国在 2008 年金融危机的影响下，年服务业增加值出口增长率都呈现负增长，中国的年增长率为 -7.15%，是所研究的15年中出现的首次负增长，2013年虽然还出现过一次负增长，但下降幅度并没有2009年那么大。印度在2009年的负增长达到20.76%，其在这场危机中受到的影响更大。同时考虑印度服务业增加值出口额在2009年的大幅下降和2010年的巨幅增加，说明印度的经济易受外部影响，但经济的恢复能力也较强。印度服务业增加值出口额除了在2010年呈现较大增长，还在2003—2007年保持连续大幅增长态势，年增长率均在30%以上，直到2008年才有所放缓，年增长率下降为3.88%。而同一时期的中国服务业增加值出口额的年增长率虽然也较高，但明显比不上印度，其中只有2007年和2008年的增长率超过30%。2010年后，中印两国的服务业增加值出口额年增长率都有所下降，但中国在2014年出现了增长趋势，印度2012—2014年的增长率虽然还没有脱离负增长状态，但也呈现出了上升趋势。

表4-22 2000—2014年中印服务业增加值出口额及年增长率

| 年份 | 中国服务业增加值出口额/百万美元 | 年增长率 | 印度服务业增加值出口额/百万美元 | 年增长率 |
|---|---|---|---|---|
| 2000年 | 52718 | — | 21770 | — |
| 2001年 | 59187 | 12.27% | 21004 | -3.52% |
| 2002年 | 73151 | 23.59% | 22870 | 8.88% |
| 2003年 | 80665 | 10.27% | 29916 | 30.81% |
| 2004年 | 99542 | 23.40% | 44266 | 47.97% |
| 2005年 | 116557 | 17.09% | 59629 | 34.71% |
| 2006年 | 147128 | 26.23% | 77693 | 30.29% |
| 2007年 | 198283 | 34.77% | 112818 | 45.21% |
| 2008年 | 258416 | 30.33% | 117195 | 3.88% |
| 2009年 | 239928 | -7.15% | 92871 | -20.76% |
| 2010年 | 299426 | 24.80% | 140606 | 51.40% |
| 2011年 | 371949 | 24.22% | 153923 | 9.47% |
| 2012年 | 403562 | 8.50% | 131472 | -14.59% |
| 2013年 | 390733 | -3.18% | 117279 | -10.80% |
| 2014年 | 404108 | 3.42% | 114238 | -2.59% |

数据来源：WIOD数据库及RIGVC UIBE 2016 UIBE GVC Index，http://rigvc.uibe.edu.cn/english/D_E/database_database/index.htm。

如表4-23和图4-89所示，2000—2014年中国服务业增加值出口额占增加值出口总额比重明显低于印度，且低于世界平均水平。2000—2014年印度服务业增加值出口额占增加值出口总额比重一直处于世界平均水平之上。中国服务业增加值出口额占增加值出口总额比重的平均值为17.55%，较世界平均水平26.72%低近10个百分点。印度服务业增加值出口额占增加值出口总额比重的年平均值为38.00%，比中国高出1倍还多。

从图4-89来看，世界服务业增加值出口额占增加值出口总额比重一直保持在一个较为稳定的水平，比照表4-23，其占比的最大值出现在2009年，为28.89%，且15年中只有这一年的占比超过了28%，其占比的最小值出现在2006年，为25.73%，除此以外，只有2000年和2005年的占比低于26%，分别为25.99%和25.81%。世界服务业增加值出口额占增加值出口总额比重的最大值与最小值的差值为3.16%。从整体来看，中国的服务业增加值出口额占增加值出口总额比重的变化也不大，最大值与最小值的差值为6.88%。值得注意的是，中国服务业增加值出口额占增加值出口总额比重的最小值也出现在2006年，为14.32%，不到世界平均水平最小值的3/5。但中国占比的最大值出现在2002年，为21.20%，与世界平均水平占比的最大值的差值为-7.69%。

从图表中可以清楚地看到，印度服务业增加值出口额占增加值出口总额比重的波动幅度明显大于中国和世界平均水平，其占比的最大值出现的年份与中国和世界平均水平占比最小值出现的年份靠近，为2007年的47.78%，接近于增加值出口总额的1/2。另外，印度在2007—2011年期间的占比一直保持在40%以上。其占比的最小值为2013年的30.79%，也超过了30%，分别高于中国和世界占比的最大值。印度的服务业增加值出口一直是其增加值出口总额中一个很重要的部分。

在图4-89中还呈现出一个特别的现象，即当中国服务业增加值出口额占增加值出口总额比重呈上升趋势时，印度则显示出下降趋势，而当中国的占比呈现下降趋势时，印度则呈现出上升趋势。其中2002—2005年中国服务业增加值出口额占增加值出口总额比重的下降趋势与印度的上升趋势大致呈现出以同一时期世界服务业增加值出口额占增加值出口总额比重水平为轴的对称形态。

表 4-23　2000—2014 年中印及世界服务业增加值出口额占增加值出口总额比重

| 年份 | 中国 | 印度 | 世界 |
|---|---|---|---|
| 2000 | 20.13% | 35.09% | 25.99% |
| 2001 | 21.11% | 33.66% | 26.27% |
| 2002 | 21.20% | 30.92% | 26.57% |
| 2003 | 17.46% | 34.56% | 26.40% |
| 2004 | 15.74% | 36.67% | 26.14% |
| 2005 | 14.45% | 38.13% | 25.81% |
| 2006 | 14.32% | 39.34% | 25.73% |
| 2007 | 15.20% | 47.78% | 26.44% |
| 2008 | 16.77% | 46.42% | 26.70% |
| 2009 | 18.55% | 41.73% | 28.89% |
| 2010 | 17.64% | 44.59% | 27.61% |
| 2011 | 18.25% | 42.65% | 26.37% |
| 2012 | 18.72% | 36.79% | 26.89% |
| 2013 | 17.04% | 30.79% | 27.30% |
| 2014 | 16.66% | 30.92% | 27.72% |
| 年平均值 | 17.55% | 38.00% | 26.72% |

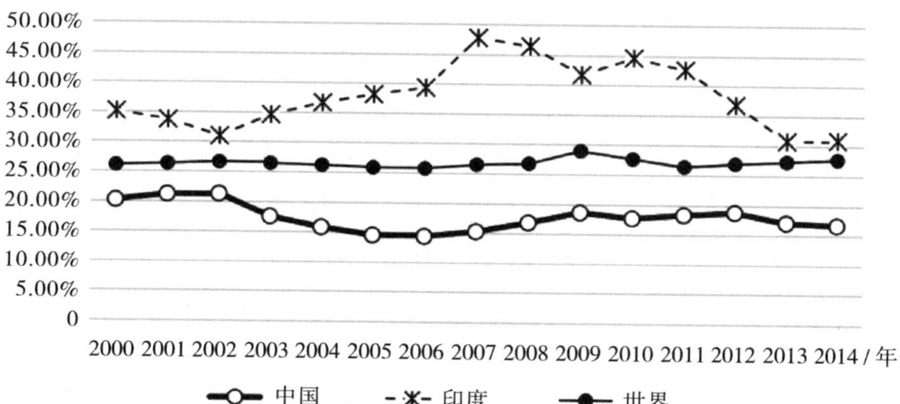


图 4-89　2000—2014 年中印及世界服务业增加值出口额占增加值出口总额比重

数据来源：WIOD 数据库及 RIGVC UIBE 2016 UIBE GVC Index，http://rigvc.uibe.edu.cn/english/D_E/database_database/index.htm。

表 4－24 显示了 2000—2014 年中印服务业增加值出口额占世界服务业增加值出口额比重及增长率，从整体来看，中国的服务业增加值出口额占世界服务业增加值出口额比重一直高于印度。中国服务业增加值出口对世界的贡献更大。从具体占比来看，中国服务业增加值出口额占世界服务业增加值出口额的比重始终保持在 2.85% 以上，而印度的占比只在 2010 年和 2011 年这两年超过了中国的最低占比，分别为 3.04% 和 2.95%，其中 2010 年也是这 15 年中唯一一次占比超过 3% 的年份。中国服务业增加值出口额占世界服务业增加值出口额的比重在 2008 年首次超过了 5%，而印度的占比在 2005 年时才首次突破 2%。从平均值来看，中国服务业增加值出口额占世界服务业增加值出口额的平均比重为 5.14%，是印度平均比重 2.06% 的 2 倍多。

从图 4－90 中看中印两国服务业增加值出口额占世界服务业增加值出口额比重，中印两国的占比都呈现出先上升后下降的趋势，但拐点出现的年份有所不同。2012 年前，中国服务业增加值出口额占世界服务业增加值出口额比重除在 2003 年稍有下降外一直保持增长趋势，2012 年后所占比重下降，曲线向下弯折。特别值得注意的是，2008 年的金融危机并没有导致中国的占比下降，而是保持上升趋势，这在一定程度上反映出了我国服务业的竞争力，表明中国服务业的发展动力充足。印度服务业增加值出口额占世界服务业增加值出口额比重在 2007 年前呈现增长态势，2007 年后除在 2010 年表现为增长外一直处于下降趋势。同时 2007 年后，中印两国服务业增加值出口额占世界服务业增加值出口额比重间的差距表现出了扩大趋势。

如图 4－91 所示，就中印服务业增加值出口额占世界服务业增加值出口额比重的增长率而言，印度占比增长率的波动幅度明显大于中国，2010 年其增长率为 32.69%，为 15 年中增长率最大的一年，2012 年时又出现巨大下降，增长率为 －16.41%。中国服务业增加值出口额占世界服务业增加值出口额比重增长率的最大值为 2002 年的 16.71%，大致为印度最大增长率的一半，最小值为 2013 年的 －6.81%。值得注意的是 2005—2011 年，当印度服务业增加值出口额占世界服务业增加值出口额比重增长率出现明显较大波动时，中国的增长率则相对平稳，两国差异明显。

综合考虑服务业增加值出口贸易规模，印度的服务业增加值出口额占增加值出口总额的比重明显高于世界的和中国的，但其在总量上不占优势，这一结果与之前用传统海关核算方法所得结论相同。印度服务业的发展速度虽然较快，但其工业基础薄弱，即使在全球价值链背景下，各国都有机会参与全球分工，其制造业的增加值出口额也较小，这在一定程度上导致了其服务业增加值出口额占增加值出口总额的比重较高。

表 4－24　2000—2014 年中印服务业增加值出口额占世界服务业增加值出口额比重及增长率

| 年份 | 中国 | 年增长率 | 印度 | 年增长率 |
|---|---|---|---|---|
| 2000 | 2. 85% | — | 1. 18% | — |
| 2001 | 3. 27% | 14. 69% | 1. 16% | -1. 44% |
| 2002 | 3. 82% | 16. 71% | 1. 19% | 2. 82% |
| 2003 | 3. 65% | -4. 51% | 1. 35% | 13. 27% |
| 2004 | 3. 75% | 2. 84% | 1. 67% | 23. 31% |
| 2005 | 3. 93% | 4. 81% | 2. 01% | 20. 58% |
| 2006 | 4. 32% | 10. 03% | 2. 28% | 13. 57% |
| 2007 | 4. 84% | 11. 93% | 2. 75% | 20. 60% |
| 2008 | 5. 49% | 13. 41% | 2. 49% | -9. 61% |
| 2009 | 5. 92% | 7. 88% | 2. 29% | -7. 93% |
| 2010 | 6. 48% | 9. 38% | 3. 04% | 32. 69% |
| 2011 | 7. 13% | 10. 08% | 2. 95% | -2. 99% |
| 2012 | 7. 57% | 6. 18% | 2. 47% | -16. 41% |
| 2013 | 7. 05% | -6. 81% | 2. 12% | -14. 14% |
| 2014 | 7. 06% | 0. 14% | 2. 00% | -5. 69% |
| 平均值 | 5. 14% | 6. 91% | 2. 06% | 4. 90% |

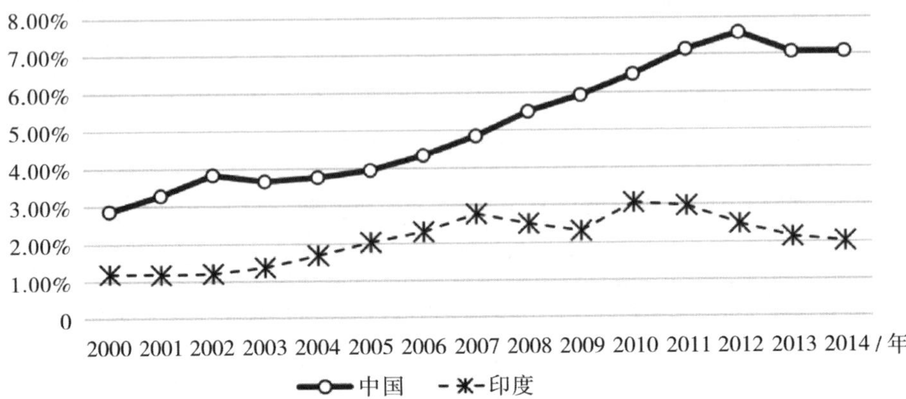


图 4 -90　2000—2014 年中印服务业增加值出口额占世界服务业增加值出口额比重

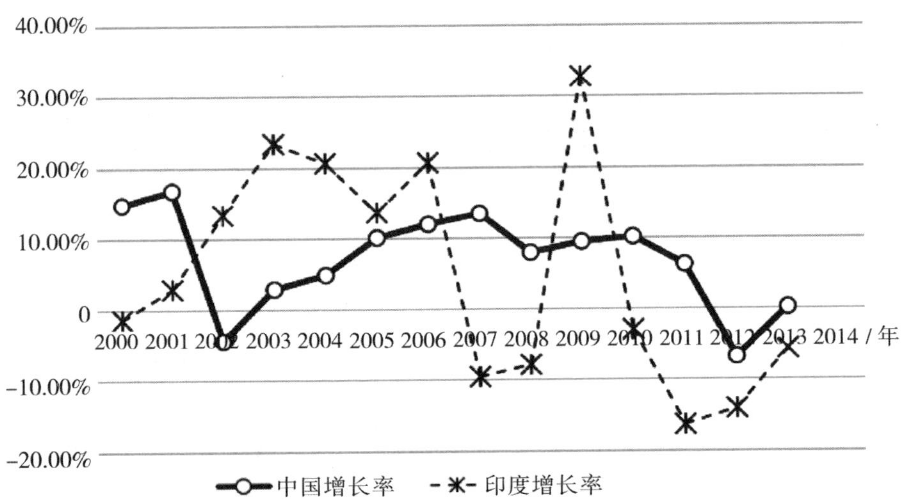


图 4 -91　2000—2014 年中印服务业增加值出口额占世界服务业增加值出口额比重增长率

数据来源：WIOD 数据库及 RIGVC UIBE 2016 UIBE GVC Index，http://rigvc.uibe.edu.cn/english/D_ E/database_ database/index.htm。

2. 服务业增加值出口贸易结构

前面已经对服务业增加值出口贸易规模进行了分析，其中包括对中印服务业增加值出口额及年增长率的对比、中印服务业增加值出口额占增加值出口总额比重的分析，以及中印服务业增加值出口额占世界服务业增加值出口额比重及增长率的对比。下面将从服务业增加值出口贸易结构角度进行分析。

利用 WIOD 发布的 2000—2014 年的数据，计算 2000—2014 年世界服务业增加值出口贸易中各部门增加值出口额占增加值出口总额的比重，进一步分析世界、中国和印度服务业增加值出口贸易结构。WIOD 数据库提供的数据中包括的 56 个行业中，从 C23 到 C56 共 34 个行业都可分到服务业大类中。

由于涵盖的部门众多，且有一些部门的增加值出口额占增加值出口总额的比重很小，因此只从世界服务业增加值出口贸易的 34 个部门中选取了 12 个进行分析，这 12 个部门的增加值出口总额占全部部门增加值出口总额中的比重已超过 70%。

将选取的 12 个部门 15 年的数据按 2000 年增加值出口额占增加值出口总额的比重从大到小进行排序得到表 4－25。2000 年，服务业各部门中增加值出口额占增加值出口总额比重最大的是“C29 汽车和摩托车外的批发贸易”，然后依次为“C50 行政和辅助”“C31 陆路运输与管道运输”“C32 水上运输”“C41 保险和养恤金之外的金融服务”“C33 航空运输”“C36 住宿，食品和饮料供应服务”“C34 储存和运输辅助”“C40 计算机程序设计、咨询及相关活动”“C45 法律、会计、总公司的活动，管理咨询”“C30 汽车和摩托车外的零售贸易”“C37 出版”。其中“C29 汽车和摩托车外的批发贸易”所占比重最大，接近总额的五分之一，是占比第二大的“C50 行政和辅助”部门的两倍多。从“C33 航空运输”部门开始，其增加值出口额占增加值出口总额的比重就低于 5%。排在第 12 位的“C37 出版”的占比仅为 2.6%。

之后各年由于个别部门的占比有了较大变化，占比排序也有所不同。“C50 行政和辅助”部门在 2008 年的占比较其余各年低，排在了“C31 陆路运输与管道运输”部门之后。“C32 水上运输”部门的占比自 2009 年开始有了较为明显的下降，虽然“C41 保险和养恤金之外的金融服务”的占比也有所下降，但“C32 水上运输”还是排在了“C41 保险和养恤金之外的金融服务”之后。“C41 保险和养恤金之外的金融服务”部门在 2006 年和 2007 年的占比较其余各年高，均达到了 7% 以上。“C33 航空运输”部门在 2001 年、2003 年和 2004 年时的比重偏低，虽然“C36 住宿、食品和饮料供应服务”增加值出口额占增加值出口总额的比重也有所下降，但“C33 航空运输”的下降幅度大于“C36 住宿、食品和饮料供应服务”。“C40 计算机程序设计、咨询及相关活动”和“C45 法律、会计、总公司的活动，管理咨询”两大部门增加值出口额占增加值出口总额的比重基本保持持续增加趋势，到2003年开始超过“C34储存和运输辅助”，到2006年超过了“C36住宿、食品和饮料供应服务”，到2008年超过了“C33航空运输”部门的占比，2012年“C40计算机程序设计、咨询及相关活动”的占比已超过“C41保险和养恤金之外的金融服务”部门，排在了第4位，较之前有了较大的提升。“C30汽车和摩托车外的零售贸易”部门自2011年开始，其占比超过“C34储存和运输辅助”。

除上述内容中包含的趋势描述外，“C29汽车和摩托车外的批发贸易”“C40计算机程序设计、咨询及相关活动”和“C45法律、会计、总公司的活动，管理咨询”等三个部门增加值出口额占增加值出口总额比重的增长趋势较为明显。“C50行政和辅助”部门和“C37出版”部门的比重呈下降趋势，前者的比重在2007年首次下降到8%以下。

到2014年时，所选12个行业的增加值出口额占增加值出口总额比重的排位有了较大变化。依次为“C29汽车和摩托车外的批发贸易”“C50行政和辅助”“C31陆路运输与管道运输”“C40计算机程序设计、咨询及相关活动”“C41保险和养恤金之外的金融服务”“C45法律、会计、总公司的活动，管理咨询”“C32水上运输”“C33航空运输”“C36住宿，食品和饮料供应服务”“C30汽车和摩托车外的零售贸易”“C34储存和运输辅助”“C37出版”。综合来看，世界服务业增加值出口贸易结构有了一定的改善。

表4-25　2000—2014年世界服务业增加值出口贸易结构

| 年份 | C29 | C50 | C31 | C32 | C41 | C33 | C36 | C34 | C40 | C45 | C30 | C37 |
|---|---|---|---|---|---|---|---|---|---|---|---|---|
| 2000 | 18.56% | 8.78% | 6.85% | 6.81% | 6.66% | 4.95% | 4.92% | 3.56% | 3.29% | 3.26% | 2.93% | 2.60% |
| 2001 | 17.96% | 8.87% | 6.86% | 6.83% | 6.60% | 4.67% | 4.70% | 3.51% | 3.50% | 3.48% | 2.95% | 2.56% |
| 2002 | 18.06% | 8.85% | 6.91% | 6.64% | 6.51% | 4.55% | 4.52% | 3.56% | 3.52% | 3.83% | 2.98% | 2.56% |
| 2003 | 17.97% | 8.67% | 7.03% | 6.72% | 6.59% | 4.35% | 4.51% | 3.57% | 3.73% | 3.93% | 2.97% | 2.51% |
| 2004 | 17.74% | 8.50% | 7.18% | 7.01% | 6.77% | 4.46% | 4.50% | 3.53% | 3.79% | 3.95% | 2.97% | 2.48% |
| 2005 | 17.87% | 8.39% | 7.52% | 6.92% | 6.86% | 4.54% | 4.27% | 3.55% | 4.08% | 3.86% | 2.98% | 2.40% |
| 2006 | 17.91% | 8.08% | 7.73% | 6.56% | 7.28% | 4.45% | 3.92% | 3.54% | 4.33% | 4.15% | 2.88% | 2.36% |

（续表）

| 年份 | C29 | C50 | C31 | C32 | C41 | C33 | C36 | C34 | C40 | C45 | C30 | C37 |
|---|---|---|---|---|---|---|---|---|---|---|---|---|
| 2007 | 17.41% | 7.99% | 7.27% | 6.65% | 7.47% | 4.39% | 3.88% | 3.56% | 4.58% | 4.36% | 3.05% | 2.34% |
| 2008 | 18.75% | 7.52% | 7.85% | 6.79% | 6.69% | 4.41% | 3.72% | 3.54% | 4.73% | 4.42% | 3.00% | 2.38% |
| 2009 | 19.11% | 8.13% | 7.03% | 5.77% | 6.59% | 4.04% | 3.92% | 3.36% | 5.22% | 4.68% | 3.12% | 2.53% |
| 2010 | 20.80% | 7.96% | 7.29% | 5.79% | 5.89% | 4.11% | 3.92% | 3.39% | 5.51% | 4.57% | 3.38% | 2.24% |
| 2011 | 21.40% | 7.82% | 7.43% | 5.40% | 5.91% | 4.12% | 3.83% | 3.36% | 5.74% | 4.60% | 3.50% | 2.14% |
| 2012 | 21.62% | 7.76% | 7.29% | 5.28% | 5.82% | 4.14% | 3.88% | 3.31% | 6.02% | 4.53% | 3.45% | 2.07% |
| 2013 | 20.69% | 7.69% | 6.98% | 4.83% | 6.00% | 4.08% | 3.82% | 3.31% | 6.39% | 5.37% | 3.39% | 2.07% |
| 2014 | 20.54% | 7.82% | 6.83% | 4.73% | 5.97% | 4.13% | 3.89% | 3.31% | 6.61% | 5.45% | 3.47% | 1.99% |

数据来源：WIOD 数据库及 RIGVC UIBE 2016 UIBE GVC Index，http://rigvc.uibe.edu.cn/english/D_E/database_database/index.htm。

基于选取世界服务业增加值出口贸易部门的理由，在这一部分同样选取了 12 个部门对中国服务业增加值出口贸易结构进行研究，这 12 个部门的增加值出口总额在全部服务业部门增加值出口总额中的占比接近 100%。同样将选取的 12 个部门 15 年的数据按 2000 年增加值出口额占增加值出口总额的比重从大到小进行排序，得到表 4－26。2000 年，中国服务业各部门中增加值出口额占增加值出口总额比重最大的是"C29 汽车和摩托车外的批发贸易"，然后依次为"C45 法律、会计、总公司的活动，管理咨询""C54 其他服务""C32 水上运输""C33 航空运输""C36 住宿、食品和饮料供应服务""C30 汽车和摩托车外的零售贸易""C31 陆路运输与管道运输""C27 建筑业""C39 通信业""C24 电、煤气、蒸汽和空调供应""C40 计算机程序设计、咨询及相关活动"。

将世界服务业增加值出口贸易额最高的 12 个部门与中国服务业增加值出口贸易额最高的 12 个部门进行比较，发现中国服务业增加值出口贸易主要构成部门与世界服务业增加值出口贸易主要构成部门有一定的相似之处，但其中有四个部门不同，分别为"C54 其他服务""C27 建筑业""C39 通信业""C24 电、煤气、蒸汽和空调供应"，其中"C54 其他服务"增加值出口贸易总额还较大，仅低于"C29 汽车和摩托车外的批发贸易"和"C45 法律、会计、总公司的活动，管理咨询”，其他三个部门的排位相对靠后为第九到第十一。未包括的部门分别为“C50 行政和辅助”“C41 保险和养恤金之外的金融服务”“C34 储存和运输辅助”“C37 出版”，其中前两个部门在世界服务业增加值出口贸易额中占比较高，分别为第二位和第五位。另外，中国各服务业增加值出口贸易部门所占比重与世界各服务业增加值出口贸易部门所占比重也有一定的相似性，“C29 汽车和摩托车外的批发贸易”也是增加值出口额占增加值出口总额比重最大的部门，且远大于其他部门，但其占比最低的年份也达到了总额的四分之一，超过了世界水平中所占的比重。中国与世界相同的 8 个行业的排序中，“C45 法律、会计、总公司的活动，管理咨询”“C30 汽车和摩托车外的零售贸易”“C31 陆路运输与管道运输”和“C40 计算机程序设计、咨询及相关活动”这四个部门的占比排序与世界增加值出口额占增加值出口总额的占比排序有较大不同。

从趋势来看，“C45 法律、会计、总公司的活动，管理咨询”“C32 水上运输”“C33 航空运输”和“C36 住宿、食品和饮料供应服务”等四个部门所占的比重都呈现出先上升后下降的趋势，“C29 汽车和摩托车外的批发贸易”“C30 汽车和摩托车外的零售贸易”显示出先下降后上升的趋势，“C27 建筑业”和“C40 计算机程序设计、咨询及相关活动”表现为持续上升趋势，“C54 其他服务”和“C39 通信业”表现为下降趋势，“C31 陆路运输与管道运输”和“C24 电、煤气、蒸汽和空调供应”则呈现出轻微波动趋势。其中“C29 汽车和摩托车外的批发贸易”部门的占比在 2007 年达到最小值 24.30%，但在 2009 年就上升到了 30% 以上，并在 2014 年达到了最大值 38.50%，超过了“C45 法律、会计、总公司的活动，管理咨询”“C32 水上运输”“C30 汽车和摩托车外的零售贸易”和“C31 陆路运输与管道运输”四个部门的占比之和。“C45 法律、会计、总公司的活动，管理咨询”部门的占比的最大值出现在 2007 年，之后虽有所下降但占比仍保持在 15% 以上，始终位列占比排序中的第二位。“C54 其他服务”的占比是下降极为明显的一个部门，该部门的占比从 2001 年的 16.72% 下降到了 2014 年的 2.42%，下降幅度达到 85.53%。值得注意的是，“C40 计算机程序设计、咨询及相关活动”部门 2014 年增加值出口额占增加值出口总额比重虽然还是较小，为 3.48%，但是增长幅度极大，其 2014 年的占比较 2000 年增长了 245%。

2014 年这 12 个部门增加值出口总额在全部服务业部门增加值出口总额中所占比重按从大到小的顺序再次排序为“C29 汽车和摩托车外的批发贸易”“C45 法律、会计、总公司的活动，管理咨询”“C30 汽车和摩托车外的零售贸易”“C32 水上运输”“C31 陆路运输与管道运输”“C33 航空运输”“C27 建筑业”“C40 计算机程序设计、咨询及相关活动”“C54 其他服务”“C36 住宿、食品和饮料供应服务”“C24 电、煤气、蒸汽和空调供应”“C39 通信业”。综合来看，中国的服务业增加值出口贸易结构有了一定的改善。

**表 4 - 26　2000—2014 年中国服务业增加值出口贸易结构**

| 年份 | C29 | C45 | C54 | C32 | C33 | C36 | C30 | C31 | C27 | C39 | C24 | C40 |
|---|---|---|---|---|---|---|---|---|---|---|---|---|
| 2000 | 28. 89% | 15. 22% | 14. 40% | 9. 66% | 7. 07% | 6. 06% | 5. 98% | 5. 94% | 1. 79% | 1. 34% | 1. 05% | 1. 01% |
| 2001 | 28. 02% | 14. 77% | 16. 72% | 9. 66% | 7. 08% | 5. 46% | 5. 80% | 5. 95% | 1. 66% | 1. 29% | 1. 07% | 0. 93% |
| 2002 | 29. 53% | 15. 56% | 15. 63% | 9. 22% | 6. 75% | 5. 42% | 6. 11% | 5. 67% | 1. 47% | 1. 07% | 1. 13% | 0. 90% |
| 2003 | 28. 51% | 16. 89% | 12. 46% | 10. 40% | 7. 55% | 5. 65% | 5. 90% | 5. 85% | 1. 89% | 1. 00% | 1. 12% | 1. 07% |
| 2004 | 26. 82% | 17. 86% | 8. 45% | 12. 13% | 8. 73% | 6. 38% | 5. 55% | 6. 24% | 2. 44% | 0. 98% | 1. 25% | 1. 36% |
| 2005 | 26. 33% | 19. 71% | 7. 35% | 12. 54% | 8. 94% | 6. 35% | 5. 45% | 5. 90% | 2. 11% | 0. 84% | 1. 19% | 1. 68% |
| 2006 | 25. 48% | 21. 44% | 5. 36% | 13. 46% | 9. 51% | 5. 48% | 5. 27% | 5. 80% | 2. 46% | 0. 77% | 1. 18% | 2. 04% |
| 2007 | 24. 30% | 22. 99% | 4. 54% | 13. 11% | 9. 18% | 5. 53% | 5. 03% | 5. 16% | 2. 95% | 0. 77% | 1. 02% | 2. 44% |
| 2008 | 27. 48% | 21. 99% | 3. 81% | 12. 19% | 8. 69% | 4. 54% | 5. 68% | 5. 73% | 2. 90% | 0. 66% | 0. 71% | 2. 59% |
| 2009 | 31. 61% | 21. 40% | 3. 17% | 10. 27% | 7. 46% | 4. 09% | 6. 54% | 5. 76% | 2. 78% | 0. 57% | 0. 64% | 2. 72% |
| 2010 | 33. 07% | 18. 94% | 3. 06% | 10. 06% | 7. 44% | 3. 38% | 6. 84% | 6. 73% | 2. 81% | 0. 53% | 0. 70% | 3. 06% |
| 2011 | 36. 01% | 17. 45% | 2. 68% | 8. 92% | 6. 71% | 2. 59% | 7. 45% | 7. 12% | 3. 05% | 0. 55% | 0. 67% | 3. 25% |
| 2012 | 38. 22% | 15. 67% | 2. 64% | 7. 78% | 5. 96% | 2. 23% | 7. 91% | 7. 41% | 3. 04% | 0. 49% | 0. 66% | 3. 42% |
| 2013 | 36. 77% | 15. 07% | 2. 82% | 7. 88% | 6. 04% | 2. 33% | 7. 61% | 7. 51% | 4. 10% | 0. 47% | 0. 71% | 4. 05% |
| 2014 | 38. 50% | 15. 78% | 2. 42% | 7. 40% | 5. 67% | 2. 27% | 7. 97% | 7. 05% | 3. 52% | 0. 40% | 0. 77% | 3. 48% |

数据来源：WIOD 数据库及 RIGVC UIBE 2016 UIBE GVC Index，http://rigvc.uibe.edu.cn/english/D_ E/database_ database/index.htm。

表 4 - 27 中所列 12 个部门的选取原因、排序方式与前述原因、方式相

同，这12个部门的增加值出口总额在印度全部服务业部门增加值出口总额中的占比也接近100%。2000年，印度服务业各部门中增加值出口额占增加值出口总额比重最大的是“C40计算机程序设计、咨询及相关活动”，与世界和中国占比最大的部门有所不同，排在第二位的是“C46建筑和工程，技术测试和分析”，也与世界和中国不同，排在第三位的是“C54其他服务”，与中国2000年的一致，第四位到第十二位分别为“C31陆路运输与管道运输”“C30汽车和摩托车外的零售贸易”“C29汽车和摩托车外的批发贸易”“C32水上运输”“C33航空运输”“C39通信业”“C34储存和运输辅助”“C27建筑业”“C42强制性社会保障除外的保险、再保险和养恤金”。将这12个部门与世界服务业增加值出口贸易额最高的12个部门进行对比，发现有五大部门不同，与中国相比，有三个部门不同，分别为表4-27中排在第二位的“C46建筑和工程，技术测试和分析”、第十位的“C34储存和运输辅助”和第十二位的“C42强制性社会保障除外的保险、再保险和养恤金”。

表4-27　2000—2014年印度服务业增加值出口贸易结构

| 年份 | C40 | C46 | C54 | C31 | C30 | C29 | C32 | C33 | C39 | C34 | C27 | C42 |
|---|---|---|---|---|---|---|---|---|---|---|---|---|
| 2000 | 26.70% | 16.67% | 11.98% | 11.09% | 9.28% | 5.51% | 4.99% | 3.36% | 3.03% | 2.80% | 1.92% | 1.29% |
| 2001 | 32.54% | 15.99% | 10.79% | 9.91% | 8.90% | 5.35% | 4.47% | 3.09% | 2.88% | 2.50% | 1.38% | 0.98% |
| 2002 | 33.06% | 16.24% | 10.09% | 10.01% | 9.04% | 5.44% | 4.51% | 3.12% | 2.08% | 2.53% | 1.57% | 1.07% |
| 2003 | 32.35% | 15.84% | 11.31% | 10.11% | 8.83% | 5.34% | 4.55% | 3.15% | 2.05% | 2.55% | 1.58% | 1.11% |
| 2004 | 28.14% | 18.67% | 11.27% | 9.39% | 10.39% | 6.29% | 4.23% | 2.93% | 2.02% | 2.37% | 1.67% | 1.19% |
| 2005 | 29.89% | 17.43% | 13.31% | 9.05% | 9.77% | 5.96% | 4.08% | 2.82% | 1.96% | 2.29% | 0.94% | 1.16% |
| 2006 | 32.27% | 15.50% | 16.04% | 8.50% | 8.70% | 5.32% | 3.35% | 2.65% | 2.07% | 2.15% | 1.08% | 1.16% |
| 2007 | 35.12% | 16.64% | 8.74% | 9.77% | 9.47% | 5.80% | 2.74% | 3.05% | 2.33% | 2.47% | 1.24% | 1.34% |
| 2008 | 36.16% | 16.44% | 8.96% | 9.59% | 9.20% | 5.64% | 2.61% | 2.75% | 2.88% | 2.42% | 0.83% | 1.25% |
| 2009 | 42.47% | 14.90% | 7.41% | 8.12% | 8.32% | 5.10% | 3.21% | 2.53% | 2.52% | 2.05% | 1.11% | 1.10% |
| 2010 | 42.32% | 15.41% | 7.71% | 8.17% | 8.64% | 5.29% | 2.58% | 2.55% | 2.06% | 2.07% | 0.84% | 1.18% |
| 2011 | 42.98% | 16.20% | 7.25% | 7.40% | 9.07% | 5.55% | 2.71% | 2.31% | 1.77% | 1.87% | 0.62% | 1.02% |

（续表）

| 年份 | C40 | C46 | C54 | C31 | C30 | C29 | C32 | C33 | C39 | C34 | C27 | C42 |
|---|---|---|---|---|---|---|---|---|---|---|---|---|
| 2012 | 44.48% | 16.26% | 6.06% | 7.05% | 9.12% | 5.59% | 2.87% | 2.20% | 1.72% | 1.78% | 0.60% | 1.02% |
| 2013 | 44.43% | 15.26% | 8.29% | 6.53% | 8.66% | 5.30% | 2.94% | 2.04% | 2.13% | 1.65% | 0.63% | 0.97% |
| 2014 | 43.94% | 15.20% | 8.61% | 6.64% | 8.65% | 5.30% | 2.99% | 2.07% | 2.18% | 1.68% | 0.61% | 0.96% |

数据来源：WIOD数据库及RIGVC UIBE 2016 UIBE GVC Index，http://rigvc.uibe.edu.cn/english/D_ E/database_ database/index.htm。

印度这12个部门的增加值出口总额在全部服务业部门增加值出口总额中占比的变化趋势与中国有很大不同，中国的12个部门中呈现上升趋势、下降趋势、先上升后下降、先下降后上升或波动的行业相对平均，但印度只有“C40计算机程序设计、咨询及相关活动”部门呈现出明显的上升趋势，“C54其他服务”呈现出先上升后下降的趋势，剩下的10个部门中，“C31陆路运输与管道运输”“C32水上运输”“C33航空运输”“C34储存和运输辅助”“C27建筑业”等5个部门呈现出下降趋势，其余的则都呈现波动状态。因此，印度这12个部门的增加值出口总额在全部服务业部门增加值出口总额中占比的排序变化也不大，2014年时，部门排序为“C40计算机程序设计、咨询及相关活动”“C46建筑和工程，技术测试和分析”“C30汽车和摩托车外的零售贸易”“C54其他服务”“C31陆路运输与管道运输”“C29汽车和摩托车外的批发贸易”“C32水上运输”“C39通信业”“C33航空运输”“C34储存和运输辅助”“C42强制性社会保障除外的保险、再保险和养恤金”“C27建筑业”。

值得注意的是，“C40计算机程序设计、咨询及相关活动”部门占比的上升幅度虽然不及中国，但也较大，2000年时该占比为26.70%，2014年时上升到了43.94%，上升了64.57%。2012年时该部门的占比达到15年中的最大值，为44.48%，比中国2013年达到的最大占比4.05%大了近10倍。“C46建筑和工程，技术测试和分析”部门是世界和中国占比最大的12个部门中都未包括的，但在印度该部门占比的最小值也接近15%。“C54其他服务”的占比虽然在2006年后处于下降趋势，但下降幅度较中国该部门占比的下降幅度小。“C29汽车和摩托车外的批发贸易”部门所占比重相对较小，基本位于印度这 12 个部门增加值出口总额在全部服务业部门增加值出口总额中占比大小排序的第六位，与世界和中国的占比水平相差很大。

综合来看，中印服务业增加值出口贸易结构有一定的相似之处，但变化趋势有很大不同。印度的服务业增加值出口贸易结构较好，优于中国和世界的服务业增加值出口贸易结构，这一点同之前很多学者的研究结果一致。但不能因此而忽略存在的问题。印度的一些服务业细分行业优势突出，一些细分行业的发展则相当缓慢，这可能是在比较优势作用强化下的结果，而中国的发展则相对均衡。

### 3. 基于增加值的服务业外贸依存度

外贸依存度（the Ratio of Dependence on Foreign Trade，RDFT）可以用来反映一国或地区经济对国际贸易的依赖程度。本文采用吴振宇和沈利生（2004）提出的出口贸易国内增加值的测算方法进行测算。

基于出口贸易国内增加值测算的外贸依存度：

$$RDFT^{exadv} = \frac{DVA}{GDP}$$

其中，$RDFT^{exadv}$ 为基于出口贸易国内增加值测算的外贸依存度，$DVA$ 为出口贸易国内增加值。

从表 4 - 28 中可以清楚地看到，2000—2014 年这 15 年中，中国基于增加值的服务业外贸依存度除了在 2002 年稍大于印度外，其余各年均小于印度。这可能是由于中国 GDP 的基数较大，且服务业的发展不及印度导致的。图 4 - 92 中清楚地展示了中印两国基于增加值的服务业外贸依存度的变化趋势。2000—2014 年，印度基于增加值的服务业外贸依存度波动较大，呈现出了“M”形走势，且位于 2007 年和 2008 年的“第一个峰”高于 2010—2011 年的“第二个峰”。印度由于产业结构存在问题，遭受冲击时反应往往大于中国。中国基于增加值的服务业外贸依存度的变化幅度虽然明显小于印度，基本稳定在 4%～6% 之间，但两国基于增加值的服务业外贸依存度的相对高点的出现年份基本一致。综上，相较于巨大的经济总量和较高的经济增长率，中国服务业对外增加值贸易在国民经济中所处的地位仍然偏低，中国服务业的发展虽然还有待于进一步加强，以便逐渐提高其对经济的推动力，但中国服务业保持着较好的发展趋势，今后还需继续加强、优化这一趋势。

表 4－28　中印基于增加值的服务业外贸依存度

| 年份 | 中国 | 印度 |
|---|---|---|
| 2000 | 4. 34% | 4. 80% |
| 2001 | 4. 40% | 4. 49% |
| 2002 | 4. 95% | 4. 67% |
| 2003 | 4. 83% | 5. 22% |
| 2004 | 5. 06% | 6. 38% |
| 2005 | 5. 05% | 7. 34% |
| 2006 | 5. 30% | 8. 45% |
| 2007 | 5. 55% | 9. 65% |
| 2008 | 5. 61% | 9. 34% |
| 2009 | 4. 68% | 7. 16% |
| 2010 | 4. 94% | 8. 52% |
| 2011 | 4. 94% | 8. 22% |
| 2012 | 4. 71% | 7. 07% |
| 2013 | 4. 06% | 6. 12% |
| 2014 | 3. 84% | 5. 60% |

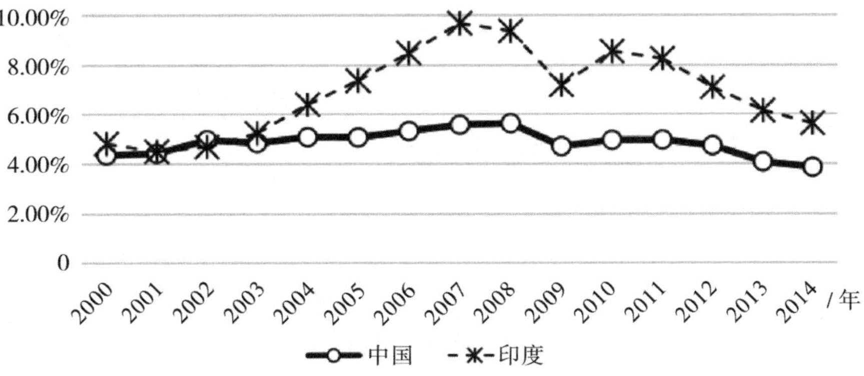


图 4－92　中印基于增加值的服务业外贸依存度

数据来源：根据联合国服务贸易统计数据库、WIOD 数据库及 RIGVC UIBE 2016 UIBE GVC Index，http://rigvc. uibe. edu. cn/english/D-E/database_ database/index. htm 整理而来。

## （二）中印服务业竞争力比较

### 1. 中印服务业整体竞争力比较

图4－93是2000—2014年中印服务业基于增加值的显示性比较优势指数统计图，从图中不难看出，中印服务业基于增加值的显示性比较优势指数（基于增加值的RCA指数）的差距并不十分显著，特别是在2000年、2009年和2010年这三年，两国基于增加值的RCA指数十分接近。在2000—2014年的这15年间，中国基于增加值的RCA指数的变化范围为1.005～1.097，在2004年处录得最低值，印度基于增加值的RCA指数的变化范围为1.023～1.129，在2002年处抵最低值，两国各年基于增加值的RCA指数均大于1，在全球范围内具有较强的竞争力。两国基于增加值的RCA指数都在2014年时达到最大值。从趋势上来看，两国基于增加值的RCA指数也呈现出增长态势。但值得注意的是，2002年及以前，印度基于增加值的RCA指数小于中国基于增加值的RCA指数，而2002年以后，印度基于增加值的RCA指数一直大于中国基于增加值的RCA指数，从整体来看，印度服务业的竞争力强于中国。2002—2014年期间还有一点十分值得注意，以2009年为界，2002—2009年印度基于增加值的RCA指数虽然大于中国，但两国之间的指数差距并没有呈

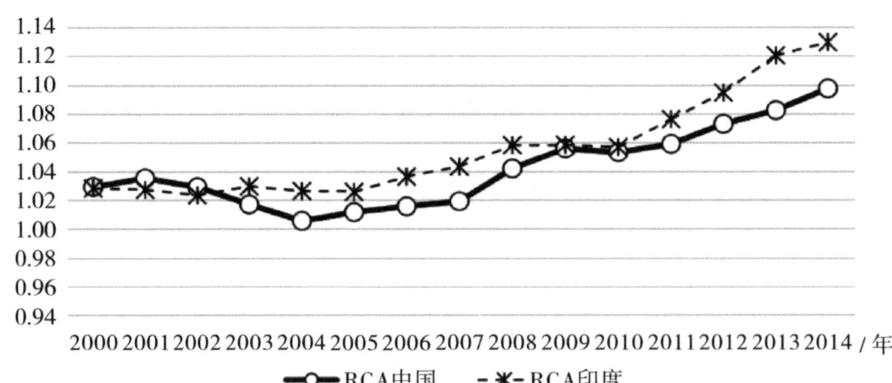


**图4－93　中印服务业基于增加值的显示性比较优势指数**

数据来源：根据联合国服务贸易统计数据库、WIOD数据库及RIGVC UIBE 2016 UIBE GVC Index，http://rigvc.uibe.edu.cn/english/D-E/database_database/index.htm整理而来。

现出明显的扩大趋势，特别在2007年结束到2008年的这一年，中国基于增加值的RCA指数明显上升，并在2009年达到十分接近印度的水平。两国基于增加值的RCA指数在经过2009年和2010年两年十分接近状态后，中印基于增加值的RCA指数增长出现了明显变化，印度基于增加值的RCA指数增长速度明显快于中国，中印服务业的整体竞争力差距开始拉大。

（1）基于GVC地位指数的中印服务业整体竞争力比较。

结合中印服务业的全球价值链地位指数（GVC地位指数）来看，2009年是一个关键年份。2009年以前，中印两国的GVC地位指数走势相互交错，2009年以后中国的GVC地位指数持续高于印度。这一点与基于增加值的RCA指数所反映的中印状况正好相反。从整体上来看，中印两国的服务业GVC地位指数都较小，这表明两国在全球价值链中的地位较低，都处于全球价值链的下游位置。中国2009年后相对较高的GVC地位指数并没能提升中国在全球价值链中的竞争力。这意味着，与印度相比，中国虽然能从事全球价值链中相对上游的生产，但中国服务业总出口中包含的国内增加值并不及印度。

如图4－94所示的15年间，中国服务业GVC地位指数的变化范围为

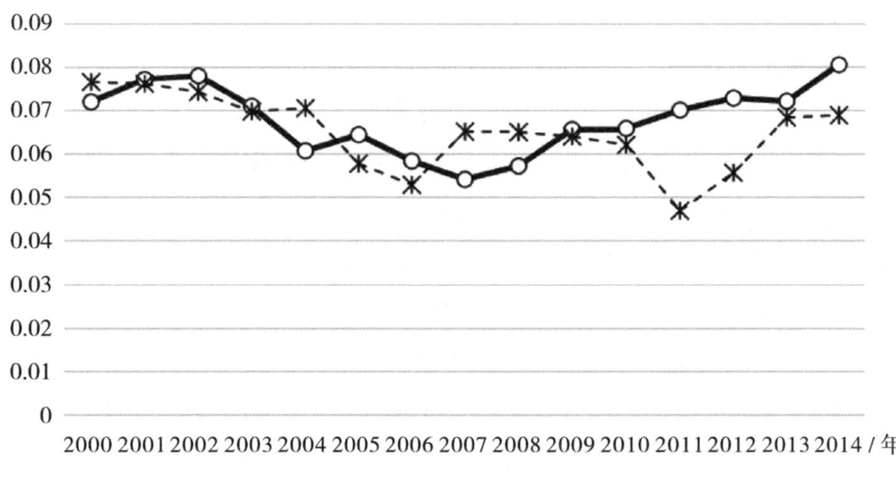


**图4－94　中印服务业的全球价值链地位指数**

数据来源：WIOD数据库及RIGVC UIBE 2016 UIBE GVC Index，http://rigvc.uibe.edu.cn/english/D_ E/database_ database/index.htm。

0.054～0.080，最低值出现在2007年，最高值出现在2014年；印度服务业GVC地位指数的变化范围为0.047～0.076，最低值出现在2011年，而最高值出现在2000年，也就是说在研究的15年中，印度的服务业GVC地位指数始终没能突破研究的起始年份2000年。从变化范围我们可以看出，印度服务业GVC地位指数的变化幅度大于中国服务业GVC地位指数的变化幅度。其中2004年、2006年和2011年是印度服务业GVC地位指数的三个明显转折点，2004年及2004年以前，印度服务业的GVC地位指数虽有下降，但下降幅度并不大，2005年这一指数出现了大幅下降，2006年结束时这一趋势发生扭转，2007年印度服务业GVC地位指数较2006年有较大幅度的增长，2011年前后印度服务业GVC地位指数呈现明显的先降后升趋势，这一年的变化也导致在2000—2014年印度服务业GVC地位指数整体的变化幅度加大。2007年是中国服务业GVC地位指数明显转折的一年，2007年以前中国服务业GVC地位指数整体呈下降趋势，2007年后则呈现上升趋势，且在2014年达到这15年中的最大值。特别关注一下2014年，中国服务业GVC地位指数增长明显，而印度服务业GVC地位指数增长趋缓，增长幅度极小，中印两国在全球价值链中的地位差距似有扩大之势，但两国离达到全球价值链的上游位置都还有很大差距。

（2）基于GVC参与度指数的中印服务业整体竞争力比较。

由图4-95可以看出，中印两国的服务业全球价值链参与度指数并没有显著的差距，从整体来看，中国参与全球价值链的程度略高于印度的时间较多，但仍有个别年份印度的全球价值链参与度指数大于中国。数据表明，2000—2002年连续三年，印度的全球价值链参与度指数大于中国，2009—2010年，印度的全球价值链参与度指数再次大于中国。值得注意的是，自2011年起，中国的全球价值链参与度指数大于印度，且两国全球价值链参与度指数间的差距呈现出扩大的趋势。中印两国基于增加值的RCA指数间的差值虽然自2009年起就显示出扩大趋势，但表现为印度的大于中国的。但是全球价值链参与度指数间差距的扩大并不是由中国的全球价值链参与度指数迅速提高导致的，而是在两国全球价值链参与度指数都呈连续下降趋势状态下，印度的全球价值链参与度指数下降幅度大于中国导致的。因此我们可以看出，中印两国参与全球价值链的程度都较低，且有进一步恶化的趋势。本文认为

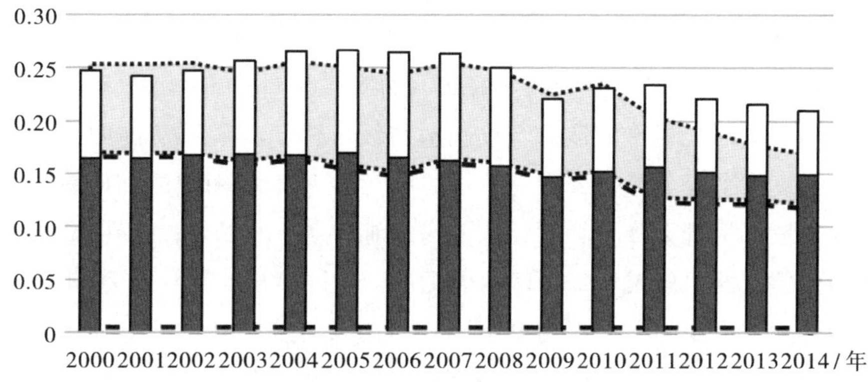


图 4－95　中印服务业的全球价值链参与度指数

数据来源：WIOD 数据库及 RIGVC UIBE 2016 UIBE GVC Index，http://rigvc.uibe.edu.cn/english/D_ E/database_ database/index.htm。

两国全球价值链参与度指数都呈连续下降趋势且两国间差距有所扩大，是由于 2008 年金融危机作用下，全球价值链中各国的经济相互影响，经济不同程度的衰退，导致外需的拉动作用下降，内需也受到影响。全球价值链的前向参与度与后向参与度都有所下降。其中印度由于工业体系不完善，基础设施建设滞后，所以在面对外部的不利变动时，其 GVC 参与度指数会较大幅度下降。

从中印服务业整体全球价值链参与度指数的波动幅度来看，中国服务业整体全球价值链参与度指数在 0.210 ～0.266 之间波动，印度服务业整体全球价值链参与度指数在 0.168 ～0.255 之间波动，中国服务业整体的全球价值链参与度指数波动幅度小于印度。其中中印两国的全球价值链参与度指数均在 2014 年达到最小值，最大值分别出现在 2005 年和 2004 年。

从图 4－95 中我们还可以清楚地看到，中印两国的前向参与度指数均高于各自的后向参与度指数，且两国的前向参与度指数值均能达到其各自后向参与度指数值的 1.5 倍以上。将中印两国的前向参与度和后向参与度分别进行比较，我们可以发现，不论是前向参与度还是后向参与度，两国间的差距都不大。中国的后向参与度指数只在个别年份小于印度，这些年份与中国全球价值链参与度指数小于印度的年份相同。但考察前向参与度时这一状况发生了变化。在研究的15年中，中国的前向参与度指数有6年小于印度，分别为2000—2002年、2004年及2007—2009年。考虑到2011年后中印两国的全球价值链参与度指数持续下降，我们再从前向参与度和后向参与度两个部分具体分析一下。2011年以后中印两国的前向参与度和后向参与度都呈现下降趋势，且除中国的前向参与度以外，都在2014年时达到最小值。这也就是说，中印两国全球价值链参与度指数在2011年后呈连续下降趋势不是由前向参与度下降或后向参与度下降这两方面中的某一方面导致的，而是两方面综合作用下形成的结果。从前向参与度和后向参与度来看，除中国的前向参与度外，这一下降趋势开始呈现的年份还可以往前提一年至2010年。

从具体的前向参与度指数和后向参与度指数的波动幅度来看，中国服务业的前向参与度指数与后向参与度指数的波动幅度均小于印度。中国前向参与度指数的最大值为2005年出现的0.1696，最小值为2009年的0.147，印度的分别为2000年的0.1694和2014年的0.1214。中国后向参与度指数的最大值为0.1009，最小值为0.0604，分别出现在2007年和2014年，印度后向参与度指数的最大值和最小值分别为2005年的0.0927和2014年的0.0468。

综合来看，中国和印度的全球价值链参与度都有待提升，既包括前向参与度的提升也包括后向参与度的提升，至少应先扭转两国全球价值链参与度持续下降的趋势。

从整体来看，中印两国处于全球价值链的下游地位，且全球价值链参与度有所下降，但中印两国的服务业整体竞争力却保持增长趋势。本文经过分析认为，在中印服务业GVC参与度指数下降时，其GVC地位指数上升，而GVC地位指数下降时，GVC参与度指数上升，两者并没有同时下降，这保证了中印两国服务业整体竞争力的上升趋势。因此，GVC地位与GVC参与度对一国服务业竞争力的提升有一定作用。

### 2. 中印服务业细分行业竞争力比较

从中印服务业整体竞争力比较中可以看出，不管是直接从基于增加值的显示性比较优势指数进行分析，还是对基于GVC地位指数和参与度指数中印服务业整体竞争力进行比较，我们都可以发现其中几个比较重要的转折点，分别为2004年、2007年和2009年。因此，本文选取这三个重要年份外加研究的起止年份对中印服务业细分行业的竞争力进行对比分析。

从总体来看，印度大多数服务业细分行业增加值显示性比较优势指数大于中国。2004年，在两国都有出口统计数据的21个细分行业中①，印度有20个服务业细分行业的增加值显示性比较优势指数都大于中国，2009年时这一数值有所下降，减少到了14个。但是各行业间的增加值显示性比较优势指数差距明显不同。如图4－97所示，印度的服务业细分行业中“C40计算机程序设计、咨询及相关活动”“C45法律、会计、总公司的活动，管理咨询”和“C51管理与国防，强制性社会保障”这三个行业的增加值显示性比较优势指数不仅大于中国，且优势明显，其中前两个行业的优势更为突出。与印度相比，中国的“C31陆路运输与管道运输”具有较明显的显示性比较优势。从图4－97中还可以清楚地看到，选取的这五年的数据中，从2000—2014年，中印两国相比具有相对优势的细分行业的竞争优势不仅能够保持，而且还在不断增强。

从具体的服务业细分行业增加值显示性比较优势指数来看，虽然中国大多数细分行业的指数小于印度，但与本国自身相比，还是有所提升。“C29汽车和摩托车外的批发贸易”“C30汽车和摩托车外的零售贸易”“C35邮政和邮递”“C40计算机程序设计、咨询及相关活动”“C44房地产”“C45法律、会计、总公司的活动，管理咨询”“C47科学研究与发展”和“C50行政和辅助”这八个细分行业在2000年的增加值显示性比较优势指数都小于1，不具备显示性比较优势，竞争力不足，但到2014年时，上述行业的增加值显示性比较优势指数都大于1，其在全球范围内的竞争力也有所提高。其中，在分析的五年中“C29汽车和摩托车外的批发贸易”“C30汽车和摩托车外的零售贸易”和“C44房地产”这三个细分行业的增加值显示性比较优势指数在2004年就超过了1。另外，值得注意的是，“C35邮政和邮递”“C44房地产”

① 在34个服务业细分行业中，中国有9个行业（C23、C28、C37、C38、C43、C46、C48、C55、C56）没有出口统计数据，印度有11个行业（C23、C26、C35、C37、C38、C43、C47、C48、C49、C55、C56）没有出口数据。

和“C50 行政和辅助”这三个细分行业虽然增加值出口额占增加值出口总额的比重很小，未能包括在之前中说明的前 12 个行业中，但其具有一定的竞争优势。这说明中国各服务业细分行业的竞争优势虽然不及印度，优势培育速度不高，但仍有一些细分行业的竞争力表现出增长的趋势，且持续了一段时间，一些细分行业的增加值出口数额虽然较小，却能带动中国服务业的竞争力增强。对照图 4 –96，还能发现在中国服务业细分行业增加值显示性比较优势指数由小于 1 增长为大于 1 的八个细分行业中，印度“C29 汽车和摩托车外的批发贸易”“C30 汽车和摩托车外的零售贸易”“C40 计算机程序设

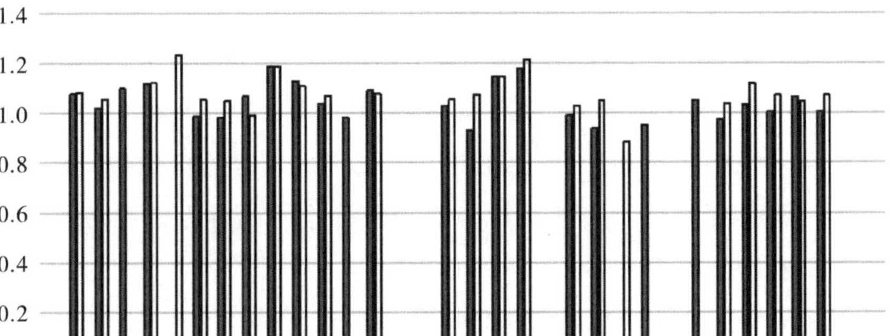


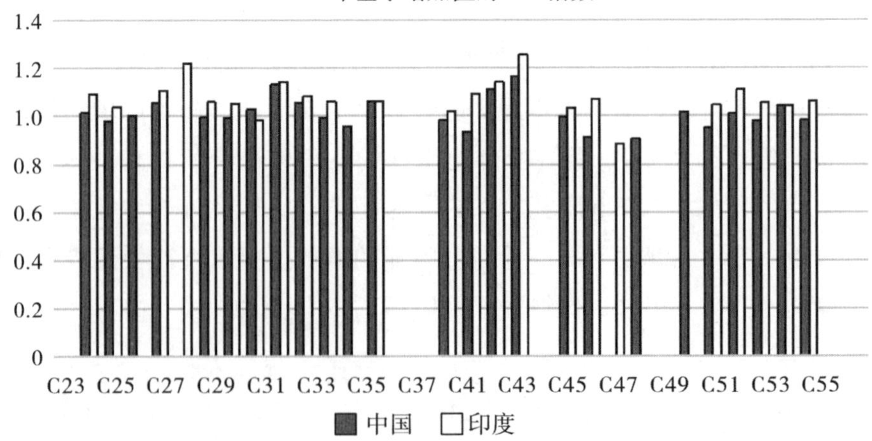

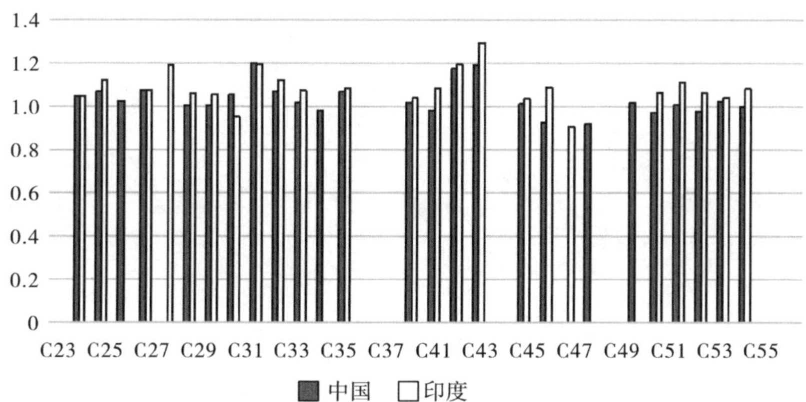


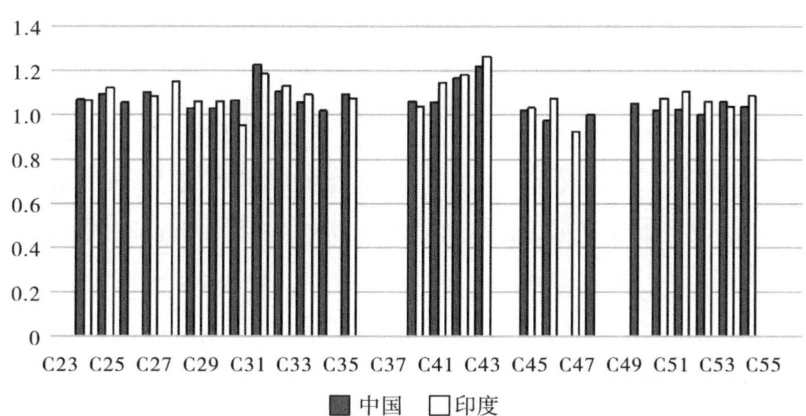


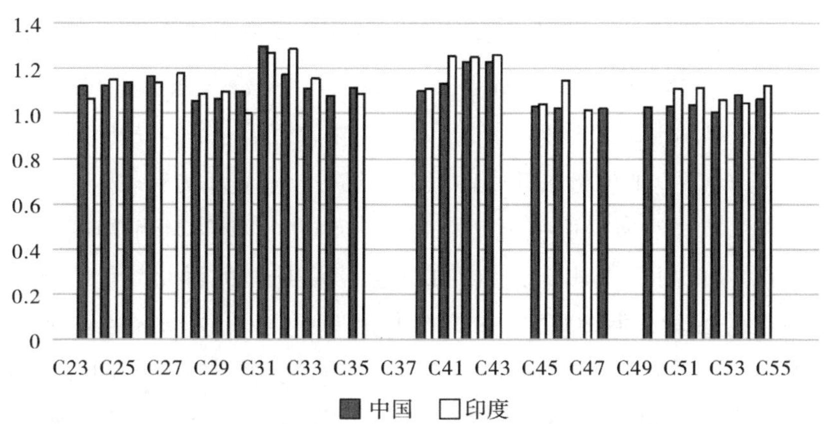


图4－96　中印服务业细分行业增加值显示性比较优势（RCA）指数

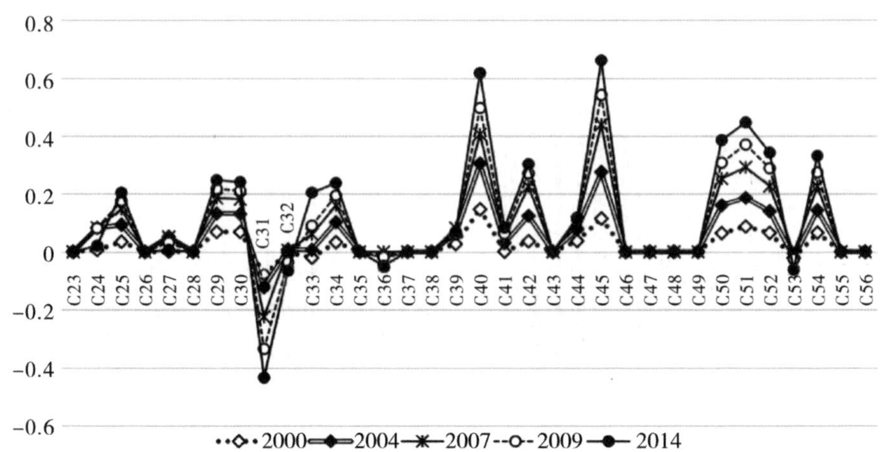


**图 4－97　中印服务业细分行业增加值显示性比较优势（RCA）指数差额**

数据来源：WIOD 数据库及 RIGVC UIBE 2016 UIBE GVC Index，http://rigvc. uibe. edu. cn/english/D_ E/database_ database/index. htm。

计、咨询及相关活动”“C45 法律、会计、总公司的活动，管理咨询”和“C50 行政和辅助”增加值显示性比较优势指数增长得更多。中国还有一些服务业细分行业增加值显示性比较优势指数虽然在研究的起止年份 2000 年和 2014 年都大于 1，但是在中间的一些年份其增加值显示性比较优势指数都小于 1，出现了竞争力上的波动，这些行业包括：“C24 电、煤气、蒸汽和空调供应”“C34 储存和运输辅助”“C39 通信业”“C52 教育”和“C54 其他服务”。其中，“C54 其他服务”的增加值出口额占增加值出口总额的比重虽然下降了很多，但其在全球范围内仍具有一定的竞争优势。印度的“C31 陆路运输与管道运输”和“C46 建筑和工程，技术测试和分析”行业在 2000 年、2004 年、2007 年和 2009 年的增加值显示性比较优势指数都小于 1，但在 2014 年时其增加值显示性比较优势指数大于 1，竞争力有了一定的提升。

（1）基于 GVC 地位指数的中印服务业细分行业竞争力比较。

从总体来看，在所选取的五个年份中，2000 年和 2004 年印度服务业细分行业 GVC 地位高于中国服务业细分行业 GVC 地位的行业数目明显多于中国高于印度的数目，但 2007 年、2009 年和 2014 年，两国服务业细分行业 GVC 地位高于对方服务业细分行业 GVC 地位的行业数目大致相当。2000 年，印度的“C34 储存和运输辅助”和“C40 计算机程序设计、咨询及相关活动”行业的 GVC 地位指数明显大于同一时期中国的，但其中前一个行业相对于中国却没有表现出竞争力，而中国的“C25水收集、处理和供应”“C36住宿、食品和饮料供应服务”“C41保险和养恤金之外的金融服务”“C52教育”等行业的GVC地位指数明显大于同一时期印度的，两国GVC地位指数相对较大的细分行业都处于全球价值链中相对上游的位置。2014年时，相比中国，印度GVC地位指数较大的行业变成了“C33航空运输”，这主要还是由于中国该行业的GVC地位指数在较长时间内都为负，而中国GVC地位指数较大的行业变了“C25水收集、处理和供应”“C36住宿、食品和饮料供应服务”“C41保险和养恤金之外的金融服务”“C50行政和辅助”和“C53人体健康和社会工作”，两国中相对处于全球价值链上游位置的行业也相应发生了变化。

在两国都有出口统计数据的20个服务业细分行业中，印度服务业各细分行业的GVC地位指数为负的数量大于中国。2000年，中国服务业细分行业的GVC地位指数为负的有9个，印度为8个；2004年，两国的数量都有所上升，中国有10个，印度有9个；但是2007年、2009年，中国服务业细分行业的GVC地位指数为负的都只有6个，2014年只有4个，数量较少，也较为稳定，其中一直包括的有“C27建筑业”“C33航空运输”和“C44房地产”，而印度服务业细分行业的GVC地位指数为负的由9个上升为2009年的10个，数量进一步增加，2014年降至9个。中印各自有数据的22个服务业细分行业中中国GVC地位指数均为正值的行业有13个，印度有12个。中国的“C26污水和垃圾收集、处理和处置、材料回收再利用活动和其他废物管理活动”“C34储存和运输辅助”“C40计算机程序设计、咨询及相关活动”“C49其他专业、科学和技术”和“C50行政和辅助”五个行业在2000年的GVC地位指数为负，而在2014年为正，其在全球价值链中的地位有所提升，其中，“C40计算机程序设计、咨询及相关活动”的竞争力随着GVC地位的提升而有所增强，表现为基于增加值的RCA指数由小于1增长为大于1。但是“C27建筑业”和“C33航空运输”的GVC地位指数在2000年为正，到了2014年GVC地位指数下降为负，其在全球价值链中的地位有所下降，处于下游地位。印度只有“C27建筑业”的GVC地位指数由2000年的正值下降为2014年的负值，与中国该行业的变化显示出一致性，但印度的服务业细分行业中GVC地位指数没有从负值转为正值的，处于全球价值链下游位置的细分行业仍旧没能转变其位置，长期停留在下游位置。

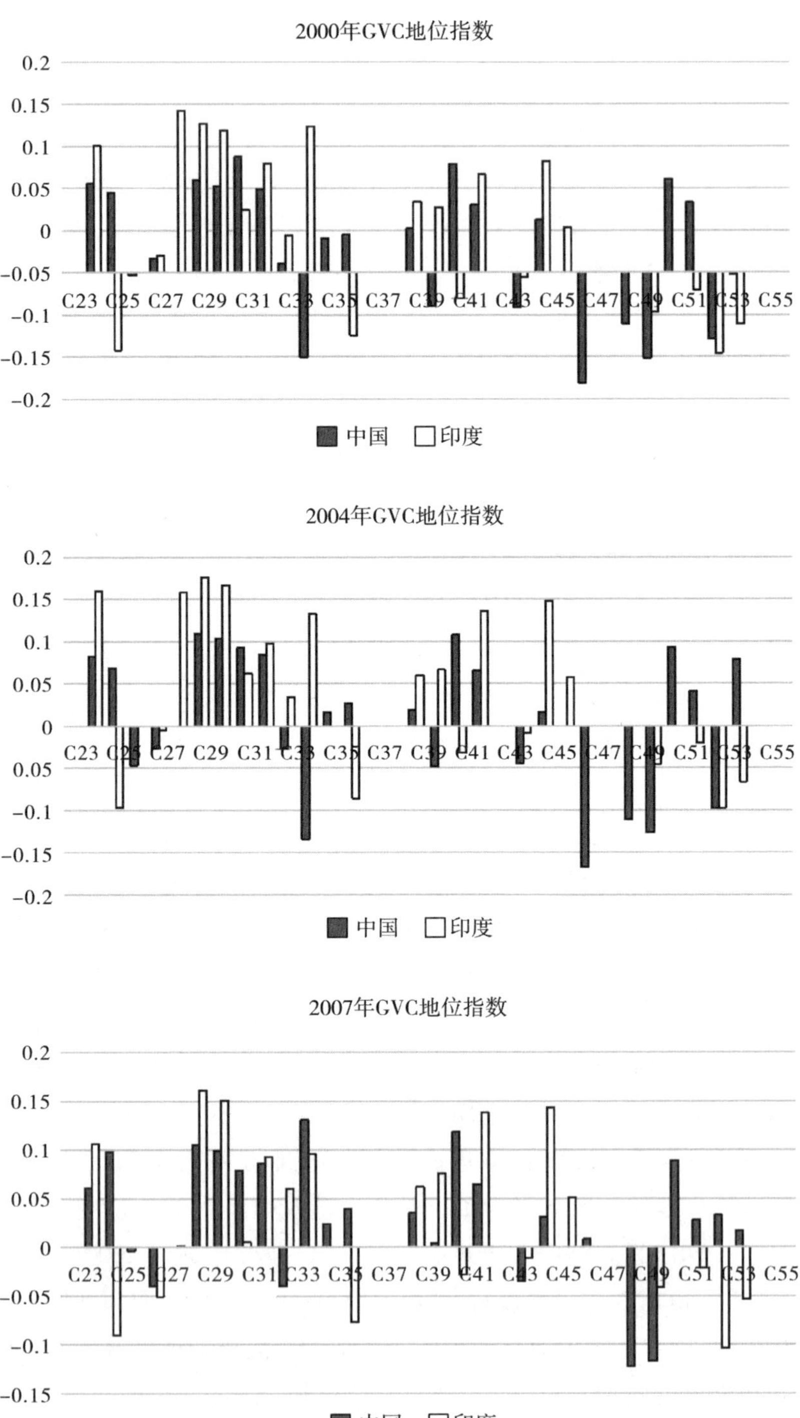
2000年GVC地位指数
0.2
0.15
0.1
0.05
0
−0.05
−0.1
−0.15
−0.2
C23 C25 C27 C29 C31 C33 C35 C37 C39 C41 C43 C45 C47 C49 C51 C53 C55
中国 印度
2004年GVC地位指数
0.2
0.15
0.1
0.05
0
0.05
−0.1
−0.15
−0.2
C23 C25 C27 C29 C31 C33 C35 C37 C39 C41 C43 C45 C47 C49 C51 C53 C55
中国 印度
2007年GVC地位指数
0.2
0.15
0.1
0.05
0
−0.05
−0.1
−0.15
C23 C25 C27 C29 C31 C33 C35 C37 C39 C41 C43 C45 C47 C49 C51 C53 C55
中国 印度

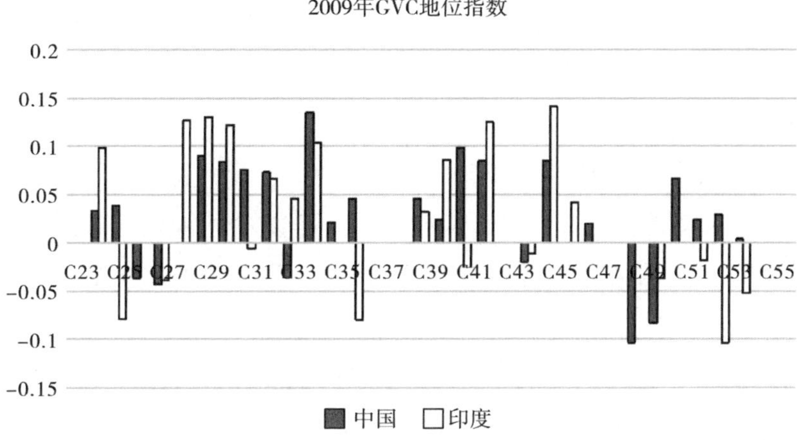


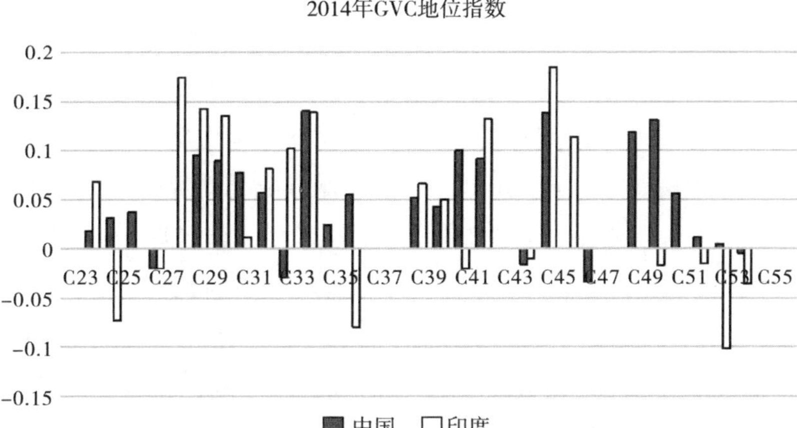


**图 4-98　中印服务业的全球价值链（GVC）地位指数**

数据来源：WIOD 数据库及 RIGVC UIBE 2016 UIBE GVC Index，http://rigvc.uibe.edu.cn/english/D_ E/database_ database/index.htm。

（2）基于 GVC 参与度指数的中印服务业细分行业竞争力比较。

由图 4-99 可以看到，中印各服务业细分行业的全球价值链参与度指数间的差距较大，同行业间中印的全球价值链参与度指数也有较大不同。这与两国间服务业整体的全球价值链参与度差距有较大的不同。2000 年，中国服务业全球价值链参与度指数大于印度服务业全球价值链参与度指数的行业有 16 个，明显多于印度大于中国的。2000 年，中国的“C25 水收集、处理和供应”“C26 污水和垃圾收集、处理和处置、材料回收再利用活动和其他废物管理活动”“C35 邮政和邮递”“C36 住宿、食品和饮料供应服务”“C40 计算机程序设计、咨询及相关活动”“C41 保险和养恤金之外的金融服务”“C45 法律、会计、总公司的活动，管理咨询”“C47 科学研究与发展”“C49 其他专业、科学兽医和技术”“C50 行政和辅助”“C51 管理与国防，强制性社会保障”“C52 教育”和“C54 其他服务”等 13 个行业的全球价值链参与度指数都明显大于印度，而印度只有“C28 批发和零售业，汽车和摩托车修理”“C31 陆路运输与管道运输”“C32 水上运输”“C33 航空运输”“C34 储存和运输辅助”和“C46 建筑和工程，技术测试和分析”这 6 个行业的全球价值链参与度指数明显大于中国。到 2014 年，中国服务业全球价值链参与度指数明显大于印度服务业全球价值链参与度指数的行业除了 2000 年的 13 个行业外还有“C34 储存和运输辅助”和“C53 人体健康和社会工作”。中国这两个细分行业的全球价值链参与度指数大于印度主要是因为中国的全球价值链参与度指数有所增长，并且是前向参与度的大幅度增长，而不是印度全球价值链参与度指数的下降。2014 年，印度服务业全球价值链参与度指数明显大于中国的细分行业变为了“C24 电、煤气、蒸汽和空调供应”“C27 建筑业”“C28 批发和零售业，汽车和摩托车修理”“C31 陆路运输与管道运输”“C32 水上运输”和“C46 建筑和工程，技术测试和分析”，其中前两个细分行业的全球价值链参与度指数在 2000 年时就大于中国，到 2014 年，差值进一步增大了，但主要是因为中国这两个细分行业的全球价值链参与度指数下降了，“C46 建筑和工程，技术测试和分析”虽然在 2000 年时的全球价值链参与度指数就大于中国，但基于增加值的显示性比较优势指数尚小于 1，在世界范围内的竞争力不足，但到 2014 年时不仅保持高于中国服务业 GVC 参与度，还在竞争力上也有所提高。但是 2014 年时印度全球价值链参与度指数高于中国服务业细分行业数量较 2000 年有所增加。

另外，将前向参与度与后向参与度对两国全球价值链参与度指数的影响分开来看，2000 年，中国服务业全球价值链参与度指数明显大于印度服务业全球价值链参与度指数的 13 个行业中有 6 个都是因为其后向参与度较大，分别为“C26 污水和垃圾收集、处理和处置、材料回收再利用活动和其他废物管理活动”“C40 计算机程序设计、咨询及相关活动”“C47 科学研究与发展”“C49 其他专业、科学和技术”“C50 行政和辅助”和“C54 其他服务”。这也导致了中国虽然在一些服务业细分行业中具有较高的全球价值链参与度，但在全球价值链中并不具有比较优势，缺乏竞争力。而印度的全球价值链参与度指数高于中国服务业细分行业中，只有“C53 人体健康和社会工作”是由于印度在该行业较高的后向参与度导致的。这说明与印度相比，中国的服务业全球价值链参与度指数较大的虽然多，但服务业的供应链较多地依赖国外的中间产品，而印度则更多地向国外出口中间产品。

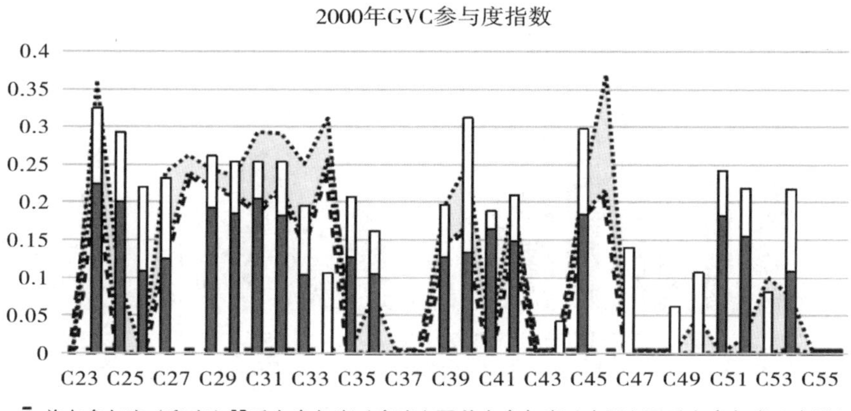


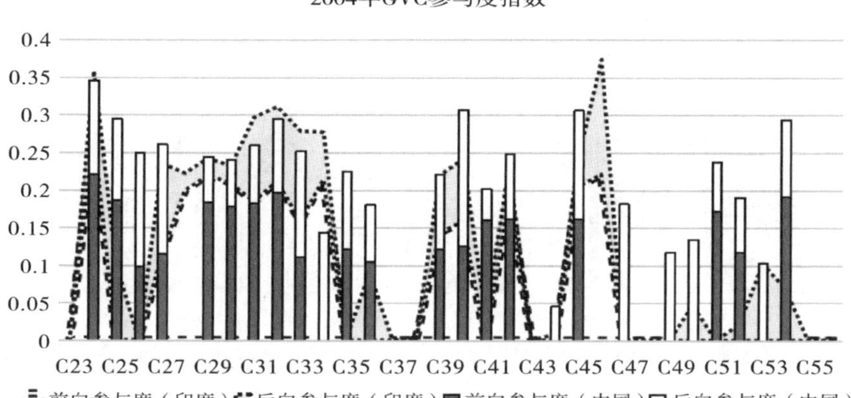

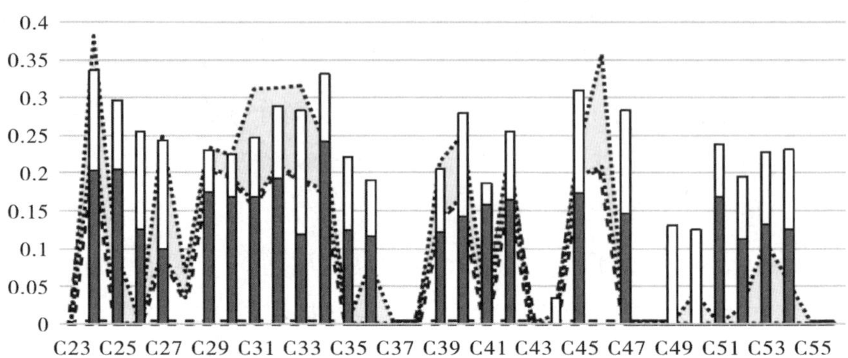


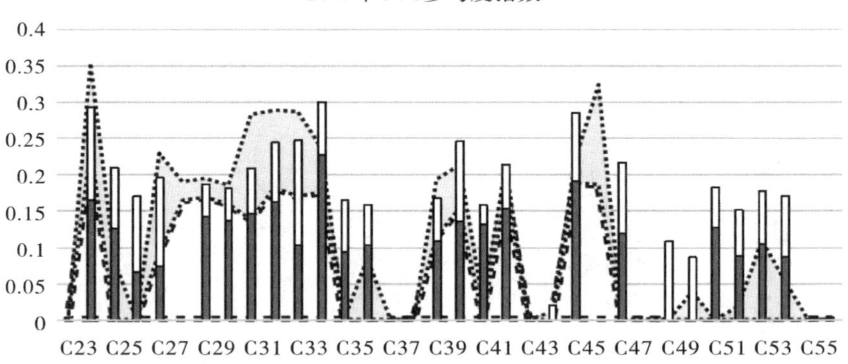


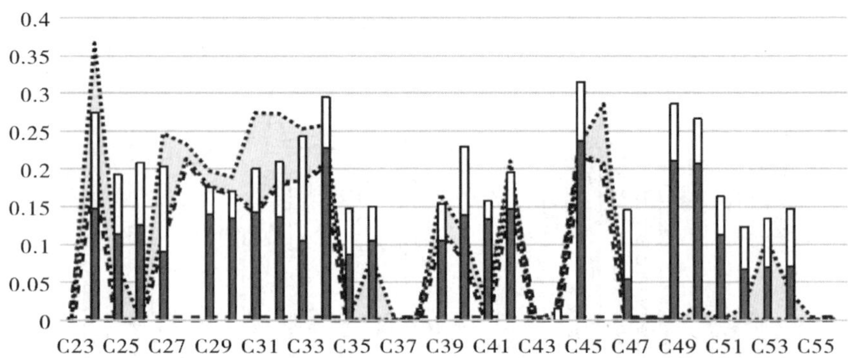


**图 4－99　中印服务业细分行业的全球价值链参与度指数**

数据来源：WIOD 数据库及 RIGVC UIBE 2016 UIBE GVC Index，http://rigvc.uibe.edu.cn/english/D_ E/database_ database/index.htm。

将2007年和2009年的中印服务业全球价值链参与度指数进行比较，可以发现2009年中国和印度的所有服务业细分行业的全球价值链参与度指数较2007年都有所下降，这种下降既包括前向参与度的下降，又包括后向参与度的下降。这说明2008年的金融危机对中印两国的全球价值链参与度都有较大的影响，两国不仅出口到第三国作为中间产品的国内增加值有所下降，而且对国外中间产品的需求也减少了。2014年，大部分服务业细分行业的全球价值链参与度指数比2009年时低，只有中国“C50行政和辅助”的全球价值链参与度指数出现了较大的增长，而这一增长是从2012年开始的。

从细分行业来看，中印服务业细分行业的竞争力呈现出印度强于中国的现状，但细分行业间差异明显。这与印度重视高端科技的发展战略密不可分，这些领域相关的服务业也相应地发展较快，展现出明显优势，且不断增强。但印度其他服务业细分行业发展较慢。印度服务业内部发展深受其长期发展战略的影响，其工业基础本就薄弱，基础设施建设滞后，远不如中国。鲍莫尔的成本病理论指出，进步部门相对快速的生产率、增长率会导致停滞部门相对成本的持续上升，在两者的作用下其工业与服务业的发展差距进一步扩大，最终可能会因为工业发展的难度进一步加大，影响服务业的可持续发展。中国在保持原有竞争力优势的同时发展出了新的优势，发展步伐相对稳健。印度和中国都具有数量庞大的人力资源，但印度人力资源的年龄结构相对健康，中国的人口老龄化程度逐渐加深，服务业的发展需要大量的劳动力，印度本具有这方面的优势，不过在考虑受教育水平时，这一优势可能会转变为劣势，中国劳动力的受教育水平相对较好，有利于在人口老龄化趋势压力下的发展。服务业细分行业中GVC地位指数及GVC参与度指数的变化与服务业细分行业竞争力间有一定关系，但不如整体分析时的影响明显。考虑到具体细分行业，影响其竞争力的因素也会有所差别，GVC地位和GVC参与度对竞争力的影响在多种影响的作用下相对弱化，因此在发展服务业细分行业时应具体分析，专项突破，不能一概而论。

### （三）结论及建议

#### 1. 结论

（1）虽然中国服务业增加值出口额远大于印度，但是中印服务业基于增加值的 RCA 指数间的差距并不十分显著，特别是在 2000 年、2009 年和 2010 年这三年，两国基于增加值的 RCA 指数十分接近。中印两国各年基于增加值的 RCA 指数均大于 1，在全球范围内具有较强的竞争力。但是 2000—2014 年的大多数年份，印度基于增加值的 RCA 指数都高于中国。从整体来看，印度服务业的竞争力强于中国。从趋势上来看，两国基于增加值的 RCA 指数都呈现出增长态势，但 2010 年后印度基于增加值的 RCA 指数增长速度明显快于中国，中印服务业的整体竞争力差距呈现出扩大趋势。从细分行业来看，印度大多数服务业细分行业基于增加值的 RCA 指数都大于中国，但是各行业间的增加值显示性比较优势指数差距明显不同。印度的服务业细分行业中“C40 计算机程序设计、咨询及相关活动”“C45 法律、会计、总公司的活动，管理咨询”和“C51 管理与国防，强制性社会保障”这三个行业的增加值显示性比较优势指数不仅大于中国，且优势明显，其中前两个行业的优势更为突出。与印度相比，中国的“C31 陆路运输与管道运输”具有较明显的显示性比较优势。2000—2014 年，中印两国相比具有相对优势的细分行业的竞争优势不仅能够保持，而且还在不断增强。另外，虽然中国大多数细分行业基于增加值的 RCA 指数小于印度，但与本国自身相比，还是有所提升。一些行业，如“C35 邮政和邮递”“C44 房地产”和“C50 行政和辅助”虽然其增加值出口额占增加值出口总额的比重很小，但仍具有一定的竞争优势。

（2）从整体上来看，中印两国的服务业 GVC 地位指数都较小，这表明两国在全球价值链中的地位较低，都处于全球价值链的下游位置。从变化幅度来看，印度服务业的 GVC 地位指数的变化幅度大于中国。中国服务业 GVC 地位指数先下降后上升，转折点为 2007 年，2009 年以后中国的 GVC 地位指数持续高于印度，与基于增加值的 RCA 指数所反映的中印状况相反。这说明中国 2009 年后相对较高的 GVC 地位指数并没能提升中国在全球价值链中的竞争力。从细分行业来看，中印两国则有一些行业处于全球价值链相对上游的位置，但两国中相对处于全球价值链上游位置的行业有变化。在着重分析的五年中，2000 年和 2004 年印度细分行业 GVC 地位高于中国细分行业 GVC 地位的行业数目明显多于中国高于印度的数目。在两国都有出口统计数据的 20 个细分行业中，印度服务业各细分行业的 GVC 地位指数为负的数量大于中国，且有所增加。中国的“C26 污水和垃圾收集、处理和处置、材料回收再利用活动和其他废物管理活动”“C34 储存和运输辅助”“C40 计算机程序设计、咨询及相关活动”“C49 其他专业、科学和技术”和“C50 行政和辅助”等 5 个行业在 2000 年的 GVC 地位指数为负，而 2014 年时为正，其在全球价值链中的地位有所提升，但是“C27 建筑业”和“C33 航空运输”的 GVC 地位指数在 2000 年为正，在 2014 年为负，其在全球价值链中的地位有所下降，处于下游地位。印度只有“C27 建筑业”的 GVC 地位指数由 2000 年的正值下降为 2014 年的负值，处于全球价值链下游位置的细分行业仍旧没能转变其位置，长期停留在下游位置。

（3）中印两国的服务业全球价值链参与度指数间并没有显著的差距，且两国前向参与度和后向参与度的差距也不大。但从整个时间段来看，中国参与全球价值链的程度略高于印度的时间较多，自 2011 年起，中国的全球价值链参与度指数大于印度，且两国全球价值链参与度指数间的差距呈现出扩大的趋势，但两国参与全球价值链的程度都较低，且有进一步恶化的趋势，其各自的前向参与度和后向参与度也都呈现了下降趋势。从中印服务业整体全球价值链参与度指数的波动幅度来看，中国服务业整体的全球价值链参与度指数波动幅度小于印度。前向参与度和后向参与度亦是如此。中印各自的服务业细分行业的全球价值链参与度指数间的差距较大，与服务业整体全球价值链参与度表现不同，同行业间中印的全球价值链参与度指数也有较大不同。2000 年中国服务业全球价值链参与度指数大于印度服务业全球价值链参与度指数的行业明显多于印度大于中国的，但很多是由后向参与度较大导致的。这导致中国虽然在一些细分行业中具有较高的全球价值链参与度，但在全球价值链中不具有比较优势，缺乏竞争力。2014 年中国“C34 储存和运输辅助”和“C53 人体健康和社会工作”的全球价值链参与度指数也明显大于印度，且主要是因为中国的前向参与度的大幅度增长，但这两个行业的竞争力仍不突出。2014 年印度全球价值链参与度指数高于中国的细分行业数量虽然较少，但较 2000 年有所增加。

**2. 相关建议**

（1）适度加大服务业市场开放度。

中国服务业的实际开放程度远不及制造业，一些服务业细分行业的对外开放时间较晚，市场自由化程度较低是中国服务业全球竞争力提升难的原因之一。放宽管制，简化进入手续，适度加大服务业市场开放度一方面有利于中国从事各类服务业细分行业的企业走向国际市场，另一方面又有利于国外企业进入国内市场。

国内企业为了更好、更快地融入国际市场就必须快速适应国际水平，这将促进我国国内各服务业企业技术水平、生产效率等的提升，同时由于逆向技术溢出效应等的存在也会提升我国服务业企业的发展水平。国外一些发展较好的服务业企业也愿意进入中国，通过竞争和示范效应，使国内原有的一些垄断被打破，一些垄断企业在竞争中不断学习、提升效率、寻求创新以谋得生存，非垄断行业同样也在外力的推动下加强学习，这样一来服务业整体发展水平就会有所提升。另外，国外的服务业企业进入中国市场多伴随着外资的流入，合理地利用外资可以帮助我国实现服务业增加值出口贸易结构的优化，进而脱离原有价值链低端的环节，跨越发展陷阱，向“发起者”的地位转型，提高中国服务业在全球价值链中的竞争力。但也要注意与一些服务业市场开放相伴的风险，在加大服务业市场开放度的同时也要保持本国服务业发展的独立性。

（2）加强人才培育及引进。

服务业的发展不仅依靠从事服务业的人数增长，即数量上的增长，还要依靠从事服务业人员的素质、能力的提高，即质量上的提升。产业的发展离不开人才的智力支撑，服务业的发展也是如此。中国处于全球价值链的下游，且获益能力较弱，加强人才培育及引进一方面可以提升中国现阶段处于全球价值链下游位置的获益能力，另一方面也有助于中国全球价值链地位的进一步提升，使中国在保持现有竞争优势的基础上不断培育出新的竞争优势。

中印两国都是人口大国，都能满足对从事服务业人口数量的需求，但人员能力还有待进一步提升。可以看到，印度的精英式教育培养了大量的技术人才，这为印度技术类服务业的快速发展奠定了基础。中国也应在普及教育的基础上加快高技术人才的培养，以适应现代化服务业的发展要求。一方面，中国要加大服务业科学教育资金的投入，鼓励培养高素质人才，让企业、学校有能力支持人才培养；另一方面，要从培养途径入手，在方式上不断创新，建立高效的培育机制，如加强政府与企业间的合作、促进产学研间的联动发展、鼓励高校开设相关课程、支持企业或专门机构开展有针对性的培训等。但我们也要看到培养人才需要一定的时间，短期内要想获得各类服务业的均衡快速发展还可以借助高技术人才的引进。通过向国外高级人才提供居住、工作上的便利，实现人才引得进也留得住，及时弥补我国服务业发展上的不足，建立快速高效发展的长效机制。

（3）多种类型的服务业协调发展。

多种类型的服务业协调发展不仅有利于完善我国服务业的内部结构，使各服务业细分行业在一定基础上取得新的发展，也有利于提高我国服务业应对外部不利的冲击的能力，避免发展过程中的不利变动。多种类型的服务业协调发展还是我国提升服务业整体及各细分行业全球价值链参与度的有效途径，有利于我国更好地融入全球价值链。

很长时间里，我国服务业的发展都依赖于较低的劳动力成本和较为丰富的自然资源，但这些服务业细分部门所带来的国内增加值并不高，且这些优势也是其他一些国家具有的，随着我国这方面优势的减弱，我国服务业很难体现出较强的国际竞争力。我国的信息服务业、金融保险服务业等现代服务业起步较晚，目前，我国的现代服务业增加值出口额较低，在全球价值链中的地位虽然有所提升，但在全球价值链中的参与度仍较低，比不上印度及其他一些国家。另外，我国多通过提高后向参与度来提高这些服务业细分行业的全球价值链参与度，这导致我国服务业的发展结构仍不理想，阻碍了我国服务业竞争力的进一步提升。当前多种服务业间的联系有所加强，各种类型的服务业在相互作用下持续发展，孤立地发展某一服务业细分行业不利于我国服务业整体的可持续发展，伴随着我国经济的良好发展，互联网信息技术的快速发展，我们更应抓住机遇快速实现多种类型服务业的均衡发展，既要充分发挥原有优势，又要加强创新，增加服务业技术含量，提升服务质量，全面提高我国服务业在全球价值链中的参与度和竞争力。

## 第七节 OFDI 对中国全球价值链升级的影响研究

世界范围内经济持续疲软，需求不振导致贸易保护主义的抬头，使国际贸易环境持续恶化，经济全球化面临挑战。而在经济全球化的浪潮中，跨国公司的投资并购活动日益增多，成为全球经济的重要组成部分，一国的对外投资将生产活动分散到了不同的地区，实现不同环节的增值和资源的全球化配置，构成了全球价值链。在全球价值链的分工中，发达国家具有先发优势，长期占据全球价值链的研发、营销等上游环节，而发展中国家则多位于加工制造的全球价值链的低端环节，长此以往将面临价值链“低端锁定”的困境。中国正面临经济转型，目前已在国际范围内广泛地开展了投资并购活动，为突破全球价值链低端环节，更加深入地参与国际分工，实现全球价值链的升级成了中国当前的重要任务之一。

### 一、OFDI 对于全球价值链升级影响的研究

对国内外关于 OFDI 对全球价值链升级影响的相关文献梳理发现，多数学者采用了案例分析和实证检验的方式开展研究，研究发现一国的对外投资可以促进本国某产业的全球价值链升级。实证研究多是对 OFDI 促进全球价值链升级的机理展开分析，并探讨有哪些因素可以实质性影响某国某产业的全球价值链地位。

Nigel Driffield（2003）在相关研究中指出，一国对外直接投资并不是由跨国企业的所有权优势驱动的，而是希望通过对外直接投资获取东道国的优越技术。外国直接投资的技术对象主要取决于东道国内部的技术短板，即一国倾向于对外投资并获取国内欠发达的技术，从而促进国内产业的发展。并且通过实证检验欧洲国家制造业的这种“反向溢出效应”的存在。结果表明，国内部门产生的技术溢出到外国跨国企业，但这种影响仅限于研发密集型行业，同时实证的结果还表明，这些溢出效应受产业空间集聚的影响，而逆向技术溢出效应仅限于外部技术不太可能成为激励因素的部门。Elisa

Giuliani（2005）通过分析发现，各国的 OFDI 具有投资集中化的特点，并且通过实证分析得出：对外直接投资和全球价值链升级呈正相关关系。Andreff（2009）提出发展中国家应该通过加入世界贸易组织、开放市场、吸引外资等方式参与全球价值链，并且逐步通过提高技术获得全球价值链的升级。刘伟全（2011）建立了 OFDI 的理论模型，研究了 OFDI 对于一国全球价值链的升级的作用，发现企业的产品销售总量，以及行业雇员的平均工资水平，会直接影响企业对外投资的决策。Herzer（2012）对发展中国家的对外直接投资情况进行实证研究，发现 OFDI 对全球价值链的升级效果并不显著。姚博（2012）从生产效率的角度考虑，探讨行业之间转移的溢出效应与全球价值链地位提升之间的关系。Juan S. Blyde（2014）通过研究得出 OFDI 在全球范围内的分散生产将促进全球价值链的升级，在要素禀赋最优的国家生产，控制生产成本达到产业的升级。Shamelia Azmeh 通过研究发现，亚洲的服装公司在全球价值链中的地位有了显著提升，其中对外直接投资起到了关键作用。

很多学者针对中国的对外投资活动也做了深入研究，并且大部分研究显示，中国的对外投资活动对于提升中国的全球价值链地位具有积极意义。Wei Zhao（2010）根据研究发现，发展中国家特别是中国的对外直接投资（OFDI）出现了显著增长。研究着眼于中国对外直接投资对自身生产力增长的影响，以及这种增长的两个具体原因，即技术获取和效率提高。采用实证的方法，利用 1991—2007 年 8 个发达国家接受中国 OFDI 的数据进行了检验。结果表明，中国的对外直接投资在研究时间段内对改善全要素生产率具有有利的溢出效应，生产效率的提高同样也对全要素生产率的提高具有重要影响。通过对 VAR 模型分析还可以看出，国内研发资本存量是生产力增长的最重要来源，对技术进步的贡献更大。中国可能会继续扩大其对外直接投资，全要素生产率可能会跟随对外直接投资的增长而增长，而其他发展中国家很可能会效仿中国的有效做法。Pavida Pananond（2013）从全球价值链的角度研究了跨国企业本地子公司的国际扩张问题，以及如何扩张和扩张的原因。从全球价值链（GVC）的角度来看，最初成立的为当地产业开展生产活动的子公司并不希望长期保持在最低附加值的位置，因此这些跨国公司会积极采取措施摆脱这一处境。针对跨国公司在全球价值链中的价值升级，应该通过对外直接投资的方式，在更为先进的国家采取本土化经营的战略，从而实现升级。

这一战略不仅有助于跨国公司获得内部收益，而且还有助于改善其在全球价值链中相对的外部地位。

## 二、GVC 视角下 OFDI 影响中国全球价值链的机理分析

### （一）边际产业转移效应对中国全球价值链升级的影响

产业转移即将某国或某地区的部分产业转移到另一个国家或者地区，这一过程中产生的经济效应就是产业转移效应。在此基础上，日本经济学家小岛清提出了著名的边际产业转移效应，该理论分析了产业转移的根本原因及实现方式，并且认为一国应该优先将正在丧失优势的产业对外进行转移，从而实现内部的产业结构优化升级。产业的转移本质上是对要素配置的一种改进，在这个过程中，产业转出的一方作为转出地，接受产业转移的一方作为转入地。对于转出地来说，根据边际报酬递减规律，一个产业的要素持续地增加，在达到某个特定的程度时，所提供的价值增量便会递减，由此产生的产业集中过度，表现出恶性竞争的市场，这时向外转移这部分过剩的产业，减少相关要素的供给，将更多的资源投入高新技术产业中，实现资源的有效配置，就能恢复经济利益的增长，同时也为发展更为高级的产业留出空间。对于以劳动力优势为主的发展中国家转入地来说，某类产业的转入有助于调整本地产业的结构，实现农业向工业化的转变，同时给当地带来大量的就业

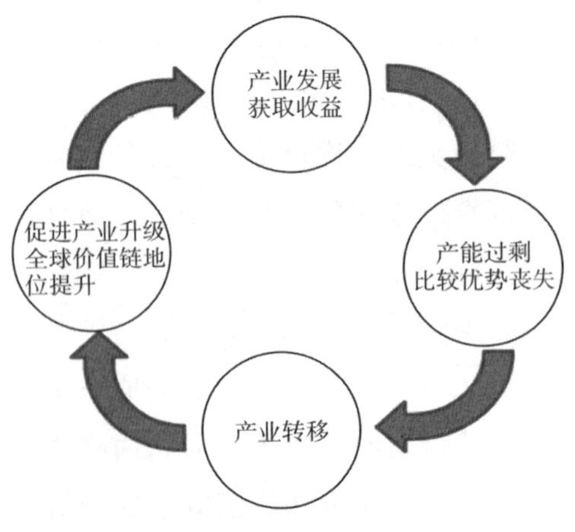


图 4-100　边际产业转移效应示意图

机会，促使农业人口进城务工，提高城乡居民的收入，也有助于当地城市化的进程。转入地国家生产活动的迅速发展带动对外贸易的进步，使国民生产总值得以提高，推动国家整体经济实力的增长。

中国的“一带一路”倡议为中国对外实现产业转移提供了现实路径。自2008年金融危机之后，我国采用了宽松的财政政策和货币政策，力图刺激经济的持续增长，传统的劳动密集型和粗放型发展的产业得以继续扩张，造成了巨大的产能过剩，尤其以煤炭、钢铁、水泥等能源和原材料产业为甚，中国以前赖以成名的劳动密集型产业，伴随着劳动力成本的上升也逐渐丧失了优势。我国经济进入新常态的发展阶段，“一带一路”倡议的实施为化解我国过剩的产能提供了新的办法，从中亚延伸到欧洲大陆广阔的经济腹地给我国相关产业转移提供了巨大的空间，结合这些地区的优势区位因素，对我国向外进行产业转移产生了巨大的拉力作用。通过对“一带一路”沿线国家大力投资基础设施建设，可以有效地化解国内的过剩产能，并且逐步扩展到经贸、文化、民生等多个领域的合作。同时，我国国内内需不足和劳动力成本持续上升的问题也推进了产业转移向外延伸，形成了一种无形的推力，推力作用和拉力作用相结合，形成了我国产业转移的原始动力。

2016年，中国对“一带一路”沿线国家的直接投资存量为1294.1亿美元，占中国OFDI存量的9.5%。转移出去的过剩产业给当地国家带来了就业机会和经济水平的增长，促进了“一带一路”沿线国家的经济与人文交流，使各国的联系日益紧密从而形成命运共同体，协同发展。而对于我国来说，产业转移进一步拓展了海外市场，留下的空间以及闲置的资源将被高新技术产业迅速填补，这将有效地实现产业结构优化升级的目标及促进经济的可持续增长。

## （二）逆向技术溢出效应对中国全球价值链升级的影响

通过OFDI获取逆向技术溢出，已经成为发展中国家实现技术水平升级的重要方式。投资国对东道国采取新建投资、并购和合作研发等方式，通过与当地企业和机构合作的方式，获得先进的技术和专业人才，直接服务于海外企业，使海外投资企业获取利润；或者通过技术和人才输送，经过消化吸收和再创新，转化成为本国的优势技术，从而形成本国自身的竞争力。逆向技术溢出效应多发生在技术先进的发达国家和技术落后的发展中国家之间，技术领先的发达国家拥有理想的技术研发环境，动态的前端市场也为技术的发展进步提供了良好的实验田，发展中国家通过并购或合作研发的方式，直接获取发达国家成熟的技术，将技术反馈转移给本国；通过本土化经营，直接利用东道国的人才优势，并且定期派出本国的人员前去学习，吸收培养高端技术人才；利用东道国激烈的市场竞争环境，倒逼创新能力和市场适应能力的提升，以更有利于把握市场的需求；通过合作研发，提升科技创新的意识和能力，积极转化研究成果反哺企业，使企业不断有新的资本投入研发之中，实现良好的研发反馈机制，形成有益循环。通过以上途径，投资国能够获取逆向技术溢出，提升本国产业的附加值，从而提升本国在全球价值链中的地位。

近年来，我国的跨国企业对发达国家展开了广泛的投资并购活动。2016年，中国的企业对外投资并购的行业涉及制造业、交通运输、电力能源等18个行业大类，其中金额及影响力较大的投资并购案例包括中国信达资产管理公司88.8亿美元收购南洋商业银行100%股份，海尔55.8亿美元收购通用电气家电业务，腾讯收购芬兰Supercell公司84.3%股权等。2018年初，我国汽车民族品牌吉利汽车继2010年收购沃尔沃汽车后，又宣布收购奔驰母公司戴姆勒集团的部分股份，成为集团公司的大股东并且享有表决权。戴姆勒作为奔驰的母公司，是世界性的汽车制造公司之一，在世界汽车市场上具有举足轻重的地位，拥有先进的汽车制造技术，而我国民族品牌吉利汽车在多品牌多元化发展的道路上也急需新能源方面的汽车制造技术。交易双方今后将在奔驰汽车的本土化发展、新能源汽车研发制造、清洁能源研发等领域开展广泛的合作，鉴于此次合作带来的积极正面的影响，合作双方一拍即合。这次收购又成为我国企业对外投资过程中的标志性事件，吉利汽车不仅在国际汽车市场上收获了极高的关注度，强化了品牌效应，同时也通过这次收购掌握了德国汽车工业的技术，可谓一举两得。我国政府鼓励企业积极“走出去”，通过资本的力量换取技术的进步，但是坚决制止在海外盲目投资和不理性投资，防止国有资本的流失。

OFDI是我国获取先进技术的重要方式之一，通过学习吸收先进的技术，实现由模仿到创新的过程，用最经济高效率的方法掌握核心技术，提高我国自主创新的能力。另外，随着我国经济实力和科技水平的逐步提升，我国自身的技术能力、创新能力、研发能力和人力资源也有了很大的提升，中国的宏观经济发展水平和强大的综合国力成为我国对外投资的直接保障，中国政府也在不断加强“走出去”战略的实施，鼓励企业对发达国家的投资并购活动，积极加强对外的经济技术合作和交流，且已经针对知识产权保护和市场体系建设提供了制度保证，对外投资能力的增强也会促进我国“走出去”的企业获取更多的逆向技术溢出，实现全球价值链地位的升级，更好地为我国的经济发展做出贡献。

## 三、OFDI 对于中国 GVC 升级的影响实证分析

### （一）理论分析

本部分为了实证模型的科学性，特结合经济学理论常识，对模型变量的选取进行理论分析。本文的主要目的是探究 OFDI 对中国全球价值链升级的影响，OFDI 将作为模型的主要解释变量，同时加入一些经济贸易学科中常用的经济指标做控制变量，使整个模型的结果更加科学。

结合前文的分析，中国的对外直接投资对中国全球价值链的升级是有促进作用的，通过边际产业转移效应和逆向技术溢出效应，不仅转移了过剩产能，而且为国内高级产业的发展腾出了空间，实现技术进步和经济结构的转型升级。同时，中国接受的外商直接投资对国内产业的发展也具有重要的促进作用，外商带来了国内发展需要的资金和技术，推动了相关产业的发展，使相关产业链的上下游也产生了联动效应，实现整个链条的升级。但是随着中国经济发展，外商直接投资近年来也发生了一系列变化，对产业的促进作用也在逐渐减弱，其中的负面效应还有待研究。GDP 作为中国经济腾飞的重要指标，对价值链的升级具有重要意义，宏观经济的发展将为各行各业提供一个良好的发展环境。在中国整体宏观经济发展良好的大背景下，我国的进出口贸易总量常年位居世界前列，其中出口总量将为产业发展带来大量的外汇，企业可以利用资本的力量进一步提升技术、管理经验、人力资源等层面的能力，特别是人才的引进，推进相关产业向上游环节进步。

## （二）变量选取及数据来源

为研究 OFDI 对中国全球价值链升级的影响，选取中国全球价值链地位（*GVC_ P*）作为被解释变量，选取对外直接投资（*OFDI*）作为解释变量，为了剔除其他因素对实证模型结果的干扰，增强该模型的科学性和解释性，选取部分宏观经济指标和进出口贸易指标作为控制变量，其中包括外商直接投资（*FDI*），国内生产总值（*GDP*），总产出（*GO_ P*），行业雇员人数（*EMP*），总出口（*E*），显示性比较优势指数（*RCA*）。另外，考虑到中国"一带一路"倡议对于全球价值链的影响，将"一带一路"倡议（*P*）作为虚拟变量加入实证模型。

本部分根据研究需要和数据的可获得性，采用面板数据模型做实证研究，选取了中国 2004—2014 年共 11 年的 16 个行业的数据，这 16 个行业涵盖了第一、第二、第三产业，具有一定的代表性，这些行业分别是农、林、牧、渔业，采矿业，制造业，电力能源业，建筑业，交通运输、仓储和邮政业，信息传输、计算机服务和软件业，批发和零售业，住宿和餐饮业，金融业，房地产业，租赁和商务服务业，水利、环境和公共设施管理业，居民服务和其他服务业，教育，卫生、社会保障和社会福利业。

本部分选取的数据来源真实可靠，其中全球价值链地位（*GVC_ P*）经计算取得，数据来源于 UIBE GVC Index 数据库，对外直接投资（*OFDI*）、外商直接投资（*FDI*）、国内生产总值（*GDP*）来源于中国历年统计年鉴，总产出（*GO_ P*）、行业雇员人数（*EMP*）、总出口（*E*）数据来源于 WIOD 投入产出数据库，显示性比较优势指数（*RCA*）经计算取得，数据来源于 UIBE GVC Index 数据库。以上数据均由作者计算整理而得，保证数据的完整性和真实性。

## （三）模型建立

基于从相关数据库获得的数据，利用 Eviews 6.0 软件对面板数据进行混合回归。构建混合估计模型，本文建立的混合估计模型如下：

$$GVC\_\ Position_{it} = c + \beta_1 OFDI_{it} + \beta_2 FDI_{it} + \beta_3 GDP_{it} + \beta_4 EMP_{it} + \beta_5 GO\_\ P_{it} + \beta_6 E_{it} + \beta_7 RCA_{it} + \beta_8 P_{it} + \mu_{it}$$

其中，解释变量和被解释变量详见上文，c 为常数项，$\mu_{it}$为随机误差项。

## （四）实证结果及分析

本部分采用了 Eviews 6.0 软件做计量分析，为了保持准确性避免产生伪回归的现象，首先运用 Levin，Lin&Chu 法、ADF 法、PP 法对 Pool 序列进行单位根检验以判断变量的平稳性。检验结果如表 4 - 29。

表 4 - 29　Pool 序列的平稳性检验结果

| 统计量 | P 值 | 结论 |
| --- | --- | --- |
| Levin，Lin&Chu | 10.6581 | 不平稳 |
| ADF-Fisher | 199.411 | 不平稳 |
| PP-Fisher | 219.222 | 不平稳 |

注：表内数据是系数；***表示系数在1%水平上显著；**表示系数在5%水平上显著；*表示系数在10%水平上显著。

检验结果表明，Pool 序列在 5% 的显著水平下是不平稳的，存在单位根。据此，对 Pool 序列做一阶差分 ADF 检验单位根，如表 4 - 30 所示。

表 4 - 30　Pool 序列的平稳性检验结果（一阶差分）

| 统计量 | P 值 | 结论 |
| --- | --- | --- |
| Levin，Lin&Chu | -11.9159*** | 平稳 |
| ADF - Fisher | 642.513*** | 平稳 |
| PP - Fisher | 838.608*** | 平稳 |

注：表内数据是系数；***表示系数在1%水平上显著；**表示系数在5%水平上显著；*表示系数在10%水平上显著。

经检验，一阶差分后差分 Pool 序列是平稳的，符合 Pool 序列各变量之间存在协整关系的条件，可运用混合回归分析，检验 Pool 序列变量之间是否存在协整关系。

协整检验，是为了验证被解释变量和解释变量之间是否存在长期稳定的均衡关系，具体的步骤是先用 ADF 法、PP 法检验判断残差序列的平稳性，继而进一步用 Pedroni 检验和 Kao 检验判断被解释变量和解释变量之间是否存在协整关系。

对回归方程 $GVC\_Position_{it} = c + \beta_1 OFDI_{it} + \beta_2 FDI_{it} + \beta_3 GDP_{it} + \beta_4 EMP_{it} + \beta_5 GO\_P_{it} + \beta_6 E_{it} + \beta_7 RCA_{it} + \beta_8 P_{it} + \mu_{it}$ 做 Pedroni 检验和 Kao 检验，验证 Pool 序列各变量之间的均衡关系，检验结果如表 4－31。

根据表 4－31 检验结果显示，在 5% 的显著水平下拒绝原假设，即 Pool 序列存在协整关系，排除了伪回归的可能。

表 4－31　Pool 序列的协整检验结果

| 检验方法 | 统计量名称 | P 值 |
| --- | --- | --- |
| Kao 检验 | ADF | 3. 175789*** |
| Pedroni 检验 | Panel PP-Statistic | －12. 74437*** |
| | Panel ADF-Statistic | －3. 235746*** |
| | Group ADF-Statistic | －22. 81667*** |
| | Group ADF-Statistic | －2. 356466*** |

注：表内数据是系数；***表示系数在 1% 水平上显著；**表示系数在 5% 水平上显著；*表示系数在 10% 水平上显著。

在模型 1 中，加入了所有解释变量，实证结果表明，所有解释变量均通过了显著性检验。实证结果如表 4－32 所示。本文采用逐步回归法，在模型 1 的基础上，保留变量 *OFDI*、*FDI*、*GDP*、*GO_P*、*RCA*，逐步加入控制变量 *EMP* 形成模型 2，加入控制变量 *E* 形成模型 3，加入控制变量 *P* 形成模型 4。

表 4－32　各混合模型回归结果

| 变量 | 模型 1 | 模型 2 | 模型 3 | 模型 4 |
| --- | --- | --- | --- | --- |
| *OFDI* | 1. 18E－08***<br>(8. 14E－09) | 6. 09E－09**<br>(6. 66E－09) | 2. 38E－08***<br>(6. 87E－09) | 1. 09E－08**<br>(7. 22E－09) |
| *FDI* | 3. 96E－07***<br>(3. 87E－08) | 4. 17E－07***<br>(3. 85E－08) | 3. 07E－07***<br>(3. 84E－08) | 3. 09E－07***<br>(3. 83E－08) |
| *GDP* | －9. 88E－06***<br>(1. 53E－06) | －9. 27E－06***<br>(1. 54E－06) | －1. 31E－05***<br>(1. 53E－06) | －1. 34E－05***<br>(1. 55E－06) |

（续表）

| 变量 | 模型 1 | 模型 2 | 模型 3 | 模型 4 |
|---|---|---|---|---|
| *GO_ P* | 0.0069*** (0.0018) | 0.0087*** (0.0016) | 0.0093*** (0.0017) | 0.0070*** (0.0020) |
| *RCA* | 1.7245*** (0.3523) | 1.7712*** (0.3550) | 1.6050*** (0.3885) | 1.7306*** (0.3864) |
| *EMP* | — | -3.11E-06*** (5.18E-07) | — | — |
| *E* | — | — | -5.17E-06** (2.43E-06) | — |
| *P* | — | — | — | -0.1760** (0.0086) |
| *c* | 1.5076*** (0.3671) | 1.3800*** (0.3600) | 1.1186*** (0.3908) | 1.3796*** (0.4024) |
| Adjusted R-squared | 0.8589 | 0.8590 | 0.8278 | 0.8274 |

注：表格内数据是系数，括号内的数是标准误；***表示系数在1%水平上显著；**表示系数在5%水平上显著；*表示系数在10%水平上显著。

从表4-32中实证的结果来看，所有的解释变量均通过了显著性检验。*OFDI*在4组模型中均与全球价值链地位呈正相关关系，说明中国*OFDI*与*GVC_ Position*之间存在显著的正向影响，随着中国对外投资的增加，各行业将获取更多发达国家先进的技术和经验，并运用于国内行业的升级，对过剩产能的转移也起到了一定的促进作用，会逐渐提高各行业的全球价值链地位，这与之前的理论预期分析一致。*FDI*与*GVC_ Position*同样呈正相关关系，外商直接投资为中国经济发展带来了大量资金和技术，培育了我们自己的行业基础，对全球价值链地位的提升产生了积极的效应。显示性比较优势指数（*RCA*）与全球价值链地位呈正相关关系，具有比较优势地位的行业更容易在价值链中获得上游地位，这也符合之前的理论分析。

实证结果表明，行业的 GDP、雇员人数和出口量与全球价值链地位呈负相关关系，并没有促进中国全球价值链地位的提升，这与我国发展中国家的现状也有一定的关系。中国还是一个发展中国家，虽然贸易量大但是在国际贸易中的话语权很低，导致在出口方面经常陷于反倾销调查等被动局面之中，加之中国对外贸易出口量巨大的行业多为劳动密集型行业，国内附加值低，即使这类行业在国内获得了较高的经济产值，也并不代表行业的先进程度，同样的，大量出口低附加值的产品也并不意味着全球价值链地位的提升，这也就解释了为什么在劳动密集型行业里雇员人数的多少将给全球价值链地位带来负向影响。“一带一路”的政策变量 $P$ 没有对全球价值链地位产生正向影响。“一带一路”倡议于 2013 年由习近平主席正式提出，后经过几年的完善及实际建设，很多对外投资项目在沿线国家已经开花结果，不仅对于当地的经济发展而且对于投资企业的经济效益都收到了很好的成效，实现了和沿线国家多方位的合作。但是从政策的实施，到成果向国内的转化，存在一个传导时滞效应，我国对外直接投资对国内经济的实际影响需要时间的检验。另外，囿于本次实证的时间范围，政策因素并没有呈现出积极的效果。

## 四、OFDI 促进中国 GVC 升级的影响的建议

2017 年，我国国内生产总值超过了 80 万亿元人民币，又迈入了一个新的台阶，经济增长速度自 2011 年以来实现了首次回升，我国经济的回暖，将对世界各国经济复苏产生积极的良性影响。我国要不断提升对外开放的水平，积极参与全球经济治理，为全球的治理提供中国智慧和方案，使世界各国人民都能享受到合作共赢带来的实惠。中国经济的发展由高速发展阶段进入中高速发展的新常态之中，不仅面临着国内劳动力成本上升、产能过剩的问题，还要面对日益恶化的国际贸易环境，经济转型迫在眉睫。本文分析得出，中国必须积极应对挑战，通过对外直接投资带动国内相关产业的发展，进一步提高产业的国际竞争力，以实现全球价值链地位的突破。我国政府应该继续坚持已有的政策，保持对对外直接投资的扶持力度，合理引导对外投资事业实现稳健发展的目标。

## （一）坚持“走出去”战略和创新驱动发展战略

目前我国对外直接投资主体日益广泛，越来越多的民营企业加入对外投资的大军之中，形成了国企和民企齐头并进的发展态势。我国应该进一步推进“走出去”战略的实施，采用绿地投资、跨国并购、股权投资、合作共建等方式不断加强对外投资的深度和广度。目前我国“走出去”已经从企业的个体行为，发展转化为各类产业园区的“走出去”，特别是在“一带一路”倡议的号召下，我国已在海外建立了数十个产业园区，这些园区在政府的主导下投资建设，通过招商引资的方式吸引企业进驻，为进驻企业提供了政策、资金等配套服务的保障。已经建成的园区中多数为制造业和工业类园区，这有利于发挥各国的要素禀赋优势，提高当地的工业化和现代化水平，同时海外园区的建设对于我国来说也是一次重要的机遇，多边合作的良好发展环境将为我国经济的发展注入新的活力，在国际上塑造出我国是一个负责任大国的形象。

我国对外“走出去”不仅要实现资本“走出去”，而且要实现人才、技术、管理经验的对外交流。前期通过资本的力量在国外投资设厂，完善配套设施建设，充分发挥资金的引导和杠杆作用，实现资本的高效畅通的流动，后期通过富有管理经验的人才开展先进技术的交流，为“一带一路”沿线国家提供全方位的指导和帮助，使海外产业园区和合作企业迅速发展，形成自身的竞争力。国家应该继续积极鼓励企业走出国门，对于有实力的企业，应该积极帮扶，广泛地进行宣传动员，成立专家团队，对企业相关管理和技术人员定期进行培训，使其掌握必备的海外投资知识和相关法律知识，规避相关风险，同时相关部门应及时整理国际投资趋势变化情况以及政策变动的相关报告，免费发放给“走出去”企业学习，帮助企业有效预防对外投资风险，实现稳健投资的目标。对于“走出去”的企业，国家应给予减免税收、出口补贴等优惠政策，积极为企业解决生产经营中的现实问题，培育世界知名的龙头企业，形成良好的示范效应。对企业给予政策支持的同时，也应该加强监管，对于国内“走出去”企业按照行业分类的原则详细登记记录，对于企业经营情况仔细摸排调查，实现海外资产有底可查、有法可管的有效监管，切实提高我国对海外资产的合理配置，防止系统性的风险发生。

应该坚持以创新推动产业发展，积极推进创新驱动发展战略。创新是推动一个国家发展前进的动力源泉，坚持将创新摆在重要位置，才能在国际竞争中形成核心竞争力，面对世界科技革命的重要机遇和我国国内经济新常态的发展情况，实施创新驱动战略无疑是激发经济持续增长的不竭源泉。政府应立足于经济发展规律，深刻把握经济发展的需求，增加研发投入，加大对各个行业创新事业的支持，引导国内企业发展技术密集型和资本密集型产业，提高劳动密集型产业的现代化水平，提高产品的质量和技术水平，革新旧有的生产方式，通过改革升级的方式拓展在世界市场上的份额。积极发展新兴产业，特别是在航空航天、生物医药、核能、清洁能源等关乎国计民生的新兴领域，实施科技补贴，促进企业加快转化研究成果，并且积极转化吸收由OFDI带来的先进技术经验，实现从“中国制造”到“中国智造”的转变。应该重点扶持现代服务业的发展，以金融、电信、物流等现代服务业的主要产业为依托，积极推动服务业的现代化升级，为我国“走出去”企业提供强有力的保障。实施创新驱动发展战略，不仅要促进科技成果的创新，还要从制度创新的层面着手，坚决破除阻碍创新的不合理的制度和思想，探索一种能够激发全社会创新活力的制度建设，切实提高科学技术水平和培育新兴产业以寻找新的经济增长点，以自主创新的方式培育自身的核心竞争力，加快转变贸易发展方式，拓展多边贸易往来，不断提高我国的综合国力，通过技术革命引领我国在全球价值链中实现两端延伸，向更高附加值的环节升级。

### （二）积极引导企业对外投资多元化

我国的对外投资行业应该多元化，改变长期以来对外投资以矿产、基建为主的状况，应该对高端制造业、高新技术产业加大投资，力求呈现出大分散小集中的特点。对人文社科类、体育类、娱乐类行业适度投资，避免部分企业在海外盲目投资，造成国内资本外流的情况。投资方式应该进一步多元化，广泛采用股权投资、直接投资、合作建设等投资方式，因地制宜选取最合适的进入模式。

我国对外投资主体目前已经由国企、央企主导的局面变成了民营企业和国有企业齐头并进的态势，非国有资本对外直接投资占比逐渐增大，已经占据了我国对外投资总量的近二分之一且总量持续提高，已经成为我国海外投资事业一股举足轻重的力量，对我国经济结构的转型升级和世界范围内的多边合作关系的发展做出了巨大的贡献。但是在民营企业“走出去”的过程中，也遇到了很多问题，例如存在对外投资企业之间的恶性竞争，不符合对外投资相关规定的擅自决定，因对外投资过程中违反当地的政策法规或破坏了当地的环境而造成的社会问题，更有企业通过国家对海外投资企业的相关优惠政策，骗取资金补贴，甚至通过海外投资做掩饰，实则转移国内资产，达到洗钱的不法目的。因此，国家相关部门高瞻远瞩地颁布了《民营企业境外投资经营行为规范》的规定，要依法规范民营企业的对外投资活动。政府应该定期举办讲座以及培训班，对海外投资企业进行普法教育，引导企业树立遵纪守法的海外投资意识，杜绝盲目投资、违法投资、恶性竞争等行为，形成政府总体把控，企业依法依规办事的健康合理的模式。对于志在拓展海外事业的小微企业，应该采用抱团取暖的方式，成立合作联盟，集合多家企业的力量，共同参与对外投资活动，这有利于企业之间形成规模效应和协同效应，对于我国相关产业整体水平的提升也具有重要意义。

对于投资目的地的选择也应该多元化。目前我国投资对象主要还是发展中国家，特别是“一带一路”倡议实施后，对沿线国家投资存量有显著的提升，扩大了我国的国际影响力，但是也应该看到一些发展中国家面临譬如政治风险、安全风险等不稳定因素，投资时应该注意规避此类风险。我国对外投资的企业，代表的已经不是企业本身，而是代表着中国的国际形象，因此应该坚决防止伤害当地利益的事情发生，海外投资企业应该加强与当地居民的交流，为当地的就业、环境保护、工商业发展做出中国企业的贡献，将对外投资做成一项互帮互助、互利共赢的事业。我国对发达国家的投资还略显不足，应加强对欧盟国家、北美国家的投资，在这些国家投资的风险较发展中国家的风险低，且具备良好成熟的投资环境，基于我国企业对技术和经验的追求，欧美国家应该是理想的投资对象。我国对发达国家的投资还处于起步阶段，对外投资风险还很高，特别是欧美国家经常借国家安全、环境保护等事项的名义，否决我国企业的投资活动。另外，法律和工会方面也经常给我国企业制造麻烦，处理公司与外籍员工之间的关系也需要耗费大量的人力物力，为了避免这些现象的出现，我国企业也需要增强保护自身利益的能力，积极主动与我国政府和驻外领事馆联系，解决纠纷，同时也要做好投前调查以规避风险。目前世界经济低迷，发达国家也面临着国内需求疲软、对外贸易乏力的局面，此时发达国家的一些优质资产正处于低价，我国应该主动抓住机遇，广泛开展投资并购，充分利用逆向技术溢出效应，获取国外的技术，实现国内资源的有效充分利用。

### （三）大力培养和引进高新技术人才

全球价值链的两端升级需要知识和技术的力量，而技术知识力量的发展和经济发展又是相辅相成的，经济事业的发展离不开人才的力量，人力资源才是第一生产力，全社会有必要形成一种尊重人才和尊重知识的良好风气，以培育高端人才促进我国各项事业的可持续发展。近年来，我国海外留学归国人数持续上升，展现了我国对于人才的吸引力，下一步必须继续提高引进人才的质量和数量，引进的人才要与我国发展的高端产业相结合，要设置合理的人才引进激励机制，对世界一流的专家学者、相关领域的领军式人物要增加引进力度，不仅要在待遇上给予物质奖励，还要在国家级的奖项上给予精神奖励，使产学研相结合，将科技成果转化为经济发展的动力。除了吸引外来人才以外，还要大力建设内部人才培育机制，破除以往选拔人才的弊病，设置合理的指标选人用人，力争做到人尽其用，激发出最大的个人价值。政府应该建立完善的选人用人机制，创造出一整套为高端人才服务的政策体系，不仅要在待遇上给予保障，更要使人才产生工作的责任感和荣誉感，在多重激励措施下，使这些人才发挥出最大的效用。在现有的长江学者、青年学者、百人计划、千人计划的基础上，应该开展专项人才引进计划，对于在某个研究领域有突出研究实力的人才，应该不拘一格地引进启用。各级地方政府也应该研究制定吸引人才的相关规定，因地制宜地制定相关标准，引进的人才要符合本区域优势产业的发展方向，积极引进对本地区发展有益的人才，同时也要避免人才队伍出现形式化和官僚化的倾向，加强对人才队伍的思想教育和政治引导，从生活、工作、情感等多个方面为人才队伍排忧解难，使他们真心实意地投入国家的建设之中。

引进人才的同时也要加强对知识产权的保护工作。长久以来，我国对于知识产权保护方面的工作还有很大的缺失，创新企业的权益和专利产品得不到保护，而生产假冒伪劣产品的企业却获得了巨大的利益，造成社会形成了一种“拿来主义”的浮躁气氛，这不利于创新创业事业的发展。我国政府相关部门应立即着手加强对知识产权和专利的管理，引进国际标准，逐步完善国家知识产权和专利项目库，实现全国联网可查，避免同类同质产品的重复注册，对于独创性的领先技术和专利应该专门保护。建立专利技术保护防火墙和研究院，在做好保护工作的同时，对国外的技术性贸易壁垒也进行有针对性的研究和处置，避免此方面问题导致我国企业的利益在国际贸易中的损失。

总而言之，我国政府在吸引海外高层次人才的过程中，除了提高待遇和生活方面的保障以外，更要建立合理的制度保障，坚持用制度管人，创造良好的发展氛围，让人才队伍在充分自由的宽松环境下工作，从而充分发挥主观能动性，使国内外专家人才愿意来到中国、建设中国，进而促使我国成为全球高端人才的聚集地。人力资源的积累，特别是高端技术人才的引进，将推动我国创新创业的发展，将为我国的新兴产业、先进制造业、高端服务业注入强大的发展动力，提高经济发展的效率，全面促进我国全球价值链地位的提升。

### （四）推进区域协调发展

党的十九大报告中提出要实施区域协调发展战略，实现城乡协调发展。结合对外直接投资的边际产业转移效应，我国加大了对“一带一路”沿线国家的基础设施投资，消化了国内水泥、钢铁等行业的过剩产能，并且转移了部分劳动密集型产业，转移产业之后在国内形成了产业空白，政府应该继续发挥沿海地区改革开放桥头堡的作用，继承先发优势，运用资金技术承接高新技术产业，填补这些产业空白，率先实现经济结构的转型升级，特别是在京津冀地区、长江三角洲地区和珠江三角洲地区的城市群实现产业升级，进一步提高对外开放的水平。以区域特大城市北京、上海、广州为中心，充分发挥这些城市的辐射效应，带动周边城市协同发展。中部地区的发展要持续推进新型城镇化建设，形成以城市、县城带动乡村发展的模式，发展现代化农、林、牧、副、渔业，改变我国农村地区农耕生产方式落后的局面，提升我国第一产业在全球价值链中的地位，更好地融入国际分工之中。

区域经济协调发展不仅要发挥中心城市的辐射作用，同时要注重东西部、南北方的区域协调，我国自改革开放以来先后提出了西部大开发战略、振兴东北老工业基地战略、中部崛起战略等，这些战略都促进了我国区域的协调发展。特别是正开展得如火如荼的“一带一路”建设，使我国西部广袤的内陆地区有了巨大的发展机遇。在产业转移的过程中，我国西部地区也迎来了加速发展加工制造业和口岸贸易的机会，利用西部地区的资源要素禀赋，加大对油气资源的开发利用，发展制造加工业基地，实现资源就地加工，从而逐渐发展成一条完善的化工产业链，同时加强与之配套的物流交通业的建设，形成铁路、公路和航空三位一体的中亚交通枢纽，为经济走廊的建设铺设一条“快车道”。西部地区作为“一带一路”的先驱，起到了推动形成我国改革开放新格局的作用，增加了我国对外开放的窗口，可以有效增强我国与邻国之间的协同合作发展。

# 第五章　全球价值链减速对经济的冲击

随着贸易投资的自由化、便利化水平不断提高，以及信息通信技术的革新，产品生产跨越多个国界的现象日益普遍，推动了全球价值链的形成和发展。全球价值链生产成为全球生产的重要方式，引领了全球技术创新，拉动了全球贸易和经济的持续增长。但自2011年以来，全球经济出现“逆全球化”的趋势，世界贸易总量增速从经济增速的2～3倍下降为与经济增速持平的水平，近两年甚至低于经济增速，全球价值链发展也呈减速趋势。我们对全球价值链变迁及其对全球贸易和经济的影响进行了初步分析。

## 一、全球价值链的发展特征与影响

### （一）全球价值链是世界贸易和经济快速增长的主要动力之一

全球价值链极大地促进了全球贸易的增长。一方面，作为全球价值链生产主要体现之一的中间品贸易规模迅速扩张。1995年以来全球中间品贸易占全球总贸易的比重一直在50%以上，而且不断提高，2014年接近65%（见图5－1）。另一方面，在最终贸易品生产中，也有一部分是由全球价值链拉动的。根据我们的测算，2014年全球最终品出口总值中有25.5%来自全球价值链。从全球贸易增长来看，2000年以来，中间品贸易对全球贸易增长的贡献率达到67.2%。同时，全球价值链推动了最终品贸易增长43.0%，借此推动全球总贸易增长9.1%。综合起来，全球价值链对全球总贸易增长的贡献率高达76.3%。无论从规模占比还是从增长贡献来看，全球价值链在全球贸易中均已占据了绝对主导地位。

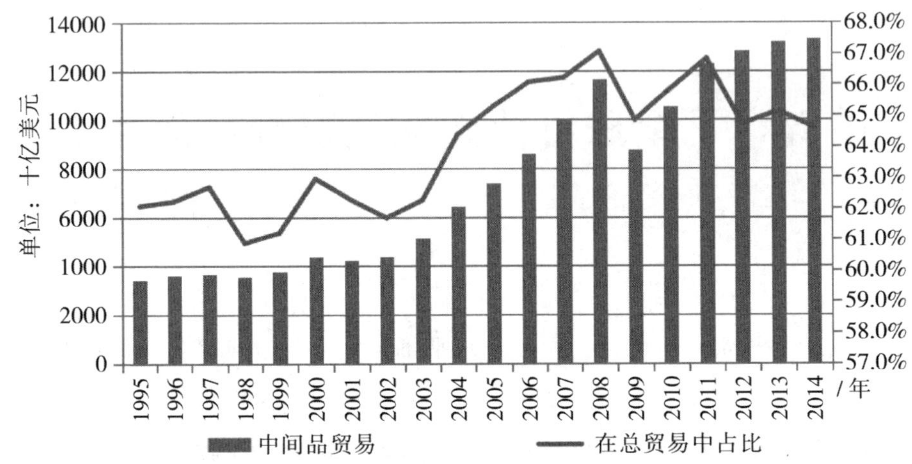


**图 5－1　全球贸易中中间品贸易规模及占比变化**

全球价值链的兴起和发展极大地促进了全球贸易的高速增长。据联合国商品贸易统计数据库，1980—1999 年，全球货物出口平均增速在 6% 以上，1999—2011 年出口平均增速达到 8. 2%。2012 年之前，全球贸易总量增速一直高于经济增速，一般是经济增速的 2～3 倍；其后，全球价值链发展减速，全球贸易增速也下降，与经济增速持平，近期甚至低于经济增速（见图 5－2）。

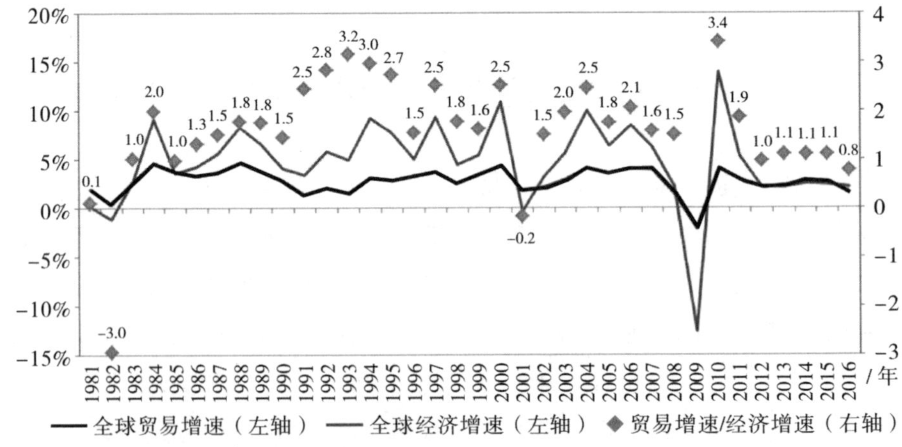


**图 5－2　全球贸易增速与全球经济增速及它们的比值（1981—2016 年）**

资料来源：世界贸易组织。

## （二）全球价值链改变了南—南、南—北贸易的模式

全球价值链的发展，不仅对全球贸易的总量增长产生重要影响，也使全球贸易格局出现结构性变化。具体而言，从总出口来看，1995—2011 年全球贸易中发达国家出口占比逐年下降，发展中国家出口占比逐年上升，从 1995 年的 26% 上升到 2011 年的 44%（见图 5－3）。

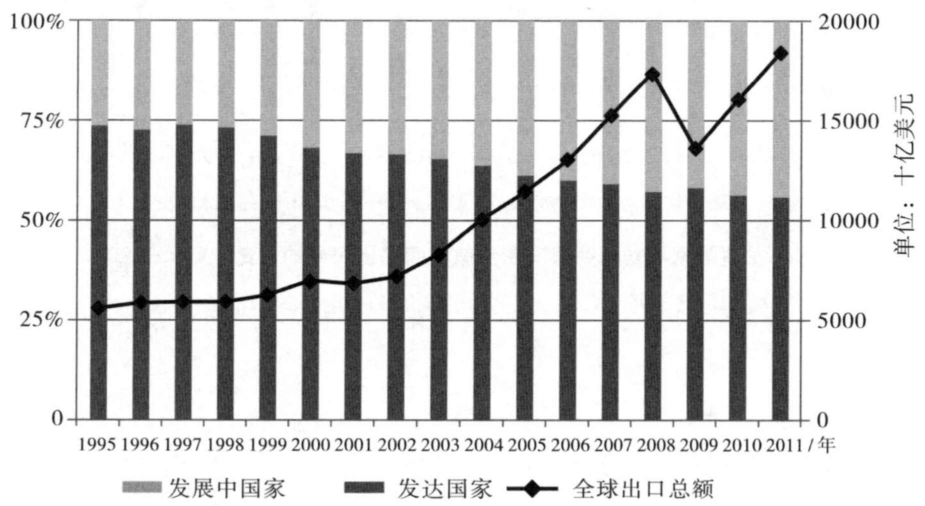


**图 5－3　发达国家与发展中国家在全球出口中的占比（1995—2011 年）**

来源：WIOD 2013 数据库。

进一步将总出口划分为中间品出口和最终品出口。从中间品出口来看，发达国家在全球中间品出口中的占比不断下降，而发展中国家的占比逐年提高，从 1995 年的 27% 升至 2011 年的 45%，提高了 18 个百分点（见图 5－4）。从最终品出口来看，发达国家和发展中国家的占比的变化趋势与中间品出口相似，发展中国家最终品出口占比从 1995 年的 25% 升至 2011 年的 43%，也提高了 18 个百分点（见图 5－5）。由此可见，发展中国家的出口对世界贸易总出口越来越重要，而且发展中国家的中间品出口和最终品出口的相对规模实现同步扩张，从 1995 年占世界出口的四分之一左右扩张到 2011 年占据世界出口的半壁江山。

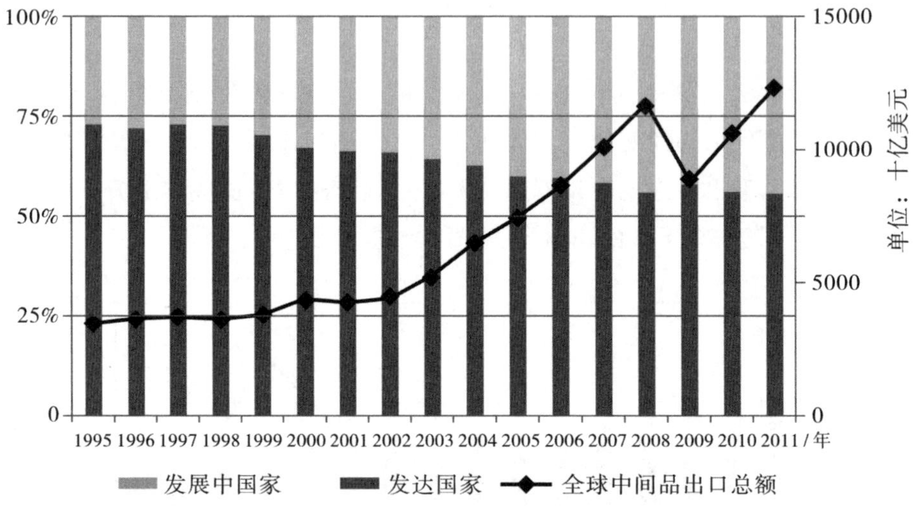


图 5－4　发达国家与发展中国家在全球中间品出口中的占比（1995—2011 年）

来源：WIOD 2013 数据库。

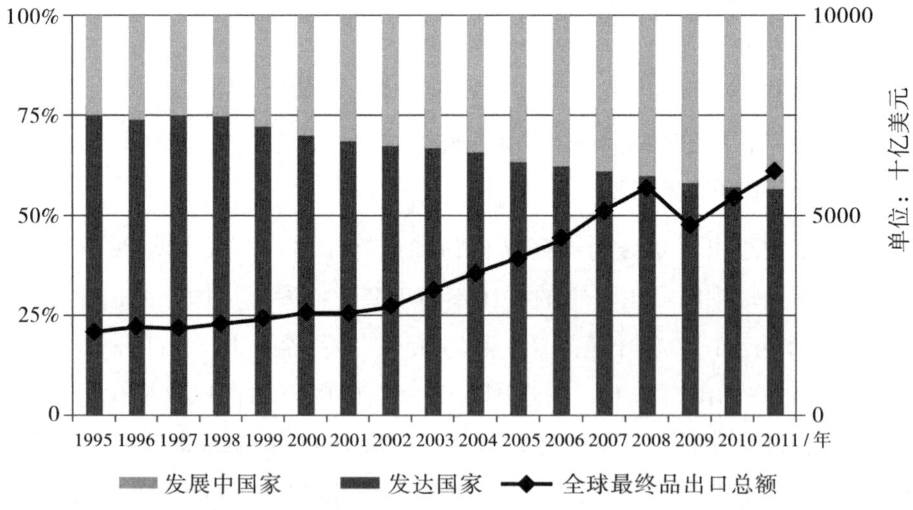


图 5－5　发达国家和发展中国家在全球最终品出口中的占比（1995—2011 年）

来源：WIOD 2013 数据库。

再来看进口的情况，总体态势与出口一致。从总进口来看，在 1995—2011 年期间，全球贸易中发达国家进口占比下降，发展中国家进口占比逐年上升，从 1995 年的 49% 升至 2011 年的 54%（见图 5-6）。

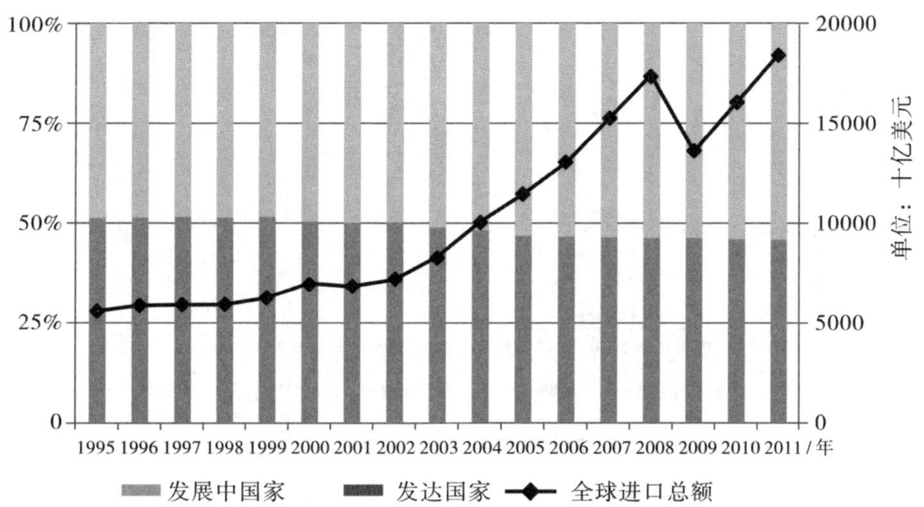


**图 5-6　发达国家和发展中国家在全球进口中的占比（1995—2011 年）**

来源：WIOD 2013 数据库。

进一步将总进口划分为中间品进口和最终品进口。从中间品进口来看，发达国家占比呈下降趋势，发展中国家占比略有上升，从 1995 年的 50% 升至 2011 年的 55%，提高了 5 个百分点（见图 5-7）。从最终品进口来看，发达国家和发展中国家占比的变化，与中间品进口的相似，发展中国家的最终品进口占比从 1995 年的 47% 升至 2011 年的 53%，提高了 6 个百分点（见图 5-8）。由此可见，无论是中间品进口，还是最终品进口，发展中国家在进口市场中的相对规模都有所扩大。

综上，在 1995—2011 年这段全球价值链快速发展、中间品贸易快速扩张时期，发展中国家越来越多地参与到全球贸易中，不仅在出口市场中占据了更大份额，在进口市场的规模也相对扩大。不过，最主要的变化是发展中国家的出口占比显著提高。在 1995 年，发展中国家的出口仅占全球出口的四分之一左右，而进口占全球进口的一半；到 2011 年，在全球出口中，发展中国

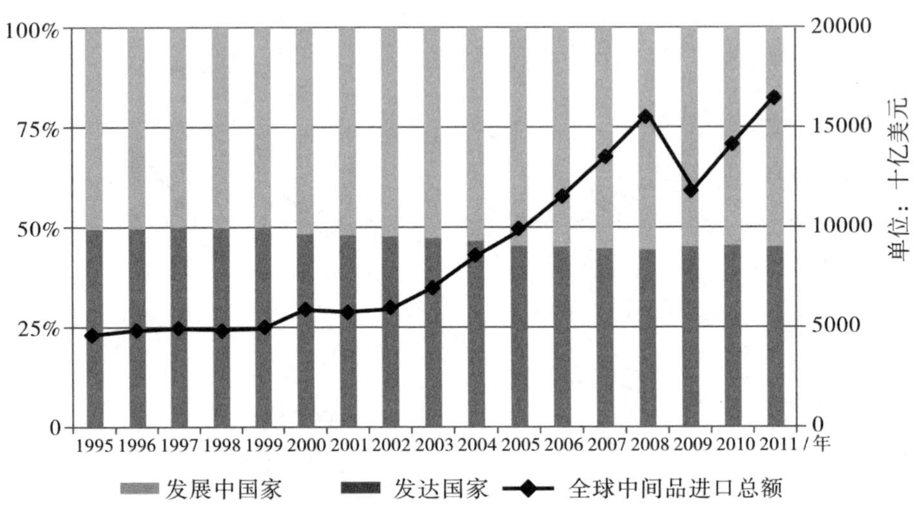


**图5-7　发达国家和发展中国家在全球中间品进口中的占比（1995—2011年）**

来源：WIOD 2013 数据库。

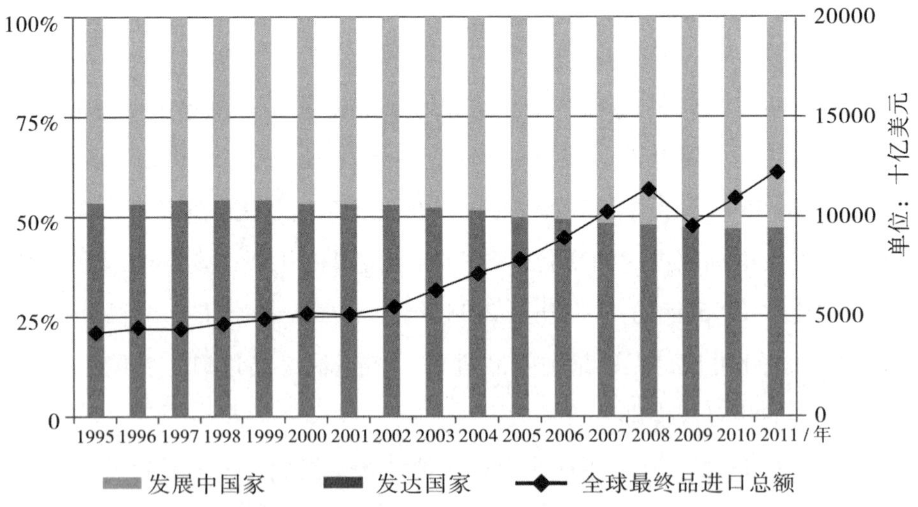


**图5-8　发达国家和发展中国家在全球最终品进口中的占比（1995—2011年）**

来源：WIOD 2013 数据库。

家占比接近45%，几乎与发达国家各占一半市场，与此同时，进口占比略微超过了50%。发展中国家的出口占比提高，很大程度上得益于全球价值链的发展。跨国生产链条不断拉长，越来越多的发展中国家被纳入生产链并在生产链上定位，使得发展中国家的中间品出口（定位于前端）和最终品出口（定位于末端）都大幅增加。2011年之后，全球价值链发展放缓，发达国家进出口在全球贸易中的占比稳中有升，发展中国家从原来的逐年上升转为稍有下降。

### （三）垂直专业化是经济全球化的实质

全球价值链的形成与发展，可以视为垂直专业化不断深入的过程。每个国家只参与产品生产的某个或某些特定的阶段，而且生产阶段的分割越来越精细。Hummels 等（2001）首次定义了垂直专业化的概念和度量指标，使得全球价值链的测量成为可能。根据 Hummels 等（2001），垂直专业化是用于生产出口产品的进口投入，基于一国的投入产出表将一国的出口分解为国内增加值（DV）和国外增加值（VS），VS 占出口的比例可以反映该国的垂直专业化程度。其后，Koopman 等（2014）、Wang 等（2013）、Wang 等（2017）在增加值贸易的框架下，对全球价值链的测量方法不断进行完善。

垂直专业化是经济全球化的实质（Rossi-Hansberg，2012）。垂直专业化程度的提高，可以在很大程度上解释贸易的高速增长和经济全球化的进程。在1995—2014年期间，从整体上看，全球垂直专业化率（VS 占出口的比例）呈上升趋势，从1995年的20%升至2014年的26%；其间受2008年金融危机的影响，2009年的垂直专业化率下降，不过很快就恢复至危机前的水平，并从2011年开始基本保持稳定。在全球价值链背景下，传统贸易统计已不能反映贸易的真实情况，所以一般用贸易增加值来作为贸易的统计指标。由于传统贸易统计存在重复计算（如中间品多次往返边境），所以一般高于贸易增加值。因此，在全球价值链背景下，用贸易增加值与 GDP 的比例，而不是传统贸易统计与 GDP 的比例，来反映经济全球化的发展进度。1995—2014年，贸易增加值与 GDP 的比例，与垂直专业化率呈现相同的变化趋势。从整体上看，贸易增加值与GDP的比例呈上升趋势，从1995年的15%升至2014年的20%，上升过程同样被2008年金融危机打断，之后很快恢复并基本维持在20%左右。综上，从垂直专业化与经济全球化的演变来看，垂直专业化是经济全球化的实质（见图5－9）。

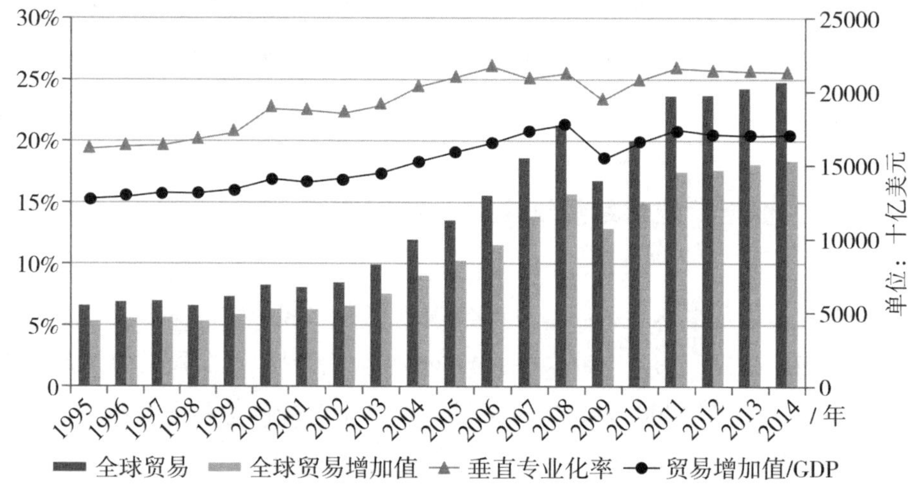


**图5－9　全球贸易增加值与垂直专业化率（1995—2014年）**

Wang等（2013）提出了WWZ分解方法，根据该方法，可以将出口产品中的国外增加值（VS）进一步分解为最终出口品的国外增加值（FVA_ FIN）、中间出口品的国外增加值（FVA_ INT）和纯重复计算部分（PDC）。从VS结构变化来看，VS比例的增加主要来自纯重复计算部分比例的上升。具体而言，1995—2011年，在VS中，最终出口品的国外增加值（FVA_ FIN）比例下降了约5个百分点，中间出口品的国外增加值（FVA_ INT）比例基本不变，纯重复计算部分（PDC）比例提高了约6个百分点（见表5－1）。因此，全球制造业出口的VS比例上升，主要是由纯重复计算部分比例的增加拉动的。

这表明随着时间的推移，国际生产链变得越来越长：一国中间出口品被进口国用于生产下一阶段的中间产品，并出口到另外的国家，即中间出口品被生产链的下个环节用于另一种出口品的生产。这种日益增多的多次跨境中间品贸易，是导致纯重复计算部分的比例上升以及VS比例提高的主要原因。

如果这种趋势继续下去，20 年之后，VS 中的纯重复计算部分比例，很可能会上升到与国外增加值比例相当的水平，成为垂直专业化的一个重要特征。将纯重复计算部分（PDC）和中间出口品的国外增加值（FVA_INT）比例相加，2011 年涉及中间品贸易的这部分已经超过全球制造业 VS 的 60%。

表 5－1　全球制造业的平均垂直专业化的结构

| 年份 | 总出口/亿美元 | VS 在出口中比例/% | 在 VS 中的比例/% | | |
|---|---|---|---|---|---|
| | | | FVA_ FIN | FVA_ INT | PDC |
| 1995 年 | 40202 | 22. 9 | 44. 6 | 34. 2 | 21. 1 |
| 2000 年 | 49166 | 27. 1 | 44. 7 | 31. 5 | 23. 9 |
| 2005 年 | 78506 | 30. 7 | 41. 3 | 31. 7 | 27. 0 |
| 2007 年 | 104724 | 32. 5 | 39. 7 | 31. 5 | 28. 8 |
| 2009 年 | 90937 | 29. 1 | 42. 4 | 32. 7 | 24. 9 |
| 2010 年 | 108787 | 31. 0 | 40. 7 | 32. 8 | 26. 5 |
| 2011 年 | 124583 | 31. 5 | 39. 7 | 33. 7 | 26. 7 |

来源：基于 World Input-Output Tables（http：//www. wiod. org）数据测算得到。

不同国家和不同部门的 VS 结构存在显著的异质性。在发达国家和发展中国家之间，这种异质性更为突出。以电气和光学设备出口为例，计算中国、德国、墨西哥、日本、印度和中国台湾等国家和地区的 VS 结构。其中，对于德国、日本和中国台湾这三个工业化程度较高的国家和地区，虽然 VS 比例有明显差异，但是 VS 结构却非常相似，即最终出口品的国外增加值比例不断下降，中间出口品的国外增加值比例相对稳定，纯重复计算部分比例迅速升高（见表 5－2）。例如，中国台湾是零部件的重要供应商，在电气和光学设备全球生产链中占据了几个不同的位置，既生产芯片的中间投入品，又生产自身的内存芯片。这反映为其电气和光学设备出口的 VS 中纯重复计算部分和中间出口品的国外增加值相加的比例，自 2005 年开始一直在 80% 以上（这两部分在总出口中占比为 40% 左右）。

表 5 -2　一些国家和地区电气和光学设备出口的垂直专业化结构

| 年份 | 总出口/亿美元 | VS 在出口中比例/% | 在 VS 中的比例/% | | | 总出口/亿美元 | VS 在出口中比例/% | 在 VS 中的比例/% | | |
|---|---|---|---|---|---|---|---|---|---|---|
| | | | FVA_FIN | FVA_INT | PDC | | | FVA_FIN | FVA_INT | PDC |
| | 中国 | | | | | 德国 | | | | |
| 1995 | 340. 3 | 22. 2 | 56. 6 | 27. 3 | 16. 1 | 797. 8 | 18. 9 | 45. 4 | 30. 9 | 23. 7 |
| 2000 | 690. 0 | 26. 2 | 53. 4 | 23. 6 | 23. 0 | 946. 7 | 24. 5 | 43. 3 | 27. 4 | 29. 3 |
| 2005 | 2969. 4 | 38. 8 | 50. 6 | 23. 6 | 25. 7 | 1444. 3 | 26. 6 | 41. 7 | 27. 5 | 30. 8 |
| 2010 | 6389. 8 | 30. 7 | 48. 1 | 25. 8 | 26. 1 | 1780. 2 | 29. 7 | 40. 1 | 30. 7 | 29. 2 |
| 2011 | 7214. 2 | 30. 2 | 48. 1 | 26. 5 | 25. 5 | 2050. 7 | 30. 4 | 39. 3 | 32. 0 | 28. 7 |
| | 墨西哥 | | | | | 日本 | | | | |
| 1995 | 173. 9 | 54. 3 | 64. 7 | 26. 3 | 8. 9 | 1242. 7 | 6. 9 | 43. 0 | 33. 5 | 23. 6 |
| 2000 | 464. 8 | 55. 1 | 66. 1 | 23. 1 | 10. 9 | 1361. 2 | 10. 0 | 41. 6 | 28. 2 | 30. 2 |
| 2005 | 549. 8 | 58. 7 | 44. 6 | 38. 5 | 16. 9 | 1433. 2 | 12. 3 | 34. 1 | 30. 1 | 35. 7 |
| 2010 | 678. 9 | 59. 6 | 46. 1 | 38. 7 | 15. 2 | 1628. 6 | 15. 3 | 33. 1 | 34. 2 | 32. 8 |
| 2011 | 714. 0 | 61. 2 | 47. 8 | 37. 3 | 15. 0 | 1669. 4 | 16. 4 | 32. 3 | 36. 7 | 31. 0 |
| | 印度 | | | | | 中国台湾 | | | | |
| 1995 | 12. 6 | 10. 9 | 38. 1 | 40. 2 | 21. 7 | 418. 2 | 44. 0 | 40. 0 | 38. 9 | 21. 1 |
| 2000 | 19. 3 | 17. 8 | 41. 6 | 32. 2 | 26. 2 | 778. 6 | 45. 3 | 40. 5 | 30. 9 | 28. 5 |
| 2005 | 59. 6 | 20. 2 | 42. 1 | 30. 1 | 27. 9 | 1009. 6 | 49. 8 | 21. 8 | 32. 3 | 45. 9 |
| 2010 | 239. 9 | 19. 1 | 53. 9 | 23. 9 | 22. 3 | 1429. 4 | 49. 8 | 15. 6 | 39. 6 | 44. 8 |
| 2011 | 294. 7 | 19. 5 | 52. 4 | 25. 2 | 22. 4 | 1476. 5 | 48. 7 | 17. 2 | 41. 2 | 41. 6 |

来源：基于 World Input-Output Tables（http：//www. wiod. org）数据测算得到。

注：表中 VS 只计算了来自制造业和服务业部门的国外增加值，未包括农业和采掘业等资源性行业的增加值。

相比之下，发展中国家（如中国、墨西哥和印度）的最终出口品的国外增加值在 VS 中的比例直到 2011 年仍然很高（50%左右）。但这三国在 VS 结构方面也存在有趣的差异。在 1995—2011 年期间，对于电气和光学设备出口，中国 VS 结构的变化主要是最终出口品的国外增加值比例下降，纯重复计算部分比例增加，中间出口品的国外增加值比例保持相对稳定。这说明中国电气和光学设备出口被进口国用于出口生产的比例上升，中国逐步向价值链的上游移动。墨西哥的 VS 结构变化则表现为，中间出口品的国外增加值和纯重复计算部分比例的快速扩张——分别上升了 11 个百分点和 6 个百分点，反映了墨西哥电气和光学设备部门的快速升级。而印度作为电气和光学设备国际生产网络中的后来者，其 VS 结构中最终出口品的国外增加值的比例却在不断上升，中间出口品的国外增加值的比例持续下降，纯重复计算部分的份额则保持相对稳定。这可能反映了印度如同 20 年前的中国，从进口替代向出口导向战略的转型发展，也与印度从国际生产链的上游转移到下游位置的情况是一致的。

## （四）全球价值链的区域特征

从欧盟、东亚和北美三大区域价值链来看，1995—2011 年欧盟和北美出口在全球贸易中占比不断下降，分别下降了 9.1 个百分点和 3.9 个百分点，东亚地区出口在全球贸易中占比上升了 5.2 个百分点（见图 5－10）。三大区域进口在全球贸易中占比的变化，与出口相同（见图 5－11）。2011 年以后，三大区域价值链进出口在全球贸易中占比趋于稳定，东亚地区贸易发展不再突出。

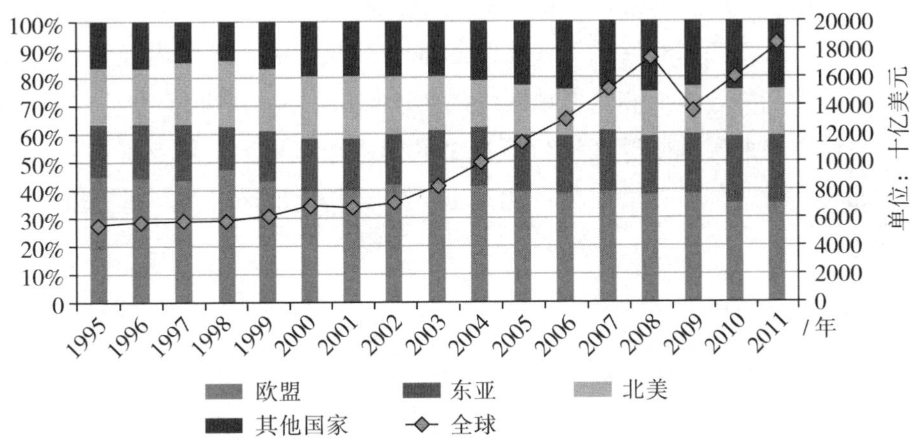


图 5－10　全球出口增长与三大区域占比变化（1995—2011 年）

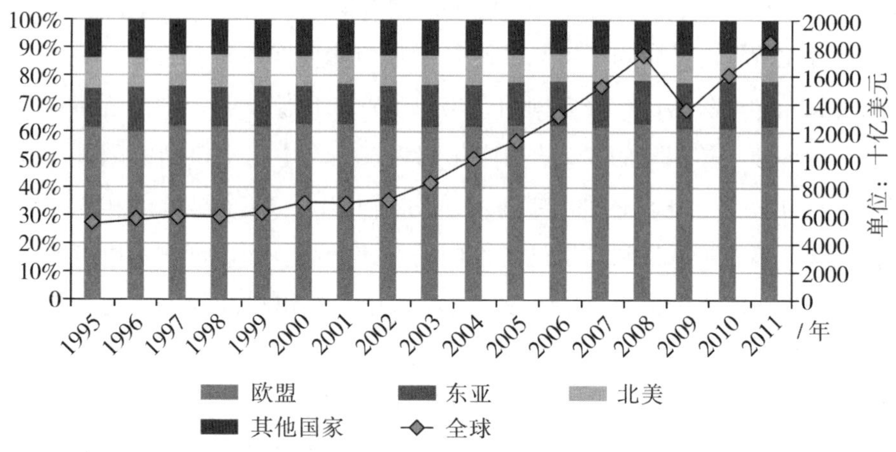


**图5－11　全球进口增长与三大区域占比变化（1995—2011年）**

进一步地，从垂直专业化水平来看，全球主要三个区域价值链中，欧盟的垂直专业化水平最高，远高于北美和东亚，其中北美的垂直专业化水平最低（见图5－12、图5－13、图5－14）。

从VS结构和来源来看，在区域价值链内部，欧盟的区内垂直专业化水平最高，欧盟内部的贸易自由化水平最高，其次是北美，东亚区内垂直专业化水平最低。从本区域价值链与其他区域的联系来看，东亚区域价值链与其他地区的垂直分工比较密切（这也可能是由于大部分东盟国家受数据限制没有被纳入样本），而且在逐步强化。北美区域价值链，与东亚和欧盟的垂直分工关联比较密切（见图5－12、图5－13、图5－14）。

另外，从趋势来看，北美和欧盟的垂直专业化中，区域内经济体增加值占比逐渐下降，东亚和其他地区经济体增加值的占比不断上升。这说明，发展中国家在北美和欧盟区域价值链中的作用逐渐扩大。东亚垂直专业化中，北美和欧盟经济体增加值占比逐渐下降，其他地区经济体的占比不断上升。

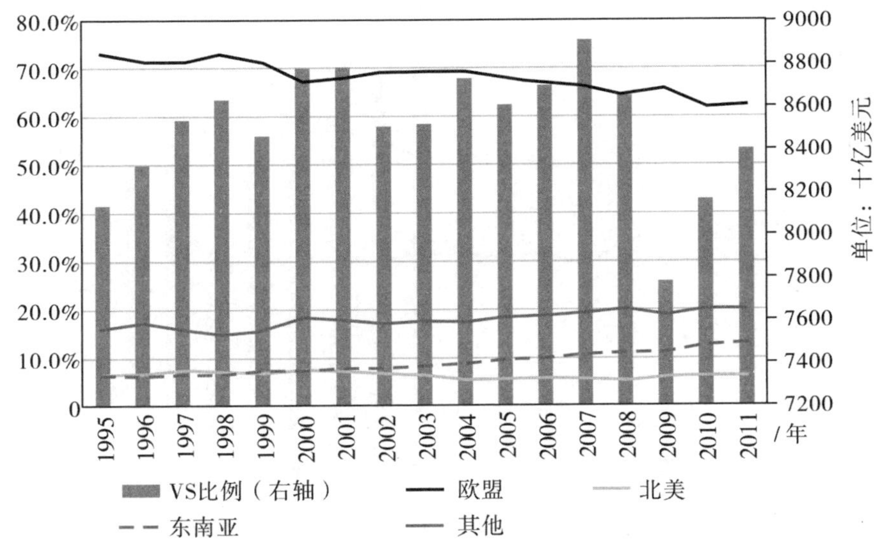


图5－12　欧盟出口的垂直专业化及来源分布

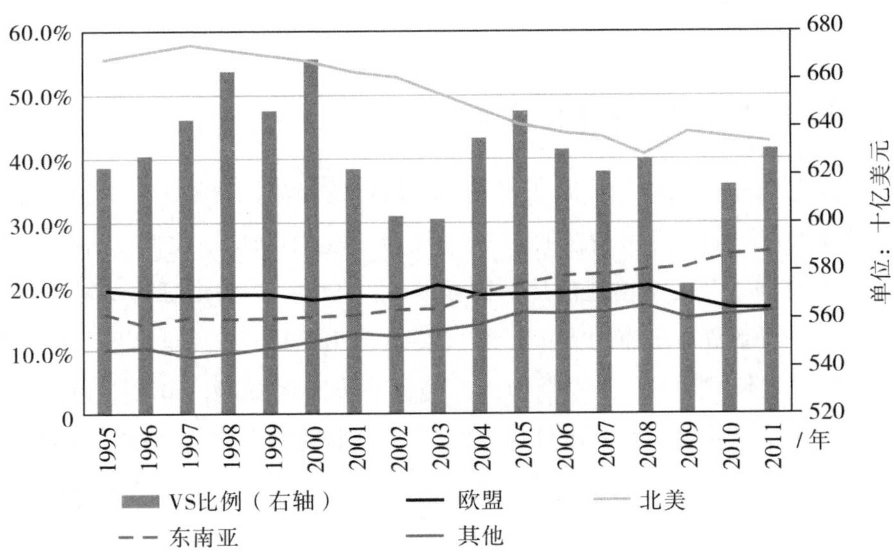


图5－13　北美出口的垂直专业化及来源分布

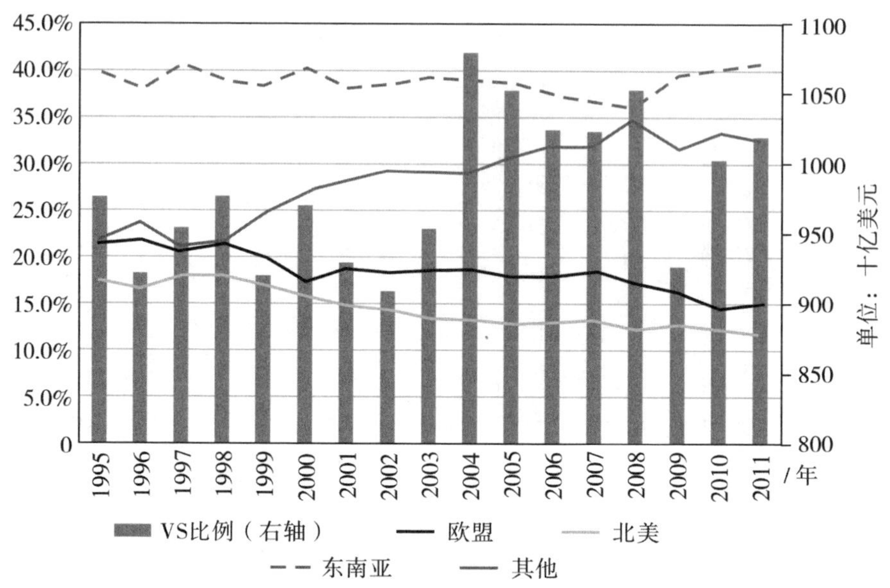


图 5－14　东亚（东盟国家只含印尼）出口的垂直专业化及来源分布

## 二、全球价值链减速的特征分析

### （一）中间品贸易增长减速

2011 年以来，全球经济出现“逆全球化”的趋势，贸易增长减速。过去世界贸易增速一般是经济增速的 2 ～3 倍，但是近年来这一比例一直在下降，2016 年贸易增速与经济增速的比值降至 0. 8。其中，作为全球价值链发展重要指标的中间品贸易增速的大幅下降（2015 年和 2016 年甚至出现负增长），是全球贸易增长减速的一个重要原因。经进一步测算发现，2011 年以来，全球价值链相关贸易的年均增速只有 1. 2% ，远低于之前十年（2001—2011 年）的年均增速 12% 。近年来，全球价值链减速，在很大程度上影响了全球贸易的增长。

中间品贸易减速，直观地反映了全球价值链减速。这一现象不仅在中国等发展中国家出现，在发达国家也普遍存在。2011 年以来，整个世界的中间品进口增速和中间品出口增速都呈下降趋势（见图 5－15、图 5－16）。这说明，国内生产替代进口较为普遍。这可能主要与发达国家的“再工业化”和“制造业回流”等政策有关。从美国、日本和德国的情况来看，中间品进口和中间品出口都出现了下降，而且近两年日本和德国的中间品进口降速比中国更快（见图 5 – 15、图 5 – 16）。显然，认为中国中间品进口增速下降（国内生产替代进口）是导致全球价值链减速的主要原因，是不正确的。

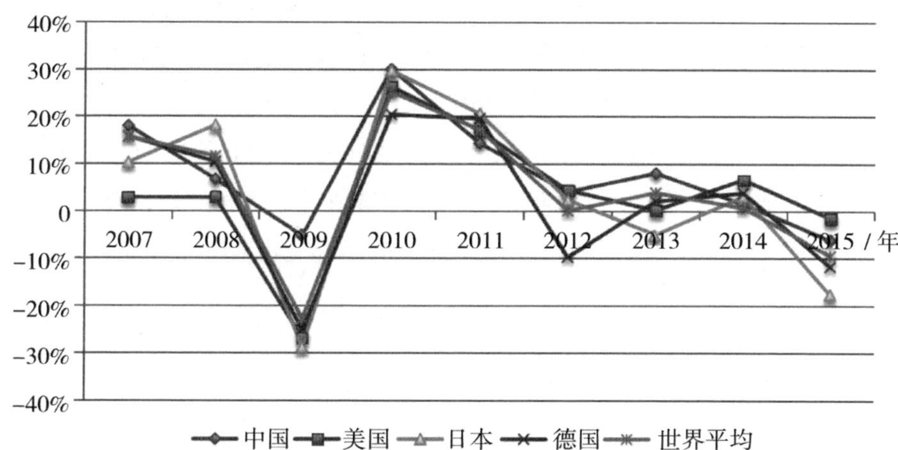


图 5 – 15　中国、美国、日本和德国的中间品进口增速

来源：联合国商品贸易统计数据库。

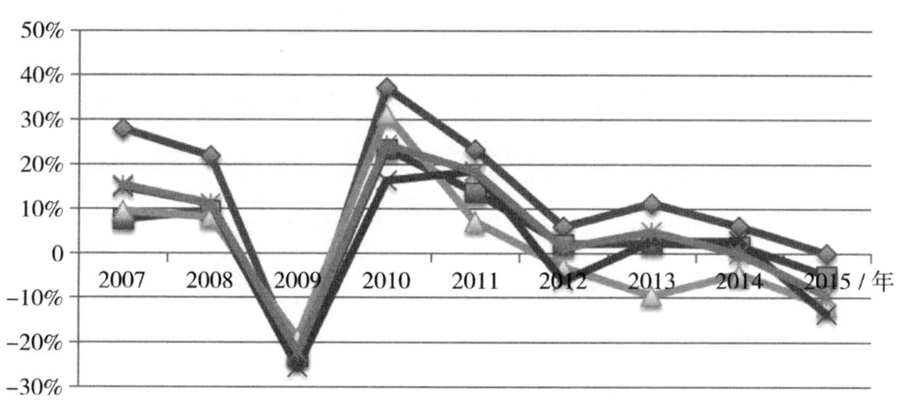


图 5 – 16　中国、美国、日本和德国的中间品出口增速

来源：联合国商品贸易统计数据库。

### （二）全球价值链减速的其他特征

除了中间品贸易增长放缓之外，2011 年以来的全球价值链减速的特征还表现在全球价值链的增加值占全球 GDP 的比重①降低、全球生产国际分工②和国内分工③变化、跨境次数减少等方面。

首先是全球价值链参与度下降。将全球 GDP 分解成国内部分、最终品贸易和全球价值链部分，并观察各部分占 GDP 的比例随时间的变化。可以发现，2000 年以来，全球价值链占 GDP 的比例不断提高，发展较快，直到被 2008—2009 年的金融危机打断；危机后，在 2009—2011 年期间，全球价值链的增长有所恢复，但从 2011 年开始，全球价值链的增长放缓，有下降趋势（见图 5－17）。全球价值链参与度（全球价值链部分占 GDP 的比例）从 2011

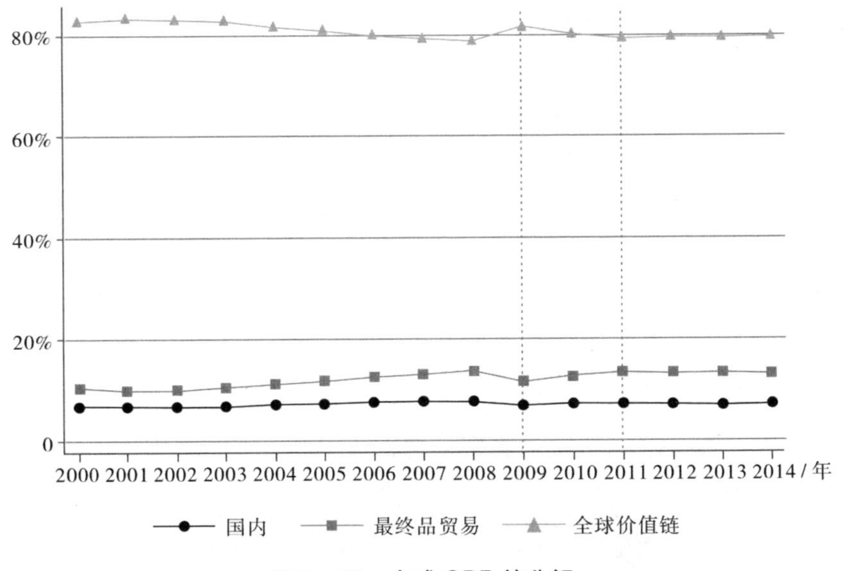


图 5－17　全球 GDP 的分解

来源：WIOD 2016 数据库。

① 指标为全球价值链参与度，表示全球或各国各部门参与全球价值链的程度。

② 指标为垂直专业化率，为单位出口生产所使用的中间进口增加值总和，用以衡量生产国际分工程度。

③ 指标为国内生产链长度，各部门为生产出口品所需要的平均工序数。

年的20.8%下降到2014年的20.4%，平均每年下降0.13个百分点，相当于全球贸易增加值少增长了约3000亿美元（见图5－17）。将全球价值链进一步划分成简单价值链（跨境一次）和复杂价值链（跨境多次），可以更清晰地观察到这种下降趋势（见图5－18）。其中，复杂价值链的下降趋势更为明显，2011—2014年下降了约0.6个百分点（见图5－18）。

从各国参与全球价值链的程度来看，主要经济体的全球价值链参与度均有所下降。从前向产业关联来看，2011年以来，德国和日本的全球价值链参与度有所上升，而中国和美国的全球价值链参与度下降（见图5－19）。从后向产业关联来看，除了日本以外，中国、美国、德国的全球价值链参与度下降（见图5－20）。这说明，全球价值链参与度的下降，并不仅是中国的情况；全球价值链减速，并不能仅在中国寻找原因。

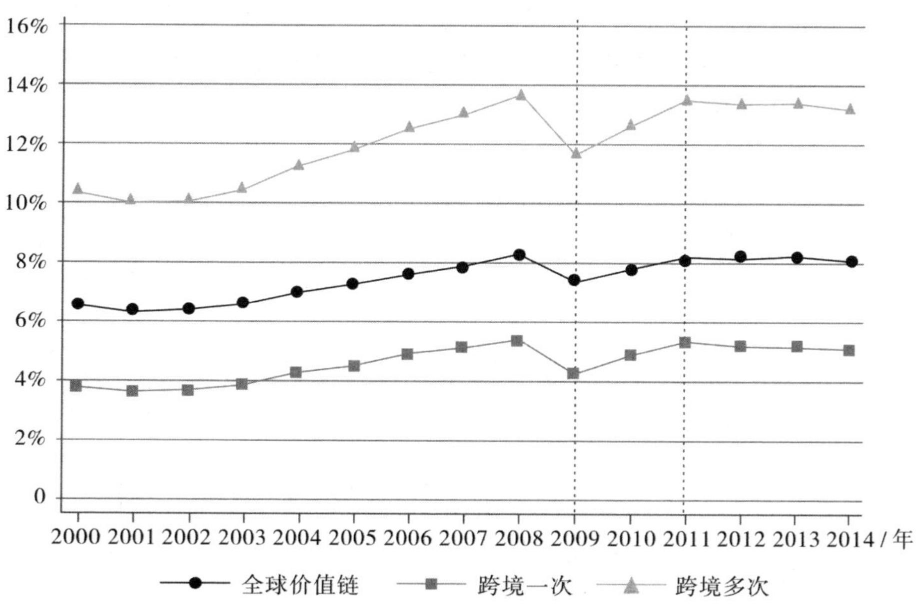


**图5－18　不同类型的全球价值链**

来源：WIOD 2016数据库。

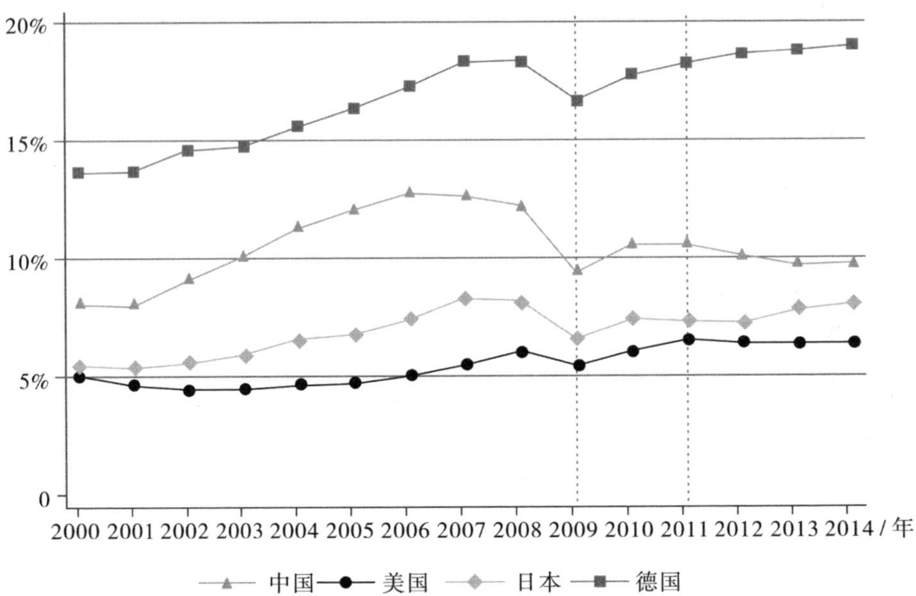


图 5－19　中国、美国、日本和德国的全球价值链参与度（前向关联）

来源：WIOD 2016 数据库。

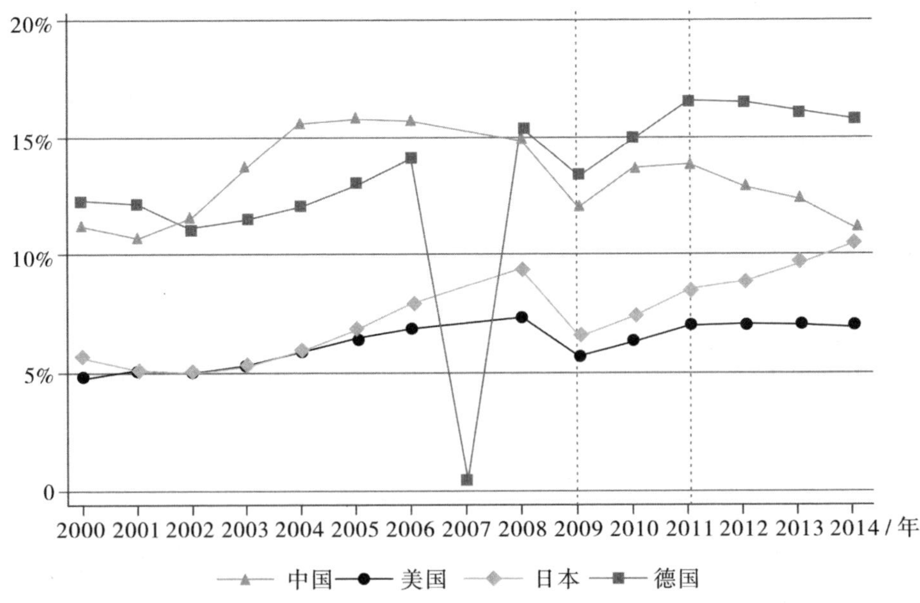


图 5－20　中国、美国、日本和德国的全球价值链参与度（后向关联）

来源：WIOD 2016 数据库。

其次是全球贸易的垂直专业化率下降。2011—2014 年全球贸易垂直专业化率下降了 0. 55 个百分点，全球贸易增长因此减少超过 1000 亿美元。相反，全球贸易生产国内分工进一步得到加强。最明显的特征是国内生产链长度延伸，2011—2014 年期间全球价值链的国内长度约上升了 0. 06，从 2011 年的 2. 22 增加到 2014 年的 2. 28。从各国全球价值链的国内外长度来看，2011—2014 年期间，中国和美国的全球价值链国内部分和国外部分都延长；日本和德国的国内部分缩短，国外部分延长（见图 5 – 21）。具体而言，中国的全球价值链国内长度从 2011 年的 2. 93 增至 2014 年的 3. 15，国外长度从 2. 28 增至 2. 32；美国的全球价值链国内长度从 2011 年的 2. 09 增至 2014 年的 2. 13，国外长度从 2. 28 增至 2. 32；日本的全球价值链国内长度从 2011 年的 2. 68 下降到 2014 年的 2. 64，国外长度则从 2. 47 增至 2. 51；德国的全球价值链国内长度从 2011 年的 2. 13 降至 2014 年的 2. 06，国外长度则从 2. 27 增至 2. 31。因此，从全球价值链国内生产长度的变化来看，中国和美国在一定程度上以国内分工替代了国际分工，日本和德国则继续深化国际分工。

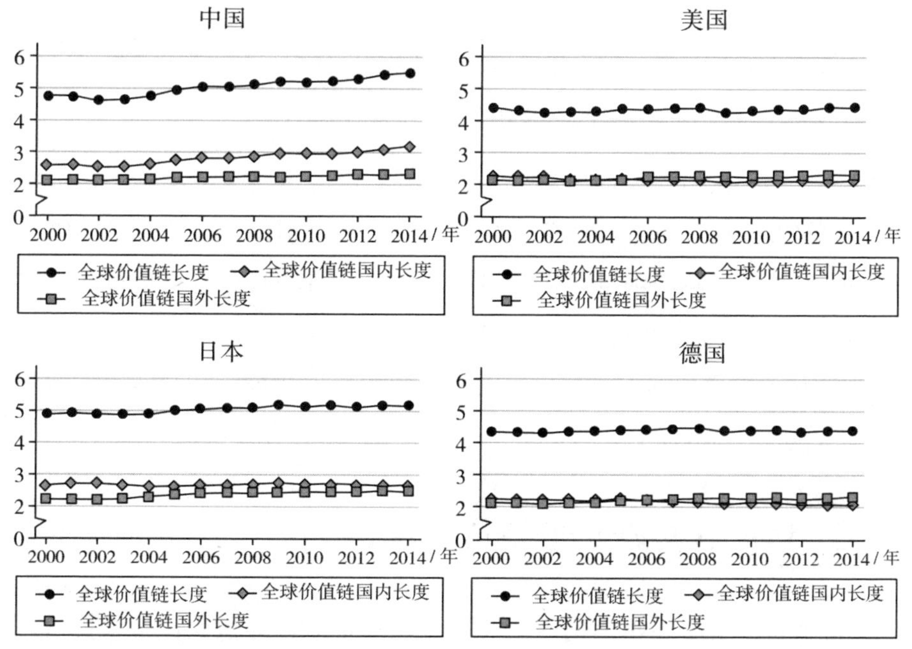


**图 5 – 21　中国、美国、日本、德国的全球价值链长度（国内和国外）**

来源：WIOD 2016 数据库。

全球价值链减速的另一个表现是跨境次数的减少。与全球价值链的发展趋势一致：2000 年以来，跨境生产次数逐年增加，在 2008—2009 年金融危机期间出现下降；危机后，跨境次数再次回升，但 2011 年以来，跨境次数减少（见图 5-22）。2011—2014 年全球价值链生产的平均跨境次数由 1.21 下降到 1.15。生产性跨境次数减少，与中间品贸易收缩、国际生产分工程度下降是一致的。

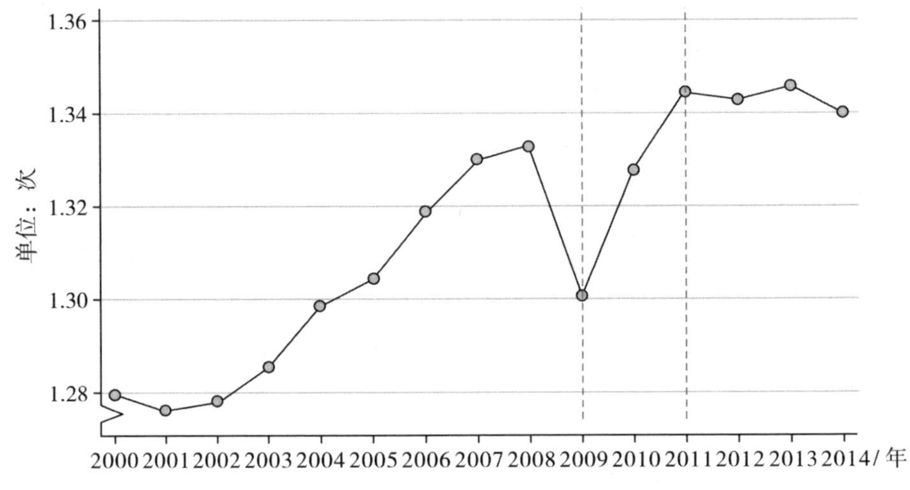


**图 5-22　增加值贸易的生产跨境次数**

因此，无论从中间品贸易，还是从全球价值链参与度、国际国内分工和跨境次数等多指标分析，全球价值链增长放缓都是多国共同作用的结果，强调中国具有独特影响的观点与实际不符。全球价值链减速是否会成为未来永久性趋势仍待进一步观察，在很大程度上取决于世界各国是否能有效解决近 40 年来全球价值链快速发展所带来的一系列问题，如分配不公、全球价值链位置固化和环境恶化等。

## 三、中国在全球价值链位置变迁

中国通过融入全球生产网络，获得大量的贸易增加值，在全球价值链中的份额也急剧扩大。2000 年中国贸易增加值只有 2183 亿美元，到 2014 年高达 20167 亿美元，规模扩大了近 9 倍。中国贸易增加值在全球价值链中占比也从2000年的3.9%上升到2014年的13.1%（见图5－23）。

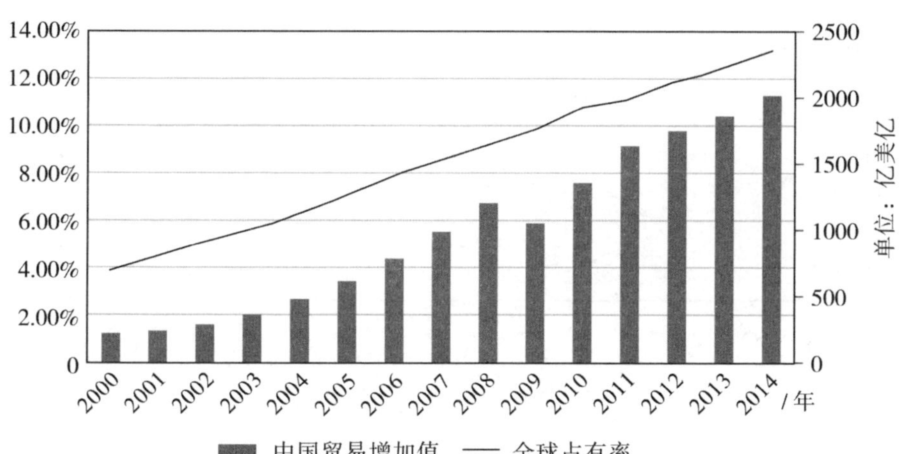


**图5－23　中国贸易增加值在全球价值链中的占比（2000—2014年）**

中国不仅在全球价值链中所占份额不断扩大，在其他经济体和区域的价值链中增加值占比也不断扩大。从全球来看，全球其他国家出口所使用的进口价值中，来自中国的价值从1995年的0.7%上升到2011年的4.0%。分区域来看：中国在东亚其他经济体进口价值中占比是最高的，从1995年的1.7%上升到2011年的8.1%；其次是北美价值链，中国价值占比从1995年的0.9%上升到2011年的6.4%；最后是欧盟价值链，中国价值占比从1995年的0.5%上升到2011年的3.2%（见图5－24）。

从主要国家出口使用的进口价值来看，中国的增加值占比也逐渐提高。例如，在美国交通运输设备制造业的VS比例中，来自中国的比例不断上升，从1995年的0.44%升至2008年的3.14%，与此同时，来自日本的比例逐年下降（见表5－3）。又如，墨西哥电子电气设备制造业的VS比例中，来自中国的比例大幅提高，从1995年的0.73%升至2008年的10.83%，提高了约10个百分点，与此同时，来自美国的比例显著下降，降低了约17个百分点（见表5－4）。

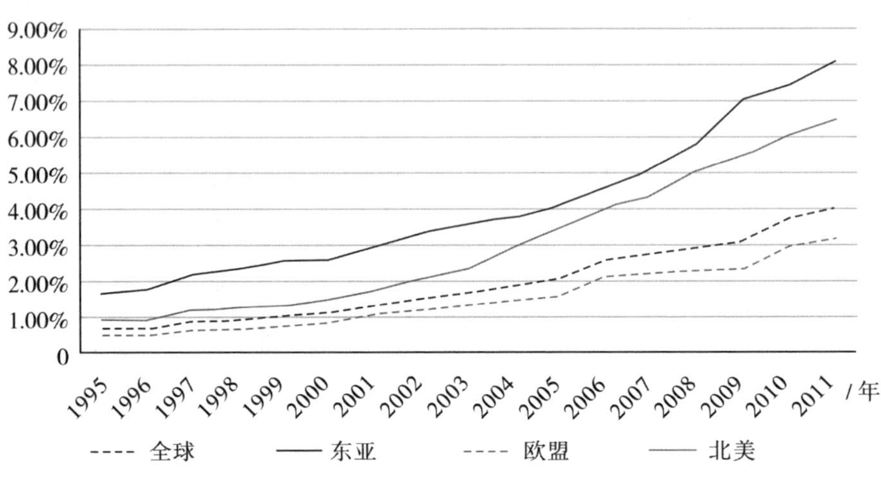


图5－24　全球及三大区域价值链垂直专业化中中国的占比

表5－3　美国交通运输设备制造行业的垂直专业化率及其来源分析

| 年份 | 1995 | 2000 | 2001 | 2002 | 2003 | 2004 | 2005 | 2006 | 2007 | 2008 | 2009 | 2010 | 2011 |
|---|---|---|---|---|---|---|---|---|---|---|---|---|---|
| VS 比例 | 17. 12 | 18. 32 | 17. 84 | 17. 38 | 17. 92 | 21. 19 | 22. 19 | 23. 49 | 23. 32 | 24. 37 | 20. 27 | 26. 65 | 28. 00 |
| 中国 | 0. 44 | 0. 73 | 0. 77 | 0. 91 | 1. 06 | 1. 68 | 1. 93 | 2. 36 | 2. 66 | 3. 14 | 2. 97 | 4. 14 | 4. 52 |
| 加拿大 | 2. 51 | 2. 87 | 2. 87 | 2. 85 | 3. 05 | 3. 14 | 3. 21 | 3. 21 | 3. 13 | 3. 01 | 2. 46 | 3. 18 | 3. 26 |
| 日本 | 3. 65 | 2. 84 | 2. 54 | 2. 33 | 2. 30 | 2. 62 | 2. 55 | 2. 47 | 2. 29 | 2. 24 | 1. 97 | 2. 75 | 2. 70 |
| 墨西哥 | 0. 94 | 1. 25 | 1. 26 | 1. 39 | 1. 38 | 1. 72 | 1. 80 | 1. 99 | 2. 01 | 2. 07 | 1. 88 | 2. 69 | 2. 90 |
| 德国 | 1. 24 | 1. 24 | 1. 34 | 1. 30 | 1. 42 | 1. 61 | 1. 69 | 1. 84 | 1. 82 | 1. 84 | 1. 44 | 1. 76 | 1. 85 |
| 韩国 | 0. 62 | 0. 48 | 0. 45 | 0. 46 | 0. 43 | 0. 65 | 0. 69 | 0. 75 | 0. 78 | 0. 71 | 0. 68 | 0. 95 | 1. 05 |
| 英国 | 0. 88 | 1. 11 | 1. 19 | 1. 04 | 1. 02 | 0. 93 | 0. 92 | 0. 95 | 0. 91 | 0. 92 | 0. 84 | 0. 92 | 0. 92 |

表5－4　墨西哥电子电气设备制造行业的垂直专业化率及其来源分析

| 年份 | 1995 | 2000 | 2001 | 2002 | 2003 | 2004 | 2005 | 2006 | 2007 | 2008 | 2009 | 2010 | 2011 |
|---|---|---|---|---|---|---|---|---|---|---|---|---|---|
| VS 比例 | 54.31 | 55.11 | 53.73 | 53.90 | 56.00 | 59.17 | 58.67 | 58.69 | 57.73 | 57.39 | 56.76 | 59.64 | 61.23 |
| 美国 | 34.80 | 33.96 | 28.90 | 26.04 | 25.81 | 22.91 | 20.65 | 19.79 | 19.37 | 18.32 | 18.62 | 18.25 | 18.12 |
| 中国 | 0.73 | 1.36 | 1.88 | 2.90 | 4.63 | 6.20 | 6.99 | 8.71 | 9.49 | 10.83 | 12.63 | 14.21 | 15.35 |
| 日本 | 4.57 | 3.71 | 4.55 | 5.15 | 4.54 | 5.54 | 5.85 | 5.50 | 5.09 | 4.38 | 3.93 | 4.03 | 3.64 |
| 韩国 | 1.24 | 1.76 | 1.59 | 1.93 | 2.08 | 2.62 | 2.92 | 3.53 | 3.42 | 2.99 | 3.21 | 3.19 | 3.43 |
| 德国 | 2.09 | 1.95 | 2.09 | 2.20 | 2.51 | 2.88 | 2.90 | 2.69 | 2.83 | 2.85 | 2.38 | 2.41 | 2.42 |
| 中国台湾 | 0.94 | 1.06 | 1.59 | 2.27 | 1.51 | 1.89 | 2.05 | 2.00 | 1.93 | 1.81 | 1.76 | 1.85 | 1.77 |
| 加拿大 | 1.15 | 1.39 | 1.29 | 1.12 | 1.22 | 1.29 | 1.35 | 1.41 | 1.51 | 1.60 | 1.50 | 1.45 | 1.40 |

综上，无论从贸易增加值角度，还是从垂直专业化（为出口生产的进口）角度，中国的占比都在不断上升。全球价值链的兴起和发展，给中国带来了千载难逢的发展机遇。但是，在全球价值链发生结构性变化的同时，我国经济发展进入新常态。近年来，我国劳动力和土地成本大幅上升，资源环境约束趋紧。这意味着劳动力和资源环境不再具有比较优势，原有的参与全球价值链分工模式难以持续，我国原有全球价值链中低端节点的加工产业正在向发展中国家分流。中国制造业面临中高端节点向发达国家回流和中低端节点向发展中国家分流的双重压力。解决好这一系列问题的关键，是继续推动中国产业沿全球价值链升级。

# 第六章　“一带一路”与绿色价值链

## 第一节　打造绿色价值链在“一带一路”建设中的重要意义

### 一、依托“一带一路”建设推广绿色价值链

现今，全球价值链上的国际分工已成为社会生产中最重要的组织形态。“全球生产碎片化”使得发达国家产业资本能够从全球范围内优化资源配置，把不同生产环节布局在世界不同的国家和地区。跨国公司不断寻求要素低谷，向发展中国家转移技术水平低、劳动集中度高或者资源密度高的产业或生产环节，从而促进国际分工细化和跨境贸易与跨境金融的繁荣。

全球价值链的发展，一方面加速了发展中国家的工业化进程，为其经济迅速增长创造了有利条件。但另一方面，伴随产业转移而来的是发达国家对外转移的环境代价，造成承接产业的发展中国家成为“污染避难所”。发展中国家通过承接发达国家产业转移使得高污染、高能耗行业在短时间内集聚式发展，而发展中国家的污染治理能力和节能环保行业的发展却相对滞后，这导致环境污染和温室气体排放问题集中爆发。更为严重的是，全球价值链时代，传统的污染产品贸易变得少见，取而代之的是嵌套在价值链分工中的“高污染生产环节”的转移，环境传导机制变得更为隐蔽。中间产品的多次跨境，也增加了污染和排放追溯的难度。因此，通过低廉劳动力成本和相对

宽松环境规制的贸易条件，发展中国家，尤其是后发国家，在积极融入全球价值链带来经济增长和快速工业化的同时，也成为污染生产环节的集中地。2006 年国际标准化组织（ISO）正式发布生命周期评价标准（14040），呼吁国际社会关注全产业链条的环境污染，倡导建立产品生命周期的环境评价体系，这一倡议在全球价值链分工时代变得尤为重要。

2018 年，是"一带一路"倡议提出的五周年。"一带一路"倡议旨在推动建立更加平等均衡的新型全球发展伙伴关系，促进全球化再平衡，最终建立一个政治互信、经济融合、文化包容的利益共同体、命运共同体和责任共同体。当前，贫困和环境问题是困扰世界各国，尤其是困扰广大发展中国家的两大难题。过去以追求利润最大化为目的，以牺牲环境生态利益换取 GDP 增长的发展模式难以为继。基于对过去全球经济和治理模式的反思，实现发展中国家可持续发展和包容性增长的目标，结合联合国提出的"绿色、低碳、循环、可持续发展"的理念，习近平总书记创造性地将绿色发展融入"一带一路"倡议中，开创了全球治理的新篇章①。2016 年 7 月，习近平总书记指出，中国愿同沿线国家一道，构建"一带一路"互利合作网络、共创新型合作模式、开拓多元合作平台、推进重点领域项目，携手打造"绿色丝绸之路""健康丝绸之路""智力丝绸之路""和平丝绸之路"，造福沿线国家和人民。绿色"一带一路"建设的理念从此被提到发展议程上来，并逐渐成为推进"一带一路"的重要方向。2017 年 4 月 26 日，环境保护部、外交部、国家发展改革委、商务部联合发布《关于推进绿色"一带一路"建设的指导意见》，明确了推进绿色"一带一路"的总体要求、主要任务、组织保障，成为绿色"一带一路"纲领性文件。2017 年 5 月 14 日，习近平主席在"一带一路"国际合作高峰论坛并发表主旨演讲中提出，推进"一带一路""要践行绿色发展的新理念，倡导绿色、低碳、循环、可持续的生产生活方式，加强生态环保合作，建设生态文明，共同实现 2030 年可持续发展目标"。在"一带一路"国际合作高峰论坛的"圆桌峰会联合公报"与"成果清单"中，关于气候变化、碳排放、生物多样性、自然资源保护、环境保护等绿色

① 新华网：《共建"一带一路"倡议：进展、贡献与展望》，http://www.xin huanet.com/2019-04/22/c-1124400071.htm。

发展的内容被反复强调，推进绿色“一带一路”也成为相关国家的国际共识。“一带一路”倡议与绿色发展理念相结合，紧紧抓住了国际社会发展中的两大主要矛盾，并直指矛盾的核心——发展中国家的发展问题，有的放矢，无疑成为新时代中国对全球发展的重大思想贡献，其丰富的思想内涵有利于推动中国与广大发展中国家的共同发展，为全球发展尤其是发展中国家的可持续发展贡献中国智慧和中国方案。

## 二、绿色价值链的概念

哈佛大学迈克尔·波特教授的价值链模型是研究企业的各类生产经营活动是怎样引起企业成本变化的。价值链是按照企业资源增值的过程来表示各环节活动的相互联系，根据经营活动对形成企业价值的作用来理解企业成本变化及引起变化的原因。从企业的价值链角度切入，自产品设计到经营管理的各个环节，融合以可持续发展观念为核心的绿色价值后，即形成不断循环的链状结构，称之为绿色价值链，它包括了绿色管理，绿色设计、绿色采购、绿色生产、绿色产品、绿色营销、绿色消费、绿色回收及绿色材料等项目。因此，从企业微观层面来定义，绿色价值链是将绿色概念引入价值链，兼顾经济效益和生态效益，从资源依赖及知识异质性的角度，形成从产品研发、设计至回收再生的动态闭环流程（或产品生命周期过程的一系列活动），从中体现企业的社会价值。

根据联合国工业发展组织对全球价值链的定义，全球价值链是指为实现商品或服务价值而连接生产、销售、回收处理等过程的全球性跨企业网络组织，涉及从原料采购和运输，半成品和成品的生产和分销，直至最终消费和回收处理的整个过程，包括所有参与者和生产销售等活动的组织及其价值、利润分配。当前，散布于全球的处于价值链上的企业进行着从设计、产品开发、生产制造、营销、交货、消费、售后服务、最后循环利用等各种增值活动。可以说，绿色全球价值链是对全球价值链的定义在“价值”内涵上的“绿色化”扩容和延伸。

本书认为，绿色价值链正是在全球化分工成为新的生产组织形式，在绿色与可持续发展成为世界各国首要发展目标的大背景下，以“一带一路”倡议为依托，以重新构建可持续的、绿色的、低碳的新型全球价值链环流体系为目的，重点关注生产环节的环境足迹和碳足迹，强调在产生价值增值的同时，注重每部分价值增值对所在国家和地区的环境、生态和气候的影响，并尝试提出符合国际通行标准的自愿性绿色标准或指标体系，推动绿色价值链理念和行动的贯彻落实。

## 三、"一带一路"建设的多层次体系

习近平总书记在推进"一带一路"建设工作5周年座谈会上强调，共建"一带一路"顺应了全球治理体系变革的内在要求，彰显了同舟共济、权责共担的命运共同体意识，为完善全球治理体系变革提供了新思路新方案。"一带一路"把握全球治理体系演进逻辑，坚持和平合作、开放包容、互学互鉴、互利共赢的丝路精神，充分彰显创新、协调、绿色、开放、共享的发展观，为开辟人类更加美好的发展前景提供了新思路。其中，"一带一路"建设以"共商共建共享"为基本原则，坚持绿色发展，积极参与全球生态治理与完善，致力于为全球生态安全做出新贡献，实现世界的可持续发展和人的全面发展。可以认为，在打造利益共同体、命运共同体和责任共同体的进程中，"一带一路"建设的多层次体系迫切需要得到重点关注，除了政治互信、经济融合、文化包容的三大基础层次外，推进绿色"一带一路"建设既是分享生态文明理念、实现可持续发展的内在要求，也会成为参与全球环境治理、推动绿色发展理念的重要实践。

## 四、绿色"一带一路"建设中的绿色发展

在《推动共建丝绸之路经济带和21世纪海上丝绸之路的愿景与行动》中，我国政府明确表示，在投资贸易中突出生态文明理念，加强生态环境、生物多样性和应对气候变化合作，共建绿色丝绸之路。为进一步推动"一带一路"绿色发展，2017年5月，环境保护部、外交部、发展改革委、商务部联合发布了《关于推进绿色"一带一路"建设的指导意见》。指导意见系统地阐述了建设绿色"一带一路"的重要意义，要求全面推进"政策沟通"

"设施联通""贸易畅通""资金融通"和"民心相通"的绿色化进程。指导意见提出，用3～5年时间，建成务实高效的生态环保合作交流体系、支撑与服务平台和产业技术合作基地，制定落实一系列生态环境风险防范政策和措施；用5～10年时间，建成较为完善的生态环保服务、支撑、保障体系，实施一批重要生态环保项目，并取得良好效果。指导意见从加强交流和宣传、保障投资活动生态环境安全、搭建绿色合作平台、完善政策措施、发挥地方优势等方面做出了详细安排。可以看出，生态环境保护和治理是共建"一带一路"的重要内容，绿色"一带一路"建设已成为"一带一路"倡议的重要组成部分。

环境作为全球性公共物品，是全球治理的重要内容。在全球生产碎片化的发展背景下，构建更具包容性的绿色全球价值链，是打造绿色"一带一路"的关键。目前，国际环境治理中发达国家仍占据主导地位，美国和欧盟国家通过在自有贸易协定中引入环境条款，引导贸易伙伴国接受其环境标准。虽然这一做法一定程度上对全球环境治理格局和发展中国家环境治理体系带来积极影响，但其主导建立的环境价值链代表的是发达国家的利益和诉求，可能使得发展中国家陷入更加不利的价值链位置。因此，推动形成一条能够代表广大发展中国家利益和诉求、体现世界各国发展最大公约数的绿色全球价值链，是"一带一路"绿色发展的重要任务之一①。

## 五、构建绿色价值链对建设绿色"一带一路"的意义

"一带一路"建设为构建更具包容性的绿色全球价值链提供了机遇。"一带一路"建设的参与国处于世界经济阶梯的不同层级，单一的环境规则无法解决所有现实问题。这就需要从相互理解并逐步达成共识开始，通过"规则治理"确立多层次的环境标准。在全球价值链上，"一带一路"建设的参与国既可以贯穿统一的环境"主干线"，也可以搭建不同层次的环境"支线"，最终形成一个多维立体的包容性环境战略网络。可以采取与国际可持续标准

① 周亚敏：《共同打造绿色丝绸之路，构建更具包容性的全球绿色价值链》，人民日报，2017年5月15日。

接轨、发展援助和贸易协定等灵活多样的途径来构建绿色全球价值链。具体操作方法包括建立可持续的商品交易系统、为可持续发展提供绿色融资方案、总结并分享绿色价值链的最佳实践等。

构建更具包容性的绿色全球价值链，对于“一带一路”建设的深入推进至关重要。以往，国际产业转移的主要方式是发达国家将高耗能、高污染、资源消耗性以及附加值低的产业转移到发展中国家，而发达国家保留研发、知识产权保护等高附加值环节。“一带一路”建设所推动的产业转移方式则完全不同。中国作为经济大国，以利益分享和共同繁荣为方针，在自身经济转型升级的同时带动其他国家的经济发展。“一带一路”建设将谋求升级版的绿色全球分工，这种分工将在产业链的每一步创造价值并降低环境负担，比如在生产端实现循环经济和近零排放，在消费端通过国际租赁实现分享经济和低碳发展等，最终形成经济与环境多维度共赢的局面。

联合国关于2030年可持续发展目标的设定以及气候变化《巴黎协定》的签署，表明世界已经开启了追求可持续发展的新征程。在深入推进“一带一路”建设的过程中，中国将积极参与全球环境治理，带头践行绿色发展理念，主动承担大国责任，推动构建绿色、低碳、可持续的全球环境价值链，与各国携手打造绿色“一带一路”。“一带一路”建设所推动的绿色发展，不仅惠及发展中国家，而且惠及发达国家；不仅惠及参与国，也将惠及整个世界。

## 第二节　中国在全球价值链发展新趋势中的位置与作用——“双环流”体系

### 一、双环流底端的中国——中国与发达经济体的价值链

2008年全球金融危机以来，发达国家作为世界增长级的作用大大减弱，以中国为代表的金砖国家在全球经济发展中的推动作用越来越明显。随着中

国经济的崛起，中国对外投资速度和规模不断增加，中国也在不断通过产能国际合作打造自身的利益环流，从而初步形成以中国为枢纽的“双环流”价值链体系①。一个环流是中国与发达经济体之间以产业承接与分工、贸易、投资、资本间接流动为载体形成的价值循环体系（简称“上环流”），另一个环流是中国与发展中经济体之间以贸易、直接投资为载体形成的产能国际合作循环体系（简称“下环流”）。

在上环流中，发达国家是主导，中国仍处于较低的位势，处在产业链的低端，从事技术含量相对较低的活动，竞争优势容易流失，仍需不断努力向价值链上游攀升。

简单展示一个针对中国纺织行业开展的案例研究结果②。我国的纺织服装业作为一个整体，无论是从传统统计口径还是从增加值贸易基准来看，在世界上都是占有绝对的份额，具有很强的竞争优势。但是，从参与角度以增加值为基准，把该行业作为上游行业或者行业内分工的上游部分进行分析时，就会发现我国的纺织服装业与发达国家之间存在的差距③。中国纺织行业（包括纺织原料与纺织制品）2016 年出口额占出口总额的 12%；其中，纺织行业最大的贸易伙伴分别是欧盟、美国与日本；出口占比排名前三的分别包括 HS61（针织或勾边的服装及衣着附件），HS62（非针织或非勾边的服装及衣着附件），以及 HS63（其他纺织制成品）编码对应的纺织品。与很多制造行业类似，纺织行业的价值链也符合微笑曲线的特征（见图 6 - 1），其中生产链前端的设计与样衣环节，以及生产链末端的宣传、销售、品牌形象等环节对应的增加值较高，而制造环节增加值最低。由全球价值链研究院团队核算出的前向 GVC 指标显示，澳大利亚、韩国、意大利、法国等发达国家，处于纺织业价值链的上端，而中国、墨西哥、印度尼西亚以及巴西等发展中国家，处于纺织业价值链的底端。

---

① 蓝庆新、姜峰：《一带一路：积极构建双环流价值链》，《大众日报》，http://theory.gmw.cn/2017-05-18/content_24514866.htm。

② 资料来源：对外经济贸易大学全球价值链研究院，UIBE GVC 指标体系方法学，详见 http://rigvc.uibe.edu.cn/sjzlk/sjk/62923.htm。

③ 王飞、郭孟珂：《我国纺织服装业在全球价值链中的地位》，《国际贸易问题》2014 年第 12 期，第 14 - 24 页。

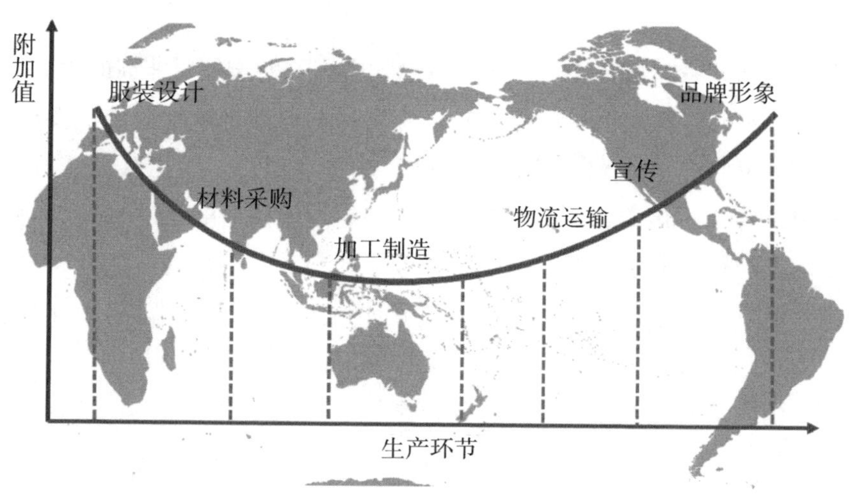


图6－1　纺织行业微笑曲线

## 二、双环流顶端的中国——中国与发展中经济体的价值链

在第二个环流中，中国凭借着强大的制造能力和产业配套能力、适中的技术标准和技术水平、雄厚的外汇储备和资源调动能力，不断加大与发展中经济体的经济合作，布局中国的产业全球价值体系，中国处于该价值环流的高端位势，在全球范围内不断调整自身产业结构，实现与发展中经济体的互利共赢。

中国与非洲的利益环流主要表现在双边投资及贸易、对非工程承包和劳务合作、工业园区建设等领域①。进入21世纪，中非贸易持续高速发展，2008年突破1000亿美元，2015年达到1790.3亿美元，比2008年增长了79.03%，中国连续六年成为非洲最大的贸易伙伴。中非贸易中，中国主要向非洲出口物美价廉的纺织服装鞋帽产品、轻工产品和机电产品，满足非洲人民的基本生活需求。非洲在原材料、矿产品、能源、初级产品等产品上拥有比较优势，向中国大量出口诸如铁矿、钻石等资源产品。原油是非洲出口中国的第一大商品，2012年非洲原油出口中国总量首超美国，中国成为世界上

① 蓝庆新、姜峰：《"一带一路"与以中国为核心的国际价值链体系构建》，《人文杂志》2016年第5期，第29－34页。

进口非洲原油的最大经济体。在投资方面，中国不断增加对非洲的投资数额，兴修电网、水利、交通、通信等基础设施，扶助非洲国家社会经济发展，通过与非洲国家合作开发建设能源、矿产、铁路等项目，深化双边经贸合作。2004—2014 年，中国对非洲直接投资存量的年均增长速度超过 50%，对非投资排名前五的行业分别为制造业、采矿业、建筑业、金融业、农业，投资主要集中在苏丹、阿尔及利亚、赞比亚、尼日利亚、南非等国。目前在非投资的中国企业已超过两千家，增加了相关国家和地区的税收，带动了就业，推动非洲经济向多元化方向发展。劳务合作与承包工程也是中非经贸合作的一大亮点，2015 年第一季度，中国企业在非洲的工程承包新合同额为 231.1 亿美元，同比增长 49.4%，截至 2015 年底，中国企业累计在非签订的工程承包总额超过 4700 亿美元。中国企业在尼日利亚、埃及、毛里求斯等投资开发的工业园区，已成为非洲工业化的孵化器。作为非洲最有实力的承包商，中国企业带来了先进的设备、技术和充足的资金，对非洲员工进行有效培训，直接降低了非洲基础设施建设成本，并逐步改善非洲基础设施落后的面貌。经过长期合作，中非价值链体系已经初步形成，中非经贸合作已进入多层次、多元化、全方位的发展新格局。

## 三、中国的位置与作用——“双环流”体系的枢纽

在这两个环流体系中，中国越来越成为链接发达国家与亚非拉欠发达国家的中间节点和枢纽（见图 6－2）。

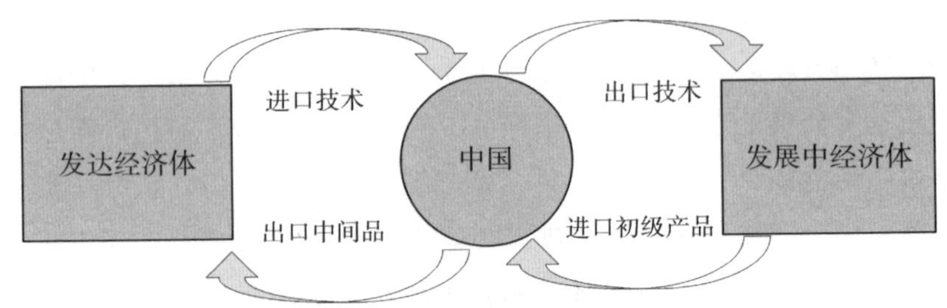


**图 6－2　中国主导的全球价值链“双环流”**

资料来源：韩晶、孙雅雯：《借助“一带一路”倡议构建中国主导的“双环流全球价值链”战略研究》，《理论学刊》，2018（4）。

随着中国经济进入新常态，中国在融入全球价值链的基础上，亟须重构基于供给侧和需求侧需要的双环流价值链结构，也就是将依靠他国的“外围、受控”关系升级为中国主导的“核心、控制”关系，由在全球价值链中的“承包、接包”关系升格为“发包”关系，由价值链的低端上升为高端，由“打工者”转变成“老板”。显然，这是一场关系到中国产业结构转型升级的革命性变革。“一带一路”既为实现以中国为枢纽的“双环流”价值链体系，尤其是以中国为主导的第二个价值链环流，提供了发展平台和空间，也为中国从区域大国向世界大国转型、构建适宜自身发展的全球经济治理机制提供了发展路径。

通过“一带一路”发展重构基于现代产业体系和沿线国家市场需求的双环流价值链，是要基于中国经济发展需要和相关发展中国家和地区工业化需要，重新调整与沿线相关国家之间的经贸产业关系，整合中国企业赖以生存的资源和快速发展的产业关联、循环体系，打造契合“一带一路”区域的价值链治理结构，奠定中国产业转型升级和经济持续高速发展的基础。在全球价值链融合的平台上搭建双环流价值体系，不是要放弃已有的全球需求和市场份额，而是要从发达国家引领中国转化为中国引领发展中国家融入全球价值链，开拓市场范围和需求，提高经济可持续发展能力。

## 第三节　推动“一带一路”建设中中国打造绿色价值链的主要任务与挑战

### 一、中国在全球价值链的绿色重塑中应当发挥积极的领导作用

首先，中国引领全球价值链的绿色化改造拥有其内在必然性。打造全球绿色价值链，有助于降低中国产业发展的资源消耗强度，减少对资源型大宗商品的外部依赖，助力国家安全与可持续发展。构建全球绿色价值链有助于提高中国潜在的竞争力与国际地位。不论是在促进“2030 可持续发展议程”

还是在"巴黎协定"达成共识方面，中国都展示了不同以往的新兴领导力。未来，通过加强南南合作、实施"一带一路"倡议，打造全球绿色价值链可能成为中国实现自身发展目标和履行国际义务的重要手段。其次，构建协调、包容、绿色、可持续发展的全球价值链是非常紧迫的，需要中国在战略高度重新思考国际投资、生产、贸易与合作，用绿色和可持续发展的理念重塑全球价值链，对"一带一路"沿线国家及企业能力的提高和政策协调提出要求。随着"一带一路"建设带来的贸易投资便利化，作为全球第二大经济体的中国能够在全球价值链的绿色重塑中发挥更加重要的领导作用，同时引领"一带一路"新兴经济体共同参与，重塑全球价值链绿色化新规则。目前，中国的生态文明和绿色发展理念都具有国际视野，"一带一路"建设将成为中国在全球绿色价值链中发挥领导作用搭建最重要的实践舞台。

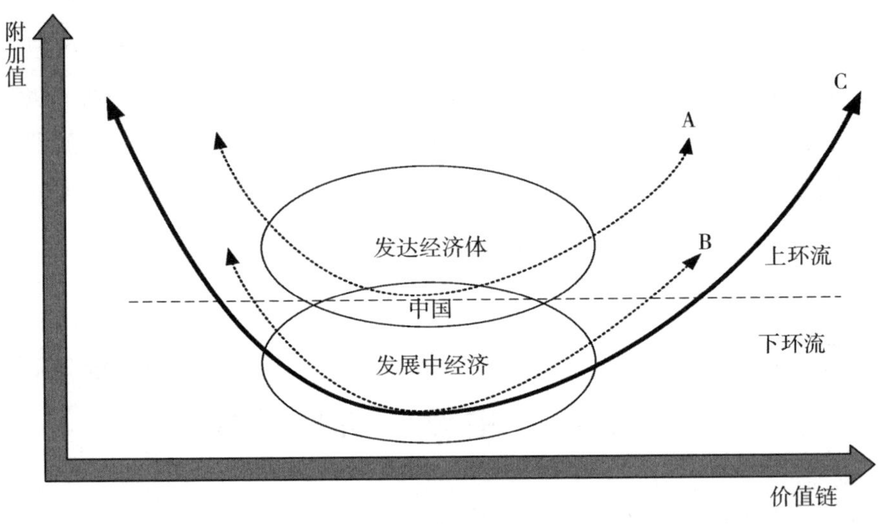


**图6-3 全球价值链双环流与价值链微笑曲线**

资料来源：张辉、易天、唐毓璇：《一带一路：全球价值双环流研究》，《经济科学》，2017（03）：7-20。

如前文分析，发展中经济体的生产始终在价值链低端环节，由于发达经济体高速的技术进步，一些发展中经济体提供的中间产品技术环节达不到整体产业中片段化生产的需求，导致在价值链曲线C上的直接参与度降低，产业升级空间缩小，生产出口创造的附加值无法得到提高，社会整体福利下降。

而“双环流”体系下，世界经济循环的两个部分可能将分别形成内部的价值链分工，即上环流价值链曲线 A 与下环流曲线 B（见图 6－3）。发展中经济体尤其是处于最低端的欠发达经济体可以通过下环流内部的分工，重新参与到一定的片段化生产，通过在曲线 B 上的产业升级逐步在全球化进程中获得更大的福利和附加值。中国在参与国际分工的过程中，全方位吸纳来自全世界的技术资本，进而全面提升自身的产业结构，正成为东亚地区产业结构最齐全的国家。齐全的产业结构使得中国不但拥有处于垂直分工体系下的劳动

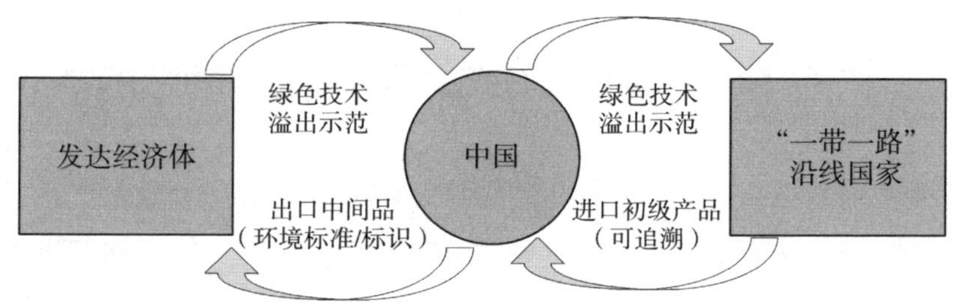


图 6－4　GGVC“双环流”示意图

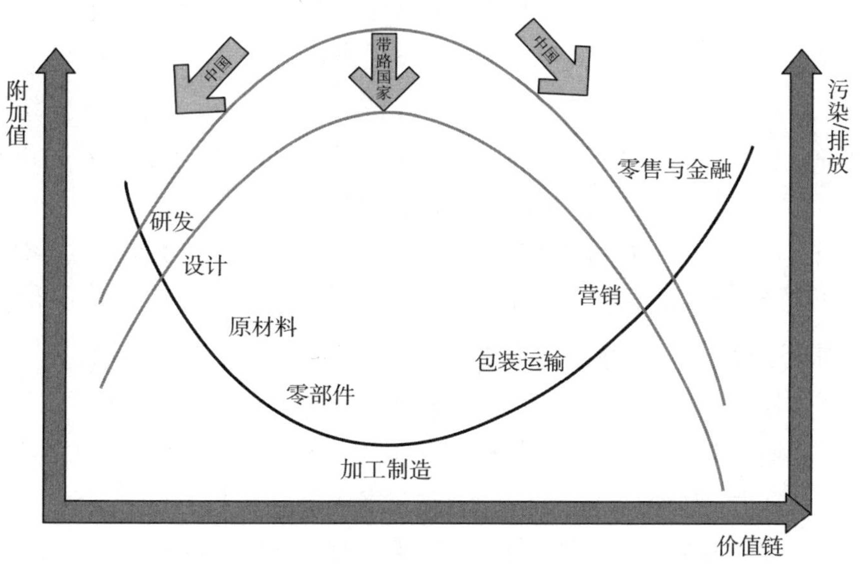


图 6－5　中国与“一带一路”国家的价值链曲线与环境库兹涅茨曲线

密集型和资本密集型的产业，也拥有处于水平分工体系下的现代技术密集型产业，因此，在发展的过程中，经济体之间既可以发展垂直分工关系，也可以发展水平分工关系。中国在两个环流中的参与程度都相对较高，在上环流内部，中国的工业化生产程度达到参与技术和知识密集型的产业分工，在曲线 A 上为发达经济体高附加值行业提供附加值较高的中间产品及服务；处于价值链曲线 B 的下环流国家和地区通过中国间接参与上环流曲线 A 的生产，从而也加入了全球价值链 C 的全球分工体系。请看图 6－4 和图 6－5。

## 二、构建中国主导的 GGVC“双环流”面临的挑战

尽管中国主导的 GGVC“双环流”体系将实现发展中国家与发达国家在生态文明领域的共赢，但是中国主导的 GGVC“双环流”体系在推进中仍将面临巨大阻碍。

首先，在中国与“一带一路”沿线发展中经济体的价值链环流中，部分沿线国家发展模式的障碍使其难以融入“双环流全球价值链”。“一带一路”沿线很多发展中国家经济发展方式仍处于传统阶段，发展水平较低。一方面，一些国家和地区长期饱受战乱之苦，经济发展仍处于工业化初级阶段，以高污染、高耗能为特点的传统产业仍是其经济发展的重心。尽管此类传统产业不具备持续竞争力，但是短期内能够解决大量就业问题，带来经济的快速增长，因而其经济发展仍具有惯性和路径依赖性。另一方面，部分“一带一路”沿线国家和地区基础设施较差，特别是经济发展的重要基础——交通基础条件较差，没有提供高标准大型运输的道路条件，缺乏统一的铁路标准，运输周转率低，海路运输安全事故频发，难以为“双环流全球价值链”的构建搭建顺畅的渠道。加之一些国家政局动荡，政权更替频繁，民族宗教问题复杂，恐怖主义以及跨国的毒品犯罪也在这一区域盛行，因此，这些地区投资风险非常大，较难融入“双环流全球价值链”。此外，意识形态的差异也增加了“双环流全球价值链”构建的难度。对于发展中国家而言，社会心理有一种天然的历史继承性，因而将中国的“一带一路”倡议看作新时期的“马歇尔计划”，对于中国的崛起有所疑虑，加上部分发达国家丑化中国以及对中国的打压，一些处于发达国家多重战略体系下的国家在“选边站”的政

策影响下难以顺畅地融入中国主导的"双环流全球价值链"。

其次，在与发达经济体的价值链环流中，中国仍占据中低端位置，这不仅使得依赖低成本优势参与全球分工的空间被压缩，也易受发达经济体控制导致海外投融资布局步调受阻。近年来，欧美日等发达国家开始重新重视制造业，以"制造业回归、再工业化"为标志的产业新格局初现端倪，并且大数据、新材料、新能源等先进技术不断涌现使得发达国家制造业高成本制约正在逐步缓解，加之中国国内人口红利流失、资源成本上升，种种因素使得一些布局在中国的外资企业纷纷回流母国，且相对集中在附加值高、技术含量高的产业领域。因此需要警惕未来在新一轮产业革命背景下，发达国家通过"再工业化"重新掌握制造业发展优势、占据新一轮产业发展制高点进而成为未来科技革命与产业革命红利的主要受益者，这将对中国产业转型升级，继而在中国与发达经济体的价值环流中迈向中高端形成挑战。不仅如此，"一带一路"倡议实施以来，中国对外投资领域较为单一，大多集中在能源资源投资开发和基础设施建设领域，缺乏向高端制造领域拓展海外投融资布局的经验；并且国外很多占据全球价值链高端的跨国企业为了维护自身地位，通常采取知识产权专利维护等武器为中国企业海外投资设置障碍，这些都给中国主导"双环流全球价值链"带来很大的挑战。除此之外，对于发达国家而言，尽管中国一再重申不谋求世界霸权，中国是在"推动构建新型国际关系，推动构建人类命运共同体"，但是中国国际地位的提升和综合国力的增强无疑增加了西方的怀疑和担忧。发达国家也不甘心中国打破一直由其主导的全球价值链体系，不甘心由于中国资本的进入而削弱其在广大发展中国家的各种影响力，特别是在特朗普政府鼓吹"美国优先"和"经济民族主义"的背景下，发达国家对于中国主导的"双环流全球价值链"可能存在一定的抵触甚至是破坏的倾向。所以，未来中国主导的"双环流全球价值链"可能会面临更多的压力和挑战。

最后，中国主导的"双环球全球价值链"的能力仍然有待提升。尽管中国已进入工业化后期阶段，但中国制造业发展的粗放式特征依旧明显，精细化与技术含量水平仍然不高。这种发挥规模经济效应、面向全球加工组装生产的传统制造模式早已不适应当今注重精细化程度和高端化水平的制造业发展趋势。这使得中国制造业从传统发展路径向先进制造模式跨越存在一定短板，即无法以智能制造为支撑高效配置资源，进而满足精细化、个性化需求定制生产。目前在全球制造业的四级梯队发展格局中，中国仍停留在第三梯队的中低端制造领域，与美国主导的全球科技创新中心的第一梯队、欧盟及日本所处的高端制造领域的第二梯队仍有较大距离。因此，如何以先进制造模式为目标进而向竞争优势跃迁的转型升级是目前中国推进“双环流全球价值链”所面临的重要问题。除此之外，中国创新驱动的软环境仍然比较薄弱：知识产权保护环境相对落后；人才激励评价机制并不完善；政府服务意识有待提高；产学研结合长效机制缺乏；等等。中国如何提升自身竞争力、迈向全球价值链中高端，进而主导“双环流全球价值链”，仍然面临巨大挑战。

## 第四节 “一带一路”发展中中国打造绿色全球价值链“双环流”的政策建议

### 一、加强发达国家绿色技术溢出的示范与推广

一方面，需要强化中国捕获发达国家绿色技术溢出的能力。研究显示，由 FDI 所带来的国外研发资本能够显著促进中国绿色技术进步，但是诸如金融发展水平、外贸依存度、工业与服务业比值、人力资本水平等指标，会在一定程度上影响国家绿色技术吸收能力的效果①。因此，建议从以下几个方面着手，进一步优化利用 FDI 的绿色技术溢出效应以推动我国绿色技术进步：第一，深化金融体制改革。结合金融发展水平对 FDI 绿色技术溢出效应存在的门槛特征，需要改变我国大多数地区的金融发展质量低下、融资成本高以及外资吸引力较弱的问题，在追求金融发展的同时兼顾对金融体制的深化改革，充分发挥金融发展对 FDI 绿色溢出效应的积极作用。第二，优化产业结

① 刘夏、颜婕、赵军峰：《FDI 绿色技术溢出效应及其门槛检验》，《生态经济》2018 年第 11 期。

构。研究认为，只有当工业与服务业比值位于最合适的门槛区间时，才能使FDI绿色技术溢出效应发挥最大的效用。所以，合理的产业结构有利于FDI绿色溢出效应的发挥。第三，加大国内研发投入，提高技术水平。推动绿色要素生产率的主导是绿色技术，要更好地发挥FDI的溢出效应，促进我国的绿色技术进步，就必须加大技术研发资金和人力的投入，积极学习和吸收先进技术经验。第四，加大教育经费投入，提升人力资本水平。就我国人力资本的现状来看，总体水平偏低，只有一些发达省份跨过门槛值水平。要改变这一现状，政府需要加大教育经费的投入，在保证初等教育的基础上鼓励高等教育，积极支持专业技术人才的培育，为经济发展以及技术进步储备更多的人力资本。

另一方面，加强对捕获的绿色技术在"一带一路"沿线国家所开展的示范与推广。随着2015年3月《推动攻坚丝绸之路经济带和21世纪海上丝绸之路的愿景与行动》正式发布，2016年1月"亚投行"成立并投入运营，中国"一带一路"倡议正式进入全面推进阶段。借助"走出去"的制造业，通过OFDI可将中国从发达国家捕获的国际先进绿色技术和环境知识的溢出，进一步示范推广到"一带一路"沿线国家，推动其制造业清洁化、绿色化的可持续发展。此外，OFDI本身具有的逆向溢出效应，可进一步推动中国各地区通过OFDI的技术溢出，获取他国差别性绿色技术以提升本国创新能力，形成绿色技术创新与升级的正向循环。

## 二、推动"一带一路"沿线国家间绿色伙伴关系建设

建立全方位、多层次、宽领域的绿色伙伴关系，参与全球环境治理与合作，是中国借助"一带一路"建设打造绿色全球价值链"双环流"的重要环节。

第一，根据"一带一路"倡议，中国政府各部委应当积极响应、主动作为，面向"一带一路"沿线国家和地区的实际需求，大力推进生态文明建设与环境治理的国际合作，为沿线各国提供各类生态环境领域的公共服务和产品，分享绿色价值链的最佳实践，尤其是从发达国家与中国的"环流"中所获得的技术溢出经验与实践。

第二，与“一带一路”沿线国家的重点合作企业、高等学校、研究机构以及相关业务部门签署《绿色合作备忘录》。一方面，进一步地，与重点产业中的合作企业对接，在保证中国可持续性标准和国际接轨的前提下，与重点合作伙伴签订重要商品的“可持续追源采购协议”① (sustainable sourcing agreement)，实现产品安全供给和可持续生产的双赢。另一方面，与“一带一路”沿线国家相关部委实现业务对接，设立“绿色伙伴基金”，联合国内大学招收沿线国家的硕士、博士研究生，并举办“绿色价值链培训班”，系统培训“带路”国家的政府官员和专家学者，有效提升其绿色价值链领域的业务水平。进一步地，通过定期召开绿色技术与绿色价值链国际研讨会等形式，开展环境产品技术研发、污染密集型产品绿色化发展等领域的合作研究，推动中国与“一带一路”沿线国家的研究机构在绿色价值链领域的国际化运作促进其研究能力的跨越式提升。

第三，搭建“绿色伙伴关系”电子化信息平台，提升绿色价值链在“一带一路”沿线国家的信息化建设水平。由商务部、生态环境部牵头研发、建设“一带一路”国家及地区的“绿色伙伴关系”信息平台系统，该系统服务覆盖亚欧非拉并涵盖100多个已开展“一带一路”合作建设的国家，主要发布生态文明条件、产品（产业）可持续发展竞争力指数、绿色价值链指数等旗舰产品，服务于“一带一路”沿线国家间的绿色价值链构建与升级。

最后，建立由NGO、公司和政府组成的绿色伙伴关系——绿色能源联盟，为全球价值链在能源利用方面的转型创造群聚效应。绿色能源联盟应聚焦绿色能源研发与应用的主业，围绕核能以及水力发电、风力发电、太阳能、生物质能等可再生能源，突出海洋可再生能源与非常规能源，强化对“一带一路”沿线国家的技术、服务、保障输出，推动“绿色伙伴关系”信息系统发挥更大的支撑作用。

---

① 中国环境与发展国际合作委员会：《中国在全球绿色价值链中的作用》，专题政策报告，2016年12月。

## 三、以绿色"一带一路"建设规划与政策对接引领绿色价值链发展

"一带一路"沿线国家和地区自然资源禀赋、经济社会结构等基本国情条件存在客观异质性。在"一带一路"建设过程中，需要基于沿线国家和地区发展阶段不同的客观现实，因地制宜，因国施策，发挥顶层设计的引领作用，既要兼顾沿线各国经济社会发展的不同诉求，又要正视其绿色发展的需求和能力，将绿色"一带一路"建设规划、方案与"一带一路"沿线国家和地区的经济社会发展战略、政策相衔接，制定符合多、双边共同利益的绿色投资、绿色贸易、绿色金融等规则，在保证规划落地、政策落实的前提下协同推进绿色价值链发展。

在"一带一路"建设中，中国必须从顶层设计的角度预估对沿线国家和地区生态、资源、环境等造成的压力，与东道国保持密切沟通，深入了解东道国相关法律法规和政策要求，提前准备好相应的政策应对措施，缓解可能带来的对生态环境的负面影响，使"一带一路"绿色价值链真正服务于构建沿线国家共同繁荣的利益共同体。例如，丝绸之路经济带中的中亚各国，自然环境脆弱，水资源短缺、环境污染和土地荒漠化严重。中国与这些国家在基础设施建设和资源开采等方面有着密切合作，对当地环境承载力形成考验。中国应尽快同这些国家展开绿色价值链合作的政策沟通工作，将环境生态保护的价值取向融入战略对接、互联互通等多个方面。在尊重沿线国家绿色政策的基础上，提出适合绿色"一带一路"合作愿景的环境对策。

与此同时，在绿色"一带一路"规划和政策衔接过程中，关于环境生态保护标准的执行是保障绿色价值链稳定发展的关键内容。一方面，这要求我国必须尊重当地环境保护标准，通过科技创新和技术升级来达到相应的标准；另一方面，我国也要在绿色"一带一路"建设中突出国际合作的愿景，在环保标准问题上展开双边或多边的政策沟通，推进标准互认，并在共同感兴趣领域制定认证认可共通标准。

## 四、在国际产能合作和科技工业园区建设中推进绿色价值链

推进“一带一路”建设和国际产能合作既是中国扩大和深化对外开放的迫切需要，也是加强和亚欧非及世界各国在绿色价值链领域互利合作的有效途径。在国际产能合作战略的推进过程中，除了关注一般制造业以及油气资源领域的合作外，应重点推进我国可再生能源项目。具体来说，按照需要解决的问题的不同，“一带一路”沿线发展中国家制定可再生能源政策可能包括能源目标类、框架类、金融支持类以及公共投资类。各类能源政策可能受到诸如沿线国家社会经济系统和能源环境系统、国家体制系统、国际的垂直扩散系统以及国际水平扩散系统等因素的影响。因此，中国在与“一带一路”沿线发展中国家开展能源合作时，需重点关注国际扩散系统对不同类型可再生能源政策的影响，明确国际组织因素对其他国家政策制定的影响。

科技工业园区，同样可以成为“一带一路”建设中打造绿色价值链的支撑点①。首先，丝路国家由于历史、地缘和商贸等方面的紧密联系而成为命运共同体。近年来，我国通过发展高新技术产业开发区，吸引外国研发资本带动经济发展，在理论和实践上都有模式创新，也得到全球广泛认可。因此，以科技工业园区作为“一带一路”的支撑点，将科技工业园区的发展经验以及从发达国家捕获的绿色技术溢出与“带路”国家分享，可实现绿色技术领域的信息沟通、资源共享、合作创新。第二，生态理念与原则在“一带一路”工程建设中的贯彻与实施，沿线的科技工业园区就是现实的支撑点。园区拥有科学的方案和先进的绿色技术，若能以绿色物联网引导实体交通，把生态理念和原则变为现实，将会成为建设绿色“一带一路”的播种机和宣传队。第三，“一带一路”涉及大量工程建设，公路、铁路、输油管线、输气管线、新型城镇，工业园区作为综合机构，可规划、优化水资源配置、建设海绵城镇；同时也可优化配置其他能源资源，建设低碳城镇。最后，“一带

① 吴季松：《“一带一路”建设可以推动沿线生态系统修复》，《中国生态文明》2016 年第 3 期。

一路”沿线的广大亚欧非地区很多都是缺水和生态脆弱的地区，工程建设中的生态建设原则如果得以实施，不但能建成世界上最长的绿色交通线和绿色生产线，还会对全球生态修复起到重大的示范作用和现实意义。中国高水平的生态工业园区，可以提供节水技术、水污染处理技术、再生水回用技术和水资源保护技术，这些大量的绿色建设经验，可以为基础设施绿色化以及价值链绿色化提供支持与服务。

## 五、以绿色标准和标识引领绿色价值链发展

绿色价值链的发展，需要绿色标准化建设的推动，具体而言包括绿色标准建设与推广以及绿色标识管理。通过绿色标准的实施，一方面可以提高中国国内对制造业及其他产业的设计、采购、制造、运输、消费、回收处理等价值链环节的绿色环保要求，也是保持我国生态平衡和经济可持续发展的不二选择；另一方面，绿色标准的输出，有助于将国内的绿色发展基础与经验积累输出到“一带一路”沿线国家的绿色标准化建设领域，并倒逼其产业的绿色化跨越式发展，从而推动全球的环境向友好型发展。具体而言，包括以下几个方面内容①：第一，从关键环节入手，建立产品全生命周期的绿色标准，选择具有环境外部性与经济典型性的行业着手示范，例如电子与家电行业、纺织行业、资源加工类产业等。第二，建立价值链上行为主体合作的绿色标准，这通常是通过采购行为得以实现，因此，可建立绿色采购标准与产品环境责任追踪制度。第三，强化绿色价值链中投入与产出的绿色标准，保证两者的环境友好属性，对产品涉及的原材料与最终产品的处理建立绿色标准的同时构建对应的评价与认证机制。

类似地，绿色产品标识是一个独立的第三方认证标识，拥有该标识的产品符合一系列环保法规及各种要求，其旨在帮助制造商更直接、快速、有效地传达产品环保信息。除此以外，绿色标识还有助于引导特定行业绿色环保事业的健康发展，也可更好地应对国内外技术性贸易壁垒和绿色贸易壁垒。

① 王能民：《打造绿色供应链之绿色标准建设》，《物流技术与应用》2015 年第 8 期，第 92 – 94 页。

"一带一路"建设中，加快"带路"范围甚至全球范围适用的"中国绿标评定体系"建设，尝试用一张标准化的终端能用产品生态标签来取代其他相关的绿色生态的认证标识，是打造绿色价值链的有力途径。这一体系的基本构想是以政府为主导，以企业作为责任主体，采用"第三方认证 + 第一方自我声明 + 第三方检测"的模式，实现统一管理、统一规则和统一标识①。第一，统一化的评定体系最大限度地降低了监管的难度和复杂程度；第二，中国出台的认证体系将有助于提高我国企业采用国际标准和国外先进标准的采标率，提升企业的核心竞争力和品牌形象。当然，绿色产品标识服务工作是一项专业性强的工作，中国在这方面的经验仍然有限，这要求中国加强学习国际上先进经验，学习新技术、新理念，推进绿色产业工作的开展。请看图 6 –6。

图 6 –6　绿色生态认证的国际和国家级标签

① 秦丽：《"中国绿色标识产品合格评定体系"国际研讨会扫描》，《电器》2016 年第 1 期，第 28 –29 页。

## 六、发挥多种利益相关方的角色和作用，推进公共参与

在绿色“一带一路”建设中，包括政府、企业、非政府组织、当地社区、知识界、媒体界等多种利益相关者均有参与。要推动绿色价值链有序、平稳、高效发展，需要构建不同身份人员共同参与的多层架构的网络化组织结构，充分发挥各类主体的作用，实现集体行动的一致性选择。

一是政府需要发挥绿色政策沟通、绿色环保标准制定、绿色合作平台搭建、绿色合作机制建设等方面的作用；同时考虑到生态环境、清洁能源等具有公共品属性和正外部性特点，还需要政府加大财政投入力度，施行资金支持、税收优惠等政策，促进“一带一路”沿线国家和地区在绿色科技创新方面的国际合作。

二是企业作为绿色价值链建设的主体，以绿色发展原则为准绳，打造“一带一路”沿线绿色生产网络体系，获取绿色价值链收益的同时，承担相关社会责任。

三是当地社区作为绿色价值链建设最直接的受益主体和风险承担主体，其利益诉求可以在网络化组织结构中得以充分表达，在信息公开透明的情况下，能够与政府和企业就具体事项进行协商谈判妥协，在保障绿色价值链建设实现普惠共赢的同时，客观上降低政府和企业的交易和治理成本。

四是非政府组织的参与能够对绿色价值链建设起到积极的补充作用。一方面能发挥政府、企业与当地社区的桥梁作用，另一方面还能够分享绿色价值链建设本地化创新经验，为政府决策、企业建设、社区发展等提供有效支撑。

五是知识界、媒体界作为话语的制造者和传播者，具有很强的社会影响力，能够对绿色价值链建设的整个过程形成有效约束和监督，而且还可以发挥知识引导和促进共识的作用。

# 参考文献


[1] ANTRÀS, P, 2003. Firms, contracts, and trade Structure. Quarterly Journal of Economics, 118: 1375 –1418.

[2] ANTRÀS, P, HELPMAN E, 2004. Global Sourcing. Journal of Political Economy, 112(3):552 –580.

[3] ANTRÀS, P, CHOR, D, FALLY T, et al., 2012. Measuring the upstreamness of production and trade flows. The American Economic Review, 102(3): 412 –416.

[4] ANTRÀS, POL, STEPHEN Y, 2012. Multinational Firms and the Structure of International Trade. NBER Working Paper No. 18775.

[5] ANTRÀS, P, CHOR, D, 2013. Organizing the global value chain. Econometrica, 81(6):2127 –2204.

[6] ANTRÀS, P, COSTIONOT, A, 2011. Intermediated trade. The Quarterly Journal of Economics, 126(3):1319 –1374.

[7] ANTRÀS, POL, TERESA F, FELIX TINTLENOT, 2014. The Margins of Global Sourcing: Theory and Evidence from U. S. Firms. NBER Working Paper No, 20772.

[8] AGHION, P, HOWITT P, 1992. A model of growth through creative destruction. Econometrica, 60(2):323 –351.

[9] AMITI, M, KONINGS J, 2007. Trade liberalization, intermediate inputs and productivity: Evidence from indonesia. American Economic Review, 93(5): 1611 –1638.

[10] AUTOR, DAVID H, DAVID D, et al., Hanson 2013a. The China Syn-

drome: Local Labor Market Effects of Import Competition in the United States. American Economic Review, 103: 2121 –2168.

[11] AUTOR, DAVID, David Dorn, Gordon Hanson 2013b. The Geography of Trade and Technology Shocks in the United States. American Economic Review Papers and Proceedings, 103(3): 220 –225.

[12] BALDWIN R, 2011. 21st Century Regionalism: filling the gap between 21st century trade and 20th century trade rules. World Trade Organization, Staff Working Paper ERSD –2011 –08.

[13] BALDWIN R. Global supply chains: Why they emerged, Why they matter, and Where they are going//D, P Low, Geneva 2013. Global Value Chains in A Changing World, WTO Publications: 13 –59.

[14] Brancati, Emanuele and Brancati, Raffaele and Maresca, Andrea, Global Value Chains, Innovation, and Performance: Firm – Level Evidence from the Great Recession (October 1, 2016). Available at SSRN: https://ssrn.com/abstract=2512641 or http://dx.doi.org/10.2139/ssrn.2512641.

[15] BEMS R, JOHNSON R, 2012. Value – added Exchange Rates. NBER Working Paper Series, No. 18498, National bureau of economic research, Cambridge.

[16] BALDWIN R, ITO, T, SATO H, 2014. The Smile curve: evolving sources of value added in manufacturing. Joint Research Program Series, IDE – JETRO.

[17] BUERA, FRANCISCO J, EZRA O, 2016. The global diffusion of ideas. NBER Working Paper.

[18] BECKER, SASHA, KAROLINA E et al., 2013. Offshoring and the onshore composition of tasks and skills. Journal of International Economics, 90(1): 91 –106.

[19] CHEN X, CHENG L, FUNG K C et al., 2004. The estimation of domestic value-added and employment induced by exports: an application to chinese exports to the United States//Cheung, Y W, K Y Wong, 2009. China and Asia: Economic and Financial Interactions. Routledge.

[20] COSTINOT A, VOGEL J, WANG S, 2013. An elementary theory of global supply chains. The Review of Economic Studies, 80(1): 109 - 144.

[21] COSTINOT A, VOGEL J E, WANG S, 2012. Global supply chains and wage inequality. The American Economic Review: Papers & Proceedings, 102(3): 396 - 401.

[22] COSTINOT, ARNAUD, LINDSAY O et al., 2011. Adaptation and the boundary of multinational firms. The Review of Economics and Statistics, 93(1): 298 - 308.

[23] CALIENDO, LORENZO, FERNANDO P, 2014. Estimates of the trade and welfare effects of NAFTA. Review of Economic Studies, 82 (1): 1 - 44.

[24] CHEN, LOS, TIMMER, 2017. Measuring the returns to intangibles: a global value chain approach, //measuring and accounting for innovation in the 21st Century.

[25] DENG, LIUCHUN, 2016. Specialization Dynamics, Convergence, and Idea Flows (October 13, 2016). SERIES Working Papers N. 09/2016. Available at SSRN. https://ssrn.com/abstract=2871162.

[26] BACKER K, MIROUDOT, 2012. Mapping global value chains. World Input Output Database (WIOD) Conference Paper. http://www.wiod.org/conferences/.

[27] DIETZENBACHER E, ROMERO I, BOSMA N S, 2005. Using average propagation lengths to identify production chains in the andalusian economy. Estudios de economia aplicada, 23: 405 - 422.

[27] DIETZENBACHER E, ROMERO I, 2007. Production chains in an interregional framework: identification by means of average propagation lengths. International Regional Science Review, 30: 362.

[29] ESCAITH, H, INOMATA, S, 2013. Geometry of global value chains in east asia: the role of industrial networks and trade policies// D, P Low. Global Value Chains in a Changing World. WTO Publications, Geneva: 135 - 157.

[30] FALLY T, 2011. On the fragmentation of production in the US. Presentation report, Boulder, CO, University of Colorado-Boulder, July.

[31] FORT, TERESA, 2014. Technology and production fragmentation: domestic versus foreign sourcing. Dartmouth College.

[32] GEREFFI G, KORZENIEWICZ M, 1994. Commodity chains and global capitalism. Westport, Connecticut: Praeger.

[33] GEREFFI G, 1999. International Trade and Industrial Upgrading in the Apparel Commodity Chain. Journal of International Economics, 48(1): 37 –70.

[34] GARRICK B, PAUL J, 2008. Gertlerb, welfare gains from foreign direct investment through technology transfer to local suppliers. Journal of International Economics, Volume 74, Issue 2, March: 402 –421.

[35] GEREFFI , G, HUMPHREY J , STURGEON T, 2005. The governance of global Value chains. Review of International Political Economy 12, 1: 78 –104.

[36] GEREFFI G, 2014. Global value chains in a post-Washington consensus world. Review of International Political Economy, 21(1): 9 –37.

[37] GEREFFI G, LEE J, 2016. Economic and social upgrading in global value chains and industrial clusters: Why governance matters. Journal of Business Ethics, 133(1): 25 –38.

[38] GEREFFI G, STURGEON, T J, 2013. Global value chain-Oriented industrial policy: The role of emerging economies//D K, Low P. Global Value Chains in a Changing World (pp. 329 – 360). Geneva: World trade organization, fung global institute and temasek foundation centre for trade & negotiations.

[39] GROSSMAN, G M, ROSSI-HANSBERG E, 2012. Task trade between similar countries. Econometrica, 80(2): 593 –629.

[40] GROSSMAN, G M, ROSSI-HANSBERG E, 2008. Trading tasks: a simple model of offshoring. The American economic review, 98(5): 1978 –97.

[41] HAGIWARA T, 2016. Decomposition of average propagation length, a paper presented at the 24th international input-output conference in seoul.

[42] HELPMAN E KRUGMAN P R, 1985. Market structure and foreign trade. MIT Press, Cambridge, MA.

[43] HANSON, 2017. What do we really know about offshoring? industries and countries in global production sharing, centro studi luca d'agllano development

studies working papers.

[44] HUMPHREY J, SCHMITZ H, 2002. How does insertion in global value chains affect upgrading in industrial clusters?. Regional Studies, 36 (9): 1017 - 1027.

[45] HUMMELS, D, ISHII, J, Yi K M, 2001. The nature and growth of vertical specialization in world trade. Journal of International Economics, 54(1): 75 - 96.

[46] INOMATA, SATOSHI, 2015. Development of analytical frameworks for global value chains: An Overview. Working paper.

[47] INOMATA S, 2008. Average propagation lengths: a new concept of the "distance" between Industries, with an Application to the Asia-Pacific Region, Sangyo-Renkan, Vol. 16 - 1, Pan-Pacific Association of Input-output Studies.

[48] INOMATA, S, 2014. Trade in value added: concept, development and an East Asian perspective//BALDWIN et al., A world trade organization for the 21st century. Edward Elgar, Cheltenham, The United Kingdom: 48 - 70.

[49] INOMATA, S, MENG B, 2013, Transnational interregional input-output tables: an alternative approach to MRIO?//Murray J, M LENZEN. Sustainability Practitioner' s Guide to Multi-Regional Input-Output Analysis, Common Ground Publishing, Illinois, USA, pp. 33 - 42.

[50] JONES R, KIERZKOWSKI H, 1990, The role of services in production and international trade: a theoretical framework//JONES R, ANN KRUEGER. The Political Economy of International Trade, Basil Blackwell.

[51] JONES R, KIERZKOWSKI H, LURONG C, 2005, What does evidence tell us about fragmentation and outsourcing?. International Review of Economics and Finance, 14: 305 - 316.

[52] JOHNSON R C, NOGUERA G, 2012. Accounting for Intermediates: production sharing and trade in value added. Journal of international economics, 86 (2): 224 - 236.

[53] JOHNSON , ROBERT, GUILLERMO. Accounting for intermediates: production sharing and trade in value added. Journal of International Economics, 86

(2).

[54] KEE, HIAU L, HEIWAI T, 2016. Domestic value added in exports: theory and firm evidence from China. America Economic Review 2016, 106(6): 1402 – 1436. http://dx.doi.org/10.1257/aer.20131687.

[55] KAPLINSKY R, TERHEGGEN A, TIGAJA J, 2011. China as a final market: the gabon timber and thai cassava value chains. World Development, 39(7): 1177 – 1190.

[56] KAWAKAMI, M, STURGEON T J, 2012. The dynamics of local learning in global value chains: experiences from East Asia. IDE-JETRO Series, Palgrave Macmillan.

[57] KOOPMAN, R B, WANG Z, WEI S J, 2012. Estimating domestic content in exports when processing trade is pervasive. Journal of Development Economics, 99(1): 178 – 189.

[58] KOOPMAN, R B, WANG, Z, WEI, S J, 2014. Tracing Value-Added and Double Counting in Gross Exports. The American Economic Review, 104(2): 459 – 494.

[59] LIN, YIFU, 2002. Development strategy, viability and economic convergence. Economic Development & Cultural Change, 51(2): 276 – 308.

[60] LOW, P, 2013. The role of services in global value chains//ELMS D, LOW P. Global value chains in a changing world. Geneva: World Trade Organization, Fung Global Institute and Temasek Foundation Centre for Trade & Negotiations: 61 – 81.

[61] LEVCHENKO, ANDREIi A, JING Z, 2016. The evolution of sectoral productivity: Measurement and welfare implications. Journal of Monetary Economics, 78: 96 – 111.

[62] LEMA QUADROS, SCHMITZ, 2015. Reorganising global value chains and building innovation capabilities in Brazil and India. Research Policy, 44(7): 1376 – 1386.

[63] MELITZ, M J, 2003. The Impact of trade on intra-Industry reallocations and aggregate industry productivity. Econometrica, 71: 1695 – 1725.

[64] MUDAMBI R, 2008. Location, Control and innovation in knowledge-intensive Industries. Journal of Economic Geography, 8(5): 699 -725.

[65] MURADOV, KIRILL, 2016. Structure and length of value chains, Ministry of Industry and Trade -Centre for Information and Analysis of Foreign Trade.

[66] MURADOV, KIRILL, 2017. Trade costs and borders in global value chains. Review of World Economics (forthcoming).

[67] MA H, WANG Z, ZHU K, 2015. Domestic content in China' s exports and its distribution by firm ownership, Journal of Comparative Economics, 43: 3 -18.

[68] OLDENSKI, LINDSAY, 2012. The task composition of offshoring by U. S. Multinationals. International Economics, 131: 5 -21.

[69] PORTER, M E, 1985. Competitive advantage, creating and sustaining superior performance. The Free Press, A Division of Macmillan, Inc. The United States.

[70] PALPACUER F, 2008. Bringing the Social Context Back in: Governance and Wealth Distribution in Global Commodity Chains. Economy & Society, 37(3): 393 -419.

[71] PONTE S, GIBBON P, 2005. Quality standards, conventions and the governance of global value chains. Economy & Society, 34(1): 1 -31.

[72] PIETROBELLI C, RABELLOTTI R, 2010. Global Value Chains Meet Innovation Systems: are there learning opportunities for developing countries? World development, 39(7): 1261 -1269.

[73] PIERMARTINI R, RUBíNOVÁ S, 2014. International Production networks and the geography of knowledge spillovers. WTO Working Paper.

[74] RAM C, WOLFGANG K, 2019. Technology transfer through imports, Canadian Journal of Economics, 42(4): 1411 -1448.

[75] SHIN N, KRAEMER K L, DEDRICK J, 2012. Value capture in the global electronics industry: empirical evidence for the "Smiling Curve" Concept. Industry & Innovation, 19(2): 89 -107.

[76] TORFINN HARDING, BEATA S, 2012. Javorcik, foreign direct invest-

ment and export upgrading, the review of econmics and Statistics, 94 (4):964 –980.

[77] TIMMER, M P, ERUMBAN, A A, LOS, B, et al., 2014. Slicing up global value chains. Journal of Economic Perspectives, 28: 99 – 118.

[78] TANG H, WANG, F, WANG Z, 2014. The domestic segment of global supply chains In China under state capitalism. Working Paper No. 186, Federal Reserve Bank of Dallas Globalization and Monetary Policy Institute.

[79] WANG, Z, WEI, S J, ZHU, K, 2013. Quantifying international production sharing at the bilateral and sector level. NBER Working Papers, No. 19677, 11. http://www.nber.org/papers/w19677.

[80] WANG, WEI, ZHU, 2017. Measures of participation in global value chains and global business cycles. Working Paper.

[81] WANG Z, WEI S J, YU, X, et al., 2017. Characterizing global value chains. NBER Working Paper, No 23222.

[82] WEI, S J, XIE Z, ZHANG X B, 2017. From "Made in China" to "Innovated in China": necessity, prospect, and challenges. Journal of Economic Perspectives, 31(1): 49 –70.

[83] YI, K M, 2003. Can vertical specialization explain the growth of world trade?. Journal of Political Economy, 111(1): 52 – 102.

[84] YI, K M, 2010. Can multistage production explain the home bias in trade?. The American Economic Review, 100(1): 364 –393.

[85] YE M, MENG B, WEI S J, 2015. Measuring smile curves in global value chains. IDE Discussion Paper No. 530.

[86] ZHANG F, GALLAGHER K S, 2016. Innovation and technology transfer through global value chains: Evidence from China' s PV industry. Energy Policy, 94: 191 –203.

[87] DAI M, MAITRA, M, Yu M, 2016. Unexceptional exporter performance in China? The role of processing trade. Journal of Development Economics, 121: 177 – 189.

[88] GIRMA, SOURAFEL, 2018. Global value chains participation and firm

performance: Microeconometric evidence from China. Working Papers.

[89] KUMMRITZ V, 2016. Do global value chains cause industrial development?. CTEI Working Paper, No. 2016 - 01. Geneva: Graduate Institute of International and Development Studies.

[90] KUMMRITZ V, TAGLIONI, D, WINKLER, D, 2016. Economic upgrading through global value chain participation: Which policies increase the value added gains?. World bank policy research working paper: 8007. Washington, D. C.: The World Bank.

[91] LOPEZ G J, 2016. Using Foreign Factors to Enhance Domestic Export Performance: A Focus on Southeast Asia. Working Party of the Trade Committee, TAD/TC/WP(2015)25/REV1/PART1. Paris: Organisation for Economic Co-operation and Development.

[92] MENG, BO, WEIQI TANG, 2018. Tracing China' s greenhouse Gas Emissions in Global Value Chains: Evidence, challenges and policy implications. Working Papers.

[93] STÖLLINGER, ROMAN, 2018. Asian Experiences with Global and Regional Value Chain Integration and Structural Change. Working Papers.

[94] 陈爱贞，刘志彪. 决定我国装备制造业在全球价值链中地位的因素——基于各细分行业投入产出实证分析. 国际贸易问题，2011（4）：115 - 125.

[95] 陈雯，李强. 全球价值链分工下我国出口规模的透视分析——基于增加值贸易核算方法. 财贸经济，2014（7）：107 - 115.

[96] 戴翔，张二震. 我国增长新阶段开放型经济的转型发展：目标、路径及战略. 中共中央党校学报，2015（5）：82 - 91.

[97] 段玉婉，蒋雪梅，祝坤福，等. 我国对美、欧、日货物出口对我国经济的影响分析. 世界经济研究，2012（4）：58 - 63.

[98] 樊茂清，黄薇. 基于全球价值链分解的中国贸易产业结构演进研究. 世界经济，2014（2）：50 - 70.

[99] 黄永明，何伟，聂鸣. 全球价值链视角下中国纺织服装企业的升级路径选择. 中国工业经济，2006（5）：56 - 63.

［100］黄建忠，杨扬．服务贸易壁垒测量的体系与框架．亚太经济，2009（1）：49－53．

［101］黄建忠，胡懿，赵玲．加工贸易转型升级的路径研究——基于劳动力成本上升的视角．国际商务研究，2017，（2）：5－21．

［102］黄建忠，吴超．国际服务贸易摩擦研究：现状、特点与成因．国际贸易问题，2013（9）：92－100．

［103］黄建忠，庄惠明．全球化与区域集团化互动效应的实证检验．国际贸易问题，2007，291（3）：46－52．

［104］鞠建东，余心玎．全球价值链上的中国角色——基于中国行业上游度和海关数据的研究．南开经济研究，2014（3）：39－52．

［105］金京，戴翔，张二震．全球要素分工背景下的中国产业转型升级．中国工业经济，2013（11）：57－69．

［106］江静，刘志彪．生产性服务发展与制造业在全球价值链中的升级——以长三角地区为例．南方经济，2009（11）：36－44．

［107］吕文栋．全球价值链下构建中国中药产业竞争优势——基于中国青蒿素产业的实证研究．管理世界，2005（4）：75－84．

［108］刘志彪．中国贸易量增长与本土产业的升级——基于全球价值链的治理视角．学术月刊，2007（2）：80－86．

［109］刘志彪，张杰．从融入全球价值链到构建国家价值链：中国产业升级的战略思考．学术月刊，2009（9）：59－68．

［110］赖明勇，包群．关于技术外溢与吸收能力的研究综述——外商直接投资理论研究新进展．经济学动态，2003（8）：75－79．

［111］赖明勇，张新，彭水军，等．经济增长的源泉：人力资本、研究开发与技术外溢．中国社会科学，2005（2）：32－46．

［112］刘维林．中国式出口的价值创造之谜：基于全球价值链的解析．世界经济，2015（3）：3－28．

［113］刘维林，李兰冰，刘玉海．全球价值链嵌入对中国出口技术复杂度的影响．中国工业经济，2014（6）：83－95．

［114］LAWRENCE J Lau，陈锡康，杨翠红，等．反映中国加工贸易特点的非竞争型投入占用产出新模型及其应用——中美贸易顺差透视．中国社

会科学，2007，5：91 - 103.

［115］李跟强，潘文卿. 国内价值链如何嵌入全球价值链：增加值的视角. 管理世界，2016（7）：10 - 22.

［116］倪红福，夏杰长. 中国区域在全球价值链中的作用及其变化. 财贸经济，2016，37（10）：87 - 101.

［117］王华，祝树金，赖明勇. 技术差距的门槛与 FDI 技术溢出的非线性——理论模型及中国企业的实证研究. 数量经济技术经济研究，2012（4）：3 - 18.

［118］潘文卿，王丰国，李根强. 全球价值链背景下增加值贸易核算理论综述，统计研究，2015（3），69 - 75.

［119］盛斌，果婷. 亚太区域经济一体化博弈与中国的战略选择. 世界经济与政治，2014（10）：4 - 21.

［120］盛斌，毛其淋. 贸易自由化、企业成长和规模分布. 世界经济，2015（2）：3 - 30.

［121］盛斌，陈帅. 全球价值链如何改变了贸易政策：对产业升级的影响和启示. 国际经济评论，2015（1）：85 - 97.

［122］唐宜红，林发勤. 异质性企业贸易模型对中国企业出口的适用性检验. 南开经济研究，2009a（6）：88 - 99.

［123］唐宜红，林发勤. 服务贸易对中国外贸增长方式转变的作用分析. 世界经济研究，2009b（3）：3 - 8.

［124］谢锐，赖明勇，李董辉，等. 东亚国家出口品的国内技术含量动态变迁研究. 系统工程理论与实践，2013，33（1）：125 - 133.

［125］谢锐，王腊芳，赖明勇. 中国钢铁产业关联效应及国际比较分析. 统计研究，2011，28（8）：49 - 54.

［126］熊英，马海燕，刘义胜. 全球价值链、租金来源与解释局限——全球价值链理论新近发展的研究综述. 管理评论，2010（12）：120 - 125.

［127］王岚. 融入全球价值链对中国制造业国际分工地位的影响. 统计研究，2014（5）：17 - 23.

［128］徐毅，张二震. FDI、外包与技术创新：基于投入产出表数据的经验研究. 世界经济，2008（9）：41 - 48.

[129] 张辉. 全球价值链动力机制与产业发展策略. 中国工业经济, 2006 (1): 40 -48.

[130] 卓越, 张珉. 全球价值链中的收益分配与"悲惨增长"——基于中国纺织服装业的分析. 中国工业经济, 2008 (7): 131 -140.

[131] 姚洋, 张晔. 中国出口品国内技术含量升级的动态研究——来自全国及江苏省、广东省的证据. 中国社会科学, 2008 (2): 67 -82.

[132] 余淼杰. 加工贸易、企业生产率和关税减免——来自中国产品面的证据. 经济学, 2011 (4): 1251 -1280.

[133] 余淼杰, 李晋. 进口类型、行业差异化程度与企业生产率提升. 经济研究, 2015 (8): 85 -97.

[134] 张二震. 中国外贸转型: 加工贸易、"微笑曲线"及产业选择. 当代经济研究, 2014 (7): 14 -18.

[135] 张二震, 安礼伟. 关于贸易顺差原因的理论思考. 当代经济管理, 2009, 31 (4): 1 -6.

[136] 张杰, 刘志彪. 需求因素与全球价值链形成——兼论发展中国家的"结构封锁型"障碍与突破. 财贸研究, 2007, 18 (6): 1 -10.

[137] 张杰, 刘志彪. 制度约束、全球价值链嵌入与我国地方产业集群升级. 当代财经, 2008 (9): 84 -91.

[138] 张少军, 刘志彪. 全球价值链模式的产业转移——动力、影响与对中国产业升级和区域协调发展的启示. 中国工业经济, 2009 (11): 5 -15.